前 言

旅游活动是整个人类社会地域活动的重要组成部分，旅游成了当代世界上最大规模的一种社会现象，是人类生活的基本需求。旅游资源就其内在结构来说，大致分为自然旅游资源和人文旅游资源两大块。民俗旅游资源是人文旅游资源中最绚丽多彩的部分。中外各民族的生活习惯、节日庆典、服饰装束、民间艺术、工艺特产、烹调技术、精神风貌、人生礼仪、乡规民约、游艺竞技等各有特色，是旅游文化的重要文化景观，对于旅游者具有巨大的吸引力。合理开发和利用民俗文化旅游资源，不仅使旅游项目更具深厚的文化内涵，而且能给旅游景区景点带来生机与活力。为此，我们将"中外民俗"定位为高职高专院校旅游类专业的必修课程。通过这门课程的学习，让学习者系统地掌握民俗的概念、基本特征和社会功能，力争从民俗的深层文化内涵出发，揭示民俗文化与旅游文化之间的本质联系，使学习者既能对中外各国的风俗有所了解，又能根据民俗学的基本原理对中外众多民俗现象进行分析理解，为从事旅游相关工作打好基础。

本书根据高等职业教育"实际、实用、实践"的原则，在借鉴和吸收众多中外民俗研究成果的基础上，通过对服饰民俗、饮食民俗、居住民俗、交通民俗、农业民俗、工艺美术民俗、婚姻民俗、社会交往礼仪民俗、岁时节日民俗、游艺民俗等内容的分类介绍，为读者提供较为系统的民俗文化基础知识。在编排体例上，内容按模块化编制，每个模块下设若干个主题，突出能力培养。模块的开篇之处设有"学习目标"栏目，包括知识要求与能力要求，让学习者在上新课时了解本课知识点在知识网中的位置，在复习时着重从宏观中把握微观，注重知识点的联系。模块最后附有"模块回顾""自我测试""实战训练""能力鉴定"等栏目，便于学习者梳理模块内容，巩固知识，拓展技能。在内容选取上尽可能囊括中外主要民俗事象的基础上，剔除糟粕，取其精华，删繁就简；阐述深入浅出，生动实用，并且尽量及时把行业企业的最新动态融入本书中。

本书立足于知识的基础性、实用性，突出展示民族特性与地方特色，知识丰富，案例典型，具有较强的可读性和应用性。本书不仅适用于高职高专旅游管理专业、酒店管理专业、旅游景区开发与管理专业、导游专业等专业教学用书，还可供旅游从业人员作为业务参考书或培训教材使用，也适用于广大对中外民俗感兴趣的旅游者和读者。

本书的编写工作分工如下：模块一、二、四、五由重庆城市管理职业学院的胡柏翠老师编写；模块三、八由重庆城市管理职业学院的徐凤顺老师编写；模块六、十一由重庆城市管理职业学院的任甜甜老师编写；模块七、九由重庆城市管理职业学院的杨雨卓老师编写；模块十由重庆城市管理职业学院的胡柏翠老师与重庆电子工程职业学院的周益嘉老师共同编写，全书由胡柏翠担任主编并统稿。

本书在编写过程中参考了许多相关文献和资料，在此对相关作者表示诚挚的谢意。感谢重庆市导游协会副会长、高级导游员杨顺华先生与重庆长江国际旅游公司导游、领队郑立冰先生的鼎力相助，感谢中国轻工业出版社张文佳老师的大力支持。

由于时间仓促，编者水平有限，书中难免有疏漏与不足之处，敬请专家和读者批评指正。

编者

高等职业院校旅游（酒店）管理专业系列教材

Chinese and Foreign Folklore

胡柏翠 / 主　编

周益嘉　徐凤顺　杨雨卓 / 副主编

中外民俗

中国轻工业出版社

图书在版编目（CIP）数据

中外民俗 / 胡柏翠主编. —北京：中国轻工业出版社，2023.8
高等职业院校旅游（酒店）管理专业系列教材
ISBN 978-7-5184-2996-7

Ⅰ.①中… Ⅱ.①胡… Ⅲ.①风俗习惯–世界–高等职业教育–教材 Ⅳ.①K891

中国版本图书馆CIP数据核字（2020）第078973号

责任编辑：张文佳　　　责任终审：劳国强
整体设计：锋尚设计　　责任校对：晋　洁　　责任监印：张　可

出版发行：中国轻工业出版社（北京东长安街6号，邮编：100740）
印　　刷：三河市国英印务有限公司
经　　销：各地新华书店
版　　次：2023年8月第1版第3次印刷
开　　本：787×1092　1/16　印张：16.5
字　　数：390千字
书　　号：ISBN 978-7-5184-2996-7　定价：48.00元
邮购电话：010-65241695
发行电话：010-85119835　传真：85113293
网　　址：http://www.chlip.com.cn
Email：club@chlip.com.cn
如发现图书残缺请与我社邮购联系调换
231048J2C103ZBW

目 录

| 模块一 民俗认知 | 课题一 民俗基础认知 .... 2 |
| | 课题二 民俗旅游资源认知 .... 10 |

模块二 服饰民俗	课题一 服饰民俗认知 20
	课题二 中国服饰民俗 24
	课题三 外国服饰民俗 33

模块三 饮食民俗	课题一 饮食民俗认知 44
	课题二 中国饮食民俗 50
	课题三 外国饮食民俗 59

模块四 居住民俗	课题一 居住民俗认知 67
	课题二 中国居住民俗 72
	课题三 外国居住民俗 82

模块五 交通民俗	课题一 交通民俗认知 89
	课题二 中国交通民俗 100
	课题三 外国交通民俗 106

模块六 农业民俗	课题一 农业民俗认知 114
	课题二 中国农业民俗 121
	课题三 外国农业民俗 129

模块七 工艺美术民俗	课题一 工艺美术民俗认知	135
	课题二 中国工艺美术民俗	138
	课题三 外国工艺美术民俗	148

模块八 婚姻民俗	课题一 婚姻民俗认知	155
	课题二 中国婚姻民俗	158
	课题三 外国婚姻民俗	165

模块九 社会交往礼仪民俗	课题一 社会交往礼仪民俗认知	177
	课题二 中国社会交往礼仪民俗	180
	课题三 外国社会交往礼仪民俗	187

模块十 岁时节日民俗	课题一 岁时节日民俗认知	197
	课题二 中国岁时节日民俗	200
	课题三 外国岁时节日民俗	213

模块十一 游艺民俗	课题一 游艺民俗认知	224
	课题二 中国游艺民俗	231
	课题三 外国游艺民俗	248

参考文献 258

模块一

民俗认知

学习目标

知识要求

1. 掌握民俗的含义与分类
2. 了解影响民俗形成的因素
3. 理解民俗的社会功能
4. 了解民俗的基本特征
5. 掌握民俗旅游资源开发与保护的原则

能力要求

1. 能够通过实例揭示民俗文化与旅游活动的紧密关系
2. 能够通过实例懂得如何对民俗旅游资源进行保护性开发

课题一 民俗基础认知

一、民俗的定义与分类

（一）民俗的定义

民俗，就是民间风俗习惯，指广大民众在长期的历史生活过程中所创造、享用并传承的文化现象。

从民俗与人类社会的关系看，民俗起源于人类社会群体生活的需要，在特定的民族、时代和地域中形成，并且不断循环往复，进而沿袭、传播和演变，服务于特定民众的日常生活。民俗一旦形成，就成为规范人们行为、语言和心理的一种基本力量。从民俗与时代的关系看，民俗虽然源于传统，但也是在现实生活中仍然发挥着特定功能的一种社会文化现象。我们每个人都在特定的民俗文化背景下出生、成长，并在这种民俗环境中按特定的社会生活方式生活着、工作着。从民俗与文化的关系看，民俗是民族文化的重要组成部分，属于民间文化。"民间"就是指除官方以外的有某种共同社会关系的群体，其主要组成部分是直接创造物质财富和精神财富的广大中下层民众。"风俗"就是指人民群众在社会生活中世代传承、相沿成习的生活方式，是一个社会群体在语言、行为和心理上的集体习惯。

在我国古代，"民俗"的概念出现较早。古人早就发现，不同地区的民俗是有差异的，即所谓"十里不同风，百里不同俗"。从汉文典籍中可见，"民俗"一词早在先秦时就已广泛使用，此外还有不少意义与民俗相近的词，如"风俗""习俗""民风"等。我们现在使用的"民俗"一词是从国外传入的，为英语"folklore"的意译，原意是"民众的知识"或"民间的智慧"（The Lore of the Folk）。它是由英国学者汤姆斯（William.J. Thoms）于1846年所创造的，是以撒克逊语的"folk"（民众、民间）和"lore"（知识、学问）合成的一个新词，其意既指民间风俗现象，又指研究这门现象的学问。后来，这个词逐渐被世界各国学者们接受，成为专门的学科术语。

（二）民俗的分类

民俗是一个包罗万象的宝库，它的内容在不断地变化或扩展着。但是，民俗也有自身独特的类型和构架。民俗界对民俗的分类有多种意见，如我国民俗学家乌丙安先生把民俗学研究对象分为四类：

（1）经济的民俗，以生态民俗、民间传统的经济生产习俗、交易习俗及消费生活习俗为主要内容。

（2）社会的民俗，以家族、亲族、乡里村镇的传承关系、习俗惯制为主要内容，其中社会往来、组织、生活仪礼等习俗是重点，近代都市社会民俗也被扩展为研究对象。

（3）信仰的民俗，以传统的迷信与俗信的诸事象为主要内容。

（4）游艺的民俗，以民间传统文化娱乐活动包括口头文艺活动的习俗为主要内容，也包括竞技等事象在内。

依照钟敬文先生主编的《民俗学概论》的分类，大致把民俗事象分为4个部分：

（1）物质民俗，指人民在创造和消费物质财富过程中所不断重复的、带有模式性的活动，以及由这种活动所产生的带有类型性的产品形式。主要包括生产民俗、商贸民俗、饮食民俗、服饰民俗、居住民俗、交通民俗等。

（2）社会民俗，也称为社会组织及制度民俗，指人们在特定条件下所结成的社会关系的惯制，涉及从个人到家庭、家族、乡里、民族、国家乃至国际社会在结合、交往过程中使用并传承的集体行为方式。主要包括社会组织民俗（如血缘组织、地缘组织、业缘组织等），社会制度民俗（如习惯法、人生仪礼等），岁时节日民俗以及民间娱乐习俗等。

（3）精神民俗，指在物质文化与精神文化基础上形成的有关意识形态方面的民俗，主要包括民间信仰、民间巫术、民间哲学伦理观念以及民间艺术等。这是人类在认识和改造自然与社会过程中形成的心理经验，这种经验一旦成为集体的心理习惯并表现为特定的行为方式且世代传承，就成为精神民俗。

（4）语言民俗，指通过口语约定俗成、集体传承的信息交流系统，包括民俗语言与民间文学两大部分。语言是一种文化载体，各个民族、各个地区都有特定的语言即民族语言和方言，这种特定的语言为广义的民俗语言；而一个民族或地区中流行的那些具有特定含义并反复出现的套语是狭义的民俗语言，如民间俗语、谚语、谜语、歇后语、街头流行语等。民间文学是指由人民集体创作和流传的口头文学，主要有神话、民间传说、民间故事、民间歌谣、民间说唱等形式。

二、民俗的形成

任何一个民族的民俗形成都是一定地域内的社会历史发展阶段的产物，并具有很深的社会根源、历史根源和地理根源。在人类社会发展史中，民俗经历了一个从无到有，由简到繁的发展过程。在人类之初，茹毛饮血、巢居穴处是当时原始人类的共同习俗。随着生产的发展、社会的进步，各具特色的物质生活和与物质生活密切相关的人类社会生活的组织形式以及婚、丧、礼俗等也日益形成，久而久之就逐渐形成为民族的风俗习惯，即民俗。民俗为整个民族成员所共有，流行于整个民族之中，渗透到民族成员的日常生活里。民俗的形成也意味着一个民族的共同心理感情的形成，并表现为具有广泛的群众性和深刻的社会性。

民俗是在长期社会历史中逐步形成的一种社会现象，是历史的产物。一个民族的民俗形成的原因是多方面的，它受到地域、经济、政治、民族整合等因素的影响，这些因素都有可能决定和影响民俗的产生和发展。

（一）经济因素

经济基础决定上层建筑，这是马克思主义的一个基本观点。民俗作为一种文化事象，属于社会的上层建筑，它的产生总是受到经济基础，即社会生产力发展的制约。经济基础对民俗的产生起着最后的决定作用。

（二）地域因素

不同地区的山川、地貌、雨水、气候、土壤、植被等自然条件的差异决定了该地区的气候变化、土质结构、植物生长、动物生息。而这一切自然条件都是人类赖以生存和发展的基础，也能影响和制约一定地区人们的衣、食、住、行。例如，在我国川、湘、黔地区，人们有喜食辣椒的饮食习俗，这种习俗的形成同这些地区的土壤、气候等自然条件适宜种植辣椒、大量出产辣椒有关。以居住而言，北方的游牧民族由于客观的生产方式所决定，放牧生活必须"逐水草而居"，所以他们至今还居住在容易搬迁的"蒙古包"里；而南方的农业民族住的却是通风舒适的"吊脚楼"。所谓"十里不同风，百里不同俗"，指的就是由于所处的山川地理环境不同而产生和形成的不同风俗和习惯。

（三）政治因素

民俗作为一定历史时期的产物，它的形成不仅仅局限于民间，还与一定时期的社会政治因素有关。当人类社会进入阶级社会之后，民俗又不可避免地受到阶级的和政治的影响。剥削阶级为了达到政治目的，一方面利用落后民俗愚弄人民；另一方面用强制手段改变原有的民俗，以适合自己的需要，从而使民俗带有明显的时代特色。

（四）民族融合因素

一般来说，世界上的各民族都有自己的居住地域以及相应的风俗习惯。但在历史长河里，各民族并不是长期孤立地处于一定地域之内。人类在社会进程中相互间经常发生政治、经济、文化的交往，诸如历史上的民族迁徙、商贾流动以及艺人的走串、僧侣的活动等，这些都对民俗的传播和新的习俗的形成起着重要作用。这些人们在徙居或流动异地的日常生活中很自然地带来了他们本身的思想文化、礼仪风俗，这就对当地土著居民的生活方式产生着潜移默化的影响。例如，今天我们时兴的握手礼、剪彩、跳交际舞等礼仪、艺术习俗都是由近代来华的西方人传入的。当然，文化影响是相互的，土著居民的风习也同样影响着居住在此的异地人。例如，长期居住在中国的西方人中就有不少人沿袭了中国风俗，他们穿中国式服装、吃中国式饭菜，他们的习俗同西方已有很大不同。

三、民俗的基本特征

（一）民族性与地域性

民俗总是在特定的民族中产生、发展，并以一定的民族文化形式表现出来，因而民族的区别是民俗的重要属性之一。所谓民族性，既指同一类民俗事象在不同的民族中产生不同的特点、表现形式，又指不同的民族由于各自的历史条件、地理条件和经济条件的不同而产生的区别于其他民族的独特民俗。

民俗是在特定的环境中形成的，受到特定地域的生产、生活条件和地缘关系的制约，使各类民俗不同程度地染上了地方色彩，显示出地理特征和乡土气息。例如，饮食上的"南甜、北咸、东辣、西酸"大致反映了中国各地饮食的地方特色。标志着我国饮食特色的八大菜系——鲁菜、川菜、粤菜、苏菜、浙菜、湘菜、闽菜、徽菜各有特点，都是从地方特色饮食中发展起来的。中国的56个民族分布在全国各地，在漫长的历史长河中，他们共同创造了祖国的历史和文化，也使祖国的民俗文化具有多民族性和地方性的特点。正是民俗的民族性和地方性使得中国的民俗旅游资源丰富多彩，经过多年的开发，形成了一系列独具民族特色和地方特色的旅游产品。

（二）集体性与类型性

民俗的集体性是指民俗在产生、流传过程中表现出来的基本特征，也是民俗的本质特征。民俗的产生、完善、继承、流传及其保护下来，都是人类社会群体活动作用的结果。首先，民俗的创造具有集体性。即使是个人的创造和发明，也必须得到集体的认同和响应才能施行，才能成为普遍传承的民间习俗。其次，民俗在流传过程中不断地充实、演变和发展，也是集体再加工的结果。有了集体的创造，同时有了集体一代又一代的传承和完善，才有可能形成丰富多彩的民俗文化和人文景观。集体性体现了民俗的整体意识，也决定了民俗的价值取向，这是民俗的生命力所在。

民俗的类型性，或称模式性，是指民俗文化的表现形式是一种民众共同遵守的标准。这种标准既是一种定型的思维习惯，也是一种约定俗成的行为方式。类型性在结构上的表现是同中有异或大同小异，是在变异中形成的。它揭示了民俗的内部结构规律，可以帮助人们了解地域民俗与民族民俗之间的相互联系和影响。

（三）传承性与扩布性

民俗的传承性是指民俗文化在时间上传衍的延续性，同时也是指民俗文化的一种传递方式，体现了某一民俗的历史发展。民俗一旦产生并得到社会的承认就具有很强的稳固性，约束着人们的行动和意识，并经久不衰地为人们所承袭，不会因社会的变革而立即中断。

民俗的扩布性是指民俗文化在空间上伸展的蔓延性，也指民俗文化的横向传播过程。民俗文化在发展过程中产生影响，向四周扩散传播。一种新的民俗在一个群体、一个民族、一个地区形成，经历一段时间的完善后，它的功能和价值充分显现出来。它不仅为本民族、本地区的民众所接受，成为传统文化的延续和发展，而且开始向其他民族、地区渗透。民俗是在纵向的传承和横向的播布结合中发展的，从而形成多元民俗文化的相互间的碰撞和吸收、融合和发展。

（四）稳定性与变异性

民俗的稳定性是指民俗一旦产生就会伴随着人们的生产和生活方式长期地、相对地固定下来，成为人们日常生活的一部分，而且具有相对稳定性，往往核心部分的东西多少年不变或变化很小。稳定性取决于经济基础和与之相适应的意识形态。中国经过无数次的社会变革和改朝换代，其中有些民俗随着经济基础的消失、生活方式的改变而自然消亡；有些民俗则经过某些完善和补充一直传承到现在。中国的一些传统习俗，如春节的贴对联、元宵节的吃元宵、清明节的扫墓、端午节的吃粽子、中元节的放河灯、中秋节的赏月、重阳节的求寿、腊八节的吃腊八粥等，在先秦两汉时期就已经定型，一直传承至今。这正说明了民俗文化传承上的稳定特征。

民俗文化的稳定性是相对的，稳定中随时包含着可变因素。变异性是指民俗文化在传承和播布过程中引起内容和形式上的变化。由于民俗是靠集体创造、靠语言和行为传承和播布的，这就决定了民俗总是处于不断的变化状态之中。变异实际上是民俗文化的自身调整，存在于现实生活中的种种民俗事象大都是古代民俗变异传承的结果。从这一意义上讲，变异是民俗文化传承和发展的内在动力。

（五）原始性与神秘性

民俗的原始性和神秘性是密不可分的。中国的许多民俗产生的历史比较悠久，有的民俗可以追溯到人类社会初期，虽然经过不断的传承和变异，但至今依然有原始民俗的存在，形成了民俗的原始性特点。与此相联系，民俗的原始性使得有些民俗表现出一种神秘的象征，人们进行某些民俗活动时常带着一种神秘的心理，认为这些民俗具有一种神秘的力量，使民俗具有神秘性的特点。民俗的原始性和神秘性主要表现在信仰、崇拜、祭祀、祈禳、禁忌、占卜、巫术等方面，图腾崇拜和生殖崇拜正是民俗原始性和神秘性的反映。如旅游者在民俗村寨中观赏到的"上刀山，下火海""吞筷条""上刀梯"及面具舞等表演，都表现出民俗的原始性和神秘性。

（六）阶层性与历史性

阶层性也是民俗的重要社会属性之一，指的是民俗事象中所显示的阶级、阶层差异。从人类社会产生民俗以来，民俗就不是由不同阶级集团来区分，而是从整个民族文化积累、世代传袭发展起来的。在一个民族内部，各阶级的成员都会生老病死、结婚成家，都有衣、食、住、行的消费习俗，参加各种节庆活动，基本遵守本民族的传统信仰，参与本民族文化游艺活动，流传着共同形式的口头传承。但是，在共有的民俗惯制中也存在着明显的阶层差别。同样是饮食习俗，《红楼梦》中所描绘的贾府举行螃蟹宴的饮食习俗与刘姥姥进大观园馈送乡下新鲜瓜菜的饮食习俗放到一起，就形成了对比。

民俗是在特定的历史发展阶段中形成的，显示出特定时代的痕迹。这种民俗发展在时间上或特定时代里显示出的特征叫作历史性。以中国传统的发式民俗为例，明代男发式为全蓄发，簪发为髻置于头顶；清代男发式为前顶剃光，后脑梳单辫；辛亥革命后的男发式则是分发、平头、剃光等，沿用至今。又如，清代服饰习俗中的长衫、马褂、圆顶瓜皮小帽是旧中国一般商人、乡绅的男装，到20世纪40年代末就迅速被淘汰了。再如，我国汉族妇女缠小足的恶俗虽在五四运动后受到强烈抨击，但直到1949年新中国成立后才彻底废除。

四、民俗的社会功能

民俗本身是人类社会生活及为其服务的文化系统的一个组成部分，其功能是指它在社会生活与文化系统中的地位、它与其他社会文化因素之间的关系以及它所发挥的客观效用。有些古老的民俗经过代代传承延续下来，在人类社会的发展中起着承前启后的作用，在今天的社会主义物质文明和精神文明建设中仍将发挥它们巨大的作用。总体看来，民俗主要有5种功能，即教化功能、规范功能、调节功能、维系功能和审美功能。

（一）民俗的教化功能

民俗的教化功能，是指民俗在人类个体的社会化文化过程中所起的教育和模塑作用。社会生活是先于个人存在的，每个人都存在于特定的社会生活环境中，不能随意选择自己所希望的社会文化形式，而社会文化从个人降生于世之时就开始模塑、规范他。民俗作为一种文化现象，在个人社会化的过程中起着重要影响。如从周围人群中学会自己的语言，在游戏中模仿成人生活，从称谓中与交际礼节中了解人际关系，按特定婚俗成家，死去后又按特定葬俗送别。具体的民俗活动不仅可以使人熟悉自己祖先创造的历史文化，培养人的尊老爱幼、热情好客、大公无私、乐于助人等美德，而且由于潜移默化的作用可使人产生强烈的民族自豪感和爱国心。由此可见，模式文化的塑造和教化功能是人类行为模式形成的主要原因。

（二）民俗的规范功能

民俗的规范功能，是指民俗对社会成员的行为方式所具有的约束和控制作用。这种约束作用具有无形性、范围广泛和深层控制的特点。人类社会生活需要的满足往往有多种方式可供选择，而民俗的规范作用就在于根据特定的条件将某种方式给予肯定和强化，使之成为一种群体的标准模式，从而使社会生活有规则地进行。在社会生活中，社会规范有四个层次：第一层次是法律，第二层次是纪律，第三层次是道德，第四层次是民俗。其中，民俗是产生最早、约束面最广的一种深层次的行为规范。法律源于民俗，源于民俗中的"乡规民约"等习惯法。民俗文化不是法律，没有具体的刑罚，但它总是以一种社会习惯的力量出现，就像一只无形的手，无声地支配和调节着人们的行动，人类的社会生活都自觉地遵从民俗文化的命令。可以说，人类社会中的一切都在不知不觉中受到民俗文化的影响和制约。

（三）民俗的调节功能

民俗的调节功能，是指通过民俗活动中的娱乐、宣泄、补偿等方式使人类的社会生活和心理本能得到调剂的功能。人们在生产劳动的忙碌之余需要休整体力、调剂精神，开展社交、求偶，举行节日、游戏、文艺、体育等娱乐活动，正是享用文化创造的成果。人们在现实生活中难以得到满足的种种需求往往要在民俗中得到某种补偿，如各种各样的民间文学、民间工艺、吉祥寓意等使这些心理需求得以补偿和满足，给人以希望和慰藉。通过参与民间歌舞、民间游戏、民间竞技和民间杂艺等民间游乐活动，如苗族的芦笙节、斗马节，侗族的花炮节，瑶族的盘王节、"上刀山、下火海"，壮族的"三月三"等，可以增加人们的情趣，调剂人们的生活，使人们提高文化素养，开阔视野，陶冶情操。

（四）民俗的维系功能

民俗的维系功能，是指民俗统一群体的行为与思想，使社会生活有规则地进行并保持着稳定，使群体内所有成员保持向心力与凝聚力。在社会生活的发展变迁中，民俗作为一种传承文化代代相传，既保持着社会的连续性，又对新产生或外来的生活方式、价值观念不断吸收、消化、扬弃，这有效地防止了文化的断裂，维系了社会生活的相对稳定。民俗文化的作用，就是根据特定的历史、地理、文化条件，将群体所选择的某一种行为方式予以肯定，成为一种标准的行为模式，统一大家的行动，维系社会生活有规则地进行。除了统一群体的行为之外，民俗文化还维系着群体的心理过程：社会成员从同一类型或模式的文化环境中得到教化，形成相同或者相似的思维方式和价值观念。这种共同的民俗心理形成了强大的凝聚力和向心力，使人们与他们的民俗文化共存亡。民俗是人们认同自己所属集团的标识，如世界各地的华侨虽然身处异地，但他们通过讲汉语、吃中餐、过中国传统的节日等方式，与自己的民族保持认同。

（五）民俗的审美功能

民俗的审美功能，是指民俗对社会成员心理产生的悦耳悦目、悦心悦意、悦志悦神的审美作用。民俗的审美功能与调节功能是密切相关的，民俗文化中的许多事象不仅可以满足人们的心理需求，而且本身从内容到形式都具有民间审美的意义。中外各国各民族的民居建筑及其风格、服饰的色彩和图案、装饰品、民间工艺、民间文学、民间美术品、音乐舞蹈等，都是以其审美标准创造出来的，反映着人们的审美意识。民俗审美不仅是人们对美的外部形态的感知，而且包括由感知到想象、理解、再创造的过程，即通过民俗的感知而悦耳悦目，美其目而悦其心，使人们看了心里舒服，得到一种美的享受，最后达到悦神悦意的精神境界。民俗旅游的开展给旅游者提供了感受和体验民俗审美文化的良好机会，以民俗风情参与和体验为主要内容的民俗文化旅游审美活动常常使旅游者获得终生难忘的审美感受。民俗旅游资源具有较高审美价值，如鼓楼、风雨桥、壮锦、绣球、瑶族蜡染、各民族音乐歌舞都是以民族的审美标准创造出来的，具有审美性即审美价值。这是民俗旅游资源的魅力所在，是民俗旅游资源开发的着力点。

【延伸阅读】

河北：把非遗传承写进"旅游扶贫"文章之中

在石家庄（正定）国际小商品博览会上，孩儿枕、藁城宫灯、布糊画、田园棉手织粗布等可谓品种丰富、形态多样。值得注意的现象是，河北的旅游资源富集县区与贫困县区的契合度高达60%，近年来，这些地区既是旅游业重点发展的区域，也是脱贫攻坚的主战场。非遗+旅游在这些地方取得了实实在在的成效。

探索兴"遗"富民

2019年4月底，河北省"非遗+扶贫"国家试点交流对话活动在承德市丰宁满族自治县举办。与会人员参观了丰宁县非物质文化遗产传承基地、布糊画龙腾艺术馆精品展、五道营村剪纸非遗扶贫就业工坊等，就文旅融合助推"非遗+扶贫"进行了考察交流。同样在4月，恭王府博物馆与河北省文化和旅游厅签署了战略合作协议，启动了承德传统工艺工作站筹建工作，将吸收各方力量参与搭建平台型工作站，为非遗助力精准扶贫提供持续动力。

从这些活动不难看出，河北省文化和旅游系统着力将旅游、精准扶贫与非遗保护有机融合，把非遗保护写进"旅游扶贫"文章之中。

为了进一步推进工作，河北相继出台了《关于创新乡村旅游扶贫机制的实施意见》《2018年至2020年河北省旅游产业扶贫工作行动方案》等，提出到2020年年底，通过发展旅游产业带动全省具有旅游资源和开发条件的贫困村全部脱贫出列，5万贫困人口稳定增收脱贫。其中，非遗保护和传承对旅游扶贫的重要意义被多次强调，意在努力探索一条"以旅扶贫""兴遗富民"之路。河北还出台了《关于河北省传统工艺振兴的实施意见》，明确坚持"保护为主、抢救第一、合理利用、传承发展"的工作方针，在尊重非遗真实性、整体性和传承性的前提下，深入挖掘河北优秀传统文化资源。

工坊带动是亮点

丰宁县是全国第一批"非遗+扶贫"重点支持地区，也是国家级贫困县。如何让贫困人口稳定持久脱贫一直是当地的重要课题。"扶贫就业工坊"是丰宁县委、县政府大力推进非遗扶贫工作，发挥非遗尤其是传统工艺在助力精准扶贫方面的重要作用，通过非遗项目带动贫困户尽快脱贫、振兴贫困地区传统工艺的重要举措。据了解，通过挖掘整理，丰宁县级以上非遗项目名录共计61项，分布在传统戏剧、曲艺、传统美术、传统技艺、民俗等8个类别中。预计到2020年，非遗将成为丰宁深度贫困村的重要致富项目，全县将涌现一大批非遗助力精准脱贫、推动乡村振兴的示范乡镇、示范村。

近年来，河北各地非遗扶贫硕果累累。布糊画是丰宁重要的非遗扶贫项目，当地有许多从事布糊画创作的手工艺人。丰宁滕氏布糊画公司现有30名布糊画工人，每年创收100多万元，学员大多是贫困村妇女。衡水市冀州区依托省级非遗田园棉手织粗布技艺，由非遗传承人开展技能培训，带动贫困村民脱贫致富。该区开发了纯手工制作的床单、被罩、衬衣、睡衣4大类、150多个品种、500多个花色的系列产品。冀州田园棉被服有限责任公司按照"公司+基地+农户"的方式，组建了400余户家庭粗布作坊，年拉动地方经济收入增长1 000多万元。

加强传承守根脉

2018年，河北乡村旅游和扶贫工作取得新成效，非遗保护和传承全面加强，18个非遗项目入选国家传统工艺振兴目录，43人新入选第五批国家级非遗代表性传承人。2019年，河北省文旅系统将"守护民族文化根脉，提升文化遗产保护利用和传承发展水平"作为重点抓好的工作之一，统筹融合全省贫困地区的民俗文化、民间工艺、传统制作等资源，提升河北旅游非遗扶贫的力度和影响力。

河北各地不断加强非遗传承和工艺发展，成效良好。馆陶县粮画小镇寿东村因"粮画"而兴，年接待游客在百万人次以上。峰峰矿区磁州窑工作室推出的以仿古陶瓷为主的孩儿枕、梅瓶、茶具系列等，遵化市传承300多年制作工艺的皇家金银器、被誉为"国礼石"的蛇绿岩石雕等传统民俗工艺产品都深受游客喜爱。河北省文旅系统将开展"非遗+扶贫"试点工作，在承德市设立国家级传统工艺工作站，建立3个省级传统工艺工作站；在恭王府博物馆设立"非遗+扶贫"产品销售平台；深化丰宁县"非遗+扶贫"试点工作，建立6个非遗扶贫就业工坊，保护传承好非遗，助力旅游产业发展。

数据显示，2018年，河北全年乡村旅游接待人数近1.7亿人次，旅游产业带动全省4.6万贫困人口稳定增收。在河北乡村旅游的迅速发展中，非遗资源开发和项目带动将越来越成为旅游带动扶贫、助力乡村振兴的重要力量。

（来源：中国旅游报，2019-07-10）

课题二 民俗旅游资源认知

一、民俗旅游资源的内涵与分类

民俗旅游资源就是对旅游者具有吸引力、具有一定的旅游功能和旅游价值的民俗事象的总和。民俗旅游资源是人文旅游资源中最绚丽多彩的部分，文化内涵十分丰富。从民俗与旅游的关系来看，民俗旅游资源就是指各个民族、各个地区因其受到不同历史文化、自然环境、民族传统、科技水平等的作用，在生产和生活各个方面表现出来的特殊的民俗事象，如生活习惯、节日庆典、服饰装束、民间艺术、工艺特产、烹调技术、精神风貌、人生礼仪、丧葬习俗、乡规民约、游艺竞技、宗教信仰、价值观念等，只要能够为旅游所用，它们就是旅游资源。

民俗旅游资源的分类方法有很多，如按照开发程度可以分为已开发、半开发、待开发的民俗旅游资源；按照地域可以分为各省市的民俗旅游资源；按照民族可以分为各民族的民俗旅游资源；按照旅游市场构成可以分为外向型、内向型、混合型民俗旅游资源。

（一）根据旅游资源分类的国家标准划分

根据旅游资源分类的国家标准划分，民俗旅游资源可以分成8类。

1. 地方风俗与民间礼仪

地方风俗与民间礼仪即地方性的习俗和风气，例如待人接物的礼节、仪式等。

2. 民间节庆

民间节庆即民间传统的庆祝或祭祀的节日和专门活动，例如汉族的春节、元宵节、清明节、端午节、中秋节等，蒙古族的那达慕大会，藏族的雪顿节等。

3. 民间演艺

民间演艺即民间各种表演方式，例如我国北方地区的秧歌，南方地区的花鼓，民间曲艺中的评书、相声，民间杂耍及民间游戏等。

4. 民间健身活动与赛事

民间健身活动与赛事即地方性体育健身比赛、竞技活动，例如集体性的竞技活动——龙舟赛、拔河、接力赛等，技巧性比较强的竞技——放风筝、踢毽子、跳绳等。

5. 宗教活动

宗教活动即宗教信徒举行的法事活动，例如伊斯兰教的开斋节、佛教的浴佛节等。

6. 庙会与民间集会

庙会与民间集会即节日或规定日子里在寺庙附近或既定地点举行聚会期间进行的购物和文体活动，例如北京的白云观庙会，各地元宵节的灯会，村庄集镇的集、场、墟等。

7. 饮食习俗

饮食习俗即餐饮程序和方式，例如各地区、各民族的烹饪方法和程序、菜肴类型、风味小吃、餐饮服务等。

8. 特色服饰

特色服饰即具有地方和民族特色的衣饰，例如满族的旗袍、纳西族的七星披肩、维吾尔族的绣花小帽、苗族的银饰等。

（二）按照旅游者的需求倾向划分

按照旅游者的需求倾向，民俗旅游资源可以分成4类。

1. 休闲观光型民俗旅游资源

休闲观光型民俗旅游资源是指具有明显的外部特征，容易引起旅游者注意并能够满足旅游者休闲观光需要的民俗事象。民俗事象的范围十分广泛，种类繁多，其中很多具有外在的视觉特征，如街巷、民居、商铺、桥梁、舟车、服饰、集市、节日活动等。民俗事象的外在视觉特征越明显，民俗的文化氛围就越浓厚，旅游价值也就越高。

2. 参与娱乐型民俗旅游资源

能够参与民俗活动并获得娱乐需要的满足，是旅游者对民俗旅游资源提出的进一步要求。民俗旅游资源的大众性意味着其中有许多群体性的民俗活动，这些活动既有观赏性又有参与性。例如龙舟竞渡、泼水节、火把节、风筝节、花儿会、游园会等，旅游者可以通过参与这类民俗活动放松自己的身心，在领略民俗文化意蕴的同时全面地感知、体验民俗旅游的乐趣，满足自己的娱乐需要。我国的参与娱乐型民俗旅游资源丰富多彩，广泛存在于物质、社会、精神民俗之中，具有非常突出的旅游价值。它们不仅是我国各族人民宝贵的物质和精神财富，也是重要的旅游吸引物，尤其是对国际旅游者具有独特的吸引力。

3. 考察型民俗旅游资源

考察型民俗旅游资源比一般的民俗旅游资源具有更深的民族性、地域性、神秘性、益智性色彩，更能反映某地区或某一民族文化的基本内涵和特质。考察型民俗旅游资源主要包括民间信仰、传统聚落、方言土语、神话传说、传统民居、耕作习惯等。考察型民俗旅游资源大多处于待开发的状态中，只有少量的资源已经开发、开放，形成了规模不大的旅游产品。依托考察型民俗旅游资源开发的旅游产品的主要消费群体是那些具有较高文化水平、乐于学习、善于思考的知识型旅游者。

4. 商品型民俗旅游资源

商品型民俗旅游资源是指具有旅游吸引力和实用性、纪念性、工艺性，并且能够开发成旅游商品的民俗事象。旅游购物既是一种旅游动机，又是现代旅游的伴生物。在我国民俗旅游蓬勃发展的过程中，民俗旅游商品的种类日益增多，质量越来越好，文化品位和商业档次也不断提高，对旅游者的吸引力与日俱增。我国商品型民俗旅游资源非常丰富，主要是各种民间工艺品、文房四宝、土特名产、衣料服饰等，如年画、花灯、爆竹、烟花、风筝、剪纸、玩具、丝绸、棉布、葛布、刺绣、印染、编织、雕刻、湖笔、端砚、宣纸、火腿、小吃等，数不胜数。

二、民俗旅游资源的开发与保护

民俗旅游资源开发是指针对已经发现的且具有相当旅游综合价值的民俗旅游资源进行发掘、整理、设计和创造的过程。或者说，民俗旅游资源开发就是以某一地区的民俗文化旅游资源为原材料，经过旅游专家和相关学者共同参与加工改造，使其成为具有旅游多种功能并可产生旅游综合效益的旅游景区或景点的过程。民俗旅游资源开发是一种技术性很强的现代旅游经济文化产业活动。

（一）民俗旅游资源的开发原则

民俗旅游资源是旅游资源的一种，在进行旅游开发时，首先要遵循旅游资源开发的普遍原则。例如，突出旅游资源特色、追求综合效益、保护旅游资源、区域合作开发、多种资源同时开发等。同时，作为一种具有丰厚文化内涵的旅游资源又涉及承载民俗事象的主体——当地居民与外来旅游者的主客关系，社会生活本身成为被开发、观赏、体验和参与的对象，必然使民俗旅游资源的开发具有更加复杂、独特的问题。在开发民俗旅游资源的过程中，应特别注意以下几个原则。

1. 保持民俗文化原貌的原则

开发民俗旅游资源要特别注意保持其原生形态，也就是"原汁原味"。从旅游者参与民俗文化旅游的动机看，人们是为寻找一种与自己生活环境、生活经历完全不同的感受体验而出游的。保持民俗文化"俗"的原貌，保持民俗的真实性，就是使具体的民俗旅游活动项目与旅游者保持较大的文化距离。差异产生距离、产生新鲜感，民俗文化旅游与其他旅游形式的区别就在于民俗文化的特殊性和独特性，而由此所产生的旅游吸引力正是它具有较强竞争力之所在。削弱民俗旅游资源的原始品位，就是抹煞它具有的特点，就会使它丧失竞争力。民俗是历史上形成并传承下来的民间生活文化，其间难免良莠不齐，有的民俗文化形式与现代生活和旅游的需求已存在差距，有的属于必须排除的陋俗，这都需要根据具体情况采取具体的方式加以处理。

2. 凸显民俗文化内涵的原则

在开发民俗旅游资源、建设民俗旅游项目时，要高度重视凸显民俗的文化内涵，深入挖掘民俗的文化精神，力求做到形神兼备地反映当地的民俗。在旅游开发过程中，旅游从业者应该做到：一方面尽量真实地反映当地民俗文化的精髓，让旅游者最大限度地获得旅游享受；另一方面向当地居民大力宣传倡导民俗文化没有优劣之分，自己传承的民俗是世界优秀文化的重要组成部分，在经济发展、文化交流的同时注意保护自己的文化传统，如果失去自己民俗文化的特色，旅游生命力就会丧失。例如，无锡文化主题公园经营成功的主要原因之一就是扎根于吴文化，强调真实，其艺术表演突出"唤醒国魂""点燃民族自尊、自信的火炬"，把艺术表演与吴文化融为一体，让艺术表演深深扎根于江南的稻作、蚕桑、水利、纺织、居室等民俗文化之中。

3. 参与性原则

在大众旅游的时代，任何社会阶层都有机会外出旅游，旅游者的知识水平普遍提高，旅游经验也日趋丰富。越来越多的旅游者要求旅游产品具有深厚的文化内涵，能够为他们进一步理解自己所生活的世界的历史和现实提供机会。旅游者已经不再满足于仅仅作为旁观者去观光、度假，而是要求广泛而直接地参与到旅游活动之中，尽可能体验日常生活中无法获得的人生经验，追求更加完美的生活幸福。民俗旅游资源与自然旅游资源、人文古迹旅游资源相比，其最大的优势就在于它能够使旅游者亲身体验民俗文化，参与各种民俗活动，感受别样的人生，丰富自己对世界的认识，更加深刻地理解生活的价值和意义。在进行民俗旅游资源开发时，应为旅游者创造广泛参与民俗活动的机会。

4. 获得效益的原则

与民俗文化的自然存在不同的是，开发民俗旅游资源的目的是创造社会效益和经济效益。在开发设计中要考虑社会效益问题，也就是应充分考虑旅游开发对当地社会发展的利弊影响，协调诸如就业、环境保护、尊重并维持民族习惯以及保护文化生态等多方面的关系。旅游开发理应带动当地民族、社区、社会的全面发展，而不是造成其社会秩序混乱、动摇其社会结构基础、影响其社会正常发展。在处理好社会效益的前提下，要充分考虑民俗旅游资源开发项目的投入产出比、投资周期以及旅游者的三重承受力。对旅游者来讲，民俗旅游项目既要新鲜、有趣，又要省时、省力；而对旅游从业者来讲，要以民俗文化旅游为主，搞好其他服务，获取最佳经济效益。

5. 保护性原则

保护性原则有两重含义：其一是指对民俗风情旅游资源的保护；其二是指对人类生存空间的

保护。民俗风情旅游资源是人类社会的巨大财富，但有不少人面对它时不是加倍珍惜、妥善保护，而是熟视无睹、淡然处之，甚至还进行破坏性、掠夺性地开发。因此，保护和抢救民俗旅游资源是开发利用的前提，没有保护的开发是掠夺性、破坏性的开发，开发和利用民俗旅游资源也就等于一纸空文。

（二）民俗旅游资源的开发模式

1. 集锦荟萃式开发

集锦荟萃式指的是将散布于一定地域范围内的典型民俗集中于一个主题公园内表现出来，如深圳中国民俗文化村、美国佛罗里达州锦绣中华、北京中华民族园等就是集中表现了中国的民族民俗文化。这一模式的优点是可以让游客用很短的时间、走很少的路程就领略到原本需花很长时间、很长路程才能了解到的民俗文化，这种模式的缺点是在复制加工过程中会损失很多原有的民俗文化信息内涵，如果建设态度不够严谨，还有可能会歪曲民俗文化。

2. 复古再现式开发

复古再现式开发就是对现已消失的民俗文化通过信息搜集、整理、建设、再现，让游客了解过去的民俗文化。如杭州和香港的宋城、无锡的唐城、吴文化公园等就属于这种类型。这种模式的优点是可以令时光"倒流"，满足游客原本不能实现的愿望，但也存在着与集锦荟萃式共同的缺点。

3. 原地浓缩式开发

一些少数民族村落或民俗文化丰富独特的地区由于时代的发展，在建筑、服饰、风俗等方面已有所淡化，不再典型，或者民俗文化的一些重要活动如节庆、婚嫁等，原本只在特定的时期才会呈现，令游客不能完全领会当地民俗文化的风韵，当地政府或投资商就在当地选取一定合适地段建立以当地民俗文化为主题的公园，集中呈现当地民俗文化的精华，这就是民俗旅游资源的原地浓缩式开发，如海南中部的苗寨和黎寨风情园就属于这种类型。这种模式的优点是便利游客充分了解当地或该民族的民俗文化精髓，缺点是在真迹旁边造"真迹"，令游客自然形成对比，对有些游客不能构成吸引力。

4. 原生自然式开发

原生自然式就是在一个民俗文化相对丰富的地域中选择一个最为典型、交通也比较便利的村落对旅游者展开宣传，以村民的自然生活生产和村落的自然形态为旅游内容，除了必要的基础设施建设外几乎没有加工改造，如广东连南三排瑶寨、夏威夷毛利人村落等。这种模式优点是投资很少，让游客有真实感，能自然地与当地居民交流，甚至亲身参与劳作，有很大的活动自由度，缺点是难以将旅游开发带来的利益公平地分配给村民，村民的正常生产生活受到干扰后可能产生抵触或不合作，难以保证村民们在接待游客时保持热情、友好、不唯利是图。

5. 主题附会式开发

主题附会式是指将民俗文化主题与某一特定功能的旅游业设施结合起来，形成相得益彰的效果，如苏州名园网师园传统上仅白天对外开放，让游人能欣赏江南园林的造园艺术和文化内涵，夜间不对外开放。但是网师园推出了"古典夜园"活动后，可以利用园内各厅堂分别表演苏州评弹、昆曲等各种类型的地方民俗文化艺术，游客同时可以领略苏州园林在夜景下的意境，深受好评。

（三）民俗旅游资源的保护原则

旅游是现代社会生活的重要组成部分，是社会经济发展的必然产物，它不仅对经济有巨大的影响，对民俗文化也有很大影响。其影响有积极的一面，如旅游能促进民俗文化交流与传播，促进旅游接待地民俗文化的现代化，促进民俗文化的保护和发展等。同时也有消极的一面，如旅游使民俗文化出现同化和庸俗化，民族传统文化受到冲击。同时由于腐朽生活方式的散播，使传统道德观念的堕落等。因此，在民俗旅游开发过程中，对民俗旅游资源要进行保护性开发。民俗旅游资源的保护原则主要体现在以下几个方面。

1. 依法保护原则

建立和完善民俗旅游资源保护方面的法律法规，相关部门通过法律手段来指导当前的民俗旅游，这样做不仅能够有效地保护民俗文化，而且可以正确引导有关民俗旅游的工作开展。比如，我们可以制定相应的法律法规来对现有的民俗资源进行合理的开发和行之有效的保护。相关部门可以用法律的手段来保护旅游目的地的餐饮文化、娱乐文化、纯手工作品等。

2. 共同保护原则

共同保护是指以民俗旅游资源的保护主体为核心动员全社会力量，共同保护民俗旅游资源。民俗既是当地人的生活方式，又是重要的文化遗产，也是民俗旅游的资源基础。保护民俗旅游资源可以保护当地人的生活方式，民俗旅游资源开发不至于干扰破坏当地人的生产生活，减少民俗旅游发展的阻力；可以保护各地区各民族的文化遗产，保持民俗文化的自然传承和变异；可以为旅游业和旅游者带来长期的利益，保证民俗旅游的可持续发展。因此，各级政府、旅游企业、当地居民、旅游者、大众传媒等应该群策群力，共同承担起保护民俗旅游资源的责任和义务。

3. 整体保护原则

整体保护是指保护民俗旅游资源的形式内容和特征，使它们免遭建设性破坏，保护民俗旅游资源产生和发展的自然与社会环境，营造完整的本土文化意境，吸引游客。民俗是社会环境的子系统，如果社会环境遭到破坏或发生了某种突变，必然会影响到民俗的自然传承和变异，导致民俗旅游资源的巨大变化，可能由此而失去旅游吸引力。

4. 运用现代科技保护原则

运用现代科技保护是指运用各种行之有效的科技手段，保护民俗旅游资源，可以具体应用的科学技术主要有工程技术、物理技术、化学技术、生物技术和计算机技术等。在保护某些物化形式的民俗时，例如民居、桥梁、祠堂、瓷器、绘画、书法、乐器等，可以用工程技术、物理技术和化学技术去整修加固黏合，使之完好如初。也可以综合运用上述各种技术方法，建立民俗博物馆，广泛收藏和集中展示民俗文物，实现保护与开发并重的目的；或者建立民俗文化村和民俗文化公园，使旅游者对旅游地民俗风情的消极影响减少到最低限度。

【延伸阅读】

传统村落文化之根

眼下,传统村落保护已成为热议的话题,庆幸的是,国家相关部门已发起传统村落调查和保护行动。在此行动中,中宁县洪岗子乡石泉村、余丁乡石空村,中卫市沙坡头区香山乡南长滩村、北长滩村,隆德县奠安乡梁堡村、城关镇红崖子村6个村落出现在了宁夏首批"传统村落"的上报名单当中。这些村落的整体现状、目前村民的生存状况以及如何对其实施保护,是我们更为关切的话题。

村落消失,脚步太匆匆

有着上百年历史的北长滩村一直静卧在黄河边。因为偏僻,交通不便,如今大部分年轻人都已搬离,村里只剩下老人留守。老高很担忧,随着自己年事渐高,终有一天不得不离开生他养他的北长滩村。北长滩村是此次宁夏报送的传统村落之一。传统村落承载着历史的基因,是许多人儿时的家园。人口急剧减少、日渐破败的北长滩村如果不加以及时保护,随着这一代老人的逝去也将走向消亡的命运。据自治区住房与城乡建设厅相关负责人介绍,经济发展、家庭组织关系瓦解、城镇化、移民、传统观念变革等因素,导致中卫市沙坡头区诸多村庄快速进入衰退阶段。据了解,我国的自然村10年前有360万个,现在则只剩270万个。由于各种原因,目前我们还无法统计出宁夏近20年或10年来逐步消失的村落的数字。仅从记者于2010—2011年间因民间非遗项目对西海固地区移民进行的采访亲历来看,同心县马高庄乡马高庄村、彭阳县孟塬乡高岔村、冯庄乡小园子村等都随着村民外出打工、搬迁而消亡。宁夏传统村落消失的脚步"匆匆,太匆匆"。

保的是村落,护的是历史

如果不了解中宁县余丁乡石空村的历史,会很自然地质疑有关部门报送其为传统村落的权威性。和宁夏许多村庄留给人的固有印象一样,这个村落的建筑70%以上被崭新的砖瓦房取代,村落里无序地堆放着杂物乱草,这样的村落在宁夏随处可见。而事实上,明史中频频记载的"石空古渡""石空灯火""石空舞龙""炭山古道"皆和该村有关,至今村里还保留着不少古迹和舞龙、舞狮等非遗项目。石空村之所以能入选传统村落,恰恰就是由于它存留下的丰富的文化遗产。

对传统村落的界定是应有比较好的历史建筑,选址、格局有自己的特色和历史,村落里有价值的非物质文化遗产已经列入了国家级非遗名录。为了保护更多的传统村落,国家有关部门还做出了这样的规定:应针对不同的调查对象确定不同的评价标准,主要依据有:传统建筑风貌是否完整;选址和格局是否保持特色;非物质文化遗产是否活态传承。从界定中,我们不难注意到,历史遗留成为传统村落的主要依据。石泉村入围这次保护名录是因村里有一处始建于1939年的中国伊斯兰遗迹;南、北长滩村则因其形成于清朝年间;从梁堡村的堡子建制和砖石上看,有人推断它的村史至少也有三四百年。有了这些历史的沉淀,上述村落才有了独特的精神内核、乡土风俗、生活方式。村落要保护的恰恰就是这些文化遗产。

保得住,也要活起来

中国传统村落保护是一个历史性的文化工程,有专家指出,有效保护必须在保得住的同时,让传统村落活起来。但对于传统村落的保护,不少地方部门的保护思路都还仅仅停留在旅游经济的开发模式上。隆德县奠安乡梁堡村是一座有着上百年历史的古村落,至今村子里还完好保存着一个完整的古堡子，堡子居住着十几户人家，民居保持着浓郁的隆德民居风格。村里的老人擅长编制竹编器物、吼秦腔、唱眉户剧，剪纸刺绣更是家家妇女信手拈来的活计。对于这样的村子如何保护，传统开发模式是看看能不能开发旅游，把堡子里的人迁出来，民居改造成客栈，让当地的非遗传承人进到堡子里来为游客表演，就像银川的镇北堡西部影城那样。但这样的保护传统村落的旅游经济开发模式从来都引起不少争议。正如有关专家所言，"事实上，一些被当作旅游开发项目保留下来的村子不少已被弄得面目全非。因为一个村落进入旅游开发程序后，不可避免要按照商业规律进行改造，这就极易可能使文化被肢解。而这样的村落只是一个'文化空巢'，没有灵魂的村落只是一个旅游区，而不是生命。"对此观点也有人提出质疑：社会在进步在发展，为什么一定要让生活在传统村落里的人依旧苦哈哈地过日子？自治区有关部门对此做出回应，保护传统村落与当地百姓提高生活质量并不矛盾。许多国外的古建筑都保护得很好，法国、意大利多古老的房子、老城里面的设施都很先进，厨房、卫生间都很现代化。所以这方面我们还要不断去研究、去摸索，一方面要保护，另一方面还要保证生活水平不断提高。

所幸的是，目前全国已经实施"中国传统村落保护和发展工程"，首先做的就是对传统村落进行盘点，只有了解家底后，才能根据不同的特点实施一对一的保护方案。保护传统村落是个庞大的工程，十年八年都做不完，但它就像传递火炬一样，一定要把前辈传下来的精华小心翼翼地传给下一代，这是每一代人的文化责任。

（来源：中国民俗新闻，2014-08-16）

【模块回顾】

民俗就是民间风俗习惯，指广大民众在长期的历史生活过程中所创造、享用并传承的文化现象。民俗是在长期社会历史中逐步形成的一种社会现象，是历史的产物。一个民族的民俗形成的原因是多方面的，它受到地域、经济、政治、宗教等因素的影响，这些因素都有可能决定和影响民俗的产生和发展。民俗本身是人类社会生活及为其服务的文化系统的一个组成部分，其功能就是指它在社会生活与文化系统中的地位、它与其他社会文化因素之间的关系，以及它所发挥的客观效用。民俗主要有5种功能，即教化功能、规范功能、调节功能、维系功能和审美功能。民俗旅游资源就是对旅游者具有吸引力、具有一定的旅游功能和旅游价值的民俗事象的总和。民俗旅游资源是人文旅游资源中极为绚丽多彩的部分，文化内涵十分丰富。

【自我测试】

1. 民俗有哪些基本特征？
2. 影响民俗产生与发展的原因有哪些？
3. 民俗的社会功能有哪些？
4. 旅游对民俗有哪些影响？
5. 民俗旅游资源开发与保护的原则有哪些？

【实战训练】

全班学生分成若干个小组，外出进行实地考察，了解当地的旅游活动中对民俗旅游资源的开发与利用情况，并进行评析。

【能力鉴定】

民俗认知学习者能力鉴定表（一）

被鉴定者姓名：_____　　能力单位：<u>民俗基础认知</u>
鉴定或工作场所：_____　　鉴定者姓名：_____

关键能力	评价指标	是否具备能力	
		是	不是
记忆能力	1. 说出民俗的基本含义		
	2. 说出影响民俗形成与发展的主要因素		
	3. 说出民俗的主要类型		
理解能力	1. 理解民俗的社会功能		
	2. 理解民俗的基本特征		

被鉴定者能力：满意_____　不满意_____

对被鉴定者的反馈：

鉴定者签名：_____　　日期：_____

民俗认知学习者能力鉴定表（二）

被鉴定者姓名：_____　　能力单位：<u>民俗旅游资源认知</u>
鉴定或工作场所：_____　　鉴定者姓名：_____

关键能力	评价指标	是否具备能力	
		是	不是
记忆能力	1. 说出民俗旅游资源的含义		
	2. 说出民俗旅游资源开发的基本原则		
	3. 说出民俗旅游资源保护的基本原则		
理解能力	1. 旅游对民俗的影响		
	2. 民俗旅游资源的保护性开发		

被鉴定者能力：满意_____　不满意_____

对被鉴定者的反馈：

鉴定者签名：_____　　日期：_____

模块二
服饰民俗

学习目标

知识要求

1. 了解服饰的含义及其构成
2. 掌握影响服饰民俗的因素
3. 熟悉中外服饰的习俗惯制

能力要求

1. 通过图片展示，能够鉴别典型的中外民族服饰
2. 能够通过实例揭示服饰民俗在日常生活中的重要性
3. 能够设计适用于不同场合的着装方案

课题一 服饰民俗认知

一、服饰民俗的形成

服饰民俗是人类特有的文化现象，服饰民俗既指服饰的所有构成要件，包括衣服、鞋帽，也包括各种发饰、金属与珠宝首饰以及一些附属用具，如头巾、围巾、手帕、扇子、拂尘、伞、荷包等物品，又指人们在有关穿着、佩戴和装饰等方面所形成的行为和文化习惯。服饰民俗是人类物质生产的产物，是一种物质文化现象，同时服饰民俗又是精神文化现象，是人们政治、宗教、哲学、伦理、审美等观念的结晶。

（一）服饰的构成

服饰是有关人体外部装饰的总称。服饰具有护体、御寒、遮羞、装饰和标志等多重基本功能。从构成要素上看，服饰有质、形、饰、色、画5个方面的要素。质是服装原料的性质；形是服装的式样；色是服装的色彩；饰是佩戴的饰物；画是服饰的花纹图案，包括人体自身上的图画，即文面、文身。从构成类型而言，服饰主要有以下4种类型：

第一类是衣着，包括用不同质料如棉、麻、丝绸、毛纺、化纤、皮革制作的衣、裤、袍、裙、帽、袜、鞋等。

第二类是附加的装饰物，包括头发的装饰物如夹、簪、钗、梳；耳部的装饰物如耳环、耳坠；颈部的装饰物如项圈、项链；胸腰部的装饰物如胸针、腰佩；手臂的装饰物如臂钏、手镯、戒指、指环；脚部的装饰物如脚铃等。

第三类是对人体自身的装饰物，如梳各种发式、画眉、描唇、染指甲、镶牙、染牙、穿鼻、隆鼻、束胸、缠足、文面、文身等。

第四类是具有装饰作用的生产工具、护身武器和日常用品，如各种佩刀、腰刀、弩弓；各种背篓、挎包、手提袋、荷包、香囊袋；各种扇、伞以及背孩子的背带、背篓等。

（二）影响服饰民俗的因素

服饰在世世代代的民俗传承中形成了多种类型以及多姿多彩的民俗风貌。影响服饰民俗形成的因素有很多，有的属于人的自然因素，如性别、年龄因素；有的属于社会属性，如身份、社会地位、职业、民族文化背景等；也有的属于由物质生产本身的技术水平所决定的，如原料、工艺技巧等。影响服饰民俗的主要因素有以下几个方面。

1. 性别与年龄因素

自古以来，男女性别在民俗上就有重要区别。历代服饰的发展变化不仅依据了男女在礼仪上的差别，而且民间更注意社会分工的不同，因此使服饰的式样、色彩图案等方面产生了差别。比如古代男女都穿裙，随着衣服使用上的男女分工和不同需要，形成男裤、女裙，进而形成男裤简单、女裙复杂的传统服饰特点。通常男装色彩偏素淡，一般不如女装艳丽。在人生的不同阶段，年龄的差别和增长会带来生理上的很大差别，同时社会礼仪对人生的约束也分有年龄阶段，如男子二十行冠礼，要改服装、戴冠帽，与少年时代告别。因此，服饰也形成了不同年龄的类型。比如，幼儿至今为了方便而穿"开裆裤"，成年人、老年人不穿童装，年轻人穿老年装会被视为未老先衰等。

2. 职业与社会地位因素

服饰的职业特征是服饰习俗的重要标志，它已成为各种职业者往来的鲜明标志。人们穿着衣服都要以自己所从事的职业活动的便利为要求，同时，衣物的构成原料也往往与自己的职业有一定关系。比如，猎户的猎装常用猎获物的皮毛制成，渔家有渔家的穿戴，牧民有牧民的打扮。各行各业的服饰一旦形成，相沿成习，便成为自身的特殊标记。

人的服装本来不具备这种标志，但是，随着家族制度、社会制度和阶级等级的分化，身份的尊卑、地位的高低都促成了服饰习俗的变化，形成了不同地位、不同等级的人的穿戴也对应不同的特点，如"锦衣狐裘"与"布衣葛麻"就标志了等级的贫富差别。在我国传统服饰中，封建时代的等级制度在服制上有十分严格的规定，服饰就是一个人的身份的标志，人们可以根据他所穿着的服装来判断其所任的是文官或是武官、属于哪一品官。

3. 季节性与实用性因素

服饰的产生受不同地理分区气候环境的影响，不同气温带产生不同的服饰，即使在同一地区的不同季节里，春、夏、秋、冬所分成的单、夹、棉、皮等四季衣服也各有类型，以适应当时的季节气候。夏季的短衫、短裤，冬季的皮袄、重裘，各具特色。在现实生活中，人们对不同季节穿什么衣服均已习惯，一旦违反了这种习惯便会显示出它在社会生活中的反常性，从而引起人们对这种违反习俗的主观或客观原因的深究。人们的穿着打扮经常受到社会生活需要的制约。从个人生活需要出发，有内衣、外衣等区分；从个人活动需要出发，又有便服、常服与劳动服、礼服之分；从社会礼仪需要出发，还有冠、婚、寿、丧及各种节日的专用礼服。

4. 质料与色彩因素

质料与色彩是与生产技术水平、自然地理条件有密切关系的因素。绢、绸、锦、缎取决于桑蚕业生产的丝，布取决于棉花的种植与纺织，葛布、麻布取决于栽种葛麻的地方特产，牛羊皮毛服装取决于畜牧业生产。由原料的经济价值和质量又派生出服装质料的差异以及由此而标志的身份地位差异。

色彩的民俗象征有两种：一种是色彩所标志的装饰美的性质；另一种是色彩所标志的信仰方面的性质。这两者在民俗发展中往往是结合的，如阴色、阳色与吉服、丧服都包含对色彩崇拜的信仰。我国传统服饰的色彩与古代先民的信仰相结合，构成了世代服饰的底色，代代传袭。

5. 样式与工艺因素

人们穿着服装总是以人体各部位的活动便利为主要根据的。服装样式在发展演变过程中根据人体各部位的活动便利及特点形成规格，又不断创新，发展至今。衣服样式的关键部位在领、袖、襟、带上；衣服的规格在长短、宽窄、肥瘦上。在实用合体的样式基础上，人们不断创造出更多的仪礼或观赏方面的样式。同时，各类加工工艺如印染、绣嵌、裁缝等工艺技巧给服饰民俗创造了多姿多彩的特色，除了衣服外，帽子与鞋上的装饰工艺在服饰民俗的样式与工艺方面也占有重要位置。

6. 民族差别因素

由各民族的文化传统及民族之间差别而形成的装束上的特点是服饰民俗最鲜明的标志。民族生活和文化传统形成了各民族在服饰上的审美标准，各民族服饰的样式、花色都是按本民族惯例形成的。

二、服饰民俗的发展

服饰的产生和服饰民俗的形成与人类居住的环境、人们的生产生活方式及文化传统关系密切。服饰由最初的遮身蔽体之物发展到今天，经历了巨大的变化。这种变化大体经历了下述4个阶段：

第一阶段，以遮身蔽体、防寒御暑为主要目的。这个时期服饰的特点是：服饰的性别差异、年龄差异还未形成，甚至地区之间的差异也很小，差异性主要因自然条件的不同而形成。

第二阶段，服饰除用于遮身蔽体之外，还以适应生产需要为主要目的，并因生产条件的不同而产生明显差异。如水乡农民及渔民多穿短衣短裤，便于下田耕作、撒网捕鱼，而游牧民族多穿宽大长袍，便于骑马放牧及保护腰腿不受风寒。

第三阶段，服饰随着家族制度、社会制度的变化和社会等级的变化而变化，人们身份的尊卑、地位的高低都在服饰上有所显示。服饰成为社会角色和等级身份的标志，这是社会分工日益复杂、社会等级逐渐严格化的产物。比如黄色衣服是皇家的标志，紫色衣服是达官贵人的标志，灰色、蓝色衣服成了平民百姓的标志。

第四阶段，服饰除具有上述功能外，还能反映出某些社会观念、政治观念方面的变化。在社会观念、政治观念复杂化之后，服饰的功能也随之产生了某些变化。虽然遮体蔽身的实用功能依然得到保持，但服饰的样式、图案、花纹涵纳了更多的社会内容，如礼仪伦常、时代风潮、求吉心理及民族自我意识等。

随着历史的发展，人类生活的领域越来越扩大，但服饰的演变却走上了相反的道路，即越来越简单、越来越大方。现代服饰的等级身份界限和行业界限也在逐渐削弱或消失。许多民族只在节日庆典时才穿体现传统审美特色、风格复杂多样的民族服装。

三、服饰的习俗惯制

服饰具有两大功能：一是区别身份地位；二是表示所处的场合。服饰既是人们生活中不可缺少的物质需求，同时也形成为社会生活中重要的民俗惯制之一。除了各个时代官方政府规定的服饰制度外，民间通常有4种服饰民俗习惯，即实用的、观赏的、礼仪的和信仰的服饰习俗惯制。

（一）实用的习俗惯制

服饰最初的也是最重要的功能是直接地保护人类自身的身体，使其免遭自然力的损坏，体现出服饰的实用价值。实用的习俗惯例就是基于服饰自身的实用价值而形成的民俗习惯。如世界各地的人们普遍追求服装原料、做工的经久耐穿，规格、样式的舒适合体，生产、生活的方便，气候冷暖的适应等习惯。

（二）观赏的习俗惯制

观赏的习俗惯制是在服饰的实用基础上派生出来的民俗习惯，受到人们生活消费水平的严格制约。只有当人们处在正常的生活消费水平时，观赏的习惯才会在社会交往中对社会各阶层在穿着打扮上产生影响，从而形成巨大的习俗压力。服饰质料的差别、素淡与艳丽等色彩的对比、长短与肥瘦对于身体的适当比例、鞋帽与衣裤的协调等往往都不是出于实用的要求，绝大多数情况下是源于人们自觉的美感和社会交往方面的观赏要求而形成的一系列民俗习惯。

（三）礼仪的习俗惯制

礼仪的习俗惯制完全出自社会礼俗的需要，服饰除了考虑服装的实用性或某些观赏性外，在特定的场合更多要考虑的是社会礼俗的需要，从而形成特有服饰礼仪的习俗惯制。如结婚礼服虽然也有观赏的因素，但主要还是满足婚礼仪式的需要，符合传统婚礼习俗的规范。又如我国古代丧服的斩衰、齐衰、大功、小功、缌麻"五服制"，就是自周代以来为封建亲族制度服务的服饰礼俗，亲疏关系严格分明。

（四）信仰的习俗惯制

信仰的习俗惯制是把实际生活中的服饰习俗转移到信仰习俗之中的某种惯制。比如人死后所穿的"寿衣"或将死者生前所有衣物随葬、火化，只是作为"亡灵"生活消费的延续，这纯属信仰的需要。

一、中国汉族服饰民俗

（一）汉族服饰民俗的文化内涵

汉民族传统服饰又称汉衣冠、汉装、华服，是从黄帝即位到公元17世纪中叶（明末清初），在汉族的主要居住区，以"华夏－汉"文化为背景和主导思想，以华夏礼仪文化为中心，通过自然演化而形成的具有独特汉民族风貌性格的传统服饰，明显区别于其他民族的传统服装和配饰体系，是中国"衣冠上国""礼仪之邦""锦绣中华"的体现，承载了汉族的染、织、绣等杰出工艺和美学，传承了30多项中国非物质文化遗产及受保护的中国工艺美术，具有丰富的文化内涵。汉族服饰民俗体现的社会文化观念大致有以下几个方面。

1. 礼仪伦常观念

儒家思想在我国汉族中占据重要地位。儒家重礼仪伦常，重视孝行，这种社会意识在服饰民俗中有很突出的表现：在人生礼仪中，最重要的有诞生礼、成年礼、婚礼和丧礼四次重大礼仪，由此产生四次换装，每次换装都以不同的方式、不同的内容体现了中国的礼仪伦常观念。

2. 和谐统一思想

中国人从文化萌芽的初期就开始把人与自然宇宙统一在一起，将其作为一个整体来考察，形成了"天人合一""天人和谐"的有机整体宇宙观。反映在服装造型上，汉民族服装造型追求的是一种服装随人体活动而自然流露出来的和谐、统一、舒适的空间形态，比如秦汉时期的袍服，唐朝男子的圆领袍衫、女子襦裙、半臂，宋代男子的袍衫、女子的褙子、衫、襦袄裙等，在服装的具体裁剪上不会把服装分成很多衣片来缝合，而是尽量不破坏服装的完整性，保持衣片的完整性，追求一种顺其自然的服装空间效果，表达人与自然融为一体、天人合一的宇宙观。

3. 求吉心理

求福趋吉是中国人一种最普遍的心理趋向。这种趋向反映在许多方面，衣服图案和装饰是其中重要的方面。例如给小孩戴虎头帽、穿虎头鞋是祈望借虎威保佑孩子健康成长，汉族妇女认为插簪花可辟邪、插茉莉花能驱鬼、戴菊花可以长寿等。

4. 审美观念

中国汉族传统服装的造型以线的形式展示着汉民族的审美特征。从结构造型上看，汉族服装的构成特点是平面结构裁剪，服装宽松离体，再加上服装面料柔软飘逸，展示出美妙的意境。在结构上是以两肩支点来支撑服装，这样人体着装必然形成许多衣纹曲线，在视觉上容易形成一种韵律美；而当人走动时，人体的手臂、胸部、臂部、膝盖等多处部位又会交替形成衣服的支点，这些支点的变化造成衣纹线条的变化，由此形成服装的线条美感。这些例子我们可以从中国的传统绘画中找到，比如《洛神赋图》中的"洛神之美"代表了中国古代女性的风采，她"舒袖歌舞、罗袜生尘"，能使人产生若即若离、可望而不可即的虚幻般的美感。

（二）汉族服饰民俗的发展

1. 古代汉族服饰的发展

原始时代的服装形式虽有个别考古资料的发现，但由于材料太少，目前还不能对该时期的服饰作详细的说明。夏商周时期，中原华夏族的服饰是上衣下裳，束发右衽。河南安阳出土的石雕奴隶主雕像头戴扁帽，身穿右衽交领衣，下着裙，腰束大带，扎裹腿，穿翘尖鞋，大体反映了商代服饰的情况。周初制礼作乐，对贵族和平民阶层的冠服制度作了详细规定，统治者以严格的等级服装来显示自己的尊贵和威严。深衣和冕服始于周代，这两种服制对后世都产生了深远的影响。

春秋战国时期在服装方面最重要的变化是深衣的广泛流行和胡服的出现。战国时期的战争促进了汉族宽衣博带、长裙长袍服装的改革。赵武灵王为了提升军队的战斗力，冲破阻力，下令全国穿游牧民族"胡人"的短衣长裤，学习骑射，终于使赵国强盛起来。这是中国历史上第一次服装改革，胡服从此盛行。伴随胡服也传来了"带钩"，它是用于勾束腰革带的，它比革带的扎结方式更加便捷，因而很快就流行起来。

汉代时深衣仍很流行，汉代是传统冠服制的确立时期。汉代的裤是开裆的，后虽然出现满裆裤，但开裆裤仍长期存在。

魏晋南北朝时期是中国古代服装史上又一个大转变的时期。由于大量少数民族进入中原地区，胡服成为社会上司空见惯的装束，一般平民百姓的服装受胡服的影响最为强烈。他们将胡服中窄袖紧身、圆领、开衩等因素吸收到原有的服饰中来。汉族贵族也在胡服的基础上加以变化，方法是将其长度加长，加大袖口和裤口，改左衽为右衽，但礼服仍然是传统的汉族礼服形式。

隋唐时期由于政治和经济的稳定和繁荣，使其能"上承历史服饰之源头，下启后世服饰制度之经道"，所以这一时期成为中国古代服饰制度发展的重要历史时期。男子的常服为幞头、袍衫、穿长勒靴。但此时的袍衫与前朝略有不同，式样为圆领、右衽、窄袖、领袖裾无缘边，此外还有襕袍衫和缺胯袍衫等式样。这种袍衫主要是受胡服影响，并且与汉族的生活习惯和礼仪特点相结合。

宋代的服饰大体沿袭唐制，但在服装式样和名称上略有差异。宋代的"缺胯袍衫"式样有广袖大身和窄袖紧身两种。穿褙子和半臂的习惯极为普遍，但都不能作为礼服穿用。总的来说，宋代的服饰比较拘谨保守，色彩也不及以前鲜艳，给人以质朴、洁净、淡雅之感，这与当时的社会状况尤其是程朱理学的影响有密切关系。

元代男子服饰的形制与深衣类似，衣袖窄瘦，下裳较短，衣长至膝下，在腰间有无数褶裥，形如现今的百褶裙，腰部还加有横襕。此外，元代服饰在质料上发生了较大变化，由于棉花的广泛种植，棉布成为服饰材料的主要品种。

明代的服饰大体上沿袭唐制。明代女装是上穿竖领、大袖、对襟袄，下着长裙，以披云肩及比甲为时尚。云肩就是绘或绣有花纹的披肩。

汉服的式样发展到清末，男人一般内装为对襟衫和长裤，外穿大襟长衫，这就是民间所说的"长袍马褂"；妇女多穿旗袍，外罩马甲。

2. 近现代汉族服饰的变化

辛亥革命以后，男子服饰上的变革首先是"剪辫子革命"，其次是在长衫队列里加进了中西合璧的中山服。女子服饰仍流行旗袍，青年学生中流行短衣短裙，广大农村还流行传统的长衫大裤。新中国成立后，中山装、西裤取代长衫，成为城市男装的主流，但在农村对襟小褂仍是较普遍的服装。20世纪50年代后期，受苏联服饰的影响，女装中曾一度盛行大翻领、双拼扣的"列宁装"，"布拉吉"即连衣裙也受到城市妇女的青睐，成为流行不衰的夏季服装式样。改革开放以来，不论城市农村，各行各业都流行西装、风衣、呢大衣、夹克衫、羽绒服、运动服等新式服装，中国服饰文化得到了极大的丰富。

【延伸阅读】

云南"汉服热"升温　产业链初形成

随着传统文化日益受重视，汉服进入人们视野的情景已经从影视转入到了现实，在昆明各大公园或是街头时不时能看到一些身着汉服的身影。在云南，围绕着汉服制作、销售以及相关活动开展等，已经形成了一条不容小觑的产业链。

汉服影响力不断提升——南强街区是昆明有名的历史文化片区之一。每逢周末，昆明的汉服爱好者们会在这里进行集市，销售汉服、发簪等古风物件，形成了传统与现代交融的特别景象。初期在这里开展汉服活动时引来的是路人们猎奇的眼光，如今大家已经适应了汉服的存在，不需要专门组织便有许多汉服爱好者自发前来。赵先生是云南较早的一批汉服爱好者之一，早在2005年便穿上了汉服上街。他说："我们穿上汉服不仅仅是因为它美，更想要重拾曾经丢掉的文化传统。"事实上，与赵先生有着同样想法的汉服爱好者并不在少数。尽管大多数人一开始是受到古装影视剧的影响才开始接触汉服，但汉服文化得以发展的关键其实在于当前社会愈发重视对传统文化的保护和传承。在第四届昆明市金殿花朝节上就有2000余名汉服爱好者参加活动。

市场处于高速成长期——随着与汉服相关的参与人数增多以及曝光率的增加，汉服市场也迎来了较快发展。根据估算，全国汉服市场的总体主体消费人群已超过200万人，产业总规模约为10.9亿元，市场正处于高速成长期。具体到昆明的市场情况又如何呢？汉服店大多属于个体经营，以线上销售为主、线下销售为辅，这些汉服大多生产自省外，商家通过品牌代理的形式将产品引进到昆明销售。汉服门店老板表示，汉服销售利润不多，以一件售价500~600元的齐胸襦裙为例，省外地区量产模式比较成熟，通过代理进货毛利润差不多在三成左右，这还不考虑租金、员工工资等成本，如果是手工定做，相应的成本更高，价格也就不那么容易被消费者所接受。尽管服装销售方面利润不高，但汉服爱好者们会定期组织开展汉服文化活动，此外也会针对外国学生开展一些与中国传统文化有关的游学项目，只要其中一个环节能实现盈利，那么整个链条都能运行下去。

衍生产业链成盈利点——《2018汉服产业报告》显示，由于现今汉服实体店的数量还相对较少，网络是现今汉服爱好者们获取汉服最主要的方式。不过，围绕汉服的衍生产业链已然形成，不少商家乘着"汉服热"的东风实现了盈利。许多摄影店纷纷推出了汉服主题摄影套餐。一家汉服摄影店工作人员介绍，如今年轻人愿意尝试新颖的东西，像汉服这样兼具美观与复古的事物出现，自然也被越来越多的年轻人接受。不过，也有人表示在欣喜之余也表示了担忧。与现代服饰强调美观、经济、流行不同，汉服自形成以来始终与传统礼仪及文化密不可分。但是，有的商家忽视了对汉服服饰的考据，反而去刻意迎合市场，结果把服装做得过于花哨，与传统意义上的汉服背道而驰。汉服爱好者们有必要深入了解汉服背后的文化历史，做到外在和内在相匹配，这样才能守护传承好传统文化。

（来源：昆明日报，2019-09-17）

二、中国少数民族服饰民俗

（一）东北少数民族服饰

1. 朝鲜族

朝鲜族男子一般穿素色短上衣，外加坎肩，下穿裤腿宽大的裤子，外出时多穿以布带打结的长袍。成年男子的上衣衣长较短、斜襟、宽袖、左衽、无纽扣，前襟两侧各钉有一条飘带，穿衣时系结在右襟上方。他们还喜欢黑色外套或其他颜色的带纽扣的"背褂"即坎肩，坎肩朝鲜语叫"古克"，一般套在上衣"则高利"的外面，多用绸缎作面，毛皮或布料做里，有3个口袋、5个扣，穿上显得特别精神。朝鲜族女装为短衣长裙，短衣有长长的白布带在右肩下方打蝴蝶结，长裙多有长皱褶。裙有缠裙、筒裙、长裙、短裙、围裙之分。短衣朝鲜语叫"则高利"，是一种斜领、无扣、以带打结、只遮盖到胸部的衣服；长裙朝鲜语叫"契玛"，腰间有细褶，宽松飘逸。这种衣服大多用丝绸缝制，色彩十分鲜艳。年轻女子一般爱穿筒裙、短裙，中老年妇女常穿缠裙、长裙。冬天，中老年妇女在上衣外加穿棉（皮）坎肩。

2. 满族

历史上，满族男子多穿带马蹄袖的袍褂，腰束衣带，或穿长袍外罩对襟马褂，夏季头戴凉帽，冬季戴皮制马虎帽。衣服喜用青、蓝、棕等色的棉、丝、绸、缎等各种质地的衣料制作，裤腿扎青色腿带，脚穿棉布靴或皮靴，冬季穿皮制"乌拉"（手工缝制的衣服）。女子喜穿长及脚面的旗装或外罩坎肩。服装多用各种色彩和图案的丝绸、花缎、罗纱或棉麻衣料制成。有的将旗袍面上绣成一组图案，更多在衣襟、袖口、领口、下摆处镶上多层精细的花边。脚着白袜，穿花盆底绣花鞋，裤腿扎青、红、粉红等各色腿带。盘头翅，梳两把头或旗髻。喜欢戴耳环、手镯、戒指、头簪、大绒花和鬓花等各种装饰品。满族妇女不缠脚，所有鞋子都绣有漂亮花饰，鞋底中央垫有10厘米高的木质鞋跟，满族妇女穿着这样的鞋走起路来可保持昂首挺胸的身姿和腰肢摇曳的步态。

3. 鄂伦春族

鄂伦春族的服饰充分显示了狩猎民族的特色。鄂伦春族妇女加工的狍皮结实、柔软、轻便，为了适应寒冷气候和狩猎生活所创制的狍皮衣和狍皮帽独具匠心，别具特色。狍皮衣鄂伦春语叫"苏恩"，多半保持狍皮的本色，用狍筋搓成细线缝制，形式多半为右偏襟长袍，身上装饰"弓箭形""鹿角形""云卷形"等图案，既美观又结实。鄂伦春族的狍头帽戴上去很像一个狍子头，既生动又逼真，而且很保暖，非常精巧别致。

4. 赫哲族

历史上，赫哲人的服饰、被褥等用鱼、兽皮制作。赫哲人的传统衣裤、鞋帽、被褥等绣有各种图案。衣领、衣襟、袖口、下摆、围裙、裤腿、帽耳、鞋面、烟荷包上绣有云纹、几何纹和各种花朵、蝴蝶等。还把鱼、兽皮剪成各种图样，再用颜料或天然植物颜料染成各种颜色缝上。妇女穿的衣服如托领、襟边、袖头、围裙上多绣或镶嵌各种云纹、花朵，过去还用鲜花颜色染于鱼、兽皮衣服上，十分美观，把各种小布块剪成三角形、方形、菱形，拼成各种几何图案，做成被褥。

（二）中南少数民族服饰

1. 土家族

土家族传统衣料多为自织自纺的青蓝色土布或麻布。女装上衣矮领右衽，领上镶嵌三条花边，襟边及袖口贴三条小花边栏杆；下穿"八幅罗裙"，裙褶多而直，后改为裤脚上镶三条彩色花边的大筒裤；姑娘素装是外套黑布单褂，春秋季节多穿白衣，外套黑褂，色似鸦鹊，称之为"鸦鹊衣"。头发挽髻，戴帽或者用布缠头，喜戴耳、项、手、足圈等银饰物。男式上衣为"琵琶襟"，后来逐渐穿对襟短衫和无领满襟短衣；缠腰布带；裤子肥大，裤脚大而短，皆为青、蓝布色，多打绑腿。随着时代的发展，很多地方的土家族穿着已经与汉族差不多，只有在隆重集会和节日或偏僻的山村才能见到土家族的传统服饰。

2. 黎族

在传统服饰中，黎族妇女常穿直领、无领、无纽对襟上衣，有的地方穿贯头式上衣，下穿长短不同的筒裙，束发脑后，插以骨簪或银簪，披绣花头巾，戴耳环、项圈和手镯。男子传统装束一般结发于额前或脑后，上衣无领、对胸开襟，下着腰布（吊襜），部分美孚黎男子上衣与女子无多大分别。在哈黎、杞黎、美孚黎、润黎等方言区少数健在的老年妇女中还保持着传统的文身习俗。

3. 畲族

畲族男子过去一般穿着色麻布圆领、大襟短衣，长裤。冬天套没有裤腰的棉套裤；老年男子扎黑布头巾，外罩背褡。结婚礼服为青色长衫，祭祖时则穿红色长衫。妇女服饰因居住地区不同而款式各异。畲族妇女服饰以象征万事如意的"凤凰装"最具特色，即在服饰和围裙上刺绣着各种彩色花纹，镶金丝银线，高高盘起的头髻扎着红头绳，全身佩挂叮叮作响的银器。畲族妇女的发式与汉族不同。少女喜用红色绒线与头发缠在一起，编成一条长辫子，盘在头上。已婚妇女一般都头戴凤冠，即用一根细小精制的竹管外包红布帕，下悬一条一尺长、一寸宽的红绫。老、中、青不同年龄的妇女发间还分别环束黑色、蓝色或红色绒线。

4. 高山族

台湾高山族传统服饰色彩鲜艳，以红、黄、黑三种颜色为主，其中男子的服装有腰裙、套裙、挑绣羽冠、长袍等，女子有短衣长裙、围裙、膝裤等。饰物种类很多，如冠饰、臂饰、脚饰等，以鲜花制成花环，在盛装舞蹈时直接戴在头上，非常漂亮。

（三）西北少数民族服饰

1. 蒙古族

蒙古族的服饰是受蒙古草原生活环境决定的。长袍是蒙古族人民的传统服饰，袍子肥大，不开叉。过去牧区的冬装多为光板皮衣，也有以绸缎、棉布做衣面的，牧人放牧时可以暖身御寒；夏季一般穿布类，可以防止蚊虫叮咬；颜色一般爱用红、黄、深蓝色。他们还喜欢用红绿色绸缎作腰带，并佩挂吃肉用的刀子，刀鞘装饰十分漂亮，有的还挂着火镰、鼻烟盒等。蒙古族喜欢穿软筒牛皮靴子，长到膝盖，这同样是与牧区自然环境和常年流动在外的游牧生活特点相适应的。农区农民多穿布衣，有长袍（开叉）、棉衣、棉袄、衬衣、衬衫等，冬天多穿毡靴、靰鞡，穿高筒靴的少，也扎腰带。男子喜戴蓝、黑、褐色的帽子，也有用绸子把头缠上的；女子都用红、蓝色的布缠头，冬季和男人一样戴圆锥形的帽子。

2. 维吾尔族

维吾尔族服饰种类多样而优美。维吾尔族传统的男装是"袷袢"（长袍），式样宽松合体，典雅大方。式样多以长外衣过膝，对襟、长袖过手指、无领、无纽扣，穿时腰间系一条长腰巾，腰巾可以起到扣子和口袋的作用，携带食品和其他一些零星物件，随用随取。女子普遍穿连衣裙，外罩坎肩或上衣。妇女和姑娘都喜欢用天然的乌斯蔓草汁画眉，染指甲，戴耳环、手镯、戒指、项链等。妇女外出时要戴头巾或蒙面纱。维吾尔族不论男女老幼都喜欢戴"尕巴"（四楞花帽），上面用黑白两色或彩色丝线绣出各种民族形式的花纹图案。现在，除了传统的服装和服饰之外，在城市的维吾尔族中普遍流行穿时装。

3. 哈萨克族

哈萨克族是以草原游牧文化为特征的民族，服装便于骑乘，其民族服装多用羊皮、狐狸皮、鹿皮、狼皮等制作，反映出山地草原民族的生活特点。男子内穿套头式高领衬衣，青年人的衣领上多刺绣有彩色图案，套西式背心，外穿布面或毛皮大衣，腰束皮带，上系小刀，便于饮食，下穿便于骑马的大裆皮裤，戴的帽子分冬春、夏秋季两种。哈萨克族女子的服饰多姿多彩，她们喜用白、红、绿、淡蓝色的绸缎、花布、毛纺织品等为原料制作连衣裙，年轻姑娘和少妇一般穿袖上有绣花，下摆有多层荷叶边的连衣裙。夏季套穿坎肩或短上衣，冬季外罩棉衣，外出时穿棉大衣。妇女的帽子、头巾颇为讲究。哈萨克族传统的手工艺术是颇具盛名的刺绣，手法有挑、贴、补、钩、刺等，各种美丽图案处处可见，颜色五彩斑斓。

4. 土族

土族传统的男子服装是头戴织锦镶边的毡帽，内穿绣花高领斜襟白短褂，胸前镶一块彩色刺绣图案，外套黑、蓝或紫色坎肩，或穿镶着宽边的长袍，腰系彩花带，脚穿白布袜和云纹绣花布鞋。此外，土族男子还习惯在领口、襟边、袖口和下摆上镶四寸宽的红或黑色的边饰。妇女的衣服更加艳丽，她们头上戴着彩色的圆形织锦绒毡帽，耳朵上戴着长长的银饰，身穿小领斜襟长袍，在长袍的外面套着紫红色的坎肩，腰上系着又宽又长的彩色腰带，彩带两头都有精美的刺绣，上面挂着镶有彩色图案的荷包、针扎、铜铃等装饰品，下穿裙子和长裤，足蹬彩云绣花长筒鞋。她们服饰中最有特色的是七彩花袖，花袖是由红、黄、绿、青、紫五色彩布拼制而成。和年轻人比较起来，老年妇女的装束要简朴得多，她们不穿五彩花袖衫，也不系绣花彩带。

5. 回族

回族服饰的主要标志在头部。男子们都喜爱戴白色的圆帽。回族妇女习惯戴披肩盖头，只把脸露在外面。盖头也有讲究，老年妇女戴白色的，显得洁白大方；中年妇女戴黑色的，显得庄重高雅；姑娘戴绿色的，显得清新秀丽。山区回族妇女爱穿绣花鞋，并有扎耳孔戴耳环的习惯。

（四）西南少数民族服饰

1. 藏族

藏族服饰的基本特征是肥腰、长袖、大襟、右衽、长裙、长靴、编发、金银珠玉饰品等。藏族服饰的形制与质地较大程度地取决于藏族人民所处生态环境和在此基础上形成的生产、生活方式，具有明显的地域性特征。农区男子一般穿黑白"氆氇"（藏族地区出产的一种羊毛织品，可做床毯、衣服等）或哔叽藏袍，衣裤套穿在白衬衣上，外束色布或绸子腰带；妇女藏袍的用料同男装，冬袍有袖，夏袍无袖，内衬各色绸衫，腰前围一块毛织的彩色横条"帮典"，风格独特。牧区男子多穿肥大袖宽的皮袍，大襟、袖口、底边等处都镶着平绒或毛呢，外束腰带；妇女也穿皮袍，皮袍以"围裙"料和红、蓝、绿色呢镶宽边，美观漂亮。

2. 彝族

彝族支系繁多，居住分散，自然环境复杂，社会经济发展不平衡，其服饰在质地、款式、纹式等方面形成了明显的地域特征。大体可根据凉山、乌蒙山、红河、滇东南、滇西、楚雄6个彝族聚居区分为6大类型。凉山彝族传统服饰，男女皆穿右衽大襟衣，披擦尔瓦、披毡、裹绑腿，平时跣足，冬天穿麻鞋。男子头缠中髻，不同次方言区的样式不同，左耳戴蜜蜡珠、银耳环等饰物。男裤在北部方言区根据不同的次方言有"大裤脚""中裤脚""小裤脚"之别。妇女着百褶裙、戴头帕，生育后可戴帽或缠帕，喜佩耳饰、手饰，戴银领牌。传统衣料以自织自染的毛麻织品为主，传统色彩为黑、红、黄三色。图案纹饰多为鸡冠、羊角、火镰、蕨草、窗格等动植物和生活物品。

3. 傣族

傣族服饰淡雅美观，既讲究实用，又有很强的装饰意味，颇能体现出热爱生活、崇尚中和之美的民族个性。各地傣族男子的服饰差别不大，一般都比较朴实大方，上身为无领对襟或大襟小袖短衫，下着宽腰无兜长裤，多用白色、青色布包头，有的戴毛呢礼帽，天寒时喜披毛毯，四季常赤足。这种服装在耕作劳动时轻便舒适，在跳舞时穿着者显得健美潇洒，保留着古代"衣对襟""头缠布巾，喜挂背袋、带短刀"的特点。西双版纳的傣族妇女上穿白色、绯色或淡绿色紧身窄袖短衫，下着各种花样的长及脚面的筒裙，束银腰带。德宏和耿马的傣族妇女上穿齐腰短衣，下着色彩艳丽的筒裙，发髻位于脑后，余发散拖一绺在背后。傣族妇女均爱留长发，束于头顶，有的以梳子或鲜花为饰，有的包头巾，有的戴高筒形帽，有的戴一顶尖顶大斗笠，各呈其秀，各显其美，颇为别致。

4. 纳西族

纳西族男子的传统穿戴大致分两种：一种见于丽江一带，一种见于中甸三坝一带。丽江纳西族男子蓄短发，戴毡帽或缠包头。毡帽中有一种一半卷边、名为"喜鹊窝"帽的，十分潇洒和别具一格。上身内穿麻布和棉布衣，外披羊毛毡或穿羊皮坎肩。下穿黑色或蓝色长裤，腰束带，穿布鞋、皮鞋。中甸三坝一带的纳西族男子穿麻布衣裤，衣为右衽或对襟、长袖外套，衣长到腹部，缠红布包头。各地的纳西族男子服饰都比较简洁，色调明快，显得纯朴自然。青年女性的服饰色彩多偏重于明快、艳丽的色调，中老年女性的服饰色彩则多采用青、黑等色的面料，显得庄重素雅。羊皮披肩是丽江纳西妇女服饰的重要标志。它一般用整块纯黑色羊皮制成，剪裁为上方下圆，上部缝着6厘米宽的黑边，下面再钉上一字横排的七个彩绣的圆形布盘，圆心各垂两根白色的羊皮飘带，代表北斗七星，俗称"披星戴月"，象征纳西族妇女早出晚归，披星戴月，以示勤劳之意。

5. 白族

白族男女都崇尚白色，以白色衣服为尊贵。大理一带的白族男子一般穿白衫、长裤、裹腿、草鞋、外罩黑领褂，或皮质或绸缎，质料考究，俗称"三滴水"，腰系兜肚，下着黑色或蓝色长裤。女子服饰各地有所不同。大理一带多用绣花布或彩色毛巾缠头，穿白上衣、红坎肩，或是浅蓝色上衣、外套黑丝绒领褂，腰系绣花短围腰，下着蓝色宽裤，足穿绣花"百节鞋"。白族姑娘头上戴的头饰上有着"风花雪月"的含义，在白族少女的头饰上，垂下的穗子代表下关的风；艳丽的花饰是上关的花，帽顶的洁白是苍山雪，弯弯的造型是洱海月。

6. 苗族

苗族妇女上身一般穿窄袖、大领、对襟短衣，下身穿百褶裙。衣裙或长可抵足，飘逸多姿，或短不及膝，婀娜动人。便装时则多在头上包头帕，上身大襟短衣，下身长裤，镶绣花边，系一幅绣花围腰，再加少许精致银饰衬托。苗族男子的装束比较简单，上装多为对襟短衣或右衽长衫，肩披织有几何图案的羊毛毡，头缠青色包头，小腿上缠裹绑腿。

7. 侗族

侗族大都穿自纺、自织、自染的侗布，喜青、紫、白、蓝色。黑青色多用于春、秋、冬三季，白色多用于夏季，紫色多用于节日。女裙不分季节，多用黑色，讲究色彩配合，通常以一种颜色为主，类比色为副，再用对比性颜色装饰，主次分明，色调明快而恬静，柔和而娴雅。侗族男子上衣有对襟、左衽和右衽3种，下着长裤，裹绑腿。缠头布为3米长的亮布，两端用红绿丝线绣着一排锯齿形图形。女子穿裙时，上身以开襟紧身衣相配，胸部围青色刺绣的剪刀口状的"兜领"；裹绑腿穿裤时，以右衽短衣相配。盛装时，妇女多穿"鸡毛裙"，也有穿右衽无领上衣，以银珠为扣，环肩镶边，足蹬翘尖绣花鞋。侗族妇女喜欢佩戴银花、银帽、项圈、手镯等银质饰物。

8. 壮族

壮族男装多为破胸对襟的唐装，以当地土布制作，不穿长裤，上衣短领对襟，缝一排（6~8对）布结纽扣，胸前缝小兜一对，腹部有两个大兜，下摆往里折成宽边，并于下沿左右两侧开对称裂口。穿宽大裤，短及膝下，有的缠绑腿，扎头巾。冬天穿鞋戴帽（或包黑头巾），夏天免冠跣足。节日或走亲戚穿云头布底鞋或双钩头鸭嘴鞋，劳动时穿草鞋。壮族妇女的服饰一般是一身蓝黑，裤脚稍宽，头上包着彩色印花或提花毛巾，腰间系着精致的围裙。上衣着藏青或深蓝色短领右衽偏襟上衣（有的在颈口、袖口、襟底均绣有彩色花边），分为对襟和偏襟两种，有无领和有领之别。边远山区的壮族妇女也穿破胸对襟衣，无领，绣五色花纹。劳动时穿草鞋，并戴垫肩。在赶圩、歌场或节日穿绣花鞋。壮族妇女普遍喜好戴耳环、手镯和项圈。

9. 布依族

布依族男女多喜欢穿蓝、青、黑、白等色布衣服。青壮年男子多包头巾，穿对襟短衣（或大襟长衣）和长裤。老年人大多穿对襟短衣或长衫，妇女一般穿大襟短衣，下着长裤，衣襟、袖口等处镶着彩色花边，裤脚处也镶着花边，头缠青色或花格头巾，或将白色印花头帕搭在头上，青年女子的胸前还挂着绣有漂亮花纹图案的围腰。布依族妇女喜欢佩戴银质的手镯、耳环、项圈、足蹬尖鼻绣花鞋。布依族服饰的制作集蜡染、扎染、挑花、织锦、刺绣等多种工艺技术于一身，反映了他们独有的审美特征。

10. 佤族

佤族崇拜红色和黑色，服饰多数以黑为质，以红为饰，基本上还保留着古老的山地民族特色。西盟地区的男子一般穿黑、青色的无领短款上衣，下着黑色或青色的大裆宽筒裤，剪发。用黑、青、白、红色的布包头，喜欢戴银镯，佩竹饰，出门肩挎长刀、挂包。女子多穿贯头、V形领紧身无袖短衣，下穿红、黑色横条纹的筒裙，披发，佩戴银、竹、藤制饰物，喜欢用竹或藤做成圈状饰物装饰在颈、腰、臂腿等处。男女老少都喜欢佩用极具民族特色的佤族挂包，男女青年还用作爱情的信物。服饰原料多为自制的棉、麻土布，染成红、黄、蓝、黑、褐等色，配上各种色线，织出各种各样美丽的图案。

11. 哈尼族

哈尼族男子头裹黑或白色包头，老人戴瓜皮帽，穿对襟上衣和长裤。穿布鞋或用木板、棕绳制作的木板鞋。西双版纳的哈尼族男子身穿右开襟上衣，沿大襟镶两行大银泡。每逢年节或与姑娘约会，小伙子们把美丽的羽毛或鲜花插在头上。澜沧江一带的男子裹黑布包头，身穿对襟上衣，大襟镶两行银币，两侧绣几何图形。哈尼族女子的服饰各地各有特色。红河地区穿右开襟无领上衣，以银币做纽扣，下穿长裤，着盛装时外加一件披肩，有的还系花围腰，打花绑腿。在衣服的托肩、大襟、袖口及裤脚上，都镶有几道彩色花边，坎肩则以挑花做边饰，穿高筒尖头绣花鞋。西双版纳和澜沧江一带的哈尼族妇女下穿长及膝盖的折叠短裙，打护腿。平时多赤足，喜庆节日爱穿绣花鞋。妇女蓄发编辫，少女多垂辫。岁数较大的妇女把辫子盘于头顶，用黑或蓝布缠头或戴自制的帽子。

12. 瑶族

瑶族妇女服饰多样，各支系区别较大，上衣有无领短衣，或袖口宽大、镶边长袖，下身着裤或百褶裙，在衣襟、袖口、裤脚镶边处都绣有精美的图案花纹。瑶族妇女喜爱以银簪、银花、银串珠、弧形银板等配以彩色丝带做头饰，风格别致，式样繁多。部分瑶族男子蓄发盘髻，以红布或青布包头，上衣主要有左襟和对襟短衫，裤子则长短不一。从瑶族的服饰、头饰上的特色可以区分出不同的支系。比如，以衣服的颜色来区分的有红瑶、花裤瑶、花篮瑶等；以头饰来区分的则有尖头瑶、平头瑶等。

13. 毛南族

毛南族男女都喜欢穿着蓝色和青色的大襟和对襟衫，忌穿白色衣服，只有丧事时才穿白色。男装称"五扣衣"，不镶花边，它的特点是有五颗晶亮的铜扣，所以毛南语称"骨娥妮"，意即五颗扣的衣服。领扣一颗，右襟三颗，和领扣垂直相对，肚脐位置还有一颗，下面开襟。衣服口袋缝在右衣襟里不外露。盛装时男性头缠黑头巾，长约八尺。毛南族妇女多穿青色或蓝色右襟上衣，女装最大的特点是镶有三道黑色花边的左开襟上衣和裤子。衣服大多数是青色或蓝色的布料，配上银饰和顶卡花，穿着端庄秀丽，朴素大方。姑娘们会系上一小块长方形的围腰，上边绣着美丽的花纹图案。配上银饰手镯，蓝白相衬。毛南族妇女爱穿绣鞋，有"双桥""猫鼻""云头"3种款式。"双桥鞋"用红、绿两种颜色，在鞋面上镶成两条花边，像两座石拱桥横跨河面，也像一对彩虹吸水，因而得名。"猫鼻鞋"用五色花带，在鞋面上构成勾头的鞋面绣有云藕图案，精致素雅。这些绣花鞋通常放在箱子里保存，赴喜宴和走亲戚时才拿出来穿。

课题三
外国服饰民俗

一、亚洲国家服饰民俗

（一）日本

源于中国唐装的和服是日本人的传统服饰。和服种类繁多，因性别、年龄及穿着场合而异。20岁的姑娘在成人节穿着名为"振袖"的和服；已婚和中年妇女在参加正式仪式时穿的和服叫"留袖"；中年男子参加正式仪式时穿的和服叫"纹衫"（带有家徽的和服）。在不同场合穿的和服也不同：探亲访友和出席婚礼、诞辰日、七五三节、成人节、新房落成礼、新店开张典礼、授奖会等正式仪式时一般穿访问式和服。举行婚礼时，新郎、新娘和宾客既可穿西服也可穿和服，新郎和新娘要更换两种服装，即西装婚礼服和和服婚礼服。和服宽大舒适，端庄文雅，特别是女式和服，色彩和花纹浓淡分明，艳丽夺目，它们既是生活用品，又是具有欣赏价值的艺术品。日本妇女在穿和服时背后总系着一个方方正正的"带包"，这是妇女和服特有的一种装饰品，由一条宽腰带结扎而成。这种腰带一般用绢或丝绸织绣，考究的还要用金银箔和金银线手绣而成，色彩鲜艳，价格昂贵。

（二）泰国

泰国男人通常穿西式长裤，短袖上衣，多数人只是在节日或重要场合穿西装或钦定礼服（高领、三个口袋的丝料上衣）。泰国妇女下装为筒裙，筒裙同纱笼一样，布的两边宽边缝合像一个圆筒状。穿时，先把身子套进布筒里，然后用右手把布拉向右侧，左手按住腰右侧的布，右手再把布拉回，折回左边，在左腰处相叠，随手塞进左腰处；也可以用同样的办法向相反的方向折叠穿用。城市中上阶层的青年男女流行西方现代服饰，农村的男人穿长裤和圆领短袖上衣，劳动时随身带一条深色格子花纹粗布用来擦汗或洗浴，俗称"水布"，平时系在腰上或松散地缠在头上。在农村，无论男女，在家时普遍穿拖鞋或赤脚。

（三）马来西亚

马来西亚人传统服装的特点是又宽又长，穿在身上遮住手脚。一般来讲，马来西亚人男女着装差别甚微，平时男子一般上穿名叫"巴汝"的无领长袖衬衫，下着名叫"卡因"的长到足跟的布质纱笼。纱笼十分宽大，很适应炎热气候。逢年过节或拜亲访友，马来西亚男子总要上着巴汝，下穿长裤，腰部围着一条纱笼，头戴一顶叫"宋谷"的白色无檐帽，脚穿皮鞋。马来西亚的女装主要是纱巾、上衣和纱笼。纱巾多为鲜艳的单色，薄如蝉翼，其长至胸。上衣长袖无领，十分宽，其长至臀，称"巴汝吉隆"。纱笼多是单色的，宽大而多有黄色图案，可垂至足。

（四）印度

印度服饰文化的重要特征之一是喜爱佩戴饰物。印度人自古以来佩戴饰物，从头部、耳朵到胸部、腰部都佩有以金、银为主要材料制成的金属饰物，金属饰物的制作工艺极为精巧，以作为显示经济能力的标志。"得体"是印度男性的传统服装，即上身裸露，只在下身围上一块未经缝制的腰布。在印度人的传统观念中，"得体"与"莎丽"都是不经缝制的裹身布料，统称为"净衣"。"莎丽"是印度女性普遍喜爱的传统服装，为一块漂亮的丝绸布料，用以包裹和披搭身体。现代莎丽一般以长约6米、宽约2米为标准，不需剪裁，穿时把它从左到右缠在身上，一直由腰部围到脚跟，呈筒裙状，上穿短衫，上衫和筒裙之间裸露出腰部。莎丽的另一段留在外边，斜披在肩头。莎丽披肩的用处很多，可以包头、遮脸、防晒，还可以把婴儿绑在腰间，这样母亲抱孩子就轻松多了。莎丽的颜色绚丽多彩，上面绣有各式图案和花卉。穿着传统的"得体"与"莎丽"

人会觉得全身宽松、行动自如、通风良好，与印度的炎热气候十分适应。

（五）越南

越南女性的传统服装一般是长袍加长裤。长袍，越语称为"阿娥寨"，长裤称为"裤瓦"。"阿娥寨"是一种竖领、长袖、掐腰、长至脚踝处、两侧自腰部往下开衩的长袍，与中国旗袍相似；"裤瓦"即西式长裤。优雅飘逸的"阿娥寨"配上潇洒合体的长裤，能更好地衬托出线条美。以白色为主，或有黄、蓝等色的"阿娥寨"通常采用较薄的布料，比较高级的还采用丝绸布料。由于"阿娥寨"两侧开衩很高，稍一动作，前后衣摆极易飘飘荡荡，不仅未碍于双腿行动，而且还有生风散汗之功效。因此尽管越南气候炎热，但大多数妇女还是很喜爱这种服装。

二、欧洲国家服饰民俗

（一）英国

英国人注重服装，穿着要因时而异。英国人讲究穿戴，只要出家门就得衣冠楚楚。中、上层的人士由于过着舒适的生活，因此养成了一种传统的"绅士""淑女"风度。苏格兰男子短裙是苏格兰人的传统服装，当地人称之为"基尔特"。它形成于中世纪，是用花格子呢料制作的，是一种仅从腰部到膝盖的短裙，前面带有一小块椭圆形的垂布和很宽的腰带。今天的苏格兰男子平时一般不穿它，但一到喜庆节日男子们就会纷纷穿上它，在民族乐器的伴奏下翩翩起舞、裙子飘动，将裙子的方格完整地展现出来。按英国商务礼俗，男士随时宜穿三件套式西装，打传统保守式的领带。平时的穿着如果上下身是不成套的，一般不系领带；若穿全套衣服则要系上领带。近年来男子双排扣式已让位给单排扣式。穿双排扣要将扣子一一系上；单排扣则反之，平时可以不系，遇有正式场合也只系其中的一个扣子：两个扣子的系上面一个，三个扣子的系中间一个。

（二）法国

法国人对于衣饰的讲究在世界上是极为有名的，所谓"巴黎式样"在世人耳中与时尚、流行含义相同。在正式场合，法国人通常要穿西装、套裙或连衣裙，颜色多为蓝色、灰色或黑色，质地考究。出席庆典仪式时一般要穿礼服。男子的常礼服用于仪式类重要场合穿着，现多是双排扣全套西服，色彩多为黑、灰或蓝色三种。纯一色的深蓝说明有代表官方的身份。同时必须穿西服背心，因为让人看到衬衫和裤子的结合部是不雅的。女子的常礼服为质料、颜色相同的上衣与裙子，可戴帽子与手套。小礼服为长至脚背而不拖地的露背式单色连衣裙式服装，大礼服则为一种袒胸露背的单色不拖地的连衣裙式服装，并佩戴颜色相同的帽子、长纱手套及各种头饰、耳环、项链等首饰。

（三）德国

德国人在穿着打扮上的总体风格是庄重、朴素、整洁。民族特色与时髦时装并不是德国人的服饰特点，穿戴整齐才是德国人在穿着上最显著的特征。德国人在工作时都要穿上干净整洁的工作服，下班之后也非要穿戴得整整齐齐才能上街。如果是去做客，穿戴则更要讲究些；如果是去看戏，尤其是看歌剧，那么女士要穿长裙，男士要穿礼服，如不穿礼服，至少也要穿深色服装。上层社会或社交界的正式宴会等活动在着装上更有一套讲究。在德国的大城市，妇女们参加婚礼、葬礼、宴会、舞会时要戴手套，参加正式的午餐或招待会要戴帽子，晚宴要穿晚礼服，而且不论是服装、鞋帽还是手套、手袋，都要求在样式、颜色上搭配。德国人在穿着服饰上其民族特征并不明显，只在某几个区域，当地的居民还保留了一些本地特有的风格。如巴伐利亚地区仍然保留了传统的鲜艳服饰：男人多戴插着羽毛的小皮帽，穿背带皮裤，女人穿类似围裙的裙装，显现了劳动者的形象。

在德国汉堡，男士爱戴小便帽，这种小便帽已成为汉堡人服饰上的一个显著特征。民族服饰被德国人看作是宝贵的民族遗产，平日里小心地珍藏着，只有在重大节日和喜庆活动需要表演传统节目时才被拿出来穿戴，用五彩缤纷的传统服装为欢乐的气氛涂上艳丽的色彩。在德国，男人们一般喜欢蓄连腮大胡子，而且样式多种多样，男士们根据自己的脸形、发式及胡须的疏密长短经常不断地修整和梳理胡须，通过不同样式的胡须来体现自己特有的风度和气质。

（四）意大利

意大利人注重服饰，穿衣服讲究合体；注重服装的色泽和款式，上衣、裤子和皮鞋颜色搭配讲究协调；服装的颜色和样式要与自己的肤色与性格相适应。他们逢年过节或去剧院观看演出，以及前往亲戚、朋友家做客时，衣着十分讲究。一般妇女穿戴、打扮得很漂亮，她们喜欢穿裙子，很少穿长裤。服装样式很多，颜色各异，无奇不有，中老年男士也穿红色上衣、碎花衬衫。意大利人习惯在不同的场合穿不同的服装。意大利服装大体可分为民族服装、普通服装、流行服装和正式服装四类。民族服装代表各民族的传统习惯，古罗马人、拉丁人都有自己的民族服装，平时一般不穿，遇有重大节日、喜庆活动或表演传统节目时人们才穿上五彩缤纷的民族服装。平常生活中，意大利人都穿普通服装。男士穿各种衬衫、T恤衫、夹克、牛仔裤及各种长裤，妇女穿绣花衬衣、棉麻丝绸上衣、连衣裙、短裙等。他们在工作之余或外出旅游时穿休闲装；打球时穿运动服；滑雪时穿鲜艳漂亮的滑雪衣，配长筒靴、手套和彩色的滑雪帽。

（五）西班牙

西班牙男子的传统服饰大体是简练而朴素的，上穿白色的衬衣、无领背心和外衣，下穿黑色的紧身裤。宽阔的刺绣纹饰腰带系扎在腰部，脚上的皮鞋款式和女鞋大致相同，鞋舌也是长的。由于男子用鞋跟蹬地更为有力，所以在鞋跟处钉上鞋钉和金属片，一方面起着保护鞋跟的作用，一方面也可以使发出的声音更加响亮。男士的外衣和马裤上都装饰着穗带，头上戴着遮阳的黑色檐帽。

披风也叫披肩，是西班牙妇女常用的外套，属于西班牙妇女特有的传统服饰。披风一般没有袖子也没有领子，但左右侧有口袋，可装些零碎东西。披风有长有短，长的延至膝盖，短的只到腰间。传统的披风面料讲究且大多绣花，图案典雅美观，色调也很亮丽，有的配上一条色彩淡雅的裙子，整体看起来十分协调，是华丽与朴实的统一体，极富美感。

斗牛是西班牙的传统习俗活动。斗牛士一般有着专门风格的传统服饰：头戴三角帽，身穿白衬衣，外罩长及腰际的坎肩或带袖上衣；下身穿紧腿裤，斗牛士裹着的长长的绑腿是用钢片折叠而编成的；脚下穿矮勒软牛皮马靴；斗牛士身上的斗篷红里黑面，肥而长。这些服饰既可以起到保护躯体的作用，又可以使斗牛士显得精明强干。无论短上衣还是裤子，上面都有精致的刺绣，具有浓郁的民族色彩。

（六）俄罗斯

俄罗斯人很注重仪表，在穿着服饰上讲究色彩的和谐、整体的搭配。比如，他们家中的衣橱里起码备有三种不同场合穿着的衣服，即家居服、运动服、西服。在家穿休闲服，外出旅游穿运动服，上班则穿西服。俄罗斯大部分作为日常穿着的传统服装早已被世界服装的潮流所冲淡，有两款大众化的服装——"鲁巴哈"和"萨拉范"深受妇女们的喜爱。每逢传统节日到来，人们就穿上这种富于民族风味的服装。由于这种服装色彩艳丽，装饰细腻，能烘托气氛，逐步变成了人们的节日盛装。"鲁巴哈"是传统的女装，其样式有点像长袖连衣裙。从前，俄罗斯妇女下地除草时都穿鲁巴哈，因为长袖能防止稻草扎刺皮肤，因此鲁巴哈又被称为"割草裙"。鲁巴哈没有腰身，穿着时须束腰带。最早的鲁巴哈用亚麻制成，不仅样式单调，而且缺乏色彩。

"萨拉范"为女士连衣裙，是一种在俄罗斯帝国时期曾十分大众化的服装，款式颇像今天人们穿的太阳裙或沙滩裙，但用途绝非像太阳裙那么单调，它是一年四季都可以穿的服装。冬季穿的萨拉范用厚呢粗毛、毛皮制成，是过去俄国妇女的典型服装。人们贴身穿棉麻衬衣，外面穿萨拉范，再围上厚厚的大披肩，穿这一身就可以御寒过冬了。萨拉范的面料有手工蜡染、粗麻布、印花布等，衣服上饰有绣花、补花、丝带，变化多端的装饰和色彩使萨拉范显得自然、活泼、随意。俄罗斯妇女通常在暖气供应不错的冬季穿着棉布的萨拉范在家中料理家务。

三、美洲国家服饰民俗

（一）美国

美国人穿着比较随便，上学、购物、看电影或是拜访人家都可以身着便服。平常日子里，男女老少都是以纯棉的T恤、衬衫、牛仔裤和软底鞋等休闲服装为主。纽约人即使到百老汇看歌剧也会身着牛仔裤或西服短裤，手拿可乐、爆米花，一派悠闲自在。美国人尤其是美国的年轻人对衣服的要求有三条：一要保暖；二要口袋多；三要耐脏。保暖的目的是显而易见的，口袋多是为了能装上各种必需的随时要用的东西，而且可以分门别类，耐脏是为了减少洗涤的次数、节约时间。美国现在流行的衣服都是根据这些要求设计制作的。一种是紧身夹克衫，这种夹克衫的口袋多。另一种是"牛仔裤"，这种裤子裆短紧身、结实耐穿，深受淘金者的喜爱，后来有人提议在裤腰和臀部装上铜钉和铁扣，使裤子外观更美，颇受顾客的青睐。西服也是美国人的常服之一。富贵阶层及一些名人十分讲究西服的款式及面料，一些电影明星也很注意其衣着，他们的服饰往往成为最新时装。美国人虽着装随便，但也讲究社交礼仪。一般来说，美国人不穿背心出入公共场所，更不穿睡衣出门。

（二）加拿大

在加拿大，不同的场合有不同的装束。在教堂，男子着深色西装，打领结，女士则穿样式庄重的衣裙。在参加婚礼时，男子或穿西装或穿便装，穿便装时不打领带。妇女则不宜打扮得过分耀眼，以免喧宾夺主，更不宜穿白色或米色系列的服装，因为象征纯洁的白颜色是属于新娘的。到朋友家做客或参加宴会，男子要穿整套深色西装，妇女则应穿样式庄重的衣裙，可稍事化妆，不宜太浓。如参加非正式的宴会或主客双方彼此很熟识，男子可穿不同颜色的上装和长裤，女士着整套衣裙或衫裙，服装颜色不宜太显眼，款式不能过于奇异。加拿大青年人喜爱那种能体现现代生活的节奏感、使着装者显得潇洒、干练的服装，如牛仔系列服装就很受青睐。

（三）墨西哥

墨西哥最著名的传统服装是"恰鲁"和"支那波婆兰那"。前者是一套类似于骑士服男装，由白衬衣、黑礼服、红领结、大檐帽、宽皮带、紧身裤、高筒靴组成；后者则为裙式的女装，它多以黑色为底，金色绲边，并以红、白、绿三色绣花，无袖、窄腰、长可及地，穿起来显得高贵、大方。如今墨西哥城市居民的衣着已基本欧化，但仍可看到传统文化的痕迹。墨西哥人喜欢白色，男子的白衬衫衣襟上仍绣有花纹图案。在乡下，男子平时上着白色衬衣，下穿白色米色长裤，头戴草帽，脖系红绸印花领巾，脚穿牛皮凉鞋，有时还外搭马甲或斗篷。妇女则常穿色调鲜艳的绣花长裙和衬衣，图案和款式变化多样，此外还喜欢披一块用途多样的披巾。

（四）巴西

巴西的男子平时穿短裤和衬衫，女士在穿着上也没有严格的限制，她们通常喜欢穿色彩艳丽的裙装。巴西的黑人妇女习惯上身穿短上衣，肩披又长又宽的围巾，下身穿肥大的花裙。她们喜欢戴手镯，并在腰带上系上许多垂饰。

在正式场合，巴西人的穿着十分考究。他们不仅讲究穿戴整齐，而且主张在不同的场合里人们的着装应当有所区别。在重要的政务、商务活动中，巴西人主张一定要穿西装或套裙。在一般的公共场合，男士至少要穿短袖衬衫、长西裤，女士最好穿高领带袖的长裙。在巴西的一些参观景点甚至有关于衣着的硬性规定：如参观总统府"高原宫"、高等法院"正义宫"等，男士须着长衫、长裤，女士着裙方可入内。

四、非洲国家服饰民俗

（一）埃及

埃及的传统服装是阿拉伯大袍，在农村不论男女都以穿大袍者为多，城市贫民也有不少以大袍加身。20世纪20年代后期，西方服装逐步进入埃及。当地妇女喜欢戴耳环、手镯等。在一些边远地区，女子外出还保留着蒙面纱的习俗。埃及人崇尚绿色和白色，讨厌黑色和蓝色，用白色和绿色表达吉祥的意思，用黑色和蓝色表达诅咒的意思。埃及人以右为吉祥，以左为晦气，如穿鞋时先穿右脚，后穿左脚。

（二）毛里塔尼亚

毛里塔尼亚位于撒哈拉沙漠西部，因受赤道及大西洋的影响，这里的气候异常恶劣，终年少雨，狂风时常席卷沙漠，所以在这里生活的人们形成了奇异的服饰习惯。他们的服饰特点总的来说是男袍女裙，简便实用。男人一般穿白色或蓝色的长布袍，袍子前胸上开着两条长缝，里面缝制着两个大口袋，可盛不少的钱物，头上缠裹着白布头巾，脚穿草鞋式的兽皮凉鞋。长布袍既能遮阳避风，又能当作睡袋。而长长的布头巾用处更大，白天在沙漠里行走时，人们用宽大的头巾裹着头和脸，只露出眼睛，以遮挡赤日烧灼和风沙的袭击；夜晚气温骤降，凉气逼人，又可包头围颈以御寒。女人一般爱穿黑色或白色的长裙，头上蒙着与长裙同样颜色的围巾。

（三）坦桑尼亚

坦桑尼亚是个多民族的国家，各部族人都有自己的民族服饰。一般来讲，城镇居民穿着较讲究，男子喜欢穿猎装和T恤衫；女子上身穿一件月牙背心或圆领汗衫，下身穿色彩艳丽的裙子。裙子用两块2米多长的布料先在身上围一块，用手在腰部位一按一搭，然后再用同样的方法覆盖上一块，头上通常还要包上一块花布。

坦桑尼亚北部的马萨伊草原上居住着马萨伊民族。这个民族的审美观很有特点，他们以女子剃光头、男子梳辫子为美，男子通常扎着粉红色辫子。他们的穿戴也别具一格，男女都有耳孔，戴着大耳环，女子的脖子上还戴着一圈圈颜色不同的珠环，男女的衣服都是一块大布，白天当衣服穿，夜里当被盖，身上终日围着布。

【延伸阅读】

西装搭配

西装一般有正版西装和休闲西装之分，一般西装都要搭配领带，领带的颜色可以各式各样，西装还要搭配合适的西裤、皮鞋和皮带，这才是完整的西装搭配。在现代社会中，正统西装的穿着知识和色彩搭配成为男士是否具有成功人士素质的标志之一，而出色地把握穿西装搭配之道也成为提高文化品位和走向成功的阶梯之一。

一、基本搭配要点

搭配	要求
西装穿着要领	1. 穿双排扣的西装一般应将纽扣都扣上 2. 穿单排扣的西装，两粒扣的只扣上面的一粒，三粒扣的则扣中间的一粒或扣上面两粒 3. 在一些非正式场合可以不扣纽扣 4. 穿西装时衬衫袖口一定要扣上 5. 西装的驳领上通常有一只扣眼，叫作"插花眼"，是参加婚礼、葬礼或出席盛大宴会、典礼时插鲜花用的，在中国人们一般无此习惯 6. 西装的衣袋和裤袋里不宜放太多的东西，最好将东西放在西装左右两侧的内袋里 7. 西装的左胸外面有个口袋，是用来插手帕用的，起装饰作用，在此胸袋里不宜插钢笔或放置其他东西
西装与衬衫	1. 穿西装时，衬衫袖应比西装袖长出1～2厘米 2. 衬衫领应高出西装领1厘米左右 3. 衬衫下摆必须扎进裤内 4. 若不系领带，衬衫的领口应敞开 5. 在正式交际场合，衬衫的颜色最好是白色的
西装与领带	1. 凡是参加正式交际活动，穿西装都应系领带 2. 领带长度以到皮带扣处为宜 3. 穿马甲或毛衣时，领带应放在它们后面 4. 领带夹一般夹在衬衫的第四至第五个纽扣之间
西装与鞋袜	1. 穿西装时不宜穿布鞋、凉鞋或旅游鞋 2. 庄重的西装要配深褐色或黑色的皮鞋 3. 袜子的颜色最好为黑色，袜子要长，不能露肉

二、不同场合的着装搭配

场合	要求
正式场合的着装	正式场合——宴会、正式会见、招待会、婚丧礼、晚间的社交活动，必须穿深色西服，穿白色衬衫，佩戴有规则花纹或图案的领带，颜色对比不宜太强烈
半正式场合的着装	半正式场合——上班、午宴、一般性访问、高级会议和白天举行的较隆重活动，可以穿中等色、浅色或较明快的深色西服，穿素净、文雅与西服颜色协调的衬衫，佩戴有规则花纹的或素雅的单色领带
非正式场合的着装	非正式场合——旅游、访友等，穿着较为随便自由，可选择色调明朗轻快、花型华美的西服，衬衫可任意搭配，领带也可自由搭配
女子的西式服装样式	按传统要求，在正式的交际场合，女子一般应穿礼服；在一般的交际场合女子可穿各式各样的裙子，正式一点的场合则穿西服套裙

三、不同季节的着装搭配

季节	要求
春	万物复苏，欣欣向荣的气象张扬着轻松而温暖的心情。这一季的颜色可以是光谱中的任意一组，由冷色向暖色过度是最常见的，例如米黄、葱绿； 面料质地以紧密、有弹性的精纺面料为主； 结构最好是协调搭配的两件套加风衣
夏	烈日骄阳，无处躲藏的炽热让人们渴望凉爽。中性色、白与黑的对比，纯质和明质相对弱些的颜色会受欢迎，例如：本白、象牙黄、浅米灰； 棉、麻、丝是这一季着装的首选面料； 式样简单而裁剪恰当、做工精致的套装可以在工作时或晚会上穿
秋	草木萧疏，满地黄叶，堆积起沉甸甸的收获心情。由一组暖色面料构成的着装方式值得推荐，例如：咖啡色、芥末黄； 秋季最能体现"整体着装"的方式，如两件套的套装、带有马夹的三件套装，或许再加上堑壕式外套——潇洒的风衣； 面料的选择可以多样化，值得考虑膨松的质地和柔软的裁剪
冬	寒极暖至，自然界的暗淡给人们创造展示色彩的机会，反季节的颜色同样会有吸引力，常规的应该是深灰、姜黄、深紫、褐色； 冬季以整齐、精致的搭配形象出现需要技巧，服装面料可以用羊毛、羊绒、驼绒为原料

（来源：百度百科）

【模块回顾】

服饰民俗是人类特有的文化现象，服饰民俗既指服饰的所有构成要件，包括衣服、鞋帽，也包括各种发饰、金属与珠宝首饰以及一些附属用具如头巾、围巾、手帕、扇子、拂尘、伞、荷包等物品，又指人们在有关穿着、佩戴和装饰等方面所形成的行为和文化习惯。

服饰在世世代代的民俗传承中，形成了多种类型以及多彩多姿的民俗风貌。影响服饰民俗形成的因素很多，有的属于人的自然因素，如性别、年龄因素；有的属于社会属性，如身份、社会地位、职业、民族文化背景等；也有的是由物质生产本身技术水平所决定的，如原料、工艺技巧等。服饰是社会物质生产的产物，也是社会观念变化的承载体。在人类社会早期，服饰的变化主要来自构成要素的变化。而人类跨入文明时代之后，服饰的变化主要来自观念的变化，服饰成为观念变化的载体，具有丰富的文化内涵。

【自我测试】

1. 服饰的含义是什么？服饰有哪些类型？
2. 服饰民俗的形成分为哪4个阶段？
3. 影响服饰民俗的主要因素有哪些？
4. 服饰的习俗惯制有哪些？
5. 中国服饰有哪些文化内涵？

【实战训练】

全班学生分成若干个小组,外出进行实地考察,了解当地对服饰民俗文化旅游资源开发利用的情况,并进行评析。

【能力鉴定】

服饰民俗学习者能力鉴定表(一)

被鉴定者姓名:_____　　能力单位:服饰民俗基础认知
鉴定或工作场所:_____　　鉴定者姓名:_____

关键能力	评价指标	是否具备能力	
		是	不是
记忆能力	1. 说出服饰的基本类型		
	2. 说出服饰民俗形成与发展的四个阶段		
	3. 说出影响服饰民俗的主要因素		
理解能力	1. 服饰民俗体现的习俗惯制		
	2. 服饰民俗包含的社会文化观念		

被鉴定者能力:满意_____　　不满意_____

对被鉴定者的反馈:

鉴定者签名:_____　　日期:_____

服饰民俗学习者能力鉴定表(二)

被鉴定者姓名:_____　　能力单位:服饰民俗实例展示
鉴定或工作场所:_____　　鉴定者姓名:_____

关键能力	评价指标	是否具备能力	
		是	不是
辨识能力	1. 鉴别20种以上的中国民族服饰		
	2. 鉴别5种以上的外国服饰样式		
应用能力	设计2~3个适用于不同场合的着装方案		

被鉴定者能力:满意_____　　不满意_____

对被鉴定者的反馈:

鉴定者签名:_____　　日期:_____

模块三
饮食民俗

学习目标

知识要求

1. 了解影响饮食民俗的因素
2. 掌握饮食民俗的类别
3. 熟悉中外饮食的习俗惯制

能力要求

1. 能够根据食物烹调方法及口味特点辨别其所属菜系
2. 能够通过实例揭示饮食民俗的旅游价值
3. 能够利用不同的饮食民俗开发特色旅游项目

课题一 饮食民俗认知

饮食是人类生存与发展的第一需要，也是社会生活的基本形式之一。不同的文化背景有着不同的饮食观念和饮食习俗，最终形成不同的饮食文化。

饮食民俗是指人们在筛选食物原料、加工、烹制和食用食物的过程即民族食事活动中所积久形成并传承不息的风俗习惯，也称饮食风俗、食俗，它是民俗中极富特色的事项之一。中国饮食文化的历史源远流长，博大精深，经历了几千年的历史发展，已成为中国传统文化的一个重要组成部分，在长期的发展、演变和积累过程中，中国人在饮食结构、食物制作、食物器具、营养保健和饮食审美等方面逐渐形成了自己独特的饮食民俗，最终创造了具有独特风味的中国饮食文化，成为世界饮食文化宝库中一颗璀璨的明珠。

一、饮食民俗的形成与发展

（一）饮食民俗的形成

饮食民俗文化随着人类社会的出现而产生，又随着人类社会物质文化与精神文化的发展而不断丰富。饮食民俗文化源远流长，它的形成与发展经历了生食、熟食和烹饪3个阶段。

1. 生食阶段

生食阶段就是自然饮食状态阶段，指原始人采集到任何果实以及抓到任何动物及鱼类等均不用火烤，稍加处理就直接食用。如今，许多地方还有古老的生食习俗的遗留，如吃生鱼，有些地方还有腌制生鱼、生肉的习俗，这显然是古老食俗的一种变异传承。

2. 熟食阶段

熟食分烤食和煮食（炒食）两类。当火发明之后，首先出现的是烤制食品，逐渐地生食习俗也就被取而代之了。但生食习俗并没完全消失，它以另一种方式传承下来，如至今有些地方煮鸡蛋时并不把鸡蛋完全煮熟就吃了。烤也是一种古老的食俗，方法很多，如用烧红的石片、石块烤肉吃。还有傣族的香竹饭，其制作方法是：砍断香竹，从有节的地方断开，盛入米和水，封口，放在火里烧，隔一段时间后破竹取食。

3. 烹饪阶段

烹饪是在熟食的基础上发展起来的。随着生产的发展、社会的进步，人类的食物来源扩大了也丰富了，从而有了主食和副食的划分。稻米、小麦、玉米、高粱、小米等成了人类社会的主要食物；蔬菜、禽蛋、肉类成了副食。各种主食与副食的不同配置形成了不同的风味和民族特色食品。饮料在饮食习俗中也占有不可忽视的地位，饮料一般有茶、酒和奶等，其中以茶和酒为主。

（二）影响饮食民俗的因素

饮食习俗的形成与发展主要受到经济、地域、民族以及宗教信仰等因素的影响。

1. 经济因素

饮食民俗虽然是一种文化现象，但其孕育和变异无疑会受到社会生产力发展程度和农业生产力布局的制约。有什么样的物质生产基础便会产生相应的膳食结构和饮食风格，农业生产的多样性又为各地饮食民俗多样性提供了物质基础。

2. 地域因素

自然地理条件是人类赖以生存和发展的物质条件，饮食民俗对自然条件有很强的选择性和适应性。各地的地形、气候、水文、土壤、生物等因素都有较大的差别。地域及气候等条件不同，食性和食趣也不一样，如东南待客重水鲜，西北迎宾多羊馔，均与"就地取食"的生存习性相一致。饮食民俗的地域差异正是各种民间风味和各种菜系形成的重要原因。

3. 民族因素

由于各民族所处的自然和社会条件不同，人们在长期的生产和生活实践中经过世代的传承和变异，形成了区别于其他民族的、自己所特有的传统饮食民俗。

4. 宗教信仰因素

随着道教、佛教、伊斯兰教、基督教的兴起、传播和流行，饮食民俗也随之受到较大的影响，教义和戒律对教徒的约束力很大，这类约束民俗一旦形成就很难改变。因此原始信仰和宗教教义在一定程度上影响着饮食民俗的发展。

二、饮食民俗的特点

饮食民俗的特点一般来说体现在两个方面：一是由饮食事项本身的内在属性显示出来的；二是饮食事项在时间、空间及发展过程中显示出来的。

（一）共通性与特殊性

共通性，即不同肤色、不同国别、不同民族的人的饮食都是遵循一定的习俗惯制的，没有人能够不饮食。具体表现在两个方面：一是饮食是维持人的生命的基本前提，是人们恢复体力、补充营养、增进健康的生理需要；二是在各民族文化交流与传播过程中，一些民族化的饮食习俗逐渐为他民族所接受并被转化为国际化的习俗，成为人类共有的民俗事项。

特殊性指有些饮食习俗只在有关的节日、礼仪中进行，常态的生活情景中不仅没有，而且也不具有这种内涵，它通常与礼仪的内涵相一致。如汉族婚姻礼仪中的主题一般有3项：第一项是夫妻生活和谐，第二项是生儿育女，第三项是孝敬公婆。在婚姻礼仪中的饮食活动都是围绕这些主题进行的，如喝交杯酒、吃子孙饺子等礼仪。

（二）民族性与地方性

民族性，即不同民族间的饮食习俗所表现出的不同特征。它包含有两层意思：一是指同一种饮食事项在不同民族中具有不同的特点；二是指不同的民族生活中有不同的饮食民俗事项在传承，即只有这个民族有而其他民族所没有的、独具民族特色的饮食习俗。

地方性，即不同地方在饮食民俗上所表现出的不同特征。它包含有三层意思：一是不同的自然地理特征生成不同的饮食民俗。如广东由于炎热的时间很长，太阳辐射厉害，人们流汗多而体力消耗大，因而需要及时补充水分及易被吸收的养料，适应这种需要，广东的粥品特别丰富；二是不同地区的不同生产发展状况生成不同的饮食民俗；三是不同地区的社会风尚生成不同的饮食民俗。如明代民间百姓以节俭为主要风尚，陆容在《菽园杂记》中记载有江西民间崇尚节俭的食风：酒席宴上虽摆有不少果品，但大多是用木头雕刻而成的，只有一种时令水果可供食用，称为"子孙果盒"，意为节俭可代代相传。

（三）阶级性与历史性

阶级性，即不同阶级在饮食民俗上所表现出的不同特征。它包含有两层意思：一是饮食民俗的内容不同；二是饮食民俗的繁简程度不同。如清朝宫廷的春节饮食比普通百姓家繁缛、华贵得多。

历史性，即不同时代在饮食民俗上所表现出的不同特征。它包含有两层意思：一是在特定的时代具有特定的饮食民俗；二是特定年代对某些饮食民俗事项的改革，从而使饮食民俗烙上了该时代的烙印。

（四）传承性与变异性

传承性，即不同历史时期在饮食民俗上所表现出的沿袭相承的特征。它包含有两层意思：一是一些饮食民俗以其合理性赢得了广泛的认同，代代相传而不断地被继承下来；二是一些不良习俗虽具有不合理性，但往往因有传统的习惯势力支撑而传之后世。

变异性，即指不同历史时期在饮食民俗上所表现出的变革或变化的特征。它包含有两层意思：其一是自然淘汰不合理的饮食习俗；其二是人为地改变或替代了一些饮食习俗，这种改变不是因为原有的饮食习俗的不合理，多半是因地域或人们的饮食习惯所致。

三、饮食民俗的类别

（一）饮食的结构

饮食结构是指人们日常生活中一日三餐的主食、菜肴和饮料的配置方式。不同的地区、不同的民族，其饮食结构往往有很大的不同，这与一个地区的经济发展、生产方式有关，从这一点来说，饮食结构是带有地区和民族特色的。

1. 主食

在我国，粮食作物是作为主食的重要原料。不过，受气候条件的影响，我国南方和北方的粮食作物差别较大。南方和部分北方种植稻米的地区以米饭为主食；而秦岭—淮河以北广大地区及部分南方山地种植小麦的地区则以面食为主食；还有些地方种植青稞、玉米、高粱、谷物等作物，日常生活就以杂粮为主食。总之，不同地方的饮食结构取决于当地的生产方式。

2. 菜肴

菜肴是饮食结构的重要组成部分。菜是蔬菜的总称，肴是煮熟的鱼肉，菜肴即指饮食结构中的素菜和荤菜。素菜是平常吃米饭或面食时的食品，荤菜只有在节假日或生活水平较高时才能进入平常的饮食结构。如今，随着我国经济的发展，荤菜在普通老百姓家中已是常见的食品了。在日常生活中，用来配制菜肴的原料有蔬菜、鱼肉、禽蛋、调味品4类。这4类原料经由不同的搭配和烹制，产生了我国风格各异的烹调艺术，形成了不同的菜系。每种菜系都有非常有名的菜肴。

3. 饮料

饮料常常作为饮食结构的补充，在生活中也不可或缺。饮料有酒、茶、奶等，其中以酒和茶为主。

总之，饮食结构和类型的形成受到客观生活水平的制约。主食、菜肴和饮料的配置也因地域差异而不尽相同，这样就形成了我国丰富多彩的饮食习俗。

（二）饮食民俗的类别

饮食的习俗惯制主要包括以下几类。

1. 日常食俗

日常食俗主要包括使用各种主食和副食的习惯。以汉族为例，南方多为一日三餐，早餐主食多喝粥，外加包子、馒头等。午餐、晚餐主食多为大米饭，副食主要为蔬菜、荤菜和饮料等；北方有些地方在农闲季节时一日两餐，而在农忙季节则一日四餐，在早、中、晚三餐之外，下午加一次点心。这些习俗是有其科学性的，一来有利于生产，二来有利于生活。

2. 节日食俗

在中国众多的节日中，饮食方面是有所区别的，并且带有浓厚的地方性与民族特色。如过年吃饺子、年糕，元宵节吃元宵（汤圆），端午节吃粽子，中秋节吃月饼，重阳节吃重阳糕，腊八节喝腊八粥等。

3. 待客食俗

中国自古为礼仪之邦，招待客人热情礼貌，待客食品往往优于日常食品。如汉族人待客十分真诚，如果有人到家做客，客人一进屋全家老少便都会起身让座，老爹爹递烟，老妈妈起身倒茶，然后宰鸡、宰鸭、买肉、买鱼，用佳肴待客。各民族也都各有热情待客的食俗。

4. 祭祀食俗

祭祀饮食习俗大多表现在供奉祖先后为活人所享用的食品上。如农历初一、十五盛满一碗白米饭，供奉祖先以后再倒进饭盆里由家人享用；节日中用油炸食品先供奉祖先一番，然后家人再食用；过端午节时饮用雄黄酒；有的地方在正月初二上坟，上完坟后，把作为祭牲的鸡与萝卜混煮食用等。

5. 特殊食俗

中国饮食民俗还有出于医食疗法的健身风味饮食，如酒酿蛋、红枣枸子酒、莲子粥等。另外，在中国的宴席中也形成了一定的习俗惯制，除了品尝风味、解决肚饥以外，还有社交、联络感情的目的和意义。其中的私宴——结婚、儿女满月、接风、饯行、拜师、谢师等都有各民族的饮食民俗惯制。

四、饮食民俗的旅游价值

作为一种传统民俗文化现象，饮食文化是一种重要的旅游资源，有着巨大的旅游价值。旅游地独特的饮食文化能够对旅游者产生吸引力，能够满足旅游者的多种需要，促进旅游地的经济发展，在旅游产业中具有重要的作用。

（一）可满足旅游者口腹之欲

旅游地的地方饮食不乏美味，旅游者对这些美酒佳肴的消费可满足其口腹之欲，使之获得生理上的快感和精神上的愉悦，从而增加旅游者在一次旅游活动中的积极体验。

（二）可满足旅游者求新、求异和好奇的心理

旅游者外出旅游，是希望得到一种与日常生活截然不同的体验，这是旅游者最基本的动机。旅游地的饮食在旅游者日常生活中难以得见，即便有人移植而来，或多或少都出现了变异，远不如原产地那么原汁原味，因此，旅游者对这些地方的饮食充满新奇之情。加之许多地方的饮食知名度颇高，旅游者早知其名，这无疑会激发人们去探究，以偿夙愿的心情。

（三）可满足旅游者的文化需要

地域饮食文化的形成受到当地的地理环境、社会经济条件、历史事件、宗教信仰等因素的影响，饮食文化其实是地域文化在饮食生产、制作、习俗、礼仪等方面的表现，可以说饮食文化是旅游者探悉地域文化的一个最佳切入点。

（四）可将饮食产品作为旅游购物品

在中国各地林林总总的土特产中，饮食产品占了很大比重，如名茶、名酒和各种糕点小吃之

类。这些饮食产品不仅可在当地食用,还可以供旅游者携回,作为旅游体验的延续,或者作为礼品赠予他人,便于与他人分享自己的旅游经历。旅游地将这些土特产加工为旅游购物品,不仅提升了产品自身的价值,还延伸了旅游产业价值链,更好地发挥了旅游产业的关联带动作用,有利于增加当地的收入。同时,这些饮食产品还是旅游地的名片和标志物,游客将之作为礼品赠送给亲朋,无疑会提高旅游地的知名度,这是对旅游地信息的传递和推广。

【延伸阅读】

青海民族美食借旅游保护传承

2018年7月15日至8月15日,青海省举办了以"忘不了的青海美食,舌尖上不一样的味道"为主题的青海首届地方特色小吃大赛暨西宁美食节。五湖四海的人们蜂拥而至,不仅一饱口福,品尝到了各类青海特色美食,还看到和了解到了青海特色美食的制作过程及蕴含其中的浓厚人文风情。

除了每天的美食盛宴,活动期间还举办了青海地方特色小吃征集、青海地方特色美食展示体验、地方特色小吃评选、旅游与地方特色美食"金点子"研讨会、揪面片大赛、大胃王比拼等一系列活动,全方位展示丰富多样的地方特色小吃精品,吸引当地民众及游客参与和体验。

在旅游与地方特色美食"金点子"研讨会上,与会者表示,希望借青海旅游发展,进一步推动那些即将消逝的民族传统美食传承下去,认为民族特色饮食需借旅游市场带动产生经济效益,方可传承下去。目前市场上缺乏统一的标准、传统民族饮食后继无人,多种原因导致了民族美食变了味,或者直接失传,应借旅游市场发力,建立完整的民族饮食规范体系,挖掘民族饮食背后的故事,激励更多人才加入传承队伍中。

本次美食节是青海省首次系统梳理整合和推介美食资源,将美食文化同旅游产业相结合,将极大地推进全省的饮食产业与旅游产业共同发展。美食节以西宁市为中心,辐射全省各市州,从地方小吃到特色餐饮,从加工制作到销售流通,从文化底蕴到成品展现,从挖掘梳理到理念更新均有覆盖和涉及。在展示青海美食资源的同时,提升本地区饮食行业的加工制作水平,激活全省的餐饮、旅游、住宿等市场,激发农牧业、食品加工业等产业的发展。同时,以此弘扬文化、传承技艺,推广地方名特优小吃,发展壮大饮食文化产业,让更多的人感知青海、记住青海、爱上青海,为推动青海旅游文化的不断发展做出积极贡献。

(来源:中国新闻网,2018-08-10)

课题二
中国饮食民俗

在中国传统文化教育中的阴阳五行哲学思想、儒家伦理道德观念、中医营养摄取学说，还有文化艺术成就、饮食审美风尚、民族性格特征等诸多因素的影响下，中华民族创造出了彪炳史册的中国烹饪技术，形成了博大精深的中国饮食文化。

一、中国汉族饮食民俗

汉族是中国56个民族中人口最多的民族，也是世界上人口最多的民族。汉族是经过历史长期发展同其他民族共同融合而成的。中国历史上曾有过多次民族迁徙和融合，使汉族不断得以发展兴旺，逐渐成为中国人口最多、经济文化相当发达的民族。汉族的饮食文化丰富多彩。汉族主食以稻米、小麦为主，辅以蔬菜、肉食和豆制品，茶和酒是汉族的传统饮料。稻米的吃法以米饭为主，另有粥、米粉、米糕、汤圆、粽子、年糕等各种不同的米制品；小麦则有馒头、面条、花卷、包子、饺子、馄饨、油条、春卷、炸糕、煎饼等吃法。汉族讲究并善于烹饪，不同地区的汉族以炒、烧、煎、煮、蒸、烤和凉拌等烹饪方式，形成了不同的地方风味。

（一）八大菜系

1. 鲁菜

鲁菜是山东菜系的总称，由齐鲁、胶东、孔府、药膳4种风味组成，是中国影响极大的宫廷菜系，为中国四大菜系之首。鲁菜起源于山东的齐鲁风味，是中国传统四大菜系（也是八大菜系）中唯一的自发型菜系（相对于淮扬、川、粤等影响型菜系而言），是历史悠久、技法丰富、难度高、见功力的菜系。其特点是以清香、鲜嫩、味醇而著名，十分讲究清汤和奶汤的调制，清汤色清而鲜，奶汤色白而醇。名菜有糖醋黄河鲤鱼、德州扒鸡、油焖鱼、韭青炒海肠子、九转大肠等。

2. 川菜

川菜是四川菜系的总称，起源于四川、重庆，以麻、辣、鲜、香为特色，是中国极富特色的菜系，也是影响极大的民间菜系，素来享有"一菜一格，百菜百味"的声誉。川菜在烹调方法上有炒、煎、干烧、炸、熏、泡、炖、焖、烩、贴、爆等38种之多。在口味上特别讲究色、香、味、形，兼有南北之长，以味的多、广、厚著称。名菜有回锅肉、麻婆豆腐、鱼香肉丝、灯影牛肉、夫妻肺片、水煮牛肉、清蒸江团、干煸鱿鱼丝、宫保鸡丁等。

3. 粤菜

粤菜是广东菜系的总称，发源于岭南。由广州菜（也称广府菜）、潮州菜（也称潮汕菜）、东江菜（也称客家菜）三种地方风味组成，三种风味各具特色。粤菜取百家之长，用料广博，选料珍奇，配料精巧，善于在模仿中创新，依食客喜好而烹制。烹调技艺多样善变，以炒、爆为主，兼有烩、煎、烤，讲究清而不淡、鲜而不俗、嫩而不生、油而不腻，有"五滋"（香、松、软、肥、浓）、"六味"（酸、甜、苦、辣、咸、鲜）之说。名菜有片皮乳猪、潮州冻肉、东江盐焗鸡、满坛香、鼎湖上素等。

4. 苏菜

苏菜是江苏菜系的总称，由南京、徐海、淮扬和苏南4种风味组成，是宫廷第二大菜系，今天的国宴仍以淮扬菜系为主。江苏菜系选料讲究，刀工精细，口味偏甜，造型讲究，特色鲜明。擅长炖、焖、蒸、烧、炒，重视调汤，保持原汁，风味清鲜，浓而不腻，淡而不薄，酥松脱骨而不失其味。名菜有烤方、水晶肴蹄、清炖蟹粉狮子头、金陵丸子、黄泥煨鸡、清炖鸡孚、盐水鸭、金香饼、鸡汤煮干丝等。

5. 闽菜

闽菜是福建菜系的总称，是以闽东、闽南、闽西、闽北、闽中、莆仙地方风味菜为主形成的菜系，以福州菜为代表。闽菜清鲜，淡爽，偏于甜酸，尤其讲究调汤，汤鲜、味美，汤菜品种多，具有传统特色。闽菜有"福州菜飘香四海，食文化千古流传"之称，有以下鲜明特征：一为刀工巧妙，寓趣于味；二为汤菜众多，变化无穷；三为调味奇特，别是一方。

6. 浙菜

浙菜是浙江菜系的总称，是以杭州、宁波、绍兴和温州四种风味为代表的地方菜系。菜式小巧玲珑，清俊逸秀，菜品鲜美滑嫩，脆软清爽。运用香糟调味，常用烹调技法有30多种，注重煨、焖、烩、炖等。浙菜采用原料十分广泛，注重原料的新鲜、合理搭配，以求味道的互补，充分发掘出普通原料的美味与营养。名菜有西湖醋鱼、龙井虾仁、花生肚、香酥焖肉、清汤越鸡、浓香嫩鸡、湖式剪羊肉等。

7. 徽菜

徽菜是安徽菜系的总称，以皖南、沿江、沿淮三种地方风味构成。烹调方法上擅长烧、炖、蒸，而爆、炒菜少，重油、重色、重火功，其特点是芡大油重。徽菜注重食物的本真，以烹饪山珍水产见长，继承了祖国医食同源的传统，讲究食补。徽菜传统是用火腿调味，名菜有无为熏鸭、毛峰熏鲥鱼、奶汁肥王鱼、蜂窝豆腐等。

8. 湘菜

湘菜是湖南菜系的总称，以湘江流域、洞庭湖区、湘西山区三种地方风味为主。湘菜制作精细，用料上比较广泛，口味多变，品种繁多；色泽上油重色浓，讲求实惠；品味上注重香辣、香鲜、软嫩；制法上以煨、炖、腊、蒸、炒诸法见长；手法以熏、蒸、干炒为主。湘菜历来重视原料互相搭配，滋味互相渗透。湘菜调味尤重香辣。因地理位置的关系，湖南气候温和湿润，故人们多喜食辣椒，用以提神去湿。名菜有腊味合蒸、吉首酸肉、荷包肚、宝塔香腰、麻辣子鸡、东安鸡等。

（二）茶俗

在我国，茶被誉为"国饮"。"文人七件宝，琴棋书画诗酒茶"，茶通六艺，是我国传统文化艺术的载体。茶被人们视为生活的享受、健康的良药、提神的饮料、友谊的纽带、文明的象征。中国传统的饮茶方式主要有以下几种。

1. 羹饮法（唐代以前）

羹饮法也叫粥茶法。饮茶的方法在不同时期有所不同。汉代是煮饮，也是原始的粥茶法，即将茶树的枝叶砍下，用水烧煮后饮用。到三国时，饮茶方法有了变化。在荆巴一带地区，人们把采摘下来的茶叶做成饼状，饮用之前先将茶饼炙烤成红色，再捣成细末放在瓷器中，然后冲入沸水，并辅以葱、姜等调味品。尽管这个时期的饮茶还停留在粗放的阶段，但人们已经开始了对茶叶的加工。

2. 烹茶法（唐代）

唐朝盛行饼茶煮茶法，即烹茶法，也称煎茶法。唐代煎茶用具的制作工艺也达到了较高的水准。根据陆羽《茶经》中所述，烹茶时，先要将茶饼放在火上烤炙，去掉水分，用火逼出茶的香味来；然后用茶碾将冷却后的茶饼碾碎成为粉末，再用筛子筛成细末，放到开水中去煮。水一沸时，加一些盐调味；二沸时，用瓢舀一瓢开水备用，然后用竹夹在锅中心搅打，将茶末从中心倒入水中；水三沸时，将二沸时舀出的水倒入锅中，一锅茶汤就煮好了，最后将煮好的茶汤舀入碗中饮用。

3. 点茶法（宋代）

点茶法是在唐代茶法基础上发展而成的，这种饮茶方法是先将饼茶烤炙，再敲碎碾成细末，用茶罗将茶末筛细，"罗细则茶浮，粗则水浮"，将筛过的茶末放入茶盏中，注入少量开水，再注入开水，用一种竹制的茶筅反复击打，使之产生泡沫（称为汤花），达到茶盏边壁不留水痕者为最佳状态，点茶法不添加食盐，从而保持了茶的真味。

4. 撮泡法（明代）

明清时期，由于废除了饼茶进贡，社会上盛行炒青的条形散茶，因此人们不再将茶叶碾成粉末，而是直接抓一撮茶叶放入茶壶或茶杯中用开水沏泡，即可饮用，这种方法称为撮泡法。撮泡法不仅简单，而且保留了茶叶的清香味，受到讲究品茶情趣的文人们的欢迎，这是我国饮茶历史上的一次革命，直到今天仍为广大群众所沿用。最典型的撮泡法是形成于明代，完善于清代，至今盛行于闽、粤、台沿海一带的"工夫茶"，是乌龙茶特有的泡茶方式，整个冲泡过程中呈现出浓郁的艺术韵味，是中国传统茶艺宝库中的一颗明珠。

5. 罐装茶（现代）

撮泡法自明代以来在中国流行600多年，直到今天仍是大众饮茶的主要方式。但是随着社会发展、人们生活节奏的加快，传统的茶叶产品和饮用方式已不能完全满足人们的需要，越来越多的人开始追求快速、简便、易于操作和携带的茶叶产品及饮茶方式，于是出现了袋泡茶、速溶茶、浓缩茶和罐装饮料茶等新产品。

（三）酒俗

在我国古代，酒被视为神圣的物质，酒的使用更是庄严之事，非祀天地、祭宗庙、奉嘉宾而不用，从而形成远古酒事活动的俗尚和风格。随着酿酒业的普遍兴起，酒逐渐成为人们日常生活的用物，酒事活动也随之广泛，并经人们思想文化意识的关照使之程式化，形成了较为系统的酒风俗习惯。这些风俗习惯内容涉及人们生产、生活的许多方面，其形式生动活泼、姿态万千。我国悠久的历史、灿烂的文化、分布各地的众多民族酝酿了丰富多彩的民间酒俗，有的酒俗流传至今。

1. 酒文化

酒文化是中华民族饮食文化的重要组成部分。酒是人类古老的食物之一，它的历史几乎是与人类文化史一道开始的。作为一种物质文化，酒的形态多种多样，其发展历程与经济发展史同步，而酒又不仅仅是一种食物，它还具有精神文化价值。

中国是酒的王国，酒的品种之多、产量之丰，堪称世界之最。中国又是酒人的乐土，地无分南北，人无分男女老少，族无分汉满蒙回藏，饮酒之风历经数千年而不衰。中国更是酒文化的极盛地，饮酒的意义远不止口腹之乐。在许多场合，酒都是作为一个文化符号、一种文化消费，用来代表一种心境、一种精神。

2. 酒德与酒礼

酒德与酒礼是中国传统的饮酒文化根基，历史上，儒家学说被奉为治国安邦的正统观点，酒的习俗同样也受儒家酒文化观点的影响。饮酒作为一种饮食文化，自远古时代就形成了一些大家必须遵守的礼节。我国古代饮酒有以下一些礼节：主人和宾客一起饮酒时要相互跪拜，晚辈在长辈面前饮酒叫侍饮，通常要先行跪拜礼，然后坐入次席，长辈命晚辈饮酒，晚辈才可举杯，长辈酒杯中的酒尚未饮完，晚辈也不能先饮尽。在酒宴上，主人要向客人敬酒（叫"酬"），客人要回敬主人（叫"酢"），敬酒时还要说上几句敬酒辞。客人之间相互也可敬酒（叫"旅酬"），有时还要依次向人敬酒（叫"行酒"）。敬酒时，敬酒的人和被敬酒的人都要"避席"，即起立。普通敬酒以三杯为度。

二、中国少数民族饮食民俗

（一）东北少数民族饮食民俗

1. 满族

满族人喜欢吃小米、黄米干饭与黄米饽饽（豆包）。每逢过节时吃"哎吉格饽"（饺子）。每当除夕，晚饭吃满族独有的风味食品白煮猪肉、炙猪肉及糕点中至今犹存的"萨其马"等。满族食品极富特色，历来有"满点汉菜"之说。最能代表满、汉族饮食文化交融的莫过于"满汉全席"，其菜肴选料、制作和吃法上都保持着满族特色，其中山珍如猴头菌、熊掌、人参、鹿茸等大都来自东北地区。它是满点与汉菜融合的精品，在清乾隆时期就已成形，流传了200余年，据乾隆间《扬州画舫录》所载，扬州地方的"满汉席"已有菜点100余道了。今天中国北方的饺子、火锅、酸菜、京味糕点等均与满族饮食文化有关。

2. 朝鲜族

朝鲜族一般以米饭为主食，以菜汤为副食，兼备各种风味小菜，喜欢吃腌菜、拌菜、冷面、狗肉、烤肉（烤牛肉、猪肉）等。朝鲜族历来以素食为主，不喜欢吃油腻的食物，其饮食特点可以概括为辛辣、爽凉、清淡。朝鲜族风味小菜很有特点，以腌、拌为主要形式，尤其著名的是腌小菜，这是一年四季不可或缺的。朝鲜族很讲究腌，各家为腌小菜都备有大小不同的坛缸，腌菜有白菜、萝卜、樱菜、黄瓜、茄子、大头菜等，其中以辣白菜最为有名。每到秋季，朝鲜族妇女都会忙于腌白菜，这已成为朝鲜族地区一道独特的风景。除了腌菜以外，拌菜也是朝鲜族喜欢的菜肴之一，其种类甚多。朝鲜族善于用各种山菜、海产品诸如桔梗、沙参、蕨菜、野芹菜、海白菜、海菠菜和小鱼、蛎贝类等做拌菜。这种生拌菜在酒席上颇受欢迎，特别是生拌牛肉、生拌牛百叶更是传统酒席上不可或缺的美味佳肴。

3. 赫哲族

赫哲族的饮食以鱼、兽肉和野菜为主，小米是副食。赫哲人的饮食分生、熟两种。生食有鲜鱼和鱼、兽肉干，常食拌菜生鱼，生吃的鱼类有鲟鱼、鳇鱼、草根鱼、鲢鱼等。熟食则有鱼松、炖鱼、烤鱼、兽肉干、炖肉、炒肉、鱼肉粥等。赫哲族常食拌菜生鱼，鱼被放血后，将剔下的鱼肉切成细丝，拌上野生的姜、葱和辣椒，加适量的醋和盐。在春、夏、秋季，把活鱼和新鲜的鱼肉剔下，切成薄片蘸醋、盐食用，就叫"拉布特喀"；把新鲜鱼肉剔下，切成连在鱼皮上的薄片，用削尖的鲜柳条串上，放于旺火燎烧成三四分熟，蘸醋、盐食用，叫"达勒格切"；将去皮的冻鱼削成很薄的冻鱼片（类似于刨花），蘸醋、盐水和辣椒油食用，称为"苏日阿克"，是下酒之佳肴。

4. 鄂伦春族

鄂伦春族过去的饮食以兽肉为主，鱼、野菜为辅，后来传入了米面。面食主要有面片、油面片、烙面饼、烧面、面汤、油炒面、肉粥、稠李子粥、黏饭等。鄂伦春语称油面片为"图胡烈"，将擀好的面一片片揪进滚开的白水里，捞出后拌熟肉片、食盐、野韭菜花等佐料，倒入加热的野猪油或熊油，拌匀后食用。稠李子粥是鄂伦春族一种特殊的吃法，将稠李子放入粥中煮，爆开呈粉红色即可食用，色艳味美。

（二）中南少数民族饮食民俗

1. 土家族

土家族日常主食苞谷、稻米，辅以红薯、马铃薯等。菜肴以酸辣为其主要特点，尤喜将黄豆磨细，浆渣不分，煮沸澄清，加菜叶煮熟，制成合渣。土家族其他较有特点的食物有粑粑、腊肉、油茶、合菜、团馓等。土家族喜欢饮酒，其中常见的是用糯米、高粱酿制的甜酒和咂酒。一般把酒曲和杂粮置于坛中密封，少则半年，多则二三年，久之成酒。待客人到来时，取置堂案正中，以细竹通节为竿，插坛底，堂中置案，两旁分放鸡、鸭、鱼、肉等，各置筷子一双，不设坐，而由主妇开坛，主人请客人上前依次轮流咂酒，后举筷而食，彼此不以为嫌，边吸边食，边唱边跳，载歌载舞，甚为热烈。

2. 畲族

畲族的饮食以大米、红薯、面粉、豆类为主。把大米和番薯丝放在锅中煮胀后，捞出来放甑中蒸熟，叫番薯丝饭。景宁畲村有这样一种习惯，一甑要煮三种饭：白米饭捞一角，以招待客人；半米半番薯丝的给老人孩子吃；绝大部分是番薯丝的给年轻力壮的吃。饮茶是畲民的传统习惯，畲区的茶叶都是烘青。畲民喜欢喝酒，畲家以有酒喝为生活好的标志。

3. 黎族

黎族一般日食三餐，以大米为主食，以木薯、红白薯为辅食。"山栏"香米是黎区特产。把生鱼、肉掺以炒米粉，加入少许食盐，用陶罐封存制作而成的肉茶、鱼茶是黎家腌制的特色风味食品。黎族男子喜好烟、酒，吸烟用竹制水烟筒吸食，饮酒习惯用陶缸盛酒喝，有的地方以小竹管吸酒敬客。槟榔是妇女的嗜品，吃时和以贝壳灰，用一种青蒌叶包着吃，吃后口唇染红。

4. 高山族

高山族以稻米或小米为主食，辅以薯类和杂粮，副食有各种豆类、南瓜、竹笋等，肉类有猪、牛、鸡等，在很多地区捕鱼和狩猎也是日常肉食的一种补充，沿海地区则多以鱼、贝类为主。高山族普遍爱食用生姜，有的直接用姜蘸盐当菜；有的用盐加辣椒腌制。高山族不论男女在喜庆节日都喜欢喝酒，一般都是饮用自家酿制的米酒，如粟酒、米酒和薯酒。高山族喜欢吸烟，也会培植烟草。但雅美人不喜欢吸烟和喝酒，阿美人和排湾人的成年男女嗜好嚼槟榔。高山族的饮食通常是一日三餐，有的地区也曾有一日两餐的习惯。

（三）西北少数民族饮食民俗

1. 蒙古族

蒙古族饮食受其经济生产类型制约。牧区以牛、羊肉和奶食为主食，以粮食、蔬菜为辅。奶品有奶豆腐、奶疙瘩、奶干、奶酪、奶油、酸奶等。早晨吃炒米喝奶茶，茶中加上酥油和少许青盐，味道鲜美可口。中午和晚上多喜吃牛、羊肉。砖茶是牧民不可缺少的必需品，煮好后少加些鲜奶再饮用。农村以粮食为主，奶食为辅。现在经济发展了，人们的饮食结构改善了许多，除肉食外，各地牧民不论冬夏都能吃到新鲜蔬菜。

2. 哈萨克族

哈萨克族的饮食与游牧生活有密切联系，主食主要有茶、肉、奶和面食。哈萨克人的日常饮食里可以一日无菜，但决不能一日无茶。一日三餐，白天的两餐主要是饮用砖茶和茯茶煮出来的清茶或奶茶，奶茶的做法是在煎好的浓茶里加点盐，兑点奶和奶皮、酥油，伴之以馕或炒面、炒小麦，这是早餐和午餐。晚上吃一顿带有肉、面的主食。大量饮茶冬可驱寒，夏可解暑。因为食肉多，喝茶还可帮助消化和增加营养。

3. 维吾尔族

维吾尔族的传统饮食以面食为主，喜食羊、牛肉，蔬菜吃得相对较少。主食的种类很多，常吃的有馕、抓饭、包子、拉面等。抓饭，维吾尔语称"颇罗"，是用大米、羊肉、羊油、食油、胡萝卜焖成的一种饭食，味道鲜美。蒸包子，维吾尔语称"曼它"；烤包子，维吾尔语称"撒木萨"，用面做皮，用羊肉丁、羊油拌少许洋葱做馅，皮薄肉多。另外有拉面、炒面、汤面、"纳仁面"等面食，名菜有烤全羊、清炖羊肉、烤肉等。

4. 东乡族

东乡族主要以小麦、豆子、青稞等面食和洋芋为主食，以牛、羊、鸡、鸭、鱼等为副食。东乡族特别喜欢饮茶，一般每餐必有茶，最喜用云南春尖茶和陕青茶，来客人则待以"三香茶"。在盖碗内放有茶叶、冰糖、桂圆或烧熟的红枣、葡萄干等物，叫"三泡台"。东乡族尊老爱幼，热情好客。客人到家，立即请到炕上，用最好的茶、饭招待。主人陪客，但不和客人一起饮茶用餐，而是在一旁端饭倒茶，自己不坐也不吃，以示尊敬。炸油果、手抓羊肉、炖鸡都是待客的食品。东乡人吃鸡，把鸡的各部分分为13块，鸡尾最贵重，最年长或最尊贵的主客吃鸡尾。

（四）西南少数民族饮食民俗

1. 侗族

侗族以大米为主食，也食用小米、玉米、小麦、高粱、薯类，但一般为调剂口味而搭配。妇女们经常上山采集野生竹笋、菌子、蕨菜等佐餐。男人们农闲时猎取野猪、竹鼠、山鸡、鸟雀等食用。酒在侗族饮食中有极重要的位置。酒多以糯米酿成，家家都会自酿自烤。侗家好客，以酒为礼，以酒为乐，平时则以酒消除疲劳。糯米、油茶、腌酸鱼是侗族人民喜爱的传统食品，这类食品与民族习俗息息相关，被公认为是侗家风味。大部分地区日进三餐，很多地方早餐吃油茶，而把午餐称为早饭。进餐时一般都摆低桌短凳，使用碗筷，合家围桌而食。有"牛瘪"、烧鱼、血浆鸭、红肉等特殊食品，以油茶酸宴和合拢饭款待宾客。

2. 苗族

苗族饮食习俗自有其特点。黔东南、湘西、海南岛和广西融水的苗族主食为大米，也有玉米、红薯、小米等杂粮；黔西北、川南、滇东北的苗族则以玉米、土豆、荞子、燕麦等为主食。苗族喜饮酒。湘、桂、黔交界地区的苗族还流行喝油茶，油茶不仅是苗家待客时必备的饮食佳品，还是平时饭前饭后的一种特制饮料，有些地方甚至以油茶当中饭吃。湘西、黔东北和重庆南部则将炒米茶作为过年节时饮用和招待亲友贵宾的高档饮料。

3. 藏族

藏族饮食分农区和牧区，农区的主食糌粑是用炒熟的青稞或豌豆磨制成面粉，用茶水拌食。牧区的主食为牛羊肉，进餐时使用随身携带的木碗和带鞘短柄尖刀。每餐量少，一般日食五六餐。藏族人民喜欢酥油茶和奶茶，酥油茶是将酥油与热茶倒入特制的木筒捣拌而成。藏族喜饮青稞酒。以牛奶制成的酸奶、奶渣等也是日常的食品，有些地区也食用米饭和面条。

4. 彝族

彝族的饮食原料及食用方式有独特的风格。主食型食物为土豆、玉米、荞麦、大米等。副食型食物有肉食类、豆类、蔬菜类、调料类、饮料类。肉食类以牛、羊、猪、鸡为主。豆类多为黄豆、胡豆、豌豆等，黄豆的一种食法彝族称为"都拉巴"，即将黄豆磨成浆，连糟加酸菜煮吃。饮料类主要为酒，彝族待客以酒为主，彝族谚语说"汉人贵在茶，彝人贵在酒""有酒便是宴，无酒杀猪宰羊不成席"，说明对酒的重视。彝族的酒主要有坛坛酒（又称"哑酒"）、桶酒、水酒等。凉山彝族喜吸兰花烟，其他地区彝族喜吸叶子烟。许多彝族地区有饮茶的习惯，茶主要从汉区输入，也有自种的，如贵州水城玉舍一带的彝族就擅长种茶，饮前将茶放在一个小罐中烤香，而后再放水煮开食用，称为"烤茶"。

5. 傣族

傣族主食以大米为主，德宏地区吃粳米，西双版纳等地爱吃糯米。傣族著名的香竹饭又称竹筒饭，即把糯米放在香竹筒里，用水浸泡15分钟后用火烘烤而成，吃时捶打竹筒使之变软，竹筒内壁的竹膜便贴在饭上，用刀一剖两半，香竹饭便脱竹而出，香气浓郁，饭软而细腻。还有独具特色的菠萝紫米饭，其味清甜可口，并有补血润肺之功效。外出劳动者常在野外就餐，用芭蕉叶盛一团糯米饭，随身带盐巴、辣子、酸肉、烧鸡、青苔松即可进食。傣族人喜欢吃鱼、虾、蟹、螺蛳、青苔等水产品。酒为傣族人民所嗜爱，一般都是自家酿制，度数不高，味香甜。茶也是当地特产，但傣族只喝不加香料的大叶茶，喝时在火上略炒至焦，冲泡而饮略带煳味。傣族嚼槟榔的习惯也很普遍，嚼食槟榔要拌以烟草、石灰，终日不断。

6. 白族

白族以稻米和小麦作主食，山区则以玉米、荞子为主食。喜食酸辣，洱海的鲤鱼、弓鱼、鲫鱼是人们喜食的菜肴，"砂锅鱼"是大理著名佳肴。白族善于腌制火腿、腊肉、香肠、油鸡、螺蛳酱等，爱饮糯米酿造的甜酒、大米制作的饵丝。喜饮烤茶，著名的"三道茶"是白族待客上品：第一道是用沱茶冲泡的苦茶；第二道是加红糖和牛奶的甜茶；第三道是放入核桃、蜂蜜、米花的回味茶。"一苦、二甜、三回味"的三道茶不仅是白族同胞待客的佳茗，还寓含了丰富的人生哲理。乳扇是白族独创的乳制品，色泽淡黄，状如扇，薄如纸，味道鲜美。

7. 仡佬族

仡佬族在饮食上主食以玉米（山区）、稻米（平坝地区）为主，其次是各种豆类、麦子、荞子及薯类，喜吃酸辣食物和糯米粑粑等。仡佬族副食中以糯米糍粑为珍贵食品，年节会打粑"祭祖"，喜庆待客，端阳送亲家，重阳献新送亲友，这一习俗一直保存至今。

哑酒也是仡佬族的特色饮食，以玉米、小麦、小米、高粱为原料，煮熟以后发酵装缸。装缸时，先用两根手指大、约一米长的水竹竿（其中一根用火燎拐弯），除顶端留一竹节外，其余竹节打空，插入缸中后再密封。哑酒密封的时间越长，酒味越醇浓，饮用时将顶端的竹节打空，直竿进空气，弯竿作吸具，无论筵席或平时待客，都按照老幼尊卑依次吸吮。

8. 布依族

布依族人民以大米为主食，兼食玉米、小麦、红稗、荞麦等。尤喜糯食，并有多种制作方法，如制成糍粑、圆糖粑、耳块粑、枕头粽和三角粽等。逢年过节必食糯米饭，并以糯米粑赠送亲友，节日里还喜食用花汁和树叶汁染制的各色"糯饭"。副食有各种蔬菜、豆类和肉类。蔬菜加工制品有著名的"独山盐酸""酸辣椒"等。肉类加工有熏腌腊肉和香肠等。布依人家家户户皆能酿制糯米酒和大米、玉米烧酒，一些地方还制作糯米烧窨酒、蒸仁米酒、蔗糖酒等，颇有特色。有的米酒用野生刺藜果掺和酿造，营养丰富，用以款待贵客。刺藜酒酿造技术已有数百年历史，如今已发展成大宗商品并畅销全国。

9. 壮族

壮族以稻米、玉米为主食。稻米制作方法多种多样，有蒸、煮、炒、焖、炸等，各种米饭、米粥、米粉、米糕、糍粑、粽子、汤圆等是壮族人民日常喜爱的食品。其中掺和其他材料可以制成许多更加味美营养的食品，如八宝饭、八宝粥、竹筒饭、南瓜饭、彩色糯米饭等。壮族人民喜食水产，鱼蛤螺蚌皆为珍味，山林中的菌果、蝉、禽、兽也是壮族人民的日常佳肴。嚼槟榔是壮族的传统习俗，今广西龙州等地的壮族妇女仍有此喜好，在有些地方，槟榔还是招待客人的必需品。

【延伸阅读】

以客家美食吸引游客——赣州市借特色美食助推旅游市场

近年来，赣州市大力发展全域旅游，不断完善旅游餐饮要素，积极建设客家美食旗舰店，开发赣州特色旅游食品手札；在市内外推广赣南客家菜系，在各县（市、区）规划建设旅游餐饮特色（客家美食）街区，计划通过3年努力实现每个县（市、区）有一条美食街、一桌特色菜，让美食为赣州旅游发展注入更持久的经济活力、人文魅力。

美食街让游客融入当地生活：随便拐入赣州的一条街道，各个县（市、区）的特色风味菜肴和小吃散落在各个街区，特色街区自然成了游客必去的打卡地。藏匿在平民滋味里的市井百态能勾起一段旅途中最值得回味的记忆。随着赣州市旅游业的发展，打造一个美食聚集的街区对于推动旅游显得尤为重要，美食街的建设突出了对本地风貌的传承和保护，美食街区体现了本市场美食的包容和时尚气质，呈现了多元的地方特色小吃以及文化内涵。近年来，赣州市结合城市规划建设，依托现代商贸文化、旅游资源优势，打造了一批各具特色的餐饮美食街区和餐饮集聚区，以美食街区建设为抓手，精心打造赣南客家特色餐饮产业集聚发展平台，力争每个县（市、区）建成至少一条特色美食街，更好地满足外地游客的美食体验需要。做好美食文化这篇大文章，满足吃货们的多样需求，吃出品位，吃出实打实的获得感、幸福感。这样的城市必然令人流连忘返，回味无穷。目前，章贡区、南康区、赣县区等14个县（区）的美食街已运营，石城、全南、安远等地正在建设。

创新文化打开赣州新菜单：美食是人们感知当地历史和文化的重要途径，能为旅游增添丰富的文化魅力。赣南客家饮食文化源远流长，被誉为"客家饮食文化的发祥地"之一。然而酒香也怕巷子深。在过去，同许多掩埋在旧时光的味道一样，赣南的不少特色美食不为人所知。如何传承好美食文化，推动赣南美食文化的传承和创新，让美食旅游成为赣州旅游发展的新品牌？

近年来，赣州市按照"培育赣南客家菜餐饮文化品牌、发展全域旅游"发展思路，以美食为媒，推动文化传承与创新，充分利用当地特色食材，通过挖掘、整理、加工创造，对当地人文典故、红色故事、风景名胜、民间习俗及"老字号"和"招牌菜"等赋予鲜明的文化色彩，积极打造一批具有地方文化特色的饮食品牌，力争每个县（市、区）研发推出一席当地特色菜宴。

让赣南美食走出去：历时1个多月拍摄的《赣南客家菜》电视专题片在中央电视台七套"农广天地"栏目播放，引起了社会各界的关注；2018年10月，第二届"四星望月"美食旅游节吸引了10万名游客，为人们呈上了一场舌尖上的美味。无论是中央媒体的美食纪录片还是省级各媒体的美食栏目，赣州美食都是不可绕过的话题。如今的赣南客家美食不再只是赣州人餐桌上的美味，越来越多的赣州本地餐饮企业"走出去"设立餐饮网点。

不仅如此，赣州市对当地特色美食逐一筛查梳理，挖掘独特技艺和文化内涵，利用现代科技将特色美食产品加工转换成旅游商品，丰富旅游购物商品供应，促进旅游发展。

（来源：客家新闻网，2019-04-18）

课题三
外国饮食民俗

一、亚洲国家饮食民俗

（一）日本

日本人以大米为主食，最喜欢吃鱼、虾、贝等海鲜，在口味上，喜欢吃清淡、油腻少、味鲜带甜的菜肴。日本人传统的饮食是"弁当"，即盒饭，还有寿司，即"日本饭团"。其他有天妇罗、鸡素烧、黄酱汤等食物，最具代表性的日本名菜是生鱼片。此外，日本人民在基本保持传统"和食"的同时大力推广西餐和中餐，博采众长。大体上，他们采取早餐为西式、午餐为中式、晚餐为和式这种混合式结构。

另外，日本人喜欢饮茶，并对茶的饮用颇有研究，现已发展为日本特有的茶道。茶道包含着艺术、哲学、道德等因素，是接待亲朋、宾客，交流情感、增进友谊的一种渠道。

（二）韩国

韩国人以米饭为主食，以少量杂粮、面粉和配菜为辅。泡菜是韩国最具特色的饮食，也是韩国人最喜爱的副食。除了泡菜外，汤类也是极为常见的韩餐，是除了泡菜外另一种常见的副食。酱也是韩国日常饮食中占有一席之地的副食，在韩国饮食文化中不可或缺。韩国人的一日三餐，甚至一辈子离不开的看家食品就是酱。

韩国人在饮食方面自古倡导药食同源，对料理食物十分讲究，对身体有好处的蔬菜、药材等在食物料理时常常被使用，也就出现了种类繁多的药膳。韩国人崇尚自然和谐，因此韩国饮食也以自然为主，主要特点为高蛋白、多蔬菜，喜清淡、忌油腻，味觉以凉辣为主，这也符合韩国药食同源的思想。

（三）蒙古

蒙古人以牛、羊肉为主食，经常食用的蔬菜品种包括马铃薯、白菜、圆葱、萝卜等。千百年来，奶食和肉一直是蒙古人的两种主要食物。牛奶是蒙古牧民的主要食物来源，奶食大致有以下5种：白油、黄油、奶皮子、奶豆腐和奶酪。除了奶食之外，肉食可称得上是蒙古人的第二食品，蒙古人最喜欢和吃得最多的是羊肉。奶茶是蒙古人的传统饮料，一日三餐都要喝，到蒙古人家里做客，家家户户都会以奶茶招待。其中马奶茶是蒙古牧民最爱喝、最尊崇的饮料，另外，它也是蒙古人祭祀的供品和表示祝福的物品。奶酒或蒙古酒是蒙古人的又一种饮料，它的酒精度不高，牧民们常用来招待贵宾。

（四）泰国

泰国人以大米为主食，以鱼和蔬菜为副食。最喜欢的食物是"咖喱（用胡椒、姜黄、番椒、茴香、陈皮等的粉末制成的调味品，味香而辣，色黄）饭"。就餐时，人们围桌跪坐，不用碗具而以右手抓食。泰国人用餐离不开鱼虾露和辣椒糊，喜欢中国广东菜和四川菜，不喜吃红烧、甜味的菜肴。槟榔和榴莲是泰国人喜欢吃的水果。泰国人喜欢喝茶，由于气候炎热，许多茶馆会在热茶中放一冰块来招待顾客。

（五）印度

印度人的主食是大米和面食，北方以小麦、玉米、豆类等为主，东部和南方沿海地区以大米为主，中部德干高原则以小米和杂粮为主。印度人还常以一种被称为"馕"的面饼为主食。另外，手抓饭也是人们十分喜爱的食物。吃饭时用右手将饭菜反复搅拌和匀，然后用右手拇指、食指和中指将饭菜撮起送入口中。印度人在口味上尤喜食咖喱，嗜好酸辣，重油重色。红茶为印度一大特产，饮用时需烧煮，并加入白糖和奶粉。在众多的印度菜肴中，咖喱类菜为其最大特色，其烹制方法多样，原料使用各异，口味各具特色。

（六）越南

越南人以大米为主食，山区有玉米和薯类。副食品有各种蔬菜、水果、肉、禽、蛋、鱼等。调味品主要有盐、豆浆和鱼露。最普通的饭菜是米饭，白水焯过的蕹菜（俗称空心菜）拌以鱼露，鱼露是佐餐必不可少的调味品。农村还喜欢做小螃蟹汤，此外，烩米粉、牛肉粥、糯米饭也是受欢迎的大众食品，其中用木鳖（一种蔬菜类植物，果实外皮带小刺，成熟时为红色、可食）果汁拌的糯米饭特别受欢迎，这种饭看上去晶亮鲜红，味甘且有滋补作用。节日食品以大个糯米粽子独具特色，餐具为中式的碗、筷等。

二、欧洲国家饮食民俗

（一）英国

英国人的饮食习惯一般是一日三餐加茶点。早餐在7~9点，主要食品包括麦片粥、火腿蛋、涂黄油和果酱的面包等；上午茶点在11点，主要食品包括咖啡或茶加饼干或点心；午餐在下午1~2点，一般食用冷肉、凉菜和炸鱼等；下午茶点在16~17点，以茶为主，同时吃些糕点；晚餐在19点左右，为一天中之正餐，食物丰盛，一般有炸鱼加土豆片、烤炙肉食等，往往饮酒。

英国人的饮食比较注重营养成分，讲究菜肴质好量精、花样多变。英国人喜欢的烹饪方式有烩、烧烤、煎和油炸。他们多喜欢甜食、水果、肉类、蛋类等，进餐时一般先喝啤酒，还喜欢喝威士忌等烈性酒。英国人喜欢喝啤酒，尤其是苦啤酒或黑啤酒。纯正的德文郡苹果酒也很受欢迎。在英国酒馆喝酒的时间有一定限制，如果不在规定时间内饮酒，顾客和酒馆都会被处罚。在英国，去高级餐厅应十分注重穿着和用餐礼仪，衣冠不整或吃东西时发声很大都会被认为是失礼。此外，英国人喜爱饮茶和读报，常常是茶不离口，报不离手。

（二）法国

法国人非常讲究饮食文化，法国是全世界公认的饮食王国。法国饮食特别的讲究，法国人不仅对食物本身的营养和味道特别讲究，而且追求用餐时的情调。法国菜在世界上享有很高声誉。法国烹饪用料考究，花色品种繁多，其特点是香浓味厚、鲜嫩味美，讲究色、香、味，但更注重营养的搭配。法国的干鲜奶酪世界闻名，素有"奶酪王国"之称。法国的葡萄酒产量高，质量上乘，香槟酒享誉世界。

（三）德国

德国人的主食是面包、土豆、奶酪、黄油、香肠、牛奶、生菜沙拉和水果等，喜食香蕉和苹果。各地都有一些地方风味，如猪肝肠、猪血肠、煎小鱼等。日常饮料包括咖啡、茶、矿泉水、果汁、葡萄酒和啤酒。其中葡萄酒较为有名，莱茵河和摩泽尔河的葡萄酒享誉国内外。啤酒在德国有"液体面包"之称。

（四）意大利

意大利菜的特点是味醇、香浓。以原汁原味闻名，烹饪技艺可与法国媲美，而面食则在法国之上，有400多个品种。源于那不勒斯的意大利烤饼"比萨饼"名扬西欧、北美，传遍全世界。意大利人喜喝酒，一般饭前喝开胃酒，席间视菜定酒，吃鱼喝白葡萄酒，食肉饮红葡萄酒，饭后喝少许烈性酒加冰块。意大利人的早餐较为简单，食牛奶、咖啡和面包，午餐一般在外面吃。晚饭是主餐，用餐时间一般很晚，只有一两道菜，但喝酒、闲聊是普遍习惯，直至深夜才睡是常事。拒绝别人的用餐邀请被认为是不礼貌的行为。

（五）俄罗斯

俄罗斯人以面包为主食，肉、鱼、禽、蛋和蔬菜为副食，也喜食牛、羊肉。喜欢焖、煮、烩的菜，炸、烤也可，另喜欢酸、甜、咸和微辣食品。俄罗斯人吃早餐比较简单，几片黑面包，一杯酸牛奶即可。而他们对午餐和晚餐却很讲究，爱吃肉饼、牛排、红烧牛肉、烤羊肉串、烤山鸡、油炸大排、鱼肉丸子、鱼以及油炸马铃薯等。俄罗斯人午餐、晚餐不可无汤，汤汁一般要浓，同时也少不了冷盘。另外，俄罗斯人爱饮烈性酒，特别是伏尔加，酒量一般都很大。饮茶也是俄罗斯人的嗜好，尤其爱喝红茶。喝茶时一般要就着果酱、蜂蜜、糖果和甜点喝。

（六）西班牙

西班牙人以面食为主，也吃米饭，喜食酸辣味的食品，一般不吃过分油腻和咸味太重的菜。早餐习惯吃酸牛奶、水果，午餐和晚餐通常要喝啤酒、葡萄酒或白兰地酒，饭后则喝咖啡及吃水果。西班牙人口味偏重酸、辣，忌食油腻过重、味道过咸的食品。他们喜爱中国的川菜、粤菜，尤喜中国的糖醋浇汁菜肴。欣赏中国的烤乳猪、炸雏鸡、干煎大虾、松鼠鱼、香酥鸭等风味菜肴。他们爱喝葡萄酒、雪利酒、苹果酒、啤酒，不喜欢喝热汤。他们喜饮凉水，不习惯喝热开水。西班牙人喝中国绿茶、菊花茶常要求加糖。

三、美洲国家饮食民俗

（一）美国

美国人以肉、鱼、蔬菜为主食，面包、面条、米饭为副食，甜食有蛋糕、家常小馅饼、冰淇淋等。他们喜欢吃青豆、菜心、豆苗、刀豆、蘑菇等蔬菜。所用肉类都先剔除骨头，鱼去头尾和骨刺，虾蟹去壳。喜欢吃中国的糖醋鱼、咕噜肉、炸牛肉、炸牛排、炸猪排、烤鸡、炸仔鸡等肉食菜品，爱用冰水、矿泉水、可口可乐、啤酒、威士忌、白兰地等饮料，喜欢在饮料中加冰块，不喜欢饮茶。饭前以番茄汁、橙汁等作为开胃饮料，吃饭时习惯饮用啤酒、葡萄酒、汽水等饮料，饭后则喝咖啡，很少喝烈性酒。

（二）加拿大

加拿大被称为"移民的国家"，食俗与英美人相似，以肉类、蔬菜为主食，面食、米饭为辅，特别喜欢吃沙丁鱼和野味。蔬菜偏好生吃，主要有西红柿、芹菜、菜花、洋葱、土豆、黄瓜等。加拿大人口味清淡，偏甜酸，不喜欢太咸。喜欢甜酸、清淡、不辣的食品，爱喝原汁原味的清汤，烹调中不加调料，调料只放在餐桌上供自由选择。

（三）巴西

巴西人的饮食随民族习惯和居住地不同而各异。东北地区巴西人的主食是木薯粉和黑豆，其他地区巴西人的主食是面包、大米和豆类等。巴西人喜欢饮咖啡、红茶和葡萄酒。

巴西人喜欢清淡、麻辣的口味。他们喜欢用煎、炸、烤、烩等烹饪方法制作菜肴。喜食的中国菜有干烧鱼、豆瓣鱼、辣子鸡丁、炒里脊丁、鱼香腰花、软炸虾球、什锦拼盘、黄瓜佘里脊片汤等。巴西人喜吃的果品有菠萝、香蕉、柑橘、葡萄、苹果及腰果、杏仁等。

四、非洲国家饮食民俗

（一）埃及

埃及人通常以"耶素"为主食，进餐时与"富尔"（煮豆）、"克布奈"（白乳酪）、"摩酪赫亚"（汤类）一并食用。耶素即为不用酵母的平圆形埃及面包，他们喜食羊肉、鸡、鸭、鸡蛋以及豌豆、洋葱、南瓜、茄子、胡萝卜、土豆等。埃及人还喜吃甜食，正式宴会或富有家庭正餐的最后一道菜都是上甜食。著名甜食有"库纳法"和"盖塔伊夫"。"锦葵汤""基食颗"是埃及人日常生活中的最佳食品。"盖麦尔丁"是埃及人在斋月里的必备食品，蚕豆也是必不可少的一种食品。在口味上，一般要求清淡、甜、香、不油腻。串烤全羊是他们的待客佳肴。值得一提的是，很多埃及人特别爱吃中国川菜。

（二）南非

南非人的饮食习惯因收入高低而不同，低收入的黑人主要以大米和玉米为食，高收入的白人则是吃大块牛排、炸土豆丝和煮得很透的青菜。另外，意大利烤馅饼也很流行。

南非的鸵鸟肉排是其特色风味，另外还有草原特色菜以及玉米食品。在沿海城市，品尝海鲜也是件惬意的事情。在印度移民聚居地，人们也可品尝到具有异国情调的食品及南非特色烤肉，很多小商店都出售可供游客品尝的烧烤肉类。南非的烹饪随着欧洲移民、马来族奴隶及印度人之到来，逐渐形成了多样融合之烹饪艺术，尤以芳香浓郁之咖喱料理、慢炖拼盘、传统佳肴及本土烧烤最为出名。

【模块回顾】

饮食民俗是有关饮料和食物在加工、制作和食用的过程中所形成的习俗，其形成主要源于经济原因、自然条件、民族原因和宗教信仰。追溯历史，人类饮食民俗文化的形成经历了生食、熟食和烹饪3个阶段。

中国传统菜肴对于烹调方法极为讲究，常见的方法有：煮、蒸、烧、炖、烤、烹、煎、炒、炸、烩、爆、溜、卤、扒、酥、焖、拌等。长期以来，由于物产和风俗的差异，各地的饮食习惯和品味爱好迥然不同，形成了丰富多彩的地方菜系，其中鲁菜、川菜、浙菜、苏菜、徽菜、粤菜、湘菜、闽菜为中国八大菜系，各菜系在制作方法上更是各有特色。

【自我测试】

1. 什么是饮食民俗？饮食民俗的特点有哪些？
2. 饮食民俗的形成与发展有哪几个阶段？
3. 影响饮食民俗的因素有哪些？
4. 饮食民俗有哪些旅游价值？

【实战训练】

全班学生分成若干个小组，外出进行实地考察，了解当地的特色饮食，并评析当地对饮食民俗旅游资源的开发与利用情况。

【能力鉴定】

饮食民俗学习者能力鉴定表（一）

被鉴定者姓名：_____ 　　能力单位：<u>饮食民俗基础认知</u>				
鉴定或工作场所：_____ 　　鉴定者姓名：_____				
关键能力	评价指标		是否具备能力	
			是	不是
记忆能力	1. 说出饮食民俗的基本含义			
	2. 说出饮食民俗形成的4个原因			
	3. 说出饮食民俗经历的3个阶段			
理解能力	1. 饮食民俗的特点			
	2. 饮食民俗的旅游价值			
	3. 饮食的习俗惯制			
被鉴定者能力：满意_____ 不满意_____				
对被鉴定者的反馈：				
鉴定者签名：_____ 　　日期：_____				

饮食民俗学习者能力鉴定表（二）

被鉴定者姓名：_____	能力单位：<u>饮食民俗实例展示</u>
鉴定或工作场所：_____	鉴定者姓名：_____

关键能力	评价指标	是否具备能力	
		是	不是
记忆能力	1. 说出中国八大菜系各自的代表菜品		
	2. 说出不少于 5 种我国少数民族的饮食民俗		
	3. 说出不少于 3 种外国的饮食民俗		
理解能力	根据某一区域或某一民族的饮食民俗，设计 1 项特色旅游项目		

被鉴定者能力：满意_____ 不满意_____

对被鉴定者的反馈：

鉴定者签名：_____ 日期：_____

模块四
居住民俗

学习目标

知识要求

1. 了解居住民俗的发展阶段
2. 掌握居住民俗的类型
3. 了解居住民俗的文化内涵

能力要求

1. 具有辨别不同民族居住民俗的能力
2. 能够通过实例揭示居住民俗的旅游价值
3. 能够利用不同的民居民俗开发特色旅游项目

课题一 居住民俗认知

人类为解决或改善生存条件和安全条件,就必然要获取居住空间。居,指住宅,就是人们使用一定的物质材料和劳动手段建造的一种具有挡风、遮阳、避雨功能的、可供人们栖身、活动的实体空间,也称为住宅、居室。住,就是人们在这个实体空间里栖息。居住,就是人们在建造的房屋里栖息生活,既包含住宅建筑的形态和建造方法,也包含居住者的行为方式和意识观念。居住环境条件的形成包括建筑材料及装修、建筑体积与高度、光线和视野、建筑质量、布局、使用功能以及其他许多因素,这些因素构成或体现了特定人群的价值观,形成了人们在居住方面的风俗习惯。

所谓居住民俗,就是指一个国家、民族或地域的广大民众在居住活动中所创造、享用和传承的、属于本群体的独特的习俗惯制,包括居所新建时的一系列仪式、居所内部物品的摆设、家庭成员住房的分配以及住房之间形成的特定关系等。

一、居住民俗的形成

人类的居住活动早在原始时代就已经产生,但由于受当时人类改造自然的能力限制以及外界恶劣条件的影响,原始居民的居住方式只能是利用穴居、巢居等多种天然空间。随着生产力的逐步提高和发展,人类创造居住条件的工具和方法有了很大改善,特别是人工住所出现后,才逐渐形成了居住习俗。世界各地因自然条件的不同,产生了迥然不同的居住形式及其居住习俗。根据人类居住方式的变化,可以将居住民俗分为3个发展阶段。

(一)居住民俗的初创阶段

这一阶段是人类利用天然生成的洞穴和树洞等自然空间,经过适当地加工而形成的穴居和巢居阶段。穴处巢居时代已经开始具有了原始的一些居住习俗。这种习俗表现出3个特点,一是实行原始的群居,大家共处一室,共同抵御外界的侵害;二是生死的分居,活人居所与死者的葬地有意分开;三是住所的不稳定性,以采集渔猎为主的经济生活迫使人们不得不经常进行迁徙,这也导致了他们住所的经常更变。

(二)居住民俗的过渡阶段

在这个阶段中,人类改进创造了3种住室,一种是更为坚固的建筑——风篱。风篱是一种容易建造的古老居住形式,结构简单,用树干或树枝插入土中构成一面坡式的墙,其上覆盖树皮、树枝、茅草之类，用来遮风挡雨。如非洲的希须曼人、美洲的印第安人和亚洲印度的安达曼人都曾使用风篱作为居住之所；另一种是形成了土窑，由穴居上升为半穴居，如我国西安半坡仰韶文化遗址半地穴式房屋，这种形式在黄河以及长江上游流域众多新石器时代遗址中都可见到；第三种是比风篱更进一步的古老帐篷，是用兽皮、兽毛、桦树皮等搭在树干架上，可以拆除或迁移的帐幕或穹庐，如我国鄂伦春族的"仙人柱"帐篷。这个阶段的居住民俗存在着前后相连的过渡特征：一是住所趋向稳定，简便易建的风篱与古老帐篷适应了人们不断迁徙的需要，但同时有向固定住所转化的趋势；二是出现了火塘。由于风篱与原始帐篷不能构建出宽广的室内空间，因此原始群居逐渐被家庭单居所代替，火塘成为家庭居住的象征。

（三）居住民俗的发展阶段

在这一阶段，随着社会的发展，特别是农业生产的出现，人们逐渐改变了漂泊迁徙的生活，有意创造了有顶盖与四墙结合的建筑，多数属于永久性的固定住所。住室逐渐从半穴居上升到地平面或高出地平面。由于自然环境的不同、社会经济发展程度的差异以及人们审美要求的不同，世界各地出现了各种类型、各具特色的民间居住类型。既有土木结构的，也有砖石结构的；既有窑洞，也有平房；既有有顶有壁的，也有无顶无壁的，种类繁多。这一阶段的居住民俗呈现出两个明显特征，一是民居体现了浓厚的文化内涵，如北京四合院的出现，既是与自然环境相适应的产物，也是中国传统文化的深刻印证；二是居住类型的多样化，形成了多种多样的居住习俗惯制。

二、居住民俗的类型

随着土木、砖石等建筑材料的广泛使用，人们在房屋建造中充分展示了自己的聪明智慧和技艺才能，无论是普通民房还是巍峨的宫殿都力求达到尽善尽美，成为辉煌的文化财富。由于受自然环境因素和人文社会环境因素的影响和制约，各个国家、民族、地区之间形成了风格各异的建筑体系，既有土木结构的，也有砖石结构的；有平顶、尖顶的，也有圆顶、两面坡的；有固定式的，也有移动式的；有围院，也有长方形的，极为丰富多彩。根据民居景观的式样不同，这些建筑可分成以下几种类型。

（一）洞穴居

这是一种比较原始的居住方式，基本上沿袭了古俗，用挖掘洞、穴的办法修造，它的主要结构特点是利用地形、地势、地物等天然条件进行加工，修成"窑洞""地窖"形式的固定生活空间。我国北方的窑洞就是洞穴居典型的实例。根据地势的不同，窑洞可分为靠崖窑、地坑窑、锢窑等不同亚类型，这类洞穴居至今在世界上许多地方还有这类居住习俗的遗存，如我国陕北的窑洞、马里的井中旅馆等，但它们与纯粹利用天然洞穴有所不同，一是要进行改造，二是内部设备不同，三是家庭居住。

（二）干栏式建筑

干栏式建筑主要流行于我国中南和西南的少数民族地区以及东南亚和大洋洲一带。这种建筑样式的出现和当地的气候、环境、建筑材料有着直接关系。在气候炎热、雨量充沛、虫蛇众多的环境下，使居室脱离地面，人居其上，畜养其下，十分安全，同时通风透气。干栏有全竹、全木、竹木结合以及土木结合4种形式。全竹结构的以云南傣族、基诺族的竹楼为典型，全木结构则以侗族为代表，竹木结合结构的代表有泰国克木人的高脚屋，土木结合的代表有贵州册享一带布依族的住所，其依靠自然山势，把山坡削成一块"厂"形土台，土台以下用木柱支撑，铺上楼板作为房屋的前厅，下面圈养牲畜。

（三）"上栋下宇"式建筑

这种建筑有天棚、地基和四壁的固定生活空间，称作"上栋下宇"式房屋。人们利用地面空间建造居室，分离了室内、室外，使饮食起居、家族亲族往来、政治文化生活等方面都更加社会化，这是消费生活的要素。"上栋下宇"成为我国创造的木架结构住屋的样式并相沿至今，形成我国住屋构造的主要民俗传承，其中又分为长屋（大房子）、庭院住宅两种类型。长屋或大房子是适应聚族而居建造的，有直线型、环型两种。直线型长屋是几间、几十间甚至上百间房子排成一条直线，共用一个屋脊、屋顶、屋背和屋檐，长达数十米乃至上百米，老挝卡人的大房子长达500米。环型长屋围成一个大圆圈，首尾相接，中心圈出一块宽敞的空地，如我国南方客家人的围楼。

（四）帐篷或移动式居所

帐篷或移动式居所是为适应自然环境、根据生产生活的需要而制造成的移动生活空间。这种住屋不固定，经常拆迁，处于游动状态，是牧区最主要的居住方式。这种类型的居所有两种使用情况：一种是长年的世世代代的游动性生产生活所使用的；另一种是临时性生产生活所使用的。帐篷类型繁多，有圆锥形、圆拱形、方形、不规则形等几种外观形式，也有布匹的、兽皮的、羊毛编织的、桦树皮等不同质地的，面积也有大有小。游动性居所有与车船等运输工具结合的形式，既有车船交通的性质，也有住室生活的居住性质，如吉卜赛人的大篷车、我国南方闽粤沿海地区的"居家船"。

三、居住民俗的文化内涵

多种多样的居住形式呈现出异彩纷呈的居住民俗。在众多因素的相互作用和影响下，我们可从各式民居中探知其中所蕴含的深厚的文化内涵。

（一）实用性

民居是一种为人们生活所迫切需要的人工产物，也是人类最基本的一种文化。住房首先要保障人身安全与健康，其次从生活消费出发应尽可能舒适方便，因此在设计中特别重视住房的预防自然灾害与人为祸患的作用，包括屋顶的强度、墙的厚度、门窗的严实程度，还有附属物如围墙、院套、院门锁闩的配置等。调节室内寒暑、干湿和明暗的部位因地方、民族习惯而各有差异，如窗的多种形式、采光的方法、天窗的设置、炉灶的多种类型及位置、火塘的部位及作用以及通风的设备等。家庭成员的起居设备往往也因各地习惯及住房类型的不同而各异，如里间、外间、卧室、厨房等分别都有实用意义。在人们生活的陆地上，既有数十层的高楼大厦，也有洞穴式的窑洞，或用茅草、竹木盖成的小屋。但不管什么形式，它们的作用是住人，是为人们生活的安全、舒适服务的。因此，居民是一种最实用的文化，是任何人都不能缺少的。在世界各地，只要有人的足迹存在就必然会有居民这种文化产物，尽管形态复杂多样。

（二）艺术性

民居既是一种实用的文化产物，同时又是一种艺术的文化产物，能体现各地的民族特色和地方特色。在我国汉族传统住房上经常有砖雕坐兽装饰，俗称"五脊六兽"。檐头的瓦当、檩椽的雕花图案、砖墙大幅浮雕、门窗上的木雕、廊前的漆柱、橡头的彩绘、雕梁栋都标志着住室的艺术特征。看似简陋的蒙古包是适应当地特殊环境条件的产物，是逐水草而居的牧民住宅。不管它的内部安排怎么样，就它的外形来看，它那四周圆形和穹形的屋顶等都给旁观者一种美的享受，呈现出独特的美感特征。

（三）伦理性

一般民居除了体现它们的有用和美观性质外，还体现着一种社会伦理的性质。如北京旧城内四合院中按辈分长幼分居各屋。这种格局的配置往往是上房由长辈居住，下房由晚辈居住。就以我国汉族的情形为例，一家民居大部分为几个房屋，名称上有正房、有偏房、有前房、有后房，有的还有附带房室，如厨房、厕所、仓库等，大都有一定讲究，有的还有一定禁忌，如女儿的闺房不但外人不能进，就是家人如兄弟等也不能随便进入。外来客人的接待和留住也有一定的房室。比如，东北地区的满族一般有两间正房，外屋是厨房，里屋有三铺炕，南北西三面炕构成"匚"字型，俗称"万字炕"。西炕为贵，供奉祖宗牌位。家中来贵客住西炕，北炕为大，家中长辈多住北炕，南炕为小，小字辈的姑娘和媳妇住南炕。这种住居上的安排，伦理色彩是相当浓厚的。这种居室的伦理意义在少数民族也有相似情形。谁住正房，谁住偏房或楼房的上、下，各民族虽然不尽相同，但都是按照自己民族的伦理逻辑加以安排，决不容许错乱，从而体现出这些居民乃至这个民族的家族伦理观念和伦理准则。

四、居住民俗的旅游价值

民居本身就构成了一种旅游景观，从其形成和发展来看，民居本身具有很强的地域性和不可转移性。民居与周围的地质、气候等自然环境相协调，再加上历史传承下来浓郁的文化底蕴，形成了各式各样独具特色的民居景观类型，如北方四合院、南方天井院、云南的一颗印和三房一照壁，还有窑洞、蒙古包、藏族碉房、客家土楼等。这些民居建筑风格各异，充满浓郁的乡土气息，对异地游客构成强烈的吸引力，本身就是潜在的旅游观光资源。

居住民俗旅游资源可以分为两大类：一类是供旅游者参与的体验型旅游资源；另一类是供旅游者游览的观光型旅游资源。民居中可供旅游者参与的旅游资源目前已经有了初步的开发。传统民居中蕴含深厚的中国文化可以开发利用起来，旅游者到旅游区旅游，可以到当地的居民中按照当地人的惯例居住生活，体验异地异族的生活情趣，满足自己的好奇心。对于旅游者来说，住在傣族的竹楼、苗族的村寨、蒙古族的毡房里确实是别有一番滋味的。比如"北京胡同一日游"，让游客尤其是外国游客吃住在四合院，切身体验中国传统家庭的习俗和氛围。旅游者的这种体验生活情趣已经成为风景区旅馆设计的一种指导因素，许多风景旅游区的宾馆都融入了当地的风土人情和居住民俗。

居住民俗中供旅游者游览的观光型旅游资源主要是现存各地的传统民居，也包括当地人的居住生活情景，这些传统民居极少数以单体方式存在，绝大多数是以建筑群方式存在的。我国各地由于自然气候、建筑材料、生活习惯和民族文化千差万别，形成了多姿多彩的传统民居群体，当地人对此习以为常，外来观光者却感到十分好奇。目前对传统民居旅游资源的开发已经取得了一定的经验和成就。

【延伸阅读】

保护好传统院落民居——让"花开一季"变"客引四季"

"双石桥村的红豆树开花了，好漂亮哦！"近日，德阳什邡市马井镇双石桥村5棵300多年的红豆树全部开花，吸引了方圆十里的游客争相来观看。在双石桥村，5棵参天红豆树排在村子新建的池塘边，粉中透紫的花朵散发出淡淡香气，微风吹过，花瓣像雪花一样飘落。红豆树是有灵性的，它这样开花说明它高兴了。比红豆树更高兴的是双石桥村的村民，他们安身的院落全部修缮一新，更有了新收入。

怎么留住乡愁？村民意见很重要。走进双石桥村，映入眼帘的便是错落有致的院落。2014年，什邡市开展幸福美丽新村建设评比，双石桥村以5棵红豆古树、保存完好的传统民居和现今已不多见的大片竹林争取到"传统院落民居保护"的名额，在保留原有老民居的基础上，围绕古树、古建筑、竹林等传统元素做文章，通过保护性改造，让这些老院落成为回忆过去、休闲旅游的绝佳之地。院落改造工程于2014年年底开工，什邡整合资金750万元，对该村院落内道路、沟渠、红豆树和其他古建筑进行了修葺和保护，形成了沟渠环绕、竹林密布的川西民居风貌。

院落如何修葺？政府说了不算，村民意见很重要。马井镇政府负责新农村建设的工作人员多次来到双石桥村，与村民商讨院落改造事宜，在保证整体性的前提下，也让每户突出自己的特色：双石桥一直有勤学上进的风气，村里出过2名翰林、5名进士。据此村里的墙上都贴有讲述"凿壁借光"等读书典故的年画，每户门口也有对联，内容是根据每户家里不同情况来写的。

> 如何让游客留下来？依托古树古村古文化。村里的风貌打造好了，下一步便是如何借助院落来致富。其实，不少村民早有了打算。2017年，双石桥村在传统节日时，在5棵红豆树下做了多场活动，让村子在德阳有了一定名气，但除了红豆树开花时，平日来的游客很少，游客来了，只有院落和红豆树可以看，太单调了，如何让游客留下来是关键。此前，双石桥村引进"五棵树家庭农场"和"蓝剑牧马岛超级农场"合作的联盟农场，共流转土地270亩，主要从事有机农产品的生产和销售。通过土地流转和务工收入，村里每年可新增收入70余万元。目前，村里谋划借助农场做旅游。以后，游客来了，可以先在农场体验采摘等农耕文化，之后再来感受川西院落的生活。现在，农场有了自己的农家乐餐厅，游泳池也在筹建中。红豆树广场旁的一个院子也被村里征用改造为民宿。今后的双石桥村将会是一个既有传统元素的老院落，又有良好环境的新农村。
>
> （来源：四川日报，2017-11-27）

课题二 中国居住民俗

一、中国汉族居住民俗

汉族民居有多种形式，如四合院、围龙屋、窑洞等。它们既有自己的特点，又体现着一系列共同的属性，保持着大量共同的习俗。汉族民居的基本精神是讲究大环境的营造，这种意识在村落的布局、房屋的地基和朝向等方面表现出来，形成了意味丰富的居住民俗。近现代汉族民居既是一种实用的居住空间，又是一种民俗观念的物化符号。居住民俗突出地说明中国人特别重视历史与现实、现实与未来的关联。当人们身处传统的居住环境，一眼看去满眼都是指向未来的象征符号。这些符号从正反两个方面烘托着吉祥的意义，支持着中国人对于未来的信心。

（一）建房与入住礼俗

建房之前要进行宅基选址，其目的是要找到住宅在自然中和在周围建筑中的位置，这两个问题解决的原理都是要取得和谐。我国大部分地区位于北回归线以内，为通风向阳的需要，住宅通常选择坐北朝南，且多是前面水，后靠山。

住宅内外的布局也是建房过程中需考虑的问题，住宅外部布局是指住宅与周围环境的相处关系。道路位于住宅的右边为最贵，但切不可位于宅后。大路不冲门，有利于交通，又可避免干扰。理想的山形是北面的主峰，西东为次峰，既有靠又有延，达到住宅与外部环境的和谐相处乃是住宅布局的最终目的。住宅的内部布局是指住宅的位置以及住宅的功能分区、住宅的形态以及室内摆设等情状。住宅的地势通常是坐北朝南,院门开在东南部。住宅要北房高,南房低;东边低,西边高。

当各种建房准备就绪后,就可以破土动工了。建房动工意味着大兴土木,这是生活中一件极为重要的事件,因此不仅是房主一人的事情,也是全村人共同的事情。在建房时,全村人常会一同出动帮工,而房主则按惯例给帮工以吃食、酒菜供应,但不收取任何费用,因为新建房具有重要意义,于是在建房过程中乃至以后入住时都有许多讲究和规矩,按照民间建房的礼仪,一般可分为择地、开工、上梁、立门、落成5个步骤。

新房落成以后的入迁意味着主人进入一个新的居所,对于这种乔迁之喜同样也有一系列的惯例相沿而成民俗,主要包括择日入住、祖宗神位的入屋以及进屋时的庆祝等。

(二)汉族民居实例

1. 四合院

四合院又称四合房,是中国的一种传统合院式建筑,其格局为一个院子四面建有房屋,从四面将庭院合围在中间,故名四合院。四合院就是三合院前面又加门房的屋舍来封闭。若呈"口"字形的称为一进院落;"日"字形的称为二进院落;"目"字形的称为三进院落。一般而言,大宅院中,第一进为门屋,第二进是厅堂,第三进或后进为私室或闺房,是妇女或眷属的活动空间,一般人不得随意进入。

四合院至少有3000多年的历史,在中国各地有多种类型,其中以北京四合院为典型,其基本特点是按南北轴线对称布置房屋和院落,坐北朝南,大门一般开在东南角,称"坎宅巽门",被认为是吉利的,实际上这种设计也有利于保持私密性和增加空间的变化。进入大门西转为外院,安排客房,仆房和厨、厕。从外院向北通过一座华丽的垂花门进入方正而大的内院,北面正房称堂,用于供奉"天地君亲师"牌位,举行家庭礼仪,接待尊贵宾客,其左右耳房居住长辈和用作书房,院两侧的厢房是后辈居室。各房以"抄手游廊"相连,不必经过露天,在廊内也可坐赏院中花树。这种庄重的布局亦体现了华北人民正统、严谨的传统性格。北京地区属暖温带、半湿润大陆性季风气候,冬寒少雪,春旱多风沙,因此,住宅设计注重保温、防寒、避风沙,外围砌砖墙,整个院落被房屋与墙垣包围。多采用硬山式屋顶,墙壁和屋顶都比较厚实。

2. 窑洞

窑洞是中国西北黄土高原上居民的古老居住形式,这一"穴居式"民居的历史可以追溯到4000多年前。窑洞广泛分布于黄土高原的山西、陕西、河南、河北、内蒙古、甘肃及宁夏等省区。在中国陕甘宁地区,黄土层非常厚,有的厚达几十公里,中国人民创造性地利用高原有利的地形,凿洞而居,创造了被称为"绿色建筑"的窑洞建筑。

窑洞修建时,庄面子一般高至9米,长17~23米,用镢头修刮成水波等花纹,正面挖窑3~5孔,侧面根据地形也可挖1~3孔窑,前面取土为平空地,一般为三面筑墙,修建大门门楼。窑洞一般高4米,宽八尺至一丈,深三丈,正面的主窑比其他窑洞略高,作正堂为长辈居住。窑口砌墙安门窗,一般为一门三窑洞或一门二窗,靠窑顶的窗子称"天窗"。窑内靠山墙均盘有土炕,土炕一边紧接山墙,一边紧连窑壁,留有炕洞门,"烧柴点炕,满窑生暖,主窑坐炕,其乐融融"。修窑洞一般按山形走向,避湿就干,避低就高,避阴就阳。庆阳窑洞的种类很多,细算可分10多种,按大类分有3种,即明庄窑、土坑窑、箍窑。

3. 客家围屋

客家围屋又称围龙屋、围屋、客家围等,是客家民居经典的三大样式(客家围屋、客家排屋、客家土楼)之一,是一种富有特色的典型客家民居建筑,是客家民居中最常见、保存最多的一种,被誉为"东方的古罗马城堡""汉晋坞堡的活化石",被中外建筑学界公认为中国民居建筑的五大特色之一。客家围屋是中国客家文化中著名的特色民居建筑。围屋始建于唐宋,兴盛于明清。围屋结合了中原古朴遗风以及南方文化的地域特色,在客家人聚居之处都能见到围屋的踪迹,主要集中在广东的深圳、惠州、河源、梅州、韶关,江西的赣州,福建的龙岩、三明,广西的贺州、玉林、防城港等地及国内外其他客家人聚居地。

围屋不论大小,大门前必有一块禾坪和一个半月形池塘,禾坪用于晒谷、乘凉和其他活动,池塘具有蓄水、养鱼、防火、防旱等作用。大门之内分上中下3个大厅,左右分两厢或四厢,俗称"横屋",一直向后延伸。在左右横屋的尽头筑起围墙形的房屋,把正屋包围起来,小的十几间,大的二十几间,正中一间为"龙厅",故名"围龙屋"。小围龙屋一般只有1~2条围龙,大型围龙屋则有4条、5条甚至6条围龙,在兴宁花螺墩罗屋就有一座6围的围龙屋。在建筑上围屋的共同特点是以南北子午线为中轴,东西两边对称,前低后高,主次分明,坐落有序,布局规整,以屋前的池塘和正堂后的"围龙"组合成一个整体,里面以厅堂、天井为中心设立几十个或上百个生活单元,适合几十个人、一百多人或数百人同居一屋,讲究的还设有书房和练武厅,令人叹为观止。

4. 徽居

徽派民居是中国传统民居建筑的一个重要流派,主要分布于古徽州地区(黄山市、绩溪县、婺源县)及泛徽地区(如浙江淳安、江西浮梁)。徽式宅居结构多为多进院落式集居形式(小型者以三合院式为多),一般坐北朝南,倚山面水。布局以中轴线对称分列,面阔三间,中为厅堂,两侧为室,厅堂前方称"天井",采光通风,院落相套,造就出纵深自足型家族生存空间。民居外观整体性和美感很强,高墙封闭,马头翘角,墙线错落有致,黑瓦白墙,色彩典雅大方。在装饰方面,徽州宅居的"三雕"之美令人叹为观止,青砖门罩、石雕漏窗、木雕楹柱与建筑物融为一体,使建筑精美如诗,堪称徽式宅居的一大特色。

在徽州古民居建筑中,儒家严格的等级制度以及尊卑有别、男女有别、长幼有序的封建道德观表现得也十分明显。实用性与艺术性的完美统一是徽州民居的又一典型特点。徽州古民居大都依山傍水,山既可以挡风,方便取柴烧火做饭取暖,又给人以美感;村落建于水旁,既可以方便饮用、洗涤,又可以灌溉农田,美化环境。徽居的古村落街道较窄,白色山墙宽厚高大,灰色马头墙造型别致。这种结构节约土地,便于防火、防盗、降温、防潮,使各家严格区别,房子的白墙灰瓦在青山绿水中显得十分美观。徽居的天井可通风透光,四水归堂,又适应了肥水不流外人田的朴素心理。

二、中国少数民族居住民俗

（一）东北少数民族居住民俗

1. 满族

满族民居多为土木结构，一般是3间或5间，坐北朝南，房顶用草苫，周围墙多用土垒成。门大多开在东边，也有的中间开门，称"对面屋"。进门便是伙房，又称外屋，西侧或东西两侧为里屋，即卧室。卧室筑有南、北、西三面构成的火炕，这是满族卧室的最大特点。按满族习俗，西墙上有祖宗神板，因此不要说堆积杂物，就连贵客挚友也不能坐西炕。南炕温暖、向阳，一般由长辈居住；晚辈则住北炕。火炕既住人又取暖，深得满族群众喜爱。满族盖房多开南窗和西窗，冬暖夏凉。

2. 朝鲜族

朝鲜族房屋一般建在沿山的平川地带，房屋正面朝阳，依山傍水，保持朴素洁净，尽量与自然环境相融合。房屋多为土木结构的草房或瓦房，屋顶多为四面斜坡，房屋间数多，除灶间、牛房等房间外，其他全部为起居室。在朝鲜族住房习俗中也能看出良好的邻里关系，他们特别重视邻里之间的和睦互助。村里谁家盖房子，各家均出人帮忙，这种劳动不计报酬，主人家也拿出好酒佳肴招待，以表谢意。

3. 鄂伦春族

鄂伦春族的房屋主要有"斜仁柱"、产房、土窖子、木刻楞房、桦皮棚（林盘）、布棚（麦汗）、高脚仓库（奥伦）等。"斜仁柱"是鄂伦春族游猎时最主要的住房，呈圆锥形。骨架用长若干米的主杆、带杈的树干和20多根"斜仁"（树干）搭成，其覆盖物有冬季用的狍皮围子，需用60余张狍皮缝制，也有桦树皮、芦苇帘和布围子。"斜仁柱"正对门的铺位叫"玛路"，是供神的地方，只许男性客人和男主人坐卧。儿子、儿媳住左侧铺位，父母住右侧铺位。中间有火塘，上吊一铁锅，也有用三脚架支锅的。

（二）中南少数民族居住民俗

1. 黎族

黎族民居有着本民族独特的建造方法，属于竹结构形式，房屋的骨架由竹木构成，较为原始和简单。金字形屋顶，上盖茅草，用竹条或树枝扎成墙架，再以泥糊。屋内间隔成厅房。旧式的"船形屋"用竹木扎构成轮廓，状如船篷，盖以茅草，成半圆筒形。屋内一般不分间隔，以藤条或竹片编成地板，分平房和双层两种，平房离地约半米，双层离地约两米，上层住人，下层养畜。

2. 土家族

土家族有典型的"吊脚楼"式建筑，依山而建，在平地上用木柱撑起分上下两层，节约土地，造价较廉；上层通风、干燥、防潮，是居室；下层关牲口或用来堆放杂物。有的吊脚楼为三层建筑，除了屋顶盖瓦以外，上上下下全部用杉木建造。屋柱用大杉木凿眼，柱与柱之间用大小不一的杉木斜穿直套连在一起，不用一个铁钉也十分坚固。房子四壁用杉木板开槽密镶，讲究的里里外外都涂上桐油，又干净又亮堂。底层不宜住人，是用来饲养家禽、放置农具和重物的。第二层是饮食起居的地方，内设卧室，外人一般不入内。卧室的外面是堂屋，设有火塘，一家人围着火塘吃饭，宽敞方便。由于堂屋有窗，所以十分明亮，光线充足，通风也好，家人多在此做手工活和休息，也是接待客人的地方。堂屋的另一侧有一道与其相连的宽宽的走廊，廊外设有半人高的栏杆，内有一大排长凳，家人常居于此休息。第三层透风干燥，十分宽敞，除作居室外，还隔出小间用作储粮和存物。

3. 畲族

畲族的民居多建于山坡向阳有水且避风的地方，房屋多为茅草房和土木结构瓦房。盖房一般邀请亲友或寨中劳动力帮工，但一般不计酬，只招待饭食就可以。房屋四周均为黄泥土夯筑的土墙，中间分别架有木柱作为支撑。房屋分为前、后两厅，两边隔4个正间作为卧室。有的房屋建有廊道，前后廊道分别用作厨房或堆放农具和做猪栏。住房一般为二层楼，楼上用竹片加泥土做墙壁隔间，堆放粮食，每座屋前或屋后均留有小块空地，以晾晒柴草、衣物等。边角地多种树木遮阴。20世纪50年代后，畲族群众居住条件明显改善，砖瓦房、混凝土结构房逐步取代旧式的房屋。

4. 高山族

高山族的民居依照材料可以分为木屋、竹屋、茅屋、石屋和草顶地下房屋5类。住在山地的高山族，房屋多为茅草屋顶的木板房。有些地区屋内要比地面凹下一、二尺，环墙摆设床铺，门有正门、后门或左右旁门，窗户只有一、二尺见方。高山族讲究造型和实用相结合，也非常重视房屋的装饰，主要表现在柱、檐桁、横梁、槛楣和门板、独石的雕刻艺术上。高山族中阿美人的住房大都是干栏式建筑，除住房外，村落还建有集会所，白天为举行集会、祭祀或村社工作的场所，夜间则作为未婚男女的聚会地。

（三）西北少数民族居住民俗

1. 维吾尔族

维吾尔族的传统民居以土坯建筑为主，多为带有地下室的单层或双层拱式平顶，农家还用土坯块砌成晾制葡萄干的镂空花墙的晾房。住宅一般分前后院，后院是饲养牲畜和积肥的场地，前院为生活起居的主要空间，院中引进渠水栽植葡萄和杏等果木，葡萄架既可蔽日纳凉，又可为市场提供丰盛的鲜葡萄和葡萄干，从而获得良好的经济效益。院内有用土块砌成的拱式小梯通至屋顶，梯下可存物，空间很紧凑。还有一种"阿以旺"式住宅，房屋连成一片，庭院在四周，平面布局灵活，前室称"阿以旺"，又称"夏室"，开天窗，有起居会客等多种功能，后室称冬室，做卧室，一般不开窗。

2. 哈萨克族

哈萨克族人住的多是轻便而简易的毡房（又称"哈萨包"），牧民在春、夏、秋三季居住。冬天则住土房和木屋。哈萨包和蒙古包不同，其顶部呈弧形，四壁支杆与外面所蒙的毡之间，嵌有用芨芨草制成的席子。哈萨包内的陈设前半部放物品用具，后半部住人和待客，右上方是长辈的床位，左上方是晚辈的床位。右下方放置炊具和食品，左下方放置乘具、猎具和幼畜，正上方放置衣箱等。毡房内地上铺有地毯或毡，正中对天窗处有火炉或锅掌子。靠右手有专为老人设的木床，其他人不得在上面坐卧。

3. 蒙古族

辽阔的草原是蒙古民族纵马征战和自由放牧的大舞台，最适合于游牧民族居住的就是蒙古包。蒙古包古称穹庐，又称毡帐、帐幕、毡包等，蒙古包整体呈圆形凸顶，顶上和四周由一层至两层厚毡覆盖。蒙古包分为固定式与游动式两种样式。半农半牧区大多建造固定式的蒙古包，周围墙壁用土砌成，上面用苇草搭盖；游牧区以游动式的蒙古包较多，一种可拆卸的蒙古包以牲畜驮运来迁移，另一种不可拆卸的蒙古包靠牛车或马车拉运来迁移。游牧民族为适应游牧生活和牧业生产而创造的这种居所，由于建造和搬迁都很方便，制作简便、易拆装，抵御风寒，便于游牧，自匈奴时代起就已出现，一直沿用至今，是能够拆移的中国北方游牧民族的典型民居。

4. 土族

土族民居文化特点突出，别具一格。村庄大多在山脚下，依山傍水搭造房屋，主房坐北朝南，大多3间，中间一间开房门，进门是堂屋，大红油漆的面柜上面摆放生活日用品。左右两侧开门进卧房，睡土炕，炕正中摆着炕桌和火盆，一般为长辈居住。全家人平时也在炕上吃饭、休息、接待一般客人。主房建筑精细，栋梁和门窗上雕刻或彩绘牛羊健壮、五谷丰登的花纹图案。院墙很高，大门是在院墙上开设的双扇木板门，院落较大，房屋墙壁和院墙一样，皆挖掘湿黄土以夹板夯筑而成，室内冬暖夏凉。庭院正中有的栽花种草，有的设有香炉，每户庭院中央还设一座四方宝瓶台，其地下埋有宝瓶，上面靠主房的方向设一尊香炉。中老年人逢农历初一、初八、十五的清晨，洗漱后点燃柏树叶、乳香等敬佛，一时香烟缭绕，满院飘香。四面房屋由高台基的宽檐廊道相通，防止雨淋和强光的照射。院内的角房为厨房、仓库，牲畜圈棚和草料棚建造粗糙，注重实用。院外的空闲地块是菜园和打谷场。

（四）西南少数民族居住民俗

1. 藏族

藏民居种类主要有碉房、帐篷两大类。碉房是中国西南部的青藏高原以及内蒙古部分地区常见的藏族人民居住建筑形式。这是一种用乱石垒砌或土筑而成的房屋，高有3~4层。因外观很像碉堡，故称为碉房。藏族民居的墙体下厚上薄，外形下大上小，建筑平面都较为简洁，一般多方形平面，也有曲尺形的平面。因青藏高原山势起伏，建筑占地过大将会增加施工上的困难，故一般建筑平面占地面积较小，而向空间发展。西藏那曲民居外形是方形略带曲尺形，中间设一小天井，内部精细隽永，外部风格雄健。高原的日光格外强烈，民居处于一片银色中显得格外晶莹耀眼。碉房多为石木结构，外形端庄稳固，风格古朴粗犷；外墙向上收缩，依山而建者内坡仍为垂直。碉房一般分两层，以柱计算房间数。底层为牧畜圈和贮藏室，层高较低；二层为居住层，大间作堂屋、卧室、厨房，小间为储藏室或楼梯间；若有第三层，则多作经堂和晒台之用。

帐篷是牧区的主要住房式样，用羊毛纺线，织成粗氆氇（藏族地区出产的一种羊毛织品，可做床毯、衣服等），缝成长方形帐篷，当中支撑木杆，外面用毛绳拉开钉在四周地上，周围用草饼或粪块垒成墙垣，一方开门。白天将帐篷对开分撩两边，人可出入；晚上放下用带结紧。近门中央支石埋锅为灶，帐顶露一长缝，沿缝缀小钩，便于通气和启闭。

2. 白族

白族自古以来从事水稻为主的农业生产，为定居形式。就整体结构来讲，白族的建筑属于地道的东方建筑形式，以东西轴线安排房屋，重院则按横向的南北轴线深入。大门设在东北角上，主房坐西朝东，和厢房、对厅（或照壁）围成一封闭式院落。组合形式有"一房一廊""三坊一照壁""四合五天井"等。三坊一照壁，即主房一坊，左右厢房二坊，加上主房对面的照壁，合围成一个三合院。四合五天井指由正房、下房、左右厢房四坊房屋组成封闭式四合宅院，除中间一个大天井外，四角还有四个小天井或漏间。白族民居大都就地取材，广泛采用石头为主要建筑材料。白族崇尚白色，其建筑外墙均以白色为主调。从院落布局、建筑结构和内外装修等基本风格来看，白族民居与中原民居建筑有着传统上的承袭。由于自然环境、审美情趣上的差异，白族民居又有自己明显的民族风格和地方特色。

3. 彝族

彝族是农牧兼营的民族，村寨的分布与坐落有其独特的传承。彝族的村寨一般选择向阳山麓，顺山修建，以山腰、山梁处居多，山脚、河谷地带较少。彝族民居类型可以分为瓦房、土掌房、闪片房、垛木房、茅草房等。彝家院落宽敞，以供生产和生活之便，尤其是在置办红白喜事时可以广纳宾客。居室内，正房堂屋靠墙处供奉着天地祖宗牌位，供桌上摆设着香炉及虎、狮雕像；正中安放八仙桌，用于接待客人；左侧有常年不熄的火塘，由三块石头支成，俗称"锅庄"，用以取暖御寒、热水烤茶，火塘周围是家人围坐议事的地方。正房两侧房间为当家儿子、媳妇的卧室，兼存放贵重物品。一般长子居左，次子居右，老人、小孩及客房设在侧厢房。大门后做磨坊，正房楼上是粮仓，楼下为畜厩。

4. 侗族

侗寨的建筑群是以鼓楼为中心而展开的一个文化场域，它是侗乡特有的文化风景并且是真正诉之于视觉意义上的文化风景。鼓楼是一个寨子的中心，鼓楼附近是歌坪、戏台、萨堂，这四部分构成了侗寨的核心圈。紧紧地围绕着鼓楼的是民居住房圈，再外一圈是禾晾和禾仓，接着是寨门、凉亭、风雨桥。沿着侗乡这一寨子到另一寨子的半道上你会看到一种充满灵气的、古风十足的小型建筑，跨过它你就知道你已经走进另一个寨子了，这就是寨门，寨门是村寨聚落生活区域边界的标志，出了寨门意味着你离开了这个人烟聚落而进入了乡野；进了寨门则表示着你进入了这个相对封闭的区域，如果你是一个陌生人，那么从此刻起，你便是这个寨子的客人了。

5. 傣族

在滨水而居的河谷坝区，因受炎热、潮湿、多雨、竹木繁茂等生态环境的影响，傣族的居民建筑以"干栏"（俗称竹楼）为主。以数十根（一般是24~40根）竹竿支撑，离地约七八尺处铺以楼板或竹篾，顶上盖以茅草纺织的草排（现大多数改为砖柱瓦顶），上下两层，以木、竹做桩、楼板、墙壁，房顶覆以茅草、瓦块，整座建筑空间间架高大，以竹或木做墙壁和楼板，利于保持居室干燥凉爽。上层栖人，下层养家畜、堆放农具什物。上层住人，进屋是堂屋，中间铺以大块竹席，是吃饭、休息或待客的处所。堂屋中有一个火塘，支三脚铁架，供做饭烧茶用。往内是用木板或竹篾编成的卧室，一家数代分室而宿，席楼而卧，外人不得入内。上楼时先把鞋子脱在楼梯旁边或走廊上，然后赤脚进屋。

6. 纳西族

纳西民居大多为土木结构，比较常见的形式有三坊一照壁、四合五天井、前后院、一进两院等几种形式。其中，三坊一照壁是丽江纳西民居中最基本、最常见的民居形式，"三坊一照壁""四合五天井"一般为木结构。墙壁下半截用砖石或土垒基，上半截约三分之一用木板，略呈梯形，房顶稍大，主要为保护木质部分不受雨淋。多为两层楼，上面储粮，下面住人。

三坊一照壁或四合院分正房、经堂或厢房、宿舍楼，宿舍楼也叫花楼、门楼、草楼。正房供家庭集体活动，是议事和炊事及祭祀场所。厢房或称经堂的楼，楼上为喇嘛住房或供佛像，楼下住单身男子或为客人住房。宿舍楼或花楼主要供女子居住，门楼上放草，楼下大门两边是畜厩。摩梭人房屋的大门一般开朝东方或北方。井院较大，有红白喜事就在井院举行。正屋结构复杂，屋后设夹壁供储存食物，并作为老人居室，正屋右侧为家庭主妇的起居室。正屋内一角设灶台，灶台一角有一神龛，上面放置神像、供品和花瓶。高灶台下方设火塘，火塘右边是主位，左边是客位，不能混乱。房中有两根大柱子，分左柱右柱。左柱为男柱，右柱为女柱。摩梭人在砍这两棵柱子时必须用一棵树，顶上一节为左柱，根底一节为右柱。在举行成丁礼时，男孩在左柱旁举行，女孩在右柱旁举行。

7. 苗族

苗族一般聚族而居，村寨周围茂林修竹，风景幽美。村寨大多设有寨门，寨内种有常青的保寨树。苗族地区盛产木材，因而房屋大多为木结构建筑，以瓦或杉木皮、茅草等盖屋顶，黔中或黔西地区也有用薄石板盖屋顶的。各地房屋的形式不尽相同，居住在山麓、河边或平坝的苗族住房有平房和楼房两种，居住于山区的苗族住房多为"吊脚楼"。建筑在山区的吊脚楼是在有二三层阶梯的坡地上，利用山坡的自然地势于下方竖立较长的木柱，而上方则竖立较短的木柱来支撑，上铺楼板，盖房屋。吊脚楼下不住人，一般用于堆放杂物或关养家畜。海南岛和云南昭通地区的苗族则住长方形的茅草房或十分简陋的"权权房"，是以树干交叉搭棚，上盖茅草，以树枝或竹片编墙，涂以稀泥，以此来挡风避雨。

8. 布依族

布依族民居有楼房、半楼房和平房数种。半楼房一般采取后半部是平房，前半部是楼房，或左（右）半部是平房，右（左）半部是楼房的建筑格局。楼房和半楼房建筑是布依族传统建筑形式。楼房上层高，住人，下层低，圈牲畜，古称"干栏"或"麻栏"。它结构简单，形式美观，适用于南方山区的地形特点。在房间布局中，堂屋后壁设神龛供奉祖先，左右两侧分隔成灶房、寝室、客房。室内设有火堂，供一家人取暖炊薪。黔中一带由于地产石头，从基础到墙体都用石头垒砌，屋顶也盖石板，称为石板房；加上石砌的寨墙和山顶的石砌古堡，形成典型的石头建筑群。村寨布局与寨前的田坝、小河及通向各处的石板平桥和石拱桥梁，相互映衬，彼此和谐。

9. 毛南族

毛南族人的居室为干栏式样。干栏内外山墙全是以木、石为构架，面阔三开间，中间是厅房，两边是厢房。干栏一般为上下两层，上层住人，下层圈养牲畜和堆放农具、柴草以及其他杂物，门外有晒台。这样的建筑结构采光充足又可以防潮且结实稳当。毛南族居住在大石山区，到处有石头，因此房基或山墙多用精制的料石砌成，用长条石制成登门的石阶，毛南话叫"突结"（意即石梯）。干栏的楼柱也是石柱，连门槛、晒台、牛栏、桌子、凳子、水缸、水盆等也都是石料垒砌或雕凿的，不少家庭在这些石制用品上都雕刻有花鸟鱼虫图案，既经久耐用，又美观悦目。

10. 瑶族

瑶族是个山居民族，其村落大多位于海拔1 000米左右的高山密林中，一般建在山顶、半山腰和山脚溪畔。瑶族村落的选向依山势而定，只要是靠近水源和耕作区域、易找建筑材料、野兽出没较少的向阳处便可建寨。瑶族住房多为竹木结构，一般是一楼一底，楼下住人，分成两间或三间，进门左边一间为住房，右边为堂屋，煮饭在房屋正中。楼上用作屯粮或储存杂物，也供男人居住，畜舍多在住房背后。

11. 基诺族

基诺村寨喜建于平缓向阳的小山坡上。房屋是用竹木和茅草修建的"干栏式"竹楼，貌似孔明帽，因为相传这种建房式样是孔明教的。竹楼由木架支撑，用粗木做梁、柱，连榫为架，不用金属连接。楼板和四壁用竹片排列铺成，将茅草编成草排覆盖在楼顶上。竹楼上层住人，下层不设四壁，用于堆放工具、什物和家畜栖息。竹楼上有前后两个晒台，前晒台连着楼梯口，后晒台是晒衣、纺织之处。楼上用篾笆隔开，里屋按人口多少隔成数间卧室，外屋为"客厅"，兼厨房、饭堂，"客厅"中间有火塘，三块锅桩石作三足鼎立状，火塘上面悬挂着竹编吊笼，放置食品。火塘和锅桩石是家中神圣之物，饮茶、谈天、商谈家务、安排生产都在此进行。竹楼屋脊两头装饰着茅草扎的耳环花，一般群众的竹楼共饰6朵，村寨"长老"家则饰10朵。装饰着耳环花的竹楼能使人一眼就识别出其主人的社会地位和身份。

【延伸阅读】

发展乡村民宿　优化旅游供给

在旅游领域，我国已进入大众旅游时代，旅游消费需求更加多元，旅游业供给侧结构性改革的任务更加艰巨。乡村旅游是我国旅游消费的重点领域，乡村民宿是乡村旅游的新热点。浙江乡村旅游特别是乡村民宿起步早、发展快，湖州等地乡村民宿已形成较好的品牌效应。目前，湖州全市有乡村民宿2 772家、床位数5.1万张，培育了洋家民宿、农家民宿、两山民宿、水乡民宿"四大业态"。比如，以长兴水口民宿小镇为主体的"农家民宿"集聚了711家民宿、2.08万张床位，引进了Anadu（阿那度）、百翠山居、上泗安乡宿等品牌。以安吉乡村度假为主体的"两山民宿"集聚了1 183家民宿、14 753张床位，培育了古道缘、简爱、四季慢谷、息心庐、云端溪谷等品牌，实现了从普通农家到特色乡村住宿产品的换代升级。

"东龙湾·左邻右舍"位于北京市延庆区东部旧县镇东龙湾村。该项目将农民闲置农宅、土地、果园等资源改造成度假民宿、主题餐厅、乡村图书馆、体验基地等文化休闲空间。目前，全村改造精品民宿8家，入住率居高不下，2017年营业收入50万元。北京还涌现了一批以山楂小院、原乡里、鱼塘等为代表的精品乡村民宿。目前，北京精品乡村民宿达200多家，对接社会资本数十亿元，盘活闲置农宅千余户。民宿发展还带动了周边采摘采风、农事生活、民俗演艺等体验活动，以及农副产品、民俗工艺品经营销售，旅游产业链得到延伸、产业结构不断优化。北京市委、市政府将乡村民宿作为落实乡村振兴战略、扎实推进美丽乡村建设的一项重要工作持续推进。

大多数上海郊区也在利用农村房屋、借用乡土环境，提供以住宿为主的休闲旅游度假服务，民宿正快速成为上海乡村旅游发展的重要组成部分。2018年9月，上海出台了《关于促进本市乡村民宿发展的指导意见》，提出着力将乡村民宿培育成为繁荣农村、富裕农民的新兴产业，为城乡居民提供望得见绿、看得见水、记得住乡愁的高品质旅游体验。9月举办的2018年上海旅游节——"乡村民宿体验周"活动，集中展示了一批乡村民宿和市民休闲好去处等乡村旅游资源。金山、浦东、青浦、崇明、奉贤、松江6个区精心组织了39家乡村民宿参加展示，并为市民游客提供价格优惠、赠送特色小吃和本地农产品，广受欢迎。

近年来，湖北恩施州围绕"该给市场和游客提供什么、能给市场和游客提供什么"，着力推进民宿旅游供给侧结构性改革。恩施州大力发展城中心的民宿综合体——风情客栈区，进一步提高城市旅游的承载力、吸引力。其中，恩施土家女儿城是武陵山区最大的旅游综合体，是恩施文化旅游新地标，共建设城市风情客栈9家，房间数超过1 000间，配套建设非物质文化遗产传承和体验、文化演艺、土家美食体验、富硒文化展示、旅游综合接待等设施。除了城市旅游创新型——城市风情客栈区，恩施州还大力发展核心景区带动型——景区周边民宿群、城镇功能辐射型——城郊旅游民宿带、乡村旅游依托型——特色旅游民宿村、高山休闲避暑型——休闲度假民宿点等，走出了一条特色化民宿发展之路。

随着民宿热潮的兴起、消费需求的升级以及乡村旅游政策的支持引导，我国各地涌现了大量精品民宿或高质民宿项目，不断丰富和优化乡村旅游市场供给，成为深化旅游业供给侧结构性改革的重要选择。

（来源：中国旅游报，2018-12-06）

一、亚洲国家居住民俗

（一）日本

日本传统的民居分为草房和瓦房两种，两种房屋的结构差别不大。草房的屋顶是用茅草覆盖，而瓦房的房顶是用瓦覆盖的。日本民族建造房屋十分讲究地理位置的选择，在建房之前，要先确定一个他们认为吉祥如意的宅基。在开工建房之际要举行一个地镇祭，也称作地祭或镇祭，其目的是要禳除缠附在地基上的妖魔鬼怪，使这块土地从此安宁和平、吉祥幸福。日本传统的木结构民宅充分体现出防震、防湿、防火的特点。传统的日本和式建筑就是日本人民长期总结防震抗震经验的结晶。他们总结出的这种既夯实屋基、抵御地震，又在房屋结构方面留出余地、任其震动的宝贵经验，体现出一种人和自然界的关系方面的明智原则。日本和式住宅有很多特点，主要是木结构、瓦片屋顶，用隔扇和槛窗隔开房间，房内铺设榻榻米。榻榻米是铺在地板上的，相当于地毯，其长度一般为2米、宽1米，具体方法是在用稻草编制的厚垫子上铺上用灯芯草纺织的榻榻米席面。在上面行走不用穿鞋子、拖鞋。

（二）韩国

韩国人的传统民居称韩屋，大多建在后面有山、前面有水的地方。不同地区的韩屋结构有所不同，寒冷的北方多采取封闭式建筑。由于韩国冬季寒冷、夏季炎热，人们在房间里设置暖炕，并采取宽敞的过厅形式，以达到良好的通风效果。按社会阶层不同，韩屋分为上流住宅和中下层住宅。实用性和艺术性兼备的上流住宅深受儒家思想的影响，根据性别、年龄和身份的特征来建造。舍廊是成人男子就寝或用餐的地方，里屋则是成人女子和小孩居住的地方。里屋设在最里面，可以限制女人自由出入；孩子小的时候住在里屋，但长到七岁以后，男孩子就搬到舍廊，而女孩子继续留在里屋。供奉祖先的祠堂有宽敞的大厅。

（三）马来西亚

马来西亚人喜欢住在传统房子——单层建筑群"浮脚楼"里，浮脚楼的房顶用树叶铺盖，墙和地板用木质材料建成。门口有一条梯子，来访客人须先脱鞋，然后拾级而上。另外还有一种与浮脚楼相似的住宅，叫长屋。长屋由高架木桩支起，离地面2～3米，上面住人，屋下饲养家禽牲畜。传统的长屋充满民族色彩，多是竹木结构，以木板或者椰树叶覆盖屋顶，周围有篱笆环绕，以防偷袭。长屋的结构主要分成三部分。一是晒棚，供暴晒谷物和其他用途；二是居室，房间和卧室用木板做墙壁隔开，居住者一般都席地而睡；长廊是长屋的第三部分，上有屋顶遮盖，是长屋用途最广的地方，既是家庭开会场所、活动中心，又是会客地点。住在同一间长屋里的人互有亲戚关系，每当添丁进口之际就不断增盖。因此，长屋越长说明这个家族越兴旺。多个长屋聚在一起就形成了一个村子。

（四）越南

越南的村庄一般建在地势较低、邻近河溪的地方。周围常有竹丛环绕，村口立有牌楼，牌楼和村里其他建筑都有指向蓝天的翘檐。村头或村中心有村井，村井有的是土井，有的是用蜂窝状岩石或石头建的，形状各异。村里的主干道一般通往村亭，在日常生活中，村亭是一个公共活动中心，也是村里重大事件的举办场所，更是全村节日盛会和文化活动的举办地。北方村庄一般有竹丛环绕，南方则以多椰为特征。越南人住房一般为土平房或砖瓦平房，房后常挖有池塘，房前大多建有院落，有水井、洗澡间和厕所等设施。房檐下常置有一排水瓮或修有储水池，用以接畜饮用的雨水，屋内正房中央的墙壁上常设有供台，供有祖先的牌位。房前屋后常有几棵槟榔树。少数民族地区村寨中的住房以高脚屋居多，楼上住人，楼下为厨房和家禽畜栏。

二、欧洲国家居住民俗

（一）英国

英国的乡村小楼大多为两层，每层各有两间卧室，一前一后，有的在门厅上还有一个小房间。小楼水、电、气一应俱全，条件舒适。小楼与小楼相距不远，邻里相望。只有一些富裕人家有条件独享宁静，把自己的小楼建在宽敞空阔的地方，在小楼四周围起栅栏或者矮墙，构成庭院，在院中养花、种菜、植树，院子的乡村气息浓郁。按照传统居住习惯，住小楼的人家自己一般住在两层的后面一间里，把前面的房间留作客房。

（二）德国

德国民居最具代表的是德式和城堡式别墅，由于深受巴洛克和哥特建筑风格的影响，在德国的民居建筑当中随处可见类似于教堂的圆顶造型，而正方形的大屋顶依旧存在。德国民居中，庭院的院墙设置与否影响着使用者的安全感。但这些建筑的内部设计是十分缜密的，往往没有院墙的建筑的内部设计会更加"紧"，进而形成一种外松内紧的对比。德国民居讲究空间的高效利用，室内比较复杂，大小房间交叉设置，楼内房间设置曲折，走廊四通八达。部分民居内部设置密室，密室不开窗，以保障安全性和隐私性。有的民居密室采用的是地下室，而有的民居则采用的是在室内设置一处暗门，暗门与墙体的颜色一致，设置机关，紧急时刻触碰机关就可以进入到密室中。

（三）俄罗斯

俄罗斯的传统住宅是大木架结构，屋顶大多是两面斜坡。起居室、厨房和杂物的房间连在一起。典型的俄罗斯传统民居称为木刻楞，具有冬暖夏凉、结实耐用等优点。这种单一用木材构筑的房屋大多建在台基上，外表呈四方形，又高又大，墙壁较厚，房顶倾斜，有的上面覆盖涂有油漆的铁皮。正门前有门庭和围廊。室内分为卧室、客厅、厨房和储藏室等。墙角有土坯垒砌的火墙，冬天燃起壁炉，热气环绕夹层之中，使两个房间都感觉暖融融的。有的人家是大型壁炉，外表包着一层铁皮，铁皮上涂着黑色油漆。卧室的陈设比较讲究，摆放着木床或铁床，床栏杆上雕有花草图案，给人一种古朴典雅之感。客厅里的桌椅多为圆形，也有方形的。地面以木板铺地，上面铺就地毯。

（四）西班牙

距首都马德里几千公里的比亚卡尼亚镇至今仍保持着穴居的居住方式。穴屋除个别傍依小丘掘建外，绝大部分是平地掘洞建成，有门厅、客厅、二至三间卧室，还有贮藏室、厨房、柴草房以及猪圈。厨房里有一口井，吃水不用出门。穴屋大小房间都是天然拱顶，客厅、卧室、厨房粉刷得雪白。穴屋最大的优点是冬暖夏凉，夏季十分凉爽，冬季只需盖一条毛毯。现在穴屋区虽然通了电，几乎家家都有电视和冰箱，但是许多年轻人不愿再过"地下生活"，穴屋区居民逐年减少，只有一些老年夫妇习惯了这种生活而不愿离开。

三、美洲国家居住民俗

（一） 美国

美国人的住宅以舒适为基本要求，品质和实用性是美国人认为住宅好坏的评判标准。美国人选房子一定要求住宅周围景色宜人、安静和生活配套设施完备。因此早在19世纪末，美国人就已经开始了向郊区的迁移运动，到20世纪70年代，美国城市郊区的人口已经占市区人口的60%，目前这种郊区化的进程仍在继续。大多数美国人都住在市郊，在美国人的住房观念中，环境和景致是房子的重要组成部分，直接决定房子的价值和个人对房子的取舍。美国的住宅内部设计已经不像我国国内这样以卧室、客厅、卫生间、厨房来定义空间，而是根据功能标准把室内分为5个区。美国住宅一般都设计了专门的礼仪区，用于宴请宾客和家庭聚会，在这个区域里主人在设计布置上就会充分体现自己的社会地位、财富、个人风格、艺术鉴赏力。美国人是最在意独立自我空间的，美国住宅将礼仪区与主人休息起居的空间明确分开，追求个人生活绝对的私密性，尊重个人的生活感受。主人卧室与礼仪区、客人的卧室和客人洗漱室严格分开。宽大的主卧室内通常有两个宽大的类似于壁橱的储衣间、两个卫生间、两个阳台和单独的浴室。这样一来，私人空间充足而不受干扰，主人居住舒适而自得其乐。餐厅是美国人对外交往的重要空间，也是家庭礼仪活动的重要场所，起到尊重宾客、展示自我的双重作用。

（二）加拿大

在终年为冰雪所覆盖的北极地区，居住着因纽特人。他们的雪屋是用各种规格的雪砖垒成，即用锐利的刀把坚硬的积雪切成大雪砖，在选择好的平地上用雪砖垒成半球形的圆顶屋，再在屋顶开一小窗，使光线能够射入室内。雪屋的门极低，外来的客人必须爬行才能钻进雪屋。当地人长得矮小，身躯灵活，所以一滑便能滑进洞去。雪屋的小室里藏有许多食物，如面粉、茶叶、兽肉等。雪屋最深处用雪筑成高台，作为卧床。人们休息、吃饭都在"床"上。夜晚休息时全家男女老少一律钻进一只皮制的大袋中互相取暖。遇有客人来时则在雪床铺上一层软雪、柳枝和兽皮，很是暖和。雪屋的寿命很短，一般只能住两个月就不能再用，所以他们总是忙着建造新屋，不过一个人两个小时就能盖起一座雪屋。

四、非洲国家居住民俗

（一）多哥

多哥北部一带保留着富有地方特色的传统民居，被称为"坦伯马院落"，其独特性被誉为"多哥的象征"。院落的外形像一座座堡垒，这种民居用红褐色泥土筑成，高约3~4米，只有一个门可以进入。民居分上下两层，下层是堆放杂物和牲畜住的地方，上层是一个露天的平台，是民居的主要空间，高出平台的部分四周是矮土墙，平台上还有些圆锥形草屋顶的小房子，分布在露台的中间和四角，这些大部分是卧室，平台中间是主卧室，是主人夫妇住的地方，孩子的卧室在边上，露台上空地的部分用来晒粮食。这里的猴面包树随处可见，而且十分粗大，碉楼村落依傍着这些猴面包树度过了几百年的风风雨雨，粗干枯顶的猴面包树和"碉楼民居"融为一体，产生了一种非常和谐的美，也形成了这一带独特的风景线。

（二）贝宁

贝宁有30多个水上村庄，冈维埃是最大的一个，地处贝宁最大的城市科托努城郊北面的天然泄湖——诺库耶湖中，整个村庄很奇特，几乎所有的房子都是用木头和竹子搭建的，房子高出水面一米多，一眼望去，蔚为壮观。房子都是简单的茅草屋，有门有窗，通风条件很好，也算是村民们对抗高温的方法之一了。村里商店、学校、教堂、公墓等一应俱全，整个村庄的人所有的生活就在这片水域里，居民们出门串户或赶集时都要乘船。冈维埃居民依靠在诺库耶湖捕鱼为生，男人捕鱼，妇女负责养鱼以及捕捞后的贮藏和加工，然后到湖岸边的集市上出售。这个颇具"非洲威尼斯"风采的村庄吸引了不少国内外游客。

【模块回顾】

居住民俗就是指一个国家、民族或地域的广大民众在居住活动中所创造、享用和传承的属于本群体的独特的习俗惯制，包括居所新建时的一系列仪式、居所内部物品的摆设、家庭成员住房的分配以及住房之间形成的特定关系等。根据人类居住方式的变化，可以将居住民俗分为3个发展阶段，即居住民俗的初创阶段、居住民俗的过渡阶段和居住民俗的发展阶段。由于受到自然环境因素和人文社会环境因素的影响和制约，各个国家、民族、地区之间形成了风格各异的建筑体系。根据民居景观的式样，这些建筑可分成洞穴居、干栏式建筑、"上栋下宇"式建筑、帐篷或移动式居所等几种类型。在众多因素的相互作用和影响下，多种多样的居住形式呈现出异彩纷呈的居住民俗，我们可从各式民居中探知其中所蕴含的深厚的文化内涵。民居既是一种实用的文化产物，又是一种艺术的文化产物，体现着各地的民族特色和地方特色。一般民居除了体现有用性和美观性外，还体现着一种社会伦理的性质。

【自我测试】

1. 居住民俗的形成经历了哪几个时期？分别有哪些特征？
2. 居住民俗分为哪几种类型？各有哪些典型实例？
3. 你是怎样理解居住民俗文化内涵的？
4. 居住民俗的旅游价值体现在哪些方面？试举例加以说明。

【实战训练】

全班学生分成若干个小组，外出进行实地考察，了解当地民宿或者古镇旅游开发利用的情况，并进行评析。

【能力鉴定】

居住民俗学习者能力鉴定表（一）

被鉴定者姓名：_____	能力单位：<u>居住民俗基础认知</u>		
鉴定或工作场所：_____	鉴定者姓名：_____		
关键能力	评价指标	是否具备能力	
		是	不是
记忆能力	1. 说出居住民俗的基本含义		
	2. 说出居住民俗形成的三个阶段		
	3. 区分居住民俗的不同类型		
理解能力	1. 居住民俗的文化内涵		
	2. 居住民俗的旅游价值		

被鉴定者能力：满意_____ 不满意_____

对被鉴定者的反馈：

鉴定者签名：_____ 日期：_____

居住民俗学习者能力鉴定表（二）

被鉴定者姓名：_____ 能力单位：<u>民居民俗实例展示</u>
鉴定或工作场所：_____ 鉴定者姓名：_____

关键能力	评价指标	是否具备能力	
		是	不是
记忆能力	1. 说出 5 种以上中国不同民族典型民居样式		
	2. 说出 3 种以上外国的民居样式		
理解能力	根据某一区域或某一民族的民居民俗，设计 1 项特色旅游项目		

被鉴定者能力：满意_____ 不满意_____

对被鉴定者的反馈：

鉴定者签名：_____ 日期：_____

模块五

交通民俗

学习目标

知识要求

1. 了解影响交通民俗的因素
2. 掌握交通民俗的基本特点
3. 熟悉中国各民族和外国的交通习俗

能力要求

1. 通过了解传统交通工具的工作原理,掌握至少一种传统交通工具的使用方法
2. 能够通过实例揭示特色交通工具的旅游价值
3. 能够利用不同的交通民俗开发特色旅游项目

课题一 交通民俗认知

衣食住行是人类生存的基础。交通在人类社会的发展进程中占有重要地位，它能使人类从事各种活动更快捷、更舒适、更节约时间，加速了人类经济文明的发展，对人类的进步产生了巨大影响。交通民俗是指在交通设施和交通工具的创造及使用过程中产生的与交通有关的民间风俗习惯。交通民俗种类繁多，概括起来可以分为两个层次：一是交通设施及工具制造的习俗；二是人们使用交通设施及工具过程中形成的习俗。

一、交通民俗的形成及其特点

（一）交通民俗的产生

为了生产生活，人们必须出行。人们要外出到山上采集、狩猎，下江河湖海捕鱼，或到草原、河谷放牧，到野外耕作；人们出于生产或生活如交换、经商、对外交涉、探亲访友的需要也必须外出，甚至长途跋涉，历尽艰险。人类在史前时代的初期由于生产力水平低下，根本谈不上交通和运输，外出和彼此之间的往来只能徒步行走，物资运送工作最初也是靠手提肩扛来完成。随着生产力的提高和交往的日益频繁，这些方式已经满足不了现实的需要，于是先进的运输工具应运而生。由驯养而来的牛马等动物首先承担了这一使命，随后出现了各种车船等代步运输工具。人类在历史的演进过程中也形成了独具特色的文化——交通民俗。

（二）影响交通民俗的因素

1. 自然环境因素

在地形上，平原地区道路宽广平直，纵横交错，形成稠密的交通网络。平原地区的交通工具以轮车为主，无须过多考虑因地形起伏带来的阻力。山地地形崎岖，沟壑纵横，是交通的障碍，山地人民创造出了克服障碍的交通设施。我国西南山区人民利用当地自然条件创造发明了溜索、索桥、藤网桥、藤篾桥等克服河涧、山谷等障碍的交通设施。在气候方面，东北冬季寒冷地区形成了天然的雪道、冰道和冰桥。由于雪道、冰面摩擦阻力小，运送人或物资时，省力，因而形成了利用雪道、冰道进行交通运输的特殊工具——雪橇、爬犁、冰床，根据各地的特点形成了人拉、狗拉、马拉等不同形式。但这类交通工具只能在严寒的冬季使用，具有明显的季节性和地域性特点。西北气候干旱，戈壁沙漠广布，地表水源稀缺，风沙大，人们利用适合当地气候环境的骆驼作为交通工具，形成了独具西北风情的交通习俗，骆驼被称为"沙漠之舟"。河网的密度对交通习俗有明显的影响，我国"北车南船"的交通特色很大程度上起因于此。东南沿海地区尤其是江浙一带，河网密度大，河流纵横交错，水上交通极为便利，有"东方威尼斯"之称的苏州自古就有出门靠船的习俗。

2. 生产技术因素

随着人类的发展，生产技术也在不断变革，交通方式也发生了十分显著的变化。舟、车、路的出现就是一大进步。古代人们大多是沿河而居，为了适应捕鱼和渡河的需要，出现了最早的浮具——腰舟（生活在河边的百姓下河捕鱼时，在腰上拴一条绳子，绳上端有一两个葫芦，可以漂浮在水面上），经过发展演变便创造出最早的水上交通工具——独木舟。随着人们活动范围的扩大，人们逐渐懂得了驯养牛、马、骆驼和大象等动物代替人力运送货物、供人骑乘，并形成了车。车出现后，为了加快运送速度和提高负荷量，便有了修筑道路的要求。在春秋战国时期，诸侯各国为争夺中原霸权纷纷修筑能够通行战车的道路。秦始皇统一六国后更是大修驰道，使车辆直达全国各地。造船和航运的兴起也极大地发展了交通方式。到了汉代时已有了比较完整的水军体制，发展了用途不同、类型多样的船舰。机动运输工具的传入开创了运输方式的新纪元，蒸汽机的发明导致了产业革命。从19世纪初开始，蒸汽机相继应用于船舶和在铁路运行的车辆上，于是机动船和机车问世了。这些先进的技术传入我国后，使运输更加高效简洁，极大地丰富了交通方式。

3. 文化传播因素

民俗文化传播有直接的与间接的、有正常的与非正常的、有单向的与双向的。交通民俗作为民俗体系的一个分支，同样具有这种文化传播性，并使交通民俗处在不断相互碰撞与吸收、融合与发展中，构成多元化格局。例如，早在北宋时，我国就制成了指南针，并开始用于航海事业。我国的海船一直开到阿拉伯，和阿拉伯人做生意，阿拉伯人到我国来的也很多，而且大多是乘中国船来的。他们看到中国船都用指南针，也学会了制造指南针的方法，把这个方法传到了欧洲。到了12世纪末、13世纪初，阿拉伯和欧洲的一些国家也开始用指南针来航海，指南针传到欧洲以后对于欧洲航海事业的发展也起了很大的作用。15世纪末到16世纪初，欧洲各国航海家开辟了新航路，发现了美洲大陆，完成了环绕地球的航行，他们用来辨别方向的法宝就是指南针。再如，黄包车是日本人于1870年发明的，1874年3月法国商人米拉将它带进上海。第一次世界大战后，上海三轮车公司把自行车和黄包车结合在一起，制成了后来通行的三轮车。这种在中国出现并流行的交通民俗也是历史文化的传播及传承最终形成的结果。

4. 民族传统因素

民族是指经长期历史发展而形成的稳定共同体，是一群基于历史、文化、语言与其他人群有所区别的群体。民族文化是各民族在其历史发展过程中创造和发展起来的具有本民族特点的文化，这些特色也是某个民族所特有的标志，他们在饮食、衣着、语言、艺术等方面都有各自的特色，在交通上也有各自民族的特色。例如"狗拉雪橇"成为赫哲人主要的交通工具之一，朝鲜族习惯于用头顶载物，蒙古族有以马为动力的勒勒车，驯鹿是鄂伦春族人常用的交通工具，而吉卜赛人由于长期居无定所漂泊生活，大篷车就成了他们这个群体的标志。许多民族的传统交通延续使用至今，与民族文化具有强烈的凝聚性与稳定性密不可分。

（三）交通民俗的特点

1. 明显的地域差异

特定的地域环境选择了不同的交通民俗。北人乘马，南人乘船；西南河涧、山谷上的溜索、索桥、藤网桥、藤篾桥等，马帮穿行在云贵川的崇山峻岭中，驼队跋涉在西北的沙漠上；黄河上漂着羊皮筏子，冰面上行进的雪橇、爬犁，乌苏里江上行驶着的桦皮船等，表明交通设施、交通工具和交通的信仰、禁忌在民间的使用和流行很大程度上取决于当地的地域环境。

2. 特定的行业与行规

随着经济的不断发展和日趋繁荣，我国传统交通运输行业的分工也越来越细密。陆上的各种车把式、脚夫（包括马帮与驼队）、轿夫、水上的船家、筏子客、各重要交通站口、码头的店家、脚行与牙行（代运商）等，各类分工在业务方面都有各自的活动领域和技艺传承，并形成了各自的操作规范、旅途规矩、行话、信仰、禁忌等一系列行业习俗。人们在走路、驾车、划船的同时也在进行着人与人之间的交往，也就形成了各种礼仪习俗，如人们行车行船时在途中相遇，一般认为礼当"贱避贵，少避长，轻避重，去避来"。

3. 浓郁的神秘色彩

人们认为外出旅行无论对旅行者自身还是对其亲戚朋友都是一件重大的事情，出门远去就意味着要经历跋山涉水之艰险及对不测事件的担忧这样的难题，"行路难"的问题困扰着人们，人们为了求吉避凶，平平安安地出去，又顺顺利利地归来，只好求助于神灵和采取抵御的办法，于是便产生了各种祭祀路神、桥神和辟邪的民俗。

4. 严格的等级制度和观念

各种交通设施和交通工具的使用都有其严格的等级。在清朝初年规定：除了皇帝、后妃乘坐的豪华的辇舆以外，只有亲王坐的轿子才能是银顶黄盖红帏的，三品以上大官的轿子虽然也可以用银顶，但盖帏只能用皂色，在京城内4人抬，出京时用8人抬。四品以下官员只准乘坐锡顶、2人抬的小轿。而一般的地主豪富只许用黑油齐头、平顶皂幔的小轿，表现出严格的等级观念和制度。

二、陆路交通民俗

最早的陆地道路是远古人类为采集、狩猎而踩出来的小路，可以说人类自从诞生后就开始了路的历史。路为人们开展生产与生活的活动提供了通道，而且路的特点必然随着人们使用的交通工具的变化而变化，并不断呈现出新的形式，可以说路从存在之日起就对人们产生了深远的影响。

（一）交通设施

1. 道路

道路是路的总称，因其大小、形式和用途不同可分为很多种类，形成多种各具特色的民俗事象。陆上道路与地形的起伏及地质条件关系密切。平直大道建在全国大多数地形较平坦的地区，平直的大道构成我国旧时全国的主干道。古时多为土路，雨天这类道路多泥泞，后来在小镇或居民点附近地段铺上砖块、石块、石板，逐渐演变为接近近代公路的沙石路面（过去这种路因多走马故又称"马路"，沿袭至今）。我国东部平原地区形成了纵横交错的道路网络。

（1）栈道

栈道原指沿悬崖峭壁修建的一种道路，又称阁道、复道。栈道是我国陆路交通的一大奇迹，现代公路已经成网，但在交通闭塞的山区仍有类似的栈道，供人、畜通行。古栈道本身可以进行旅游开发，更重要的是旅游开发时可以以古为鉴，有意识地使用栈道这种交通设施，使之成为一种非常受欢迎的游乐设备，吸引众多的游客参与体验。

（2）盘山道和石阶路

盘山道是人为创造出的适合山地地形起伏较大的道路，盘山道的形式有石阶式和平面式两种。狭窄的盘山道只能通行人或牲畜，宽阔的盘山道可以通行各式车辆。石阶路在山地交通中得到广泛应用。

（3）纤道

纤道是指架设在水面上的、由一座座石桥连接而成的水上通道，供纤夫背纤和躲避风浪用，因多为官府出资修建，亦有官道、官塘之称。各地的水上交通线普遍存在这种道路，如浙江萧山、绍兴、上虞的浙东运河古纤道，西南一些地区现在仍在使用的纤道等。

（4）城镇道路

在民间传统中，根据路的大小和用途，将城镇道路分别称为街、巷、弄、胡同。巷的名称非常古老，现在多见于南方。弄和胡同的起源比较晚，弄即巷。胡同起始于元代，最早出现于北京，现在流行于华北和东北，以北京最为典型。北京民俗旅游中，串小胡同、看四合院颇受旅游者欢迎。

（5）冰道

冰道是冬季严寒地区利用天然河道或用冰雪人工修建的道路。冰雪道路可以通行滑板类交通工具，如雪橇、爬犁、冰床，也适合行人使用冰鞋或滑雪板。

2. 桥梁

桥梁一般指架设在江河湖海上，使车辆行人等能顺利通行的构筑物。桥梁一般由上部构造、下部结构、支座和附属构造物组成，上部结构又称桥跨结构，是跨越障碍的主要结构；下部结构包括桥台、桥墩和基础；支座为桥跨结构与桥墩或桥台的支承处所设置的传力装置；附属构造物则指桥头搭板、锥形护坡、护岸、导流工程等。传统的桥梁按其建筑材料可以分为木桥、石桥、砖桥、铁桥、竹桥和藤桥；按其结构可以分为梁桥、拱桥、浮桥、索桥和吊桥。

（1）石桥

石桥主要有拱桥、梁桥、踏石。石桥的主要形式是石拱桥，早在东汉时代我国已开始建造石拱桥，现存最古老的石桥是河北的赵州桥。中国古代石拱桥的拱圈和墩一般都比较薄、比较轻巧，如建于公元816—819年的宝带桥，全长317米，薄墩扁拱，结构精巧。著名的侗族风雨桥为石桥之变异形式，有拱桥也有梁桥，上有亭廊，以避风雨。梁桥是我国石桥采用最多的形式，现存的很多石桥属于这种结构，以福建滨海地区最为集中，晋江安平桥为其中之最。踏石即蹬步，多设在水浅的河流溪涧上，把石块按一定距离有规律地安放稳固，连接河流两岸。

（2）木桥

木桥是以天然木材作为主要建造材料的桥梁。由于木材分布较广，取材容易，而且采伐加工不需要复杂工具，所以木桥是最早出现的桥梁形式。其具有重量轻、强度较高、加工及各部分连接的构造简单等优点，但其也有易燃、易腐蚀、承载力和耐久性易受木材的特性及天然缺陷影响等缺点。木桥的形式很多，有多跨式木梁桥、木拱桥、浮桥、吊桥等。

（3）索桥

索桥是以竹篾、藤条或铁索等作索具架在河涧之上、以便通行的设施，主要流行在我国西南和西北地区。最古老、最简单的索桥是溜索，它是以竹、藤或铁索架设于河涧较窄的地方，运送两岸的人或物。以后经不断改进，又出现了双索桥、多索桥、多索网状桥、多索多孔索桥等形式。

3. 其他设施

在各重要交叉路口及交通沿线都有凉亭、车马店、关塞、货栈、码头之类设施，供客人歇脚、食宿、存取货物之用，它们都是民间传统交通设施中不可分割的一部分。

（1）关塞

建在国境里面、城防完备的建筑称为关，设于边界险要处的军事据点称为塞，现将两者统称为关塞。关塞在战争时期主要用于凭险防御，和平时期主要用于管理交通，征稽商税。

（2）凉亭

凉亭是建筑在路旁供行人休息的小亭，从形状上来分，有四角亭、六角亭，八角凉亭、扇形凉亭；从垂直方向分，有单檐亭、重檐亭；从选材来分，有木亭、石亭、砖亭、竹亭等。

【延伸阅读】

茶马古道

茶马古道是指存在于中国西南地区，以马帮为主要交通工具的民间国际商贸通道，是中国西南民族经济文化交流的走廊。茶马古道大致可分陕康藏（民间称为蹚古道，川藏线是其中一部分）、滇藏线和青藏线三路。茶马古道源于古代西南边疆的茶马互市，兴于唐宋，盛于明清，第二次世界大战中后期最为兴盛。茶马古道连接川滇藏，延伸入不丹、锡金、尼泊尔、印度境内，直到抵达西亚、西非红海海岸。

2013年3月5日，茶马古道被国务院列为第七批全国重点文物保护单位。

历史上，中国茶马古道分为4条路线：

（1）陕甘茶马古道，是中国内地茶叶西行并换回马匹的主道，是古丝绸之路的主要路线之一。

（2）陕康藏茶马古道（蹚古道），始于汉代，由陕西商人与古代西南边疆的茶马互市形成。由于明清时政府对贩茶实行政府管制，贩茶分区域，其中最繁华的茶马交易市场在康定。

（3）滇藏茶马古道。大约形成于公元6世纪后期，它南起云南茶叶主产区西双版纳易武县、普洱市，中间经过今天的大理白族自治州和丽江市、香格里拉县进入西藏，直达拉萨。有的马帮还开辟了从西藏转口印度、尼泊尔的路线，是古代中国与南亚地区一条重要的贸易通道。

（4）川藏茶马古道是陕康藏茶马古道的一部分，东起边茶产地雅安，经打箭炉（今康定）西至西藏拉萨，最后通到不丹、尼泊尔和印度，全长近4000余公里，是古代西藏和内地联系必不可少的桥梁和纽带。

今天的茶马古道主要有三条线路：即青藏线（唐蕃古道）、滇藏线和川藏线，在这三条茶马古道中，青藏线兴起于唐朝时期，发展较早；川藏线在后来的影响最大，最为知名。三条道路都与昌都有着密切的关系，滇藏线和川藏线必须经过昌都，它们的发展是与茶马贸易紧密相关的。

茶马古道滇藏线在云南境内的起点是唐朝时期南诏政权的首府所在地大理。其中，大理、丽江、中甸、阿墩子（德钦）等地是茶马贸易十分重要的枢纽和市场。滇藏线茶马贸易中的茶叶以云南普洱的茶叶为主，也有来自四川和其他地方的茶叶。滇藏线茶马贸易有自己的特点，由云南内地的汉商把茶叶和其他物品运到该地，转销给当地的坐商或者西藏的贩运商人，又从当地坐商那里购买马匹或者其他牲畜、土特产品、药材，运至丽江、大理和昆明销售。西藏、川藏的藏商大多换取以茶叶为主的日用品返回西藏，运输工具主要是骡马和牦牛等。

云南茶马古道主要分布在普洱市、西双版纳傣族自治州、临沧市、保山市、德宏傣族景颇族自治州等地，涉及21个县（市、区）。西双版纳至大理线文物点包括易武茶马古道、同兴号、车顺号、同昌号、同庆号、王少和旧居、麻黑古茶园、莱阳河茶马古道、斑鸠坡茶马古道、那柯里茶马古道、孔雀屏茶马古道、茶庵塘茶马古道、广恩桥遗址、哀牢山茶马古道、小水井梁子通行关卡石刻等。临沧至大理线文物点包括鲁史茶马古道、鲁史镇古建筑群、鲁史阿鲁司官衙、鲁史文魁阁、鲁史戏楼、"俊昌号"茶庄旧址、鲁史兴隆寺、鲁史民居古建筑群、鲁史犀牛太平寺、鲁史塘房古村落、香竹箐古茶园等。

"北有丝绸之路，南有茶马古道"。茶马古道是一条与丝绸之路一样在中华民族的孕育发展中曾经发挥过重要作用的通道，已随现代文明的涤荡而逐渐湮没于历史的尘埃中，但它的历史与价值却永远熠熠生辉。

1. 黄金旅游之路

茶马古道游风景独特，文化内涵深厚，资源独家，举世无双。

2. 文明传播古道

茶马古道不仅是西藏与今川滇地区之间古代先民们迁移流动的一条重要通道，同时也是今川、滇、藏三地间古代文明传播和交流的重要通道。

3. 民族文化的迁徙走廊

在这条绵亘10 000多里的古道上，几千年来汉族、藏族、彝族、纳西族、傈僳族、哈尼族、基诺族、羌族、普米族、白族、怒族、景颇族、阿昌族等民族在这里繁衍生息，凸显了我国西南地区民族文化的多元性和原始形态。

4. 宗教传播大道

随着茶马贸易的发展、茶马古道的不断延伸，藏传佛教也沿着这条古道广泛在青藏高原及周围地区传播。从藏传佛教的发展与流传看，其路线大致可分为两条：其一为西藏—青海—甘肃—内蒙古—辽宁—吉林—黑龙江—北京—河北—河南—江苏；其二为西藏—云南—四川—广西—湖北。

5. 民族精神之路

提到茶马古道，就不能不提起马帮。马帮在千百年的历程中形成了一种独特的文化的载体，他们的精神附着在这条古道上，成为中国民族精神的组成部分。

6. 民族团结、融合之路

茶马古道就像中国西南一张巨大的网，各民族人民通过这张网加强了联系和沟通，促进了各民族之间政治、经济、文化的互动、发展和融合，增进了彼此间情感的联系。

7. 安疆固边之路

茶马古道的拓展、茶马贸易的兴盛促进了中国西南边疆的安定和巩固。

8. 经济发展之路

千年茶马古道通过茶马贸易促进了这一地区许多城镇的形成，大大促进了这一地区经济的发展。

（来源：张永国. 茶马古道与茶马贸易的历史与价值[J]. 西藏大学学报（汉文版），2006（02）：34-40.）

（二）交通工具

交通工具是用于人类代步或运输的装置，也是交通民俗的重要组成部分。陆路交通工具主要有直接附着于人体的工具，如扁担、背篓等，各种车辆、动物以及用于冰雪路上的雪橇等。

1. 轮车类交通工具

车是我国陆路交通中使用历史较长，范围最广的一种轮车类交通工具。按车轮数量可以分为独轮车、两轮车、三轮车、四轮车等；按动力可以分为人力车和畜力车；按车轮质地和结构可以分为有辐车、无辐车、木轮车、铁轮车、胶轮车等；按车辕数量可以分为单辕车和双辕车。独轮车又称"小车""鸡公车"或"一轮车""羊角车"等，它是一种木制的人力手推独轮车，车轮两侧设有货架，可载货或人。由于轻便，无论在平原或山地都可使用。两轮车又称"二轮车"，习惯上是人们对人力载人两轮车的称谓，一种是由日本传入的人力两轮车，称"东洋车"，"东洋车"曾经流行于全国大部分城镇，各地的俗称各有不同，如北京人称"洋车"，上海人称"黄包车"，广州人称"车仔"。三轮车属人力车，有载人和载货2种。四轮车是畜力车，稳定性较好，但对路况要求高，既可载人又可载货。

2. 动物类交通工具

动物作为交通工具，一方面是动物可以用于牵引车辆，另一方面是可以单独作为交通工具使用。民间常用的动物主要有马、牛、驴、骡、骆驼、牦牛、狗、羊和驯鹿等，一般称之为牲畜，多数既可以骑乘，也可以载物。马帮就是按民间约定俗成的方式组织起来的一群赶马人及其骡马队的称呼。马帮是西南地区特有的一种交通运输方式，也是茶马古道主要的运载手段，面对险恶而随时变化的环境、生死与共的特殊生存方式，马帮形成了自己严格的组织和帮规，有自己帮内的习俗禁忌和行话。

3. 其他类交通工具

其他类交通工具包括冰雪类交通工具和直接附着于人体的交通工具，如狗拉或马拉雪橇是赫哲族人常用的交通工具。爬犁一般可用狗、马、驴、骡等牵拉，在冰雪上滑行，载人载物都可以。冰鞋和滑雪板也是常见的冰雪交通工具。直接附于人体的交通工具适用于以人载物的交通方式，主要有扁担、背篓、背架、绳索、布或皮袋、滑竿、轿子等。

（1）背篼

背篼又名"背篓"，指用竹、藤、柳条等做成的背在背上运送东西的器具。道路崎岖狭窄多险，挑担不方便，人们便与背篓结下了不解之缘。根据编法和筐眼疏密程度的不同，背篼可分4种：一是大篾丝背篼，用于背谷子等；二是小篾丝背篼，又名夹背儿，编得非常细密，没有漏眼，可以背米、面等；三是大花篮背篼，又称倒花篮背篼，用于背猪草、牛草；四是小花篮背篼，用于去集市时装一些小物品。

（2）轿子

轿子是一种靠人或畜扛、载而行，供人乘坐的交通工具。轿子在种类上有官轿、民轿、喜轿、魂轿等不同种类；在使用上有走平道与山路的区别；在用材上有木、竹、藤等之分；在方式上有人抬的和牲口抬的。二人抬的称"二人小轿"，四人抬的称"四人小轿"，八人以上抬的则称之为大轿，如"八抬大轿"等。

（三）陆路交通礼俗

人们认为外出旅行无论对旅行者自身还是对其亲戚朋友都是一件重大的事情，因此围绕祈求出入平安形成了多种多样的交际风俗。饯行就是人们在出行时送别亲友远行的一种礼仪，即在亲友出远门上路前，以酒食送行，表示惜别和祝福。隆重的要摆酒席，简单的就是一杯酒，甚至是一碗清水代酒。在我国的古代，亲朋好友一旦分离，送行者总要折一支柳条赠给远行者。"折柳"一词寓含"惜别"之意。古时柳树又称小杨或杨柳，因"柳"与"留"谐音，可以表示挽留之意，离别赠柳表示难分难离、不忍相别、恋恋不舍的心意。旅行者远行归来，或有客自远方来，亲朋故友往往为他们设宴欢聚，洗去一路风尘，庆贺旅途平安。民间交通礼仪中，驾车时的传统礼仪是：有帷幔、供坐卧的车，驾车者应在帷幔之外、车舆之前，且居中，成跪坐姿势，姿容端正。古时对于行走的礼仪规定是：男女同行，男在右，女在左；父子同行，父在前，子在后；兄弟同行，兄在前，弟在后；朋友同行，应并排走，不得超越他人。当今人们行走的礼俗是：两人并行，以右为主，左为次；两人前后行，前为主，后为次；三人并行，中间为主，两侧为次。

各类分工在业务方面都有各自的活动领域和技艺传承，并形成了各自的操作规范、旅途规矩、行话、信仰、禁忌等一系列行业习俗。轿夫身体健壮，训练有素，步伐协调，配合默契，因为轿后的轿夫视线被轿子遮挡，看不见路面，为防止滑倒，往往需轿前轿夫提醒，这就形成了他们的一整套规矩和术语。如早年北京的轿夫前面喊一句，后面轿夫就重复一句，以示"知道了"；"左门照"是说左面有障碍物，要当心；"右蹬空"是说右边有坑，需注意。有时候前呼后应亦有不同，如前面喊"右边一朵花"，就是右边有一堆马粪，别踩在上面，后面则应"看它莫踩它"。千百年来茶马古道上一直闪耀着马帮的身影，马帮由"锅头"领导，一个马帮里有马、毛驴、骡子、猴子，帮里的赶马人一边行进一边唱着赶马调。在马帮里有很多忌讳，如灶要叫作"火塘"，因为大家都不想把事情弄"糟"，吃饭时只能由锅头揭锅盖，第一碗饭也要由锅头添，添饭时不能一勺子舀到底，要从饭锅表面一层层舀下去。

陕西巴山地区的民间交通运输形成了结队而行、唱报路歌的风俗。巴山地区山高林险、路弯坡陡，运送货物主要靠人背负肩挑，人们称背货人为"背二哥"。他们上路结队而行，推一人为"背头"（领队），随时向后边的人报告路上遇到的情况，以保安全，并以歌谣对答。如：遇上一堆粪便，喊"路上一朵花"，众人答"咱们不踩它"；遇到独木桥，喊"前面有一桥"，答"步步要踩牢"，遇到一边是山崖一边是万丈深渊，喊"前面山路险"，答"靠山不靠边"；遇到上坡，喊"步步高哟"，答"使劲攀嘛"；遇到下坡，喊"脚踩稳哟"，答"脚不软嘛"。这样一报一答的喊唱，既能消除一路的困乏和寂寞，也能起到提醒和预警的作用。

三、水路交通民俗

江河湖海本来是隔断人类交通的天堑，但是，当人类受到自然现象的启发，使用技术和工具征服它们用来航运的时候，江河湖海就被赋予了路的意义，成了陆路以外的重要交通通道。而且人类逐渐认识到，水路交通的运输量和速度是传统的陆路交通无法比拟的，从而不断地整治江河、开辟航线、挖掘运河、建造舟船，使水路交通的范围日益扩大，交通体系越来越完备，形成了丰富多彩的水路交通民俗。

（一）水道及其交通设施

1. 水道

水道又可以称为航道或航线。按其形成过程可以分为天然水道和人工水道；按其所处地理位置可以分为内河水道和海上水道。在水道中，航运安全、使用频繁的水道又被称为黄金水道。世界各地都有众多的江河湖海，对其进行开发就构成了交叉分布的航运网道，另外还有各种类型的运河和水库等人工水道设施。

（1）天然水道

天然水道是指自然形成的、可以航运的江河湖海。江河湖海能否航运，取决于地质、气候和水文条件。例如江南水乡地势平坦，江河密布，水量丰沛，形成了纵横交错的天然水道，水陆交通活跃发达。

（2）人工水道

人工水道是指人工开凿的、可以航运的河渠，通常称为运河，如京杭大运河、灵渠等。

2. 交通设施

（1）渡口

渡口一般设在没有桥梁的江河湖及海峡岸上，使用船只摆渡行人、车辆和物资。如今天黄河上还保存着大量的古渡口遗址，临津渡、金城渡、横城渡、风陵渡、孙口渡、大禹渡、茅津渡等大批古渡都是延续使用了几千年的古渡口。"野渡无人舟自横"是古人笔下的古渡景象，其实，黄河上的不少古渡自古就是交通要道，很少存在清冷的景象。

（2）港口

港口是具有一定面积的水域和陆域供船舶出入和停泊、货物和旅客集散的场所。按其所在位置可以分为内河港、海岸港和河口港；按其用途可以分为商港、军港、渔港、工业港和避风港。

（3）船标

船标是用来帮助船舶定位、引导航向、指示障碍的人工标志。传统水路交通中的航标主要是各种目视航标，包括建在陆地或岛屿上的塔、灯塔和水中的灯船，如亚历山大港外的法洛斯灯塔。

（二）舟船、筏

舟船、筏的历史非常悠久，最原始的就是独木舟，以后随着生产力的提高逐渐发展到了现今的通海巨舶。舟船按其材料分可分为木船、桦皮船、兽皮船、鱼皮船等。筏的问世可能比独木舟还要早，是人类早期的水路交通工具之一。筏的种类大致有竹筏、木筏和皮筏3种。竹筏也称竹排，多用于长江以南多竹地区。木筏的使用地域更广，在传统的林业生产中，夏季经常使用木筏沿江河溪涧运送原木，称之"放排"。皮筏多用羊皮或牛皮制作，主要流行于西北和西南地区。

（三）水路交通习俗

水路交通和风浪打交道，危险性大，因而人们特别祈望得到神灵的保佑。天妃也称天后、天后圣母，福建一带呼之为妈祖，民间常俗称为海神娘娘，而山东荣成地区又呼之为归山娘娘，这是我国沿海地区从南到北都崇信的一位女性神灵，相传她不仅能保佑航海捕鱼之人的平安，而且还兼有送子娘娘的职司。

人们在造船、乘船时也形成了一系列的习俗。在一艘新船的船壳打造完工后，造船师傅会用上好的木头精制一对船的眼睛，钉在船头的两侧，这道工序叫作"定彩"。"定彩"仪式很隆重,要请阴阳先生择定一个吉时良辰,并按金、木、水、火、土五行用五色丝线扎在作船眼珠的银钉上,由船主将它嵌钉在船头,然后用簇新的红布条或红纸把它蒙住,俗呼"封眼"。当新船下海入水时,船主再亲自把封眼的红布或红纸揭掉,这叫"启眼"。人们在乘船时不要问几时能到,因为"到"与"倒"谐音,忌讳说"翻、沉、破、散、离、倒、火"等字眼以及与之谐音的字等。

【延伸阅读】

大运河畔"闲"音绕梁 ——2019中国(国际)休闲发展论坛在杭开幕

2019年11月23日,以"休闲·历史与未来"为主题的2019中国(国际)休闲发展论坛在杭州举办。千年大运河,锦绣贯古今,杭州城市发展一个至关重要的原因是得益于京杭大运河的开凿。杭州位于京杭大运河最南端,拥有西湖、京杭大运河、良渚古城故址3个世界文化遗产,还有千岛湖、西溪湿地等著名景点,素有"人间天堂"的美誉。推进大运河文旅融合发展是当前杭州文旅发展的重要任务,此次举办中国(国际)休闲发展论坛,对深入挖掘大运河在历史演进当中的独特作用,充分展现大运河的历史文化,在未来发挥运河优先的引领作用,都具有十分重要的意义。

中国(国际)休闲发展论坛的举办,将深入挖掘大运河文化内涵,充分展现大运河遗产价值,全面系统呈现大运河经典形象,同时为杭州市打造国际会展之都、休闲之都添砖加瓦。从2002年开始,杭州市运河集团连续十余年实施运河综保工程,发展运河文化旅游,累计投资400多亿元,目前基本实现还河于民、申报遗产两个目标,形成了以历史文化街区、文化艺术园区、博物馆群落为重要节点的文化休闲体验长廊;拥有运河梦幻夜游等多条成熟的旅游线路;打造了运河手工艺博物馆、大运河庙会、国际诗歌大会等具有杭州运河特色的文化体验品牌。运河的景观亮灯成为杭州夜街旅游的精品,水上观光旅游和水上巴士成为杭州新名片,大运河杭州段是杭州市民美好生活的样板。杭州市运河集团将以大运河国家文化公园建设为抓手,系统升华运河综保工程,让大运河杭州段成为中国大运河首个5A级景区,成为亚运会展示杭州城市品质的窗口,打造大运河国家文化公园的杭州样板。

随着5G和机器人时代的到来,无人驾驶、智慧家居、智慧城市的不断发展,休闲将会发生革命性的变化。当家庭劳动、工厂生产被机器人所替代、人们有钱又有闲的时候,处在5G、物联网、无人驾驶、智慧家居、智慧城市高度发展的情况下的休闲、生产、生活将会发生什么样的变化,是个值得大家共同思考的问题。休闲在"健康中国"的国家战略下将迎来新机遇与新发展。要实现美好生活,健康是其中一个重要的支点,而发展休闲产业可以改变人们的生活方式,改变人们的生活习惯,大力发展休闲产业,是实现"健康中国"的一条有效途径。

(来源:新民网资讯,2019-11-25)

课题二 中国交通民俗

一、中国汉族交通民俗

（一）栈道

栈道又称栈阁之道，是古代交通史上一大发明。人们为了在深山峡谷通行道路且平坦无阻，便在河水隔绝的悬崖绝壁上用器物开凿一些棱形的孔穴，孔穴内插上石桩或木桩。上面横铺木板或石板，可以行人和通车，这就叫栈道。为了防止这些木桩和木板被雨淋变朽而腐烂，又在栈道的顶端建起房亭（亦称廊亭），这就是阁，亦称栈阁。相连贯的称呼就叫栈阁之道，简称为栈道。栈道大致有3种：一种是木栈，使用最广。有各种不同的形式，一般由栈、阁、栏、道、桥5部分组成。在所凿石孔内插入横木，上排檩条与木板，外边加上护栏而构成。另一种石栈与木栈不同，是将石孔内的横木换成石条，或在悬崖上开凿石梯，两旁加设护栏和攀手。还有一种是土栈，主要用于潮湿的森林或沼泽地带，因不便行走，就伐木铺路，木上再杂以土石，用以固定路基，构成路面。

古代的蜀道中90%的主体在汉中境内，主体是子午道，又叫"子午谷"。子午道北口在长安县，叫子口；南口在洋县，叫午口，全长420公里。鸿门宴后，刘邦被项羽贬到巴蜀地带做汉王，就是沿子午道返回汉中。途中他听取张良的主意，烧了走过的栈道，以防项羽南侵，又可使项羽不疑心刘邦北上。子午道的沿途有东汉发明造纸的蔡伦墓地和西汉出使西域使者张骞的墓地。

褒斜道据说是世界上最早修建的栈道，南口在汉中以北的褒谷，北口在眉县的斜谷，通称褒斜谷，全长470公里。栈道南端叫小石门，北端叫大石门，两个石门通长16.3米、宽4.2米，南口高3.45米，北口高3.75米。当时开凿山石不是用铁器或火药，而是原始的"火焚水激"法。隧道内壁和石门南褒河两岸崖上留下了汉魏以来历代著名官员和文人雅士的提名和留诗，通称"石门石刻"。1971年石门所在地因修水库，有17万立方米的主要石刻移入汉中博物馆保存。金牛道又叫蜀栈，是古代川陕的交通干线，北起陕南勉县，南至四川巴中大剑关口。此道从川北广元到陕南宁强一段十分险峻，诗人李白赞叹的"蜀道难，难于上青天"就是指的这一段。米仓道北起陕南南郑县，南至四川巴中县，因穿越米仓山而得名。米仓道全长250公里，绕山越岭，攀行其间，如腾云驾雾。

（二）滑竿

在过去交通尚不发达的汉中城乡，滑竿是一种比较轻便的代步工具。它是用两根结实的长竹竿绑扎成担架，中间架以竹片编成的躺椅或用绳索结成的坐兜，前垂脚踏板。乘坐时，人坐在椅中或兜中,可半坐半卧,由两轿夫前后肩抬而行。滑竿在上坡时人坐得最稳;下坡时也丝毫没有因倾斜而产生的恐惧感;走平路时,因竹竿有弹性,行走时上下颤动,能给人以充分地享受,且可减轻乘者的疲劳。中国西南各省山区面积广大,因此滑竿极为盛行,峨眉山上的竹椅滑竿更是流传了几千年。滑竿的意义已不局限于交通工具,更是当地民间习俗的一种体现。

(三)羊皮筏

古称"革船",别称"排子",早在千百年前,聪明勇敢的黄河儿女就钻进充气的牛羊皮胎里浮泅过河,那时的羊皮筏子与我们今天见到的已经差不多了。制作羊皮筏子需要很高的宰剥技巧,从羊颈部开口,慢慢地将整张皮囫囵褪下来,不能划破一点地方。将羊脱毛后,吹气使皮胎膨胀,再灌入少量清油、食盐和水,然后把皮胎的头尾和四肢扎紧,经过晾晒的皮胎颜色黄褐透明,看上去像个鼓鼓的圆筒。用麻绳将坚硬的水曲柳木条捆一个方形的木框子,再横向绑上数根木条,把一只只皮胎顺次扎在木条下面,皮筏子就制成了。4个或5个连成一排,看羊皮的大小而定。如把3排气囊直接连起来,就成了长方形的连接体。一个连接体少则12个气囊,多则十五六个。在这连接体上平铺一个长方形的木架,用绳子系着。除了用羊皮作筏子外,还有用牛皮作的。牛皮筏的载重能力更强,可达数吨,所以一般用羊皮筏载人载物渡河,进行短距离运输;用牛皮筏载货,进行长途运输。

(四)古纤道

古纤道位于绍兴县境内浙东运河柯桥至萧山段,为唐元和十年(815年)观察使孟简所建,又名官塘、运道塘。古纤道连绵百余里,或傍野临水,沿岸铺筑;或建于桥下,紧依桥墩,穿越而过;或于河面宽广处飞架水上,迎流而建。其所用材料皆为青条石、青石板,有"白玉长堤"之称。明弘治年间、清康熙年间均曾重修,1983年与1989年再行重修。其中自柯桥区阮社太平桥至柯桥区钱清镇板桥之间,在长达数里的河道中建造多孔低梁桥连接而成,形若铁链。多孔低梁桥以条石平砌作桥墩,每孔桥面直铺三块巨形石板,道宽1.5米,孔跨2米,两旁临河,贴近水面,景色奇丽。有一段长502米、149孔,另一段长377.4米、112孔,均保存完好,其历史久远,形制独特,为国内所罕见。

古纤道给人以美的享受,它的美表现在整体上,路、桥、水、船浑然一体,是一幅绝妙的风景画。坐乌篷船徜徉水上,领略水乡秀丽风光,颇有"如在镜中游"之趣。许多艺术家慕名而来,或拍电影,或摄影,或写生,或体验生活。随着交通运输事业的发展,运河上来往船只已由昔日的人力驱动变为机械驱动,古纤道的功能也由单一的行舟背纤发展为观光旅游、欣赏水乡景色等多种用途。清代齐召南曾作有"白玉长堤路,乌篷小画船"的诗句来形容古纤道的景色。

(五)乌篷船

乌篷船是浙江绍兴独特的水上交通工具,因竹篾篷被漆涂成黑色而得名。这是一种船身窄、船篷低、船体轻盈的小船,在构造上非常有讲究。船沿通常较高,船舱铺有一层红漆船板,上铺席子，还备有用竹木制成的精致枕头。全套船篷一般有八扇，其中四扇固定，四扇可以开合移动。船篷用竹篾编织而成，呈拱形，中间夹着竹箬，既可遮阳，又可挡雨，牢固耐用。在第二、第四道活动的船篷移开后，两边有船沿板扣在固定的船篷上，就形成舷窗，挂上白色的窗帘，黑白相映，更显雅致。艄公头戴乌毡帽坐于船尾，双脚一屈一伸，划动船桨。乘客坐在舱席上舒适平稳，可观赏两岸风光，别有一番情调。

> 【延伸阅读】
>
> **石门栈道风景区"超级黄金周"揽客5.18万人次　旅游收入258万元**
>
> 　　国庆、中秋双节"超级黄金周"，汉中石门栈道风景区迎来了一年一度的接待高峰。据景区旅游公司统计，"超级黄金周"期间石门栈道风景区共接待游客5.18万人次，旅游收入实现258万元。
>
> 　　作为汉中地区交通便捷的国家AAAA级旅游风景区，双节期间石门栈道虽受到小雨降温天气的影响，但是景区优美的自然风景和丰厚的两汉三国文化积淀仍然吸引着八方游客，日最高接待游客量达到12 137人次，景区周边的宾馆入住率达90%以上。一幅幅秀丽怡人的山水画卷，一处处井然有序的旅游景象，一场场惊喜不断的活动体验，让石门栈道风景区在各类网络平台及游客的微信朋友圈频频亮相。
>
> 　　据介绍，2017年"超级黄金周"期间，石门景区旅游呈现五大特点：一是为确保景区秩序，景区通过强化停车场、售票处、游步道、观光车等集散区域游客的疏导工作，针对自驾游增多的现象，及时根据车流量进行交通管制，实现了车多不拥堵，交通秩序良好；二是为增加游客游览时间和使游客能享受优惠价，景区携手携程网推出特权票，扫二维码购票可享受立减5元优惠，不排队，不换票，手机扫一扫即可入园，给游客提供了一个更方便舒适的旅游环境；三是为帮助游客增进对景区的文化内涵和地形的了解，景区微信公众号提供免费语音讲解和景区地图导览；四是为提升游客参与和体验感，双节期间，景区提供了免费汉舞及兵将演出。此外，景区还开展了"追嫦娥，赢大奖"活动，通过扫描二维码参与游戏可赢取平板电脑等大奖。
>
> 　　多元化的旅游体验方式保证了游客乘兴而来，满意而归。整个超级黄金周期间，石门栈道风景区旅游秩序良好，未发生一起旅游安全事故，未收到一件重大旅游投诉。游客对景区服务措施赞誉有加，景区实现了"安全、秩序、质量、效益"目标全实现。
>
> （来源：汉中市人民政府网，2017-10-11）

二、中国少数民族交通民俗

（一）以牲畜为动力的交通工具

1. "草原之舟"——勒勒车

勒勒车，古称辘轳车、罗罗车、牛牛车等，双轮轮高4米多，是中国北方草原上蒙古族使用的古老交通运输工具。"勒勒"是赶车的牧民吆喝牲口的声音。勒勒车通常主要以草原上常见的桦木为原料，车轴、车轮、车瓦、辐条、轮心、车辕、车架都用桦木做成，也有用松木、柳木、榆木、柞木、樟木等。其特点是车轮大车身小，结构简单，使用方便，适于草地、雪地、沼泽和沙漠地带运行，载重数百斤乃至千斤，可用牛拉、马拉、骆驼拉。牧民们拉水、拉牛粪、搬家、运送燃料及婚丧嫁娶、运输生活日用品、赶那达慕大会等都离不开它。勒勒车首尾串联，一人可驾驭三、五辆甚至十余辆，故有"草原列车"之称。带上篷后车厢形若船舱，"行则为室，止则为庐"，常常是一家人住在里头，战时还常用作驮运军队辎重的战车。

2. "高原之舟"——牦牛

牦牛是高山草原特有的牛种，全身一般呈黑褐色，体形雄壮，四肢短小，身披长毛，尾似马，它的腹部和臀部长有30～40厘米长的粗毛，宛如系上了一条特制的"长毛围裙"。牦牛适应高寒生态条件，能背负重物，翻山越岭、爬坡攀岩，灵活得就像船儿在水中漂游一般，成为青藏高原上重要的运输工具，被人们誉为"高原之舟"。牦牛既可用于农耕，又可在高原作运输工具，还有识途的本领，善走险路和沼泽地，并能避开陷阱择路而行，可作旅游者的前导。藏族牧民转场搬迁时牦牛是主要的运输工具。

3. "沙漠之舟"——骆驼

骆驼和其他动物不一样，特别耐饥耐渴，人们能骑着骆驼横穿沙漠，所以有"沙漠之舟"的美称。骆驼性情温顺、不畏风沙、善走沙漠，是沙漠地区必不可少的交通运输工具。骆驼是古代丝绸之路上的主要交通工具，在帕米尔地区和甘肃、宁夏的阿拉善沙漠，骆驼仍是当地各族人民的重要交通运输工具。内蒙古、新疆、甘肃是如今仍能常见到驼队的省区。

4. "山林之舟"——驯鹿

驯鹿又名角鹿，长角分枝繁复，有时超过30叉，蹄子宽大，悬蹄发达，尾巴极短。驯鹿的身体上覆盖着轻盈但极为抗寒冷的毛皮，其头似马非马、角似鹿非鹿、身似驴非驴、蹄似牛非牛，俗名"四不像"。驯鹿最先由捕获的野鹿驯养而来，是鄂伦春族、鄂温克族出猎和迁徙时重要的运载工具，享有"山林之舟"的美誉。当地少数民族日常以马代步，去赶集、探亲、访友，平时将驯鹿放入林中，用时敲铜盆，驯鹿听到声音自己即走回，喂点盐后即可驭用。

5. 雪橇

雪橇有狗拉雪橇和牛、马雪橇两种。狗橇是赫哲族人最早的一种冬季常用交通工具，赫哲语称"拖日气"。以两根直径约5厘米，长约3.3米，或者3米左右的柞、榆、桦树杆子，两头砍薄，变成弓形，前后各有两根立柱，高0.5～0.67米，宽0.6米左右，两边另有2根立柱，前后4个横帐接连在一起，中间铺树条，用五六只以至十几只狗拉绳。头狗在前拉一条长绳，长绳上拴有许多分开支岔的短绳，套在其他狗脖子上。赶"拖日气"者用"栲力"（刹"拖日气"棍）指挥头狗，带领其他狗前进，冬季每日可行100多公里。元、明时期即以此方式传递信息，运送差役。牛、马拉雪橇或称爬犁，以直径约10厘米的木杆做成前端翘起高0.67米、宽1.3米、长3.3米，周围编有柳条的槽子，以牛、马拖拉，可载重1吨。

6. 牛帮

牛帮为藏族的交通运输方式，用数十或上百头牦牛结帮驮运盐及毛、皮等畜产品，去农区换粮食、盐、茶等农产品。牦牛能登上4000～5000米的高山，抗-20℃～30℃的严寒，负重100多斤，行五六日至十数日。赶牛帮的牧民风餐露宿，每至一处便随地支灶，烧茶煮饭，夜晚在空旷地方圈牛宿营。他们从农区用畜产品换得农产品后即将大部分驮牛宰杀，肉、皮等就地出售，只留几头牛作为返回时的脚力。

（二）桥

1. 溜索

溜索为西南少数民族的一种交通工具，比较独特而著名的有藏族地区、云南怒江傈僳族怒族地区和四川岷江上游羌族地区的溜索。过去溜索多用碗口粗的竹缆两端固定在岸边的石头桩上，滑壳用一节约30厘米长的木筒合在索上做成。渡者以皮带或麻绳紧束腰间，悬在溜索下方，手拉足推由高向低飘然滑去。溜索不但可以过往行人，还可溜货物、猪、牛等牲口。有些行人自备有溜棉和绳索，用起来方便安全。新中国成立后有些地方的溜索换成了钢丝绳和滑轮，更为便捷安全。

2. 竹索桥

竹索桥为羌族交通设施，在河两岸砌石为洞门，门内立石础或木柱，将几根或十多根粗大的竹篾绳拴在石础或木柱上，形成并列的跨河索，上铺木板，两旁拉上几根竹绳当护栏扶手即可通行。例如岷江和杂谷脑河交汇点上的威州大桥相传始建于唐代，全长100余米，宽1.5米，南北共立24根大木柱，上系粗壮的竹绳，雄伟壮观。

3. 藤桥

云南独龙族地区的藤桥是以十多根至数十根首尾衔接的竹子做桥面，两侧护以藤条编成的网，撑开的藤网与桥面形成四五十度的夹角。行人在不足一尺宽的桥面上行走，两臂需向上把扶住吊藤网的篾绳。人走在桥上时桥会上下左右晃荡，桥下深谷中流水翻滚咆哮，胆大者豪情满怀，胆小者不免惊心动魄。彝族地区也有类似的网桥，但护网有的以粗竹条编成。西藏的有些藤网桥底部以竹竿为经，以藤条为纬编成浅槽状，两旁的护网用直径2米左右的大藤圈竖立捆在桥面和网上，站在桥头看网桥就像一条长长的网洞。

4. 竹桥

云南阿佤山区的佤族竹桥可能在国内是独一无二的。将竹竿交叉斜插在水中，竹竿一根挨一根由此岸直通对岸，形成一个X形槽道，在竹竿交叉的槽底铺上直径约15厘米的树干，树干朝上的一面斫平，一根接一根铺过去构成桥面。叉开的竹竿上方有数根绳索起吊索作用，将竹竿头弯过来拴挂在索上，减少桥面的压力。过桥时可伸手把扶竹竿保持平衡。瑞丽江上傣族的竹桥是以许多相隔一定距离的粗大竹竿为支柱，支柱之间架竹子，当中铺竹板，相连处用竹篾拴扎，构成桥面。因竹子非常柔韧，所以虽颤悠但基本上有惊无险。最长的竹桥有200多米，其承重能力可供小汽车通过。夏季涨水时有的竹桥会被冲毁，所以有些地方年年都有新桥出现。

5. 风雨桥

风雨桥又称花桥,主要分布在湖南、广西、贵州侗寨,整体由桥、塔、亭组成。风雨桥长四五十米至百米不等,宽5~6米。以青石砌墩,用巨大的杉木连排作桥身,上建桥廊,并在桥的两头和中间建有鼓楼式的阁楼,上覆青瓦,桥的两边设有栏杆长凳,供行走之人遮风避雨和休息。风雨桥在侗乡到处可见,南方地区临近村寨的溪河上几乎都建有风雨桥。广西三江集风雨桥之大观,有大小风格各异的风雨桥108座,其中的程阳永济桥和岜团桥被列为国家级文物保护单位。贵州黎平的地坪风雨桥、湖南通道平坦的回龙桥和皇都的普修桥都是侗族地区著名的风雨桥。风雨桥和鼓楼都是由侗家工匠设计建造,不用一钉一铁,全用榫头卯眼套扣接合,牢固异常,可延续两三百年不损。侗族山区还有许多供人休息的凉亭,叫"风雨亭",建筑也很精巧雅致。

(三)船

1. 桦皮船

桦皮船是中国北方渔猎民族以桦树皮制成的用于渔猎生产及水上交通运输的工具,鄂温克族称"佳乌",赫哲族称"乌末日沉"。桦皮船是采用纯天然材质的桦树皮纯手工制作而成,由船、船桨、小鱼篓三部分组成。船体长约6.7米,两端尖翘,船体轻便,一人即能搬运使用。桦皮船用樟木、柳木做骨架,外用松脂将桦树皮粘在骨架上,用桦皮做船底和船帮,外涂松脂以防漏水。桦皮船是靠人力划桨来推进的,时速可达20~50公里,一只桦皮船可使用2~3年。

2. 牛皮船

牛皮船为藏族水上交通工具,用坚韧的木料做支骨,外面蒙上由数只牛皮缝制而成的皮子。一般而言,需要至少两张口径2米左右的牛皮,加上藤条和树脂胶缝制牛皮船。船工完成工序后会在船里涂上一层菜籽油,令牛皮船更为柔韧耐用。每只牛皮船由一个人摆渡,可载5~10人,载人载物横渡江河,十分轻巧。

3. 尖尾舟

台湾高山族雅美人的"蟒甲"又称尖尾舟,即独木舟。这种小舟的头部窄长,尾部翘起,小的仅坐一人,大的能载十几人。舟身及两头翘起的尖角形如一支笔架。船体以人像和图案花纹装饰,风格别致、色调新颖,漆以白、红、黑三色,颇为美观。船头与船尾的部分刻太阳式图案作为舟的眼睛,十分美观。

【延伸阅读】

古镇有了新玩法 游客可体验坐"滑竿"

磁器口古镇可以坐"滑竿"了,市民前往磁器口有了新玩法。近日,磁器口古镇推出了滑竿游玩项目,不仅能够一秒穿越回古代,体验感受旧时的交通工具,还有三条线路可选。

记者在现场看到，古镇大门口停着两辆拴着红绳的木制滑竿，滑竿师傅们身着传统服饰。当有游客一坐上滑竿，2名滑竿师傅立马抬起滑竿吆喝着就开路走起，引得游客哈哈大笑。

据悉，磁器口古镇此次推出的滑竿项目共有三条线路，价格也根据线路长度的不同而有所区别。线路1为高石坎鑫记杂货铺往磁器口码头方向；线路2为黄桷坪大门往磁器口码头方向；线路3为禹王巷往后街公园方向沿途至和美巷。价格也有三种，特色体验为10元/人，线路体验为50元/人次和160元/人趟两种。

据磁器口古镇管委会工作人员介绍，将在不久后推出边坐滑竿边听的传统"滑竿号子"，且会根据节点和季节进行针对性的互动体验。届时，该项目将成为磁器口一道特别的人文风景。

（来源：沙坪坝新闻中心，2019-04-04）

课题三 外国交通民俗

一、亚洲国家交通民俗

（一）泰国

在外国人眼中，嘟嘟车Tuk-tuk是泰国非常普遍的交通工具，除了有顶棚遮阳挡雨外，其他再无遮蔽，非常适合游客欣赏沿街的风景，体验当地市民的生活方式。在清迈，嘟嘟车也是独特、方便的交通方式，是大多数游客首选的交通工具。

（二）巴基斯坦

华丽的大花车一直是巴基斯坦的象征，所谓花车，是指不管是卡车、大巴车还是人力三轮车，车主必定精心彩绘装饰一番，以至于除了车轮子人们都快认不出这是台车了。巴基斯坦的花车既有货车也有客车，司机们喜欢将车装饰得五彩斑斓。这些大花车在巴基斯坦犹如流动的风景，给人以无尽遐想。送去制作的花车往往只有驾驶室和底盘，作坊里经验丰富的老师傅们会问清顾客的需求，然后选择一种地域的花车风格，先为大花车着一层白色的油漆作为底色，再率领徒弟们精心着色。对于工匠来说，每一辆花车色彩的选择、花纹的搭配、图案的铺陈都浸润着自己的创意与心血，因此，每一辆制作出来的花车都是独一无二的艺术品。巴基斯坦花车上的彩绘多为典型的南亚风格，热情、大方、浓烈，有人把巴基斯坦的花车称为"轮子上的艺术画廊"。巴基斯坦花车在南亚和中亚等地往来穿梭，成为传播巴基斯坦文化的流动载体。

（三）新加坡

新加坡的交通非常发达，人们大多乘公共汽车和地铁。人们乘坐公交车时，所要乘搭的车快到车站时必须提前招手示意，否则司机很有可能不会停车，这里的公交车从来不报站，而且公交车站牌上大部分标的不是站名而是路名和号码，想要下车必须要提前按响铃示意司机，因为公交车不会在每一站都停。

（四）马来西亚

马来西亚的公路四通八达，公交车是最方便实在的交通工具。从纵贯马来半岛西半部的高速公路到各种长、短距离的路线，公路形成良好的道路交通网，公交车成为当地人最好的代步选择，对观光客也相当方便。马来西亚禁止在大多数公共交通系统（包括出租汽车）内吸烟，乘坐公共汽车时给老人（无论男或女）让座是一种礼貌，但不要为年轻妇女让座。

（五）日本

日本公交车与中国公交车不一样的地方是司机会坐在右边，因为日本汽车大多都是右舵，日本车辆靠左行驶。日本公交上的投币箱带有找零钱功能，如果没带零钱，可以用纸币换零钱。此外，日本公交还配备了空气悬挂装置，能向乘客倾斜，便于乘坐轮椅的乘客上下车，下车到站之前千万不要忘记按下车的按钮，否则会直接开过站。

（六）越南

越南的人力三轮车与亚洲其他地方不同，乘客坐在前，车夫在后。早期人力三轮车是越南人的主要交通工具，现在则以载观光客为主。当坐在人力三轮车上，在河内市的大街小巷中穿行，并且自在地欣赏林荫大道旁带有百叶窗和瓦顶的砖质建筑时，人们大概会产生一种身处电影中的朦胧感。

（七）印度

在印度的城市，大部分人出行都依赖公共汽车，虽然城市的公共汽车很拥挤，车辆也破烂不堪。印度的公共汽车有一个十分有趣的现象，就是不关车门，只要车速慢下来，乘客便可以随时上下。即使到了站，公共汽车经常只是放慢了行驶速度，乘客往往在汽车的滑行中上下车。遇有乘客太多车厢内挤不下时，人们就会爬到车顶上去。火车、公共汽车的车顶上可以载人也是印度常见的现象。印度的其他陆地交通工具有机动黄包车（即三轮摩托车）、脚踏黄包车以及古老的牛车、马车等。

二、欧洲国家交通民俗

（一）英国

英国伦敦的红色双层巴士已成为城市风情的象征了。红色双层巴士第一次驶入伦敦是1954年，当时伦敦街道狭窄拥挤，双层巴士推出后一定程度上解决了伦敦道路拥堵问题。英国的公交发车频次不高，也不是站站停，上车需要招手示意。车上只有司机一人，跟司机报上目的地后，他会在机器上输入站名，然后付钱找零出票。英国公交不报站名，在快到终点时要摁下扶手柱子上的"STOP"按钮才会停车。乘客下车前一般都会很绅士地跟司机说声"Thank you"！

（二）荷兰

荷兰鹿特丹的水陆两栖公共汽车也称水陆两栖巴士，既能在陆地行驶，也能在水上行驶。与普通巴士不同的是，"两栖巴士"外面"裹"了一个"船体"，这样它就能在水中漂浮起来。这种巴士采用普通公共汽车的底盘，但是它在底盘的基础上还拥有一个船体外壳，这种船体外壳帮助汽车可以在水中行驶。目前，世界范围内可以生产水陆两栖巴士的国家有澳大利亚、荷兰。

（三）法国

法国的交通系统非常发达，素来拥有"空中中转站"之美称，同时也被公认为拥有欧洲规划最完善的铁路系统，其地铁与公交网络更是极大地便利了人们的出行，特别是首都巴黎的城市交通网络四通八达。地铁内非常醒目地标示着站名和换车示意图，车站售票处免费供应地铁行车路线图。有些主要车站的换车入口设有自动显示的线路指示台，旅客只需按下自己要去的站名，指示台便会显示从旅客所在站到目的地之间各线的车站及换车地点、换乘路线，一目了然。除地铁、城际快车、电车等公共交通工具以外，法国政府还陆续推出了公共自行车、公共小汽车和电动摩托车租赁服务，各类交通工具应有尽有。

（四）德国

在德国这个"汽车制造王国"，即便是家中有车的德国人也会选择更为方便、快捷、准时的公共交通作为日常出行的方式，公共汽车在德国城市核心地带发挥着重要作用。德国的公共汽车也是有时刻表的，公交车站都贴有详细的清单。因为车次少，在一般城市一趟车可能一小时才两趟甚至一趟，所以在德国如果错过公交车，那么很多时候你可以直接放弃等车。德国的公交车下车也是采用按铃呼叫的，如果你没按停车按钮，刚好站台上也没人等车，那么你多半就得坐过站了。今天自行车逐渐成为德国人的日常出行工具之一，越来越受到年轻人的喜爱。在德国多数路段自行车是有自己的车道的，自行车与汽车一样也要遵循交通规则，如：不可逆行，避让行人，装备夜行灯等。

（五）意大利

素有"水都"之称的威尼斯是意大利北部威尼托大区的首府。威尼斯及其泻湖素有"水都""水城""桥城"和"百岛之城"的美称，这座世上独一无二的水上城市景色旖旎、风光独好。"贡多拉"是居住在泻湖上的威尼斯人的代步工具，贡多拉又名"公朵拉"，被称为"水上奔驰""水上法拉利"，这种独具特色的威尼斯尖舟轻盈纤细、造型别致，是一只单人摇橹可以同时乘坐6人的小船，与中国江南的小木船和云南泸沽湖的猪槽船有点类似。贡多拉在水上的行驶速度很快，因为它造型奇特，船体精美，内饰奢华，乘坐舒适，人坐在里边有着坐在豪华轿车里的感觉。

（六）俄罗斯

在多民族国家俄罗斯，涅夫赫族在每个村庄都养有几百条狗，用狗拉车、拉雪橇。以往狗是涅夫赫人日常的运输工具。汉特人和曼西人传统的运输工具有独木舟、带篷的平底木船、狗拉雪橇和滑雪板等。科里亚克人在冬季仍然广泛使用鹿拉雪橇和狗拉雪橇来运送货物和客人。另外，涅吉达尔人、埃文克人、那乃人、尼夫赫人等至今仍保留着一种用桦树皮制成的小船，这种船具有轻巧、灵便等特点，非常适于在小河中划行。

三、美洲国家交通民俗

（一）美国

美国的公交巴士前面有一个铁架，是用来放自行车的，而且不加钱。另外，美国公交有液压升降装置，行动不便的乘客上车时司机会把升降板降下来，人上来了再把板子升起来，乘客上车后，车内座椅可上翻，为轮椅腾出地方，再用专门的链子固定住。旧金山的缆车不仅帮助通勤的居民，也成了观光客游览旧金山的最佳交通工具。缆车有3条路线，其中包含许多知名景点与购物中心，如渔人码头、中国城及联合广场等地。

（二）巴西

巴西公交最普遍的问题是相对拥挤，司机开车很快。城市为公交车开辟的专用道路是助长司机开快车的原因。政府限定的时速是60公里，因为车站和公交上只标示终点站，没有具体线路，公交到站前需要按车上的橙色按键或拉一下车顶垂下来的绳索通知司机停车。巴西公交运行的时间比较久，晚上11点还会有公交。

（三）秘鲁

秘鲁的"的的喀喀"湖是一个美丽的高原湖泊，这里有世上独一无二的、在湖水中漂浮着的人工"岛屿"——漂浮岛。这些湖里漂来漂去的"小岛"并非真正的陆地，而是古老的乌鲁斯人使用"的的喀喀"湖特有的香蒲草堆积而成的。乌鲁斯人的主要交通工具也是一种用香蒲草捆扎起来名叫"淘淘拉"（TOTORA）的小船，约有2米多长，可载4~5个人，也可以把两只"淘淘拉"绑在一起，在湖中游弋。这种两头尖翘、轻巧灵便的草船类似古代埃及墓碑上画的月亮形莎草小船。草船航行在湖光山色之中，构成了"的的喀喀"湖上的独特风貌。

四、非洲国家交通民俗

非洲是世界交通运输业比较落后的一个洲，还没有形成完整的交通运输体系。交通运输系统（尤其是铁路）主要是为重要产品出口而建设的，而非用作国内各地区间的交通，非洲经济的发展严重受到交通状况的制约。在北非沙漠地带，"沙漠之舟"——骆驼不仅作为交通运输工具而存在，而且还向居民提供主要的食品驼奶和驼肉，因此非洲牧民特别珍爱骆驼。

（一）毛里塔尼亚

毛里塔尼亚向贵宾奉献驼奶和以骆驼队夹道欢迎，是这个国家最高规格的迎宾礼，只有来访的外国元首和政府首脑才能享受这一待遇。

（二）埃及

埃及人喜爱骆驼，因为骆驼能在沙漠中巡逻，追捕走私犯。在沙漠和山区地带执行巡逻和追捕任务时，吉普车和直升机都只是骆驼部队的补充。

（三）科摩罗

马在科摩罗人的心中占有重要地位，那里的人们三句话离不开马的话题，他们将所有值得崇敬的事情和人物都誉为"铜马形象"。

【模块回顾】

交通在人类社会的发展进程中占有重要地位，它使人类从事各种活动更快捷、更舒适、更节约时间，加速了人类经济文明的发展，对人类的进步产生了巨大影响。交通民俗是指在交通设施和交通工具的创造及使用过程中产生的与交通有关的民间风俗习惯。交通民俗种类繁多，概括起来可以分为两个层次：一是交通设施及工具制造的习俗；二是人们使用交通设施及工具过程中形成的习俗。交通民俗具有明显的地域差异性，带有浓郁的神秘色彩，并形成特定的行业及行规，各种交通设施和交通工具的使用都有其严格的等级。影响交通民俗的因素有自然环境因素、生产技术因素、文化传播因素和民族文化因素等。

【自我测试】

1. 交通民俗有哪些特征？
2. 影响交通民俗的主要因素有哪些？
3. 陆路交通与水路交通分别有哪些主要的交通设施？
4. 交通民俗在旅游开发和发展中可以起到什么作用？

【实战训练】

全班学生分成若干个小组，外出进行实地考察，了解当地旅游景区中对传统交通民俗旅游资源的开发与利用情况，并进行评析。

【能力鉴定】

交通民俗学习者能力鉴定表（一）

被鉴定者姓名：_____　　能力单位：<u>交通民俗基础认知</u>
鉴定或工作场所：_____　　鉴定者姓名：_____

关键能力	评价指标	是否具备能力	
		是	不是
记忆能力	1. 说出交通民俗的基本特征		
	2. 说出陆路交通的主要设施与工具		
	3. 说出水路交通的主要设施与工具		
理解能力	1. 影响交通民俗的主要因素		
	2. 不同的交通工具包含的社会文化观念		

被鉴定者能力：满意_____　不满意_____

对被鉴定者的反馈：

鉴定者签名：_____　　日期：_____

交通民俗学习者能力鉴定表（二）

被鉴定者姓名：_____	能力单位：交通民俗实例展示		
鉴定或工作场所：_____	鉴定者姓名：_____		

关键能力	评价指标	是否具备能力	
		是	不是
记忆能力	1. 辨别 10 种以上中国的特色交通工具		
	2. 辨别 5 种以上外国的特色交通工具		
理解能力	针对不同的游客，设计 2、3 种使用特色交通工具开展旅游活动的方案		

被鉴定者能力：满意_____　　不满意_____

对被鉴定者的反馈：

鉴定者签名：_____　　日期：_____

模块六

农业民俗

学习目标

知识要求

1. 掌握农业民俗的类型
2. 熟悉影响农业民俗的主要因素
3. 了解中国各民族和外国的农业习俗惯制

能力要求

1. 能够辨别农业民俗不同发展阶段的特征
2. 能够通过实例揭示农业民俗的旅游价值
3. 能够利用不同的农业民俗开发特色旅游项目

课题一 农业民俗认知

一、农业民俗的形成与发展

（一）农业民俗的产生

农业民俗属于农业文明的范畴，构成物质生产民俗的基础和特色部分。农业民俗是人类在长期的农业生产过程中逐步形成的文化产物，反映农业生产的基本过程与经验诸内容的模式化行为，既是生产经验的总结，又是指导生产的手段。

就世界范围而言，农业生产大体经历了原始农业、传统农业和现代农业三个阶段的演变，农业民俗也相应地经历了三个阶段的传袭与变化。由于历史、地理条件不同，不同民族、地区与时代的农业民俗存在差异。

1. 原始农业民俗

原始农业系由采集、狩猎逐步过渡而来的一种近似自然状态的农业，属世界农业发展的最初阶段。原始农业经历了从采集经济向种植经济的发展。旧石器时代的采集、狩猎经济也可称为原始农业。中国古代农业中存在的"刀耕火种"和"火耕水耨"均属原始农业的耕作方法；"迁移农业"或"游耕"等也属原始落后的农业。现非洲的撒哈拉地区和中国西南地区的部分地方仍保留着原始农业的耕作方法，其生产发展均甚缓慢，生产力水平极低。

原始农业基本特征有：生产工具简单落后，以石刀、石铲、石锄和棍棒等为主；耕作方法原始粗放，采用刀耕火种；主要从事简单协作的集体劳动，获取有限的生活资料，维持低水平的共同生活需要。人类早期使用的工具为木棒，同时把石斧、石锄等经过磨制的石器缚在木棍上，用来开荒掘地、种植作物。单个劳力不足，就靠许多人集合劳动，由此而形成互助共耕的习俗。人们砍倒并放火烧掉地面的植物，将种子播到地面，依靠草木灰和土壤的固有肥力而使作物生长发育，坐享其成。一个地方的地力耗尽了就易地而种，这便是原始的"刀耕火种"的游耕习俗，在今天的一些民族和地区仍然稀疏可见。

虽然原始农业的生产技术水平低下，但农业生产出现后改变了人与自然的关系。人们在农业生产实践中应用有关生物繁殖的知识，依靠自己的活动来增殖天然产品，找到了较稳定可靠的衣食来源。在我国，从母系氏族社会到夏商周三代，"五谷""六畜"已经出现，生产工具从木石工具发展到青铜工具，新的耕作制度逐步形成。

2. 传统农业民俗

传统农业是在自然经济条件下，采用人力、畜力、手工工具、铁器等为主的手工劳动方式，靠世世代代积累下来的传统经验发展，以自给自足的自然经济居主导地位的农业。传统农业是一种生计农业，农产品有限，家庭成员参加生产劳动并进行家庭内部分工，农业生产多靠经验积累,生产方式较为稳定。金属农具和木制农具代替了原始的石器农具,铁犁、铁锄、铁耙、耧车、风车、水车、石磨等得到广泛使用;畜力成为生产的主要动力;一整套农业技术措施逐步形成,如选育良种、积肥施肥、兴修水利、防治病虫害、改良土壤、改革农具、利用能源、实行轮作制等。中国的传统农业发端于春秋战国从奴隶制过渡到封建制的时候,较早地形成了以耕、锄、选种、施肥、浇水、轮作复种、间作套种等方法密切配合的农作方式;欧洲的传统农业是从古希腊、古罗马的奴隶制社会开始的,在耕作方式上出现了以休闲轮作为主要内容的二圃制或三圃制的农业民俗。

3. 现代农业民俗

现代农业是以实验科学为指导、工业技术为装备,以商业生产为目的的农业。自英国工业革命以后,不同民族、国家和地区由于科学技术水平的差异,一直处在从传统农业向现代农业的转化过程之中。第二次世界大战后经济发达国家和地区的农业,技术经济性能优良的现代农业机器体系广泛应用,因而机器作业基本上替代了人畜力作业。广大发展中国家的农业生产除了还继续利用手工农具、畜力以及使用自然肥料、沿袭一些传统农作方式以外,着重依靠机械、化肥、农药和水利灌溉等现代技术,工业部门为农业部门提供了大量的物质与能源。

相对于传统农业,现代农业正在向观赏、休闲、美化等方向扩延,假日农业、休闲农业、观光农业、旅游农业等新型农业形态也迅速发展成为与产品生产农业并驾齐驱的重要产业。传统农业的主要功能是农产品的供给,而现代农业的主要功能除了农产品供给以外还具有生活休闲、生态保护、旅游度假、文明传承、教育等功能。

生活休闲功能是指从事农业不再是传统农民的一种谋生手段,而是一种现代人选择的生活方式;旅游度假功能是指在都市的郊区,以满足城市居民节假日在农村进行采摘、餐饮休闲的需要;生态保护功能是指农业在保护环境、美化环境等方面具有不可替代的作用;文化传承则是指农业还是我国5000年农耕文明的承载者,在教育孩子、发扬传统等方面可以发挥重要的作用。所以,现代农业民俗一方面承袭了传统农业民俗的某些特征,另一方面形成了自己的农业生产与生活模式。整个农业的生产组织、生产管理、生产经营、生产工具、劳动者的科学文化素质和思想道德观念等方面必将在吸收传统农业民俗的同时,产生新的农业习俗。

(二)影响农业民俗的因素

农业生产是在特定的自然环境条件下,依靠人的劳动实践对自然界的生命物质进行再生产的过程,因此自然环境、生产技术、经济基础和民族文化传统就成为制约农业生产的主要因素,也构成了影响农业民俗形成与发展的基本因素。

1. 自然条件

农业生产是人们利用土地的自然生产力栽培植物或饲养动物以获取所需产品的生产部门,其生产对象是动植物,而动植物的生长发育在很大程度上受到地理、气候、温度、湿度、土壤、植被、水利等自然因素的影响,在地域与季节上显示出差异。从整地、选种、播种、薅草、收割到贮存、加工,农业生产按季节形成了相关生产程序的惯例。在原始与传统农业阶段,"靠天吃饭"构成了农业生产的基本特征。即使靠科技装备的现代农业也一刻离不开自然环境的制约。农业生产决定了农业民俗，不同地域与季节的民俗事象千差万别。在山地、丘陵、平原、草原、高原、盆地、沙漠、江河湖泊、沿海、岛屿以及热带、温带、寒带等不同地区生活的人们，其农业经济类型不同，农业民俗差异极大，使农业民俗存在明显的地域性和季节性。

2. 社会经济条件

社会经济条件对农业生产的发展起着主导作用，包括人口密度、人口素质、居民习惯、收入情况、技术水平、开发历史、交通状况、市场条件、商品化程度等因素。这些因素都会强烈地作用于农业生产的各个方面与环节，影响农业民俗的传承、演变与形成。在东方许多国家，例如中国、日本，由于人口密集，耕地不足，农业生产历史悠久，形成了精耕细作的农业生产方式，农田利用率高，夏种、间种普遍，栽培制度往往是两年三熟、一年两熟或一年三熟。

3. 科学技术水平

农业科技水平是农业生产发展的手段，体现了人类对自然的认识水平和利用改造能力。人类由采集、渔猎天然的动植物到人工种植、养殖动植物的进步，从原始农业、传统农业到现代农业的发展，都是科学技术推动的结果。优质的种子可以增加产量，化肥可以除虫增产，需要的土地就相对较少，但对环境危害很大，会减少土地的使用寿命；机械用农业机械代替手工播种和收割可以节省时间，提高效率，获取更大的效益。在这一过程中，原始的、传统的农业民俗或消失，或被沿袭，或推陈出新。例如，在农业现代化的过程中，一些传统农业信仰禁忌民俗逐步褪去神秘色彩，代之以科学认识、科学观念；传统农业节日也减少了娱神色彩，增加了娱人内容；生产工具也由石制、木制发展到铁制，从手工操作发展到自动运作，从人力、畜力发展到机械力。传统农业主要依赖资源的投入，而现代农业则日益依赖不断发展的新技术投入，新技术是现代农业的先导和发展动力。

4. 历史文化传统

历史文化传统是制约农业生产发展的重要因素之一，一个地区与民族的农业民俗属于文化传统。农业民俗的形成、传承与演变受到民族和地域的其他文化传统因素的影响，如价值观念、开放程度、社会组织以及除农业民俗外的其他风俗习惯。例如，汉族人有强烈的家庭观念，孝老爱亲、安土重迁。汉族的种植业与养殖业也一般以一家一户为单位生产，出入相友，守望相助，农忙季节里有户与户之间的换工习俗，农业节日中讲究对祖先的信仰祭祀。

二、农业民俗的类型

农业是指人类利用生物（植物、动物）机能，通过社会劳动控制生物生命的过程，从而取得食物和其他物质资料的生产部门，主要包括植物栽培和动物养殖两大类。依据农业生产对象，广义农业民俗包括种植业、林业、渔业、畜牧业、副业民俗，以种植业民俗为核心。

（一）种植业民俗

种植业即植物栽培业，亦指狭义的农业，种植业一直是人类社会得以存在和发展的基础。种植业民俗是狭义农业民俗（或农耕民俗），为农业文化的主要内容。从具体民俗事象来看，包括植物种植和动物养殖在内的农作民俗大致包括了生产工具民俗、技术过程习俗与相应的人文仪式民俗三大方面，涉及作物种类、作业方法、农具使用、生产的信仰、禁忌与仪式。

（二）渔业民俗

渔业民俗是渔业文化的主要内容。我国人民早在原始渔猎时代便产生了捕鱼民俗，并延续至今。后来出现了水产养殖业，又形成了渔业养殖民俗。在沿海、内河与湖泊地区，捕鱼养鱼是主业，居民被称为渔民；在一些非渔业经济区，往往渔农兼作，捕鱼养鱼被当作副业。渔业生产伴随着鱼汛的季节和周期的规律进行，因此渔业民俗既要适应鱼汛起落的特点，又受渔区江河湖海气候变化的制约。在捕鱼养鱼活动中存在着大量的习俗惯制，人们遵循它们，无疑是因为它们有着重大的技术价值和心理价值。

（三）林业民俗

林业民俗是人类在长期的林业生产生活中形成的古老的、具有普遍意义的传统文化心理特征，是一种传统文化的心理和行为积淀。林业民俗包括采林代木风俗、植树造林风俗。有关林木采伐风俗最早可以追溯到原始时代人类用石刀、石斧砍削树枝以造房屋的活动；有关林木栽培风俗开始于对道路、疆界标识的需要。种植了护路树、表明里程的行道树和表明疆界的疆界树后，改变了原始社会只伐不种的局面，真正意义上的林业开始诞生。

（四）畜牧业民俗

畜牧业是一种依托草原资源、逐水草而居的游动性生产形式，是从古代狩猎民俗发展而来的。畜牧经济生产习俗与发展畜牧业的直接目的有关。在牧业经济中，最直接的目的有两个：一个是保证人们得到肉食，这是远比狩猎更为有效的可以达到的目的；另一个是保证人们得到乳食。这两种目的所带来的民俗类型各具特色。畜牧业的生产只能在富饶的草原上发展，这是地理条件所决定的，牧场是必需的条件，游牧便成为适应这一条件的生产方法。游牧生产不只是有放牧的形式，它既有畜群的移动，也有部落的迁移。这种游动所带来的畜群管理方法与技术、牧场水草区划的惯制几乎都成为畜牧业经济习俗的内容。

（五）采集与狩猎民俗

采集与狩猎是指一种通过猎捕食物和直接采摘可食用果实的生存技能。在原始农业和传统农业时代，采集与狩猎一直是农业生产的辅助方式，采集与狩猎民俗在人类社会中代代相传，以少数民族地区与山区为盛。进入工业化与现代化社会的今天，采集与狩猎民俗仍有其存在和发展的空间，果实采摘活动、狩猎旅游项目已成为现代都市人热衷的户外活动。

（六）副业民俗（农产品加工业民俗）

　　副业又叫农副产业，在我国农业生产部门中，是指种植业、林业、畜牧业、渔业等大田生产以外的其他附带经营的生产事业，如养鸡、编席、采集药材等。就整个农业经济而言，农副业主要是指相对种植业和养殖业而言的农产品加工业，实际上已经属于传统手工业范围了。但就某个区域和家庭而言的副业往往又是这个区域和家庭主业之外的其他行业，如在种植业经济区，渔业可能是副业，而在渔业经济区，种植业可能是副业。长期以来，农产品加工业也随着种植业和养殖业的发展而发展，一方面形成了固有的技术操作过程及其相应的人文仪式，另一方面也生产出了各地各民族独具特色的民俗产品。

三、农业民俗的特征

（一）地域性与季节性

　　"不违农时"和"因地制宜"是农业生产的两大基本原则。农业自然环境为农业生产提供了最基本的原料与场所，也为农业地域分工与季节差异奠定了基础，从而决定了农业生产的季节性、周期性与地域性，也决定了农业民俗的季节性、周期性和地域性。不同的地域自然条件不同，即使是同一个区域、同一个村庄，山坡地和低洼地的要求不同，背阴地和向阳地也不同，土质松软的和土质较硬的也不同。

　　在我国，由于气候分布有着明显的地带性，自北而南、自西而东，干湿冷热状况不同，因而土壤与植被也呈明显的地带性差异，农作物种类、耕作方式、耕作制度、生产工具和信仰禁忌等方面自然也存在差别。在季节上，农业民俗通常以一定的周期周而复始地反复出现，这个周期一般以年为单位反复，如24个节气、各种农业节庆、生产程序等；也有以季节为单位循环的，如一年二熟制农业、一年三熟制农业、二年三熟制农业的习俗便是如此。此外，不仅种植业、林业、渔业、畜牧业和农产品加工业之间的习俗各不相同，不同作物栽培、林木采伐和培植、鱼类捕捞与养殖、畜禽养殖、农产品加工习俗也多种多样，使农业民俗表现出行业的差异。

（二）经验性与技艺性

　　农业民俗主要表现为原始农业民俗和传统农业民俗。在近现代科技对农业指导以前，传统农业生产基本上是依靠农民代代积累和传承下来的经验指导，农业技术操作呈现出极大的盲目性、经验性与神秘性。无论是选种、播种、栽培与田间管理，还是收获、运输、储藏和产品加工，都是以经验为依据。农业民俗包括了生产工具、技术操作与人文仪式几个方面，其中技术操作民俗实际上就是手工技艺。手工技艺的高低直接影响农业生产的状况，比如，秧扯得好坏、插得好坏对水稻的生长影响很大。又如，关于农田灌溉，最初人类种田是靠"天河水"进行灌溉的；后来，为了抵御干旱，在淮河以南地区出现了"同水"习俗；再后，随着木制技术的进步，人们造出了水车（筒车与翻车）灌水；近现代出现了更为先进的电动抽水机，灌溉方式也由以前的漫灌转变为喷灌与滴灌等多种形式。

（三）保守性与稳定性

农业生产方式与工业生产、商业交易方式相比，稳定性占据显著的位置，一些原始农业和传统农业的生产模式代代相传，相沿至今。例如，原始农业的刀耕火种习俗仍然在我国和世界一些落后民族与地区广为存在；历史流传下来的护苗、除草、灭虫与抵御旱涝的各种方法，生产过程中对土地、用水和肥料的管理习俗以及各种农业生产工具和设备仍在乡村的农业生产中占据主导作用，千年不变。在农业产业化与现代化的过程中，传统农业生产习惯尽管也发生了变化，但其中许多合理的经验仍然值得借鉴与发扬。在对绿色农业、生态农业的呼声中，现代农业需要在更高层次上向传统农业生产方式回归，如反对使用化肥，倡导使用绿色有机肥料即是一例。

（四）功利性

农业生产是为了直接从自然界获取物质财富，伴随农业生产存在的一系列农业民俗现象。主要是为了农事活动的顺利、农业生产的丰收，体现着强烈的功利性目的。比如农业娱乐习俗虽源于娱神、娱人的需要，但最终目的在于庆祝丰收的同时希望来年风调雨顺、五谷丰登、六畜兴旺。从技术过程到人文仪式，从时序、节令到节日娱乐，从占天象、测农事到祈福禳灾，从禁忌到信仰，无不寄托着人们对农事顺利的渴望与希求。

（五）田园性

农业民俗与自然的山水风光紧密相连。我国农村的传统习俗与生态环境互为一体，整个田园经济在"日出而作，日入而息"的循环中呈现出宁静、朴实与和谐的氛围。在广阔的乡村，山水风光构成了乡村的自然景观，农业民俗则主要构成乡村的人文景观，自然与人文因素浑然一体，形成动静结合的乡村画卷。而且，许多民族的传统农业民俗都十分强调自然与人类的协调，如汉族的"天人合一"观念、侗族的环保意识，更使这些民族的农业民俗表现出生态性、质朴性和田园性特征。

【延伸阅读】

深入实施"旅游+" 推进乡村旅游发展

乡村旅游是激发农村发展新动能的绿色产业，是全域旅游发展的重要内容。推进乡村旅游发展，需通过"旅游+"模式完善产业链条，拓展发展空间，推进多产业融合，促进农民增收致富。

一是开发旅游产品，挖掘乡村内涵。采取景区带动、公司+农户、综合开发、整村推进等方式，培育景区辐射型、通道景观型、城郊休闲型、农业观光型、养生保健型等多种类型的乡村旅游形态，积极发展农家乐、乡村客栈，全面提升乡村旅游接待服务水平。着力开发乡村文化体验、现代农业观光、采摘、特色餐饮等复合型乡村旅游产品，建设集餐饮、休憩、旅游商品展览销售、旅游厕所、停车场、游步道、观景台等为一体的休闲农业观光小景观，配套沿线基础设施，着力打造乡村旅游风情线，使游客远离喧嚣、回归宁静、体悟乡愁，感受大自然的原始美和生态美，获得心灵的愉悦。

二是寻根农耕文明，发展研学旅游。随着知识经济时代的到来，游客的旅游需求从传统的观光旅游向知识型、文化型转变，我国学生市场出现了高校游、科技游、文化游等旅游项目，研学旅行便异军突起。研学旅游又称为"修学旅行"，从学习传统文化知识、参观国家公园、访问历史古迹，到职业选择、自然体验、考察先进企业甚至体验商业活动等内容，涵盖了政治经济文化等各个领域。农村是一个集传统民俗文化、本土古建筑、农业生产、原生态生活方式等为一体的集合体，是开发研学旅游最理想的场所。结合传统的农业观光和农事体验，让游客看农耕遗址、体验二牛抬杠等的原始农耕生态文明、参观榨油坊磨坊酿酒坊原始工艺、干农家活、品尝农家饭等方式，开辟农耕文明寻根之旅，是发展乡村旅游不可或缺的元素。开发以乡土乡情研学为主，设立乡村记忆博物馆、民俗体验馆、传统美食一条街、农耕文明体验区等旅游新业态，使游客在细微之处体验乡亲乡味、回归农耕社会，陶冶和净化心灵，促进旅游研学发展。

三是建立户外基地，发展康体运动。户外运动是一种休闲养生方式，要求有广阔的场地、远离人群车流，摒弃竞技比赛模式，让游客在放松中运动，老少皆宜，是一种时尚健康的旅游模式。农村自然风光优美独特、负氧离子含量高，是开展户外健身运动的理想场所。开发乡村旅游可配套开发乡村徒步线路、自行车骑行道、设立汽车营地，组织专业团队加强对户外运动旅游产品开发的统筹指导，加强与国内外户外运动专业机构的合作，积极开发滑冰滑雪、登山健身、户外露营、徒步穿越等新型旅游产品。积极打造森林生态徒步游，在确保安全、环保的前提下，积极探索、挖掘原始森林、高山草甸、冰川雪山资源，逐步开发、引导游客开展森林徒步康体旅游，健全户外运动产业体系。

四是研发特色商品，促进群众增收。旅游商品指游客在旅游过程中购买的商品，即旅游纪念品，是拉动旅游消费市场、解决农村就业、带动第三产业发展的重要途径。旅游商品开发要坚持政府引导、市场运作模式，依托龙头企业成立旅游商品研发中心，扶持开发具有地方特色和文化内涵的农特产品、民间工艺品、文物复制品等系列旅游文化商品，举办旅游商品展销大会和设计大赛，重点体现创意性、独特性和文化性。农村是各类工业、农业、文化市场的原料供应地，开发旅游商品具有得天独厚的地理和文化优势。要在具有一定市场需求的前提下，在城市和旅游景区景点规划建设旅游商品购物街、购物商场、手工制作市场、旅游商品专营专卖店、特色名优小吃一条街，开发土风土味的名优小吃；加快对文化旅游商品的包装开发，将地方历史文化和历史人物事件融入民间艺术之中，加强旅游形象包装和整体推介，逐步实现专业生产、定点销售、企业运作，促进文化旅游、农业旅游、工业旅游的深度融合，引导旅游商品进入旅游服务的各个环节，满足游客多样化购物和体验需求，提高旅游消费水平，促进农民增收致富。

（来源：中国旅游报，2017-10-11）

课题二 中国农业民俗

我国地域辽阔,地形高低悬殊,地貌复杂多样,地带分布明显,气候差别极大,各地农业生产特征各不相同,农业民俗也千差万别。

一、中国汉族农业民俗

汉族是典型的以家庭种植和养殖为主的农业民族,拥有悠久的农业历史,积累了丰富的农业经验,形成了多样的农业民俗事象。大兴安岭—贺兰山—青藏高原东缘一线以东为我国传统以农耕为主的汉族聚居区域,农业民俗以农耕为核心内容。东部农耕区范围广阔,各地农耕方式存在差异,以秦岭—淮河一线为界,汉族农业民俗呈现出南北差异。我国南方和北方的自然环境存在较大的差异,水土资源和灌溉条件不尽一致。因此,人们在长期的生产实践中摸索出了各自地区生态条件的生产习惯,创造了南北方农耕生产的不同格局。南方农业是稻作型农耕文化,主要标志是耕培水稻,整修田埂、水渠、使用水车等。北方农业是麦黍型农耕文化,主要标志是栽培麦子、黍子、高粱、玉米、谷子、稗子、豆类,以犁耕为主和井、渠浇灌等。

(一)北方农业民俗

在我国秦岭—淮河以北,由于雨水稀少,气候干燥,天气寒冷,一般以种植耐旱、耐寒作物为主,农业民俗具有北方特色。从地域看,北方汉族农业民俗在东北区、黄淮区和黄土高原区有细微差别。在东北区,沃野千里的平原主要种植耐旱耐寒的小麦、玉米、高粱、谷子、大豆等旱季作物,在南部沿海一带则种植水稻,普遍实行稻麦豆等作物之间的间作套种、轮作复种,一般是二年三熟,冬闲积肥。同时,在森林茂密的山区,狩猎、伐木成为主要生产方式,兼栽培与采集人参、木耳、猴头菇与蘑菇,延续着狩猎、采集民俗。在黄淮地区,惯种小麦、玉米、谷子、高粱等粮食作物以及花生、油菜、棉花和烤烟等经济作物,农作物一般是两年三熟,常见的耕作方式有犁耕、耦耕、刨耕,灌溉工具以辘轳为代表。在黄土高原区,土地较为贫瘠,雨水不足。通常以种植小麦、高粱、谷子等旱粮与杂粮为主,产量不稳不高,使用畜牲多为驴骡。

小麦是我国仅次于稻谷的粮食作物,是北方人民和南方部分高寒山区的主食。久远的栽培历史积累了丰富的麦作民俗事象。小麦生产过程包括:用机耕或畜耕方式耕地(畜耕有犁耕、耦耕、刨耕),用耙耙地,用耧车播种,用锄松土除草,用辘轳或水车灌溉,用镰割麦,用绳打捆,用驴骡或小推车或人力运输,在打麦场晒干,然后是打场、收场、扬场等一系列技术过程习俗。

北方旱地主要使用黄牛、马等畜力耕作,精耕细作,常有"人不亏地,地不亏人;人哄地皮，地哄肚皮""地犁三遍顶茬肥"的说法，十分讲究耧播（播种的稀密和深浅），有"谷宜稀，麦宜密，玉米地里卧下牛"的谚语，非常重视"墒情"（即土壤的湿度），有"打墒""墒沟""合墒""欠墒""了墒"等把握墒情的习俗。由于北方干旱少雨，地表水缺乏，农作物生长离不开水，因此北方民众有期待雨雪、寻求水源这一愿望，产生了"龙王"崇拜。"龙王"是由许多动物特征抽象而成的，被寓意为能呼风唤雨，具有"出入水则必风雨"的功能，因此"龙王"满足了北方民众期待雨雪、寻求水源这一生态的心理需求。

（二）南方农业民俗

在我国长江、珠江流域，由于雨水充沛，气候温暖湿润，一般以种植热带、亚热带作物为主，水稻种植成为这一地区农业生产的典型特色。在长江中下游地区，平原、丘陵与山地交错分布，气候、雨水和土壤条件均都优越，普遍实行稻麦、水稻一年二熟制，粮食作物以水稻为主，小麦为辅，经济作物以油菜、棉花、柑橘为多，盛产茶叶、蚕茧。水稻、茶、桑蚕的生产习俗颇具特色。在热带、亚热带的华南地区，四季常青，作物一年数熟，经济作物与热带瓜果四季不断，农业生产多种多样，农业民俗各有千秋。

稻米是我国人民特别是南方人民的主食，种植历史极为悠久，分布地区极为广泛，形成的民俗事象非常复杂。稻作过程比较复杂，大致包括：整修农田、整修农具、选种、浸种、选秧田、做秧田、播种、犁田、耙田、扯秧、插秧、耘耥稻田、下肥料、治虫、灌溉、收割、晾晒、加工、储藏等一系列过程习俗。其中做秧田从冬翻、打水开始，要经过耕耙捣碎、平整土地、掏沟、削平、耘秧田等七八道工序才能完成，稻作生产精耕细作可见一斑。在稻作工具方面，我国南方的稻作生产工具有筒车、翻车等用水灌溉工具，有船、独轮车、双轮板车等运输工具，有犁、耙、锄头、颁头、铲子、镰刀、稻桶、打稻机、筲箕（筲音"稍"，水桶，多用竹子或木头制成。筲箕，淘米洗菜用的竹器，形状像簸箕）、箩筐、簸箕、扁担等劳作工具，有薄膜、育秧温室等保温设备。水牛、黄牛是传统的主要畜力。南方温暖湿润，水稻虫害常常发生，古时常用石灰粉灭虫，现代则用农药喷杀。水稻离不开水，修筑水利是南方重要的农耕文化。

在生产力低下、科技不发达的时代，稻作生产艰苦而又面临着自然灾害的威胁，于是人们抱着对丰收的渴望和对虫灾、旱灾、涝灾、瘟灾、雹灾与风灾的恐惧，一系列有关稻作的信仰民俗相伴产生。江西地区对潜入家室的蛇会将其送至远处，并点香"送行"，有"打蛇不死蛇讨命"之说。青蛙能食水稻虫害，江南民间视其为"护谷神"。浙江奉化民间在农历五月初五有拜"护谷神"的习俗。此外，对雷神、水神、土地神的信仰和农具的禁忌无不是农民祈求丰收、人畜平安的心理反映。农耕灌溉的季节性很强，需要严格遵守岁时节律，因此各种文化事象都与岁时节令有关，它们往往通过季节性的农耕仪式活动表现出来。我国南北各地在春分前后要举行开耕仪式，俗称"打春牛"。从春种到秋收，要举行灌溉仪式和禳灾仪式，以保证农业收成。秋季新谷登场后各地要举行秋报仪式，迎神赛社、择吉尝新，中秋月饼便是一种秋报食品。入冬后要举行冬藏仪式，感谢天地的恩赐和祈祷来年丰收。

> 【延伸阅读】

苏州江南农耕文化园

苏州江南农耕文化园按照"缩小比例的江南水乡，功能丰富的休闲农庄，农耕主题的文化走廊"的总体设想进行建设，主体种植果树、花卉、苗木，果树按柑果、核果、仁果、浆果4个区域，花卉苗木按草本、木本、水生植物3个区进行分类种植，在果树花卉绿荫丛中设置了9个农耕文化功能区域。主要景点有：

1. 农耕谚语区

"肥是农家宝，全靠施得巧""风潮年年做，只怕处暑夹白露""秋后划层皮，春天顶一犁"。走进农家谚语区，映入眼帘的是由58根巍然耸立的石柱构成的石林。石柱上苍劲有力地刻着171条农家谚语，这些谚语是勤劳淳朴的劳动人民对生活和生产劳动的经验总结，他们用朴实的语言、纯真的情感，简练通俗而富有意义地展现了天气变幻、耕种原理和庄稼收成等内容，让人一见难忘、流连忘返。

占地42 000平方米的农耕谚语区以实物、雕塑、八卦田、日晷等表现形式，形象地展示天时、地利、人和、气象等农耕谚语的文化内涵，让人们在观赏的同时获得丰富的农谚知识。171条农家谚语是由86位苏州籍全国书协会员挥毫泼墨而成，书法家们匠心独运、飘逸优美、龙飞凤舞的笔墨豪情给人以极大的视觉美感。

2. 江南作坊区

弹棉花、磨豆腐、做布鞋、酿酒榨油、摇纺织布、拉风打铁，这些儿时曾经常听祖辈挂在嘴上的传统手工艺名词如今在江南作坊区内一应俱全。陪着爱人、带着小孩一起前来亲手体验传统手工作坊已变成了现实。

占地24 000平方米的江南作坊区设有酒坊、棉花弹作坊、织布坊、染坊、布鞋坊、豆腐坊、榨油坊、铁匠铺、风筝制作、小蜡烛、折纸、插花、沙画、橡皮篆刻、手工编织。在这里，您不仅能看到传统江南手工作坊生产流程，买到具有江南风味的绿色农家食品和生活用品，还能请师傅亲自教您体验一下坊间农活的滋味。

3. 乡村能源区

早在几千年前，我们的先辈们就实现了将自然能源巧妙地运用到日常生活之中。在乡村能源区，您可以尽情地感受江南平常百姓广泛应用自然能源的历史变迁。

乡村能源区占地6 500平方米，展现了风能、水能、太阳能及沼气（生物能）等乡村能源的使用，并配以大量的文字和图片介绍，展示了乡村能源的发展历史和使用原理。其中，风能介绍和展示了帆船航海、风力机械、风力发电等利用方式及原理；水能介绍和展示了水磨、水车、水力发电的发展历史和原理。来到乡村能源区，您不仅可以亲自体验踩水车浇灌花草、用沼气烧水泡茶，还可以在体验自然能源中广博见闻。

4. 农家休闲区

农家休闲区绿树成荫，环境优美，空气清新，各类休闲文化设施齐全，是人们工作之余放松身心的绝佳去处。闲时约上三五好友相聚精致小木屋，垂钓、下棋、玩牌、品茗，兴致勃勃，怡然自得；周末带上父母小孩，嬉戏于儿童游乐场里，品尝风味烧烤小吃，尽享欢乐幸福时光。游览整个园区，您可以使用传统的马车、牛车、驴车作为交通工具，也可乘坐观光电瓶车或竹帘摇橹船，尽情感受景区美景和江南水乡的自然风光。

同时，江南农耕文化园里种植了上百种江南的花、江南的树和江南的果，还有十多个种类的濒危植物。在这里，您不仅可以随时感受到不同季节的鲜花绽放时带来的芬芳与花香，而且可以体验不同时节果实采摘时带来的无穷乐趣。

5. 农户设施区

走进农户设施区，您一定会被这以农家小院形式呈现的景象吸引。小院正中央的木质桌凳，挂在西墙上的斗笠、蓑衣，放在东墙角的磨石，江南农户各种各样有趣的摆设，会让您对江南农户家庭生活有更深入的了解。

占地2 000平方米的农户设施区还展示了各类耕作工具、浇灌工具、收割脱粒工具、晾晒工具、运输工具、储存工具、编织工具、量器用具、捕捞工具等种种江南特色的农耕工具，它们的操作方法、功能及历史演变等配有文字及图片解说，让您一目了然、开阔眼界。

6. 十二生肖区

走进生肖区，您一定会被12根形态各异、充满童趣的生肖雕塑所吸引。急速奔跑的马、安详静卧的羊、龇牙咧嘴的猴子、仰天长啸的老虎，形象生动、活灵活现，充分展示出十二生肖的性格特色。

占地9 500平方米的生肖区以子鼠、丑牛、寅虎、卯兔、辰龙、巳蛇、午马、未羊、申猴、酉鸡、戌犬、亥猪十二生肖的雕塑为主题，将生肖成语、故事融入其中，展示有关生肖的图片、文字资料、装饰品等，让游客对生肖文化有更深入的了解。

7. 土地利用区

注水的梯田泛着银白色的光泽，鲜明的光照层次带来了强烈的视觉冲击；宛如棋盘的塘浦圩田系统变涂泥为沃土，累累硕果点缀其上，仿佛诉说着丰收的喜悦；岸上，桑树叶大而肥，幼蚕卧于其中；塘中，波光潋滟，鱼儿跳跃撒欢。生态循环养殖模式的桑基鱼塘仿佛带着我们走进了浓缩的江南"鱼米之乡"。

走进以植物种植为主、占地7 000多平方米的土地利用展示区，我们不仅可以尽情地了解梯田、圩田、渚田、葑田、涂田及桑基鱼塘等各类土地利用形式和形成历史，亲身体验源远流长的土地利用方式演变历程，感受远古劳动人民的惊人智慧，还可以增长见识，陶冶情操，放松身心。

8. 动物养殖区

这里是动物的天堂，鹦鹉、鸽子、鸳鸯等珍禽鸟类应有尽有，鸡、猪、羊等家禽家畜样样齐全，马术、斗鸡、耍猴等动物表演丰富多彩，着实让人大开眼界。

动物养殖区占地37 000平方米，处于园区中心，由6座风格各异的桥梁与其他功能区相连。动物养殖区遵循"自然、开放、亲切"的理念，养殖了鸡鸭鹅、猪牛羊等家禽家畜等72个品种，高18米的天网里养殖了孔雀、百灵、八哥等56个鸟类，以及鹿、马、白水牛、小香猪、野猪等常见与珍稀动物。养殖区内专门开设了动物表演场，开展小猪赛跑、小狗跳绳、鹦鹉表演等丰富多彩的表演活动，让游客观看江南农家动物、各类珍稀动物的同时近距离接触动物，感受人与自然的和谐共处。同时，该区还拥有许多形态逼真的动物雕塑，如孔雀开屏、鲤鱼跳龙门、喜羊羊与灰太郎等，既可爱时尚，又展示了博大的动物文化。

> 9. 农耕历史区
>
> 走进农耕历史区,您可以尽情地了解几千年来的农耕方式、土地制度、赋役制度的演变历程和著名的农业历史著作,切实感受先人们无穷的智慧和伟大的力量。
>
> 占地22 000平方米的农耕历史体验区通过各类实物、雕塑、碑刻、文字,充分展示和说明由千耦其耘到男耕女织的农耕历史;由刀耕火种、石器锄耕到铁犁牛耕的耕作演变方式;由氏族公社土地公有制,到井田制、屯田制、均田制、个体自耕等土地制度的沿革;由相地而衰征、初税亩、编户齐民、租调制、租庸调制、两税法等到一条鞭法、摊丁入亩等历史赋役制度的演变。
>
> 同时,沿着历史区小径漫走,您随处可见道路两旁有许多石刻书籍平躺在地,有《齐民要术》和《天工开物》《农政全书》等重要著作。
>
> （来源:360图书馆）

二、中国少数民族农业民俗

（一）东北少数民族农业民俗

1. 满族

满族及其先民长期居住在山林地区,精于骑射是他们的特技。满族原以采集与渔猎为生,后受汉族影响从事定居的农耕生产,并日益成为他们主要的经济活动。与汉族种植业略有不同,满族人喜欢种植黏性作物,如黏谷子、黏高粱、黏糜子等,喜食抗饿耐饥的黏食。

2. 朝鲜族

朝鲜族地区是我国北方著名的"水稻之乡"。享有盛名的延边稻米晶莹剔透,清香扑鼻,清代延边龙井县明岩乡所产稻米曾被钦定为贡米。过去,朝鲜族人冬天打桩筑坝,春天翻地耙田,通过灌溉艰辛地种植水稻,如今基本上实现了机械化耕作。作物一般是二年三熟,普遍采用轮作复种、间作套种方式,有冬闲积肥的习惯。

3. 鄂伦春族

鄂伦春族的先民一直在莽莽林海中过着游猎生活,其传统文化与游猎紧密地联系在一起。鄂伦春人有4个狩猎期:2~3月份是鹿胎期;6~7月份是鹿茸、犴茸期;9月至落雪前是鹿尾期;落雪后的冬季是打皮子期或打肉期。这些时段统称为"红围期",即狩猎的黄金期。历史上的鄂伦春人是足智多谋的猎手,在长期的狩猎生活中总结出许多猎取动物的方法,常用的狩猎方法有寻觅法、跟踪法、瞭望法、堵截法、蹲守碱场法、蹲伏泡泽法、掏洞法、诱叫法、遛河法、窖鹿法等。鄂伦春族妇女在春、夏、秋三季进行采集生产,春季采集野菜,秋季采、挖野果和块根植物等,而夏季主要采集蘑菇、木耳等菌类植物。夏季也是捡拾鸟蛋的季节。

（二）中南少数民族农业民俗

1. 土家族

土家族主要种植苞谷、土豆一类的山地耐旱作物,稻田少见,兼事采猎。刀耕火种和锄耕仍是主要的耕作方式。在开荒垦地、犁田耕地时形成了边敲锣、边打鼓、边唱歌、边劳动的生产互助习俗。锣鼓响一阵后,歌师领唱道:"太阳出来坡背黄,薅草人儿忙又忙。"众人就呼应相合:"打闹锣鼓整天响,薅草薅过几道梁(山脊)。打锣越打声越响,山歌越唱心越亮。你追我赶不落后,追到太阳下山岗。"在山区干活要打锣、敲鼓、唱歌已经成为传统习惯。

2. 黎族

长期生活在南国之滨的海南岛黎族自古以来就过着以种植业、渔业、狩猎和采集为生的生活。犁耕水田、锄耕旱地,种植水稻和由他们自己培育出来的旱地稻种——山栏稻及热带经济作物与园艺作物构成了黎族的农业特色。一般是男子负责犁田、耙田、拖谷等田间重活,妇女插秧、割稻,老人负担放牛、管稻田水、编织竹藤器、饲养家畜,八九岁的男孩也要参与放牛、砍柴劳动,女孩则采集野菜、挑水做饭、学习纺纱织布、播种山栏稻等。男女老少都要劳动,否则会为人耻笑。由于地处热带雨林,黎族普遍种植三季稻。

3. 畲族

早在公元7世纪,畲族先民就以自己辛勤的劳动开辟了闽、粤、赣三省交界的山区。当时畲族先民的农业生产主要是"耕火田",即"刀耕火种",所耕之地多属于缺乏水源的旱地。由于耕作粗放,生产力水平低下,农作物产量很低,加上长期居住在深山老林、野兽出没之地,所以狩猎经济一直比较发达。"农耕"与"狩猎"是畲族早期的生产特点。在浙南山区的畲族村落,村边或四周小山冈上建有晒坛,少数设在村中,村中间的晒坛往往也是村民集体活动游乐的场所。晒坛供收割时摊晒谷、麦、豆之类之用,冬闲时又可堆柴火等。还有一种灰寮,多数村落集中建于村旁偏僻处,泥墙扛梁,无柱。有的农田距村较远,即在田边山脚建灰寮,一来烧灰原料近,二来减少挑灰之劳。这种灰寮又称"田头灰寮",兼有农人避雨、休息和暂时存放笨重农具之用。

(三)西北少数民族农业民俗

1. 蒙古族

蒙古族早期的社会经济主要是狩猎与游牧,直到13世纪,蒙古族仍然有"围猎"的习俗。在相当长的时期里,畜牧经济是蒙古族主要的社会经济门类。直到16世纪,在河流两岸有条件可供耕作的平川上,蒙古族人民才发展了畜牧饲养与农业混合的农耕经济。到20世纪初,各地蒙古族的区域经济可分为畜区、农区、半畜半农区。由于游牧需要逐水草而居,便于移动的蒙古包构成了他们的居住特色,皮革制品、乳酪食品成为他们的特色产品。随着畜牧业的集约化生产,定居农牧生活逐渐取代游牧生活。

2. 维吾尔族

维吾尔族主要从事绿洲农业,一般以种植小麦、玉米、高粱、糜谷、马铃薯、棉花、甜菜、胡麻等旱地粮食与经济作物,以及需要光热条件的瓜果,如葡萄、哈密瓜和啤酒花等作物为主。作物灌溉仰赖春夏季节的冰雪融水。为了减少蒸发,维吾尔人在吐鲁番和哈密等地利用地下水,挖"坎儿井"灌溉农田,沿潜流方向打井,井底掏通为地下渠。绿洲地带不仅盛产粮棉瓜果,而且人口密集，流水淙淙，田园苍翠，风景秀丽，构成沙漠中的田园风情。

3. 哈萨克族

哈萨克族属于盆地草原畜牧方式，逐水草而居，视季节变化，迁徙到最适宜放牧的牧场，牧场分冬夏牧营地，有部分哈萨克族人兼营农业。打猎也是哈萨克族牧民生活来源的一种补充手段，哈萨克牧民放牧的牲畜主要有马、绵羊、山羊等。在放牧"绿洲之星"——伊犁马与大尾羊的同时，兼事种植业，过着半牧半耕式的农业生活。畜牧以轮牧和围牧形式为主，种植业讲究灌溉技术。

（四）西南少数民族农业民俗

1. 壮族

广西壮族擅长山地稻作，在平坝和山坡上开垦出了数以千计的坝田和梯田。龙胜县龙脊梯田延续几百年，层层叠叠，从山脚盘绕到海拔800米山顶，蔚为壮观。他们喜种糯稻，五色糯米饭与糯米酒是其一绝。他们能歌善舞，将许多农业生产情景歌舞化，如"打扁担舞"就形象地再现了"耙田插秧、戽水耘田、收割打场、舂米尝新"的劳作过程。他们特别敬爱对农作物贡献极大的青蛙与耕牛，农历正月有"舞春牛""祭青蛙"的活动，四月初八有过"牛魂节"的习俗。

2. 瑶族

瑶族农业生产在19世纪40年代前都保持着游动性，刀耕火种，赶山吃饭，即开垦一山后次年转移到另一山，由此散居到南方各地。瑶族现已定居生活，以锄耕、犁耕为主，种有水稻、玉米等。在云南和广西一带山区还盛行一种"击鼓挖地"的协作形式，即会合数十户人家轮流到各家耕地上集体挖地，直到把荒地挖完为止。挖地时由一位青年在地头击鼓，引吭高歌，其他成排的挖地者按鼓点随声唱和，边唱歌边劳动。

3. 苗族

苗族是一个有着悠久的农耕生活史的民族，其农耕生计大约可以追溯到秦汉时期甚至更早。畜牧业、狩猎和采集作为部分地区苗族的副业。以狩猎和采集补充食物的缺乏，男人狩猎，女人采集。大部分地区的苗族主要种植玉米、荞麦、马铃薯、豆类和其他农作物，云南和贵州苗族部分区域种植旱稻，还种植烟草、大麻靛蓝、棉花、花生等经济作物。

4. 傣族

云南西双版纳盛产稻谷，一年三熟，尤以紫糯和籼稻著名，喷香的傣家糯稻香竹饭成为最具特色的食品。傣家农历正月十三有巡田习俗，即早稻插完后全寨人聚集在一起敲锣打鼓，由公推的长者带领巡视田坝，察看秧苗是否插完、有否偷水抢水现象、是否有人在禁伐区砍树等，以便保证农业生产的顺利进行。

5. 京族

京族主要从事近海渔业生产。传统上用木船、竹排、渔箔、拉网工具进行浅海捕捞作业，现已发展为用机帆船到深海捕鱼作业。由于大型渔具需要较多投资，海洋渔业需要多人合作，所以他们有合伙购买或承租渔船、渔网以及劳动互助的习惯。互助时领头的叫"网头"，成员叫"网丁",网头由网丁民主推选。在海上发现鱼群或台风时,网头会吹起号角,网丁下力追捕或逃避。

6. 侗族

分布在湘黔桂比邻地区的侗族是一个依山傍水的农耕民族,主要从事农业,兼营林业。农业以种植水稻为主,种植水稻已有悠久的历史。侗族地区的万山丛岭中夹杂着许多当地称为"坝子"的盆地,人们在大小坝子地带、山谷溪流两旁开辟了众多的坝田和梯田,成为"侗乡粮仓"。侗族喜种糯稻,以香糯与紫糯最为有名,糯米成为主食。糯稻讲究精耕细作,稻田三犁三耙,小株密植;收获糯稻时不用镰刀割,而用禾剪一穗穗地剪,然后捆扎成把,晒干进仓。在晾禾过程中,还构成了一排排牌坊式的"禾晾"风景。

7. 白族

白族是一个以种植水稻为主,兼事畜牧业与渔业的民族。白族的耕地可以分为水田和旱地两种,平坝地区水利条件优越,以耕种水田为主;半山区和雨水较少的地区则主要耕种旱地。主要农作物有稻谷、小麦、大麦、玉米、蚕豆、豌豆、土豆等各种粮食和豆类,经济作物以茶叶、烤烟为主。大理出产的苍山大叶茶远近闻名,下关沱茶为"云南三宝"之一。白族的农业耕种技术普遍较高,讲究精耕细作和田间管理,重视节令安排和施肥,普遍采用"二牛抬杠"的牛耕技术。

8. 纳西族

云南丽江古城是纳西族的故乡。如今纳西人以栽稻种麦为生,稻麦单产之高一向为云南之冠;"丽江粑粑"烤饼成为风味食品。作为农耕民族,他们崇拜青蛙,以青蛙为图腾,体现了农耕民族的信仰特色。畜牧业是纳西族地区农村经济的重要支柱,农户都普遍饲养牛、马、骡、猪、羊等,山区农户的畜牧业比重大,各户都有羊群。骡马主要作为商品在"七月骡马会"上出售,丽江马以"质小而体健,上高山,履危径,虽数十里不知湍汗"而蜚声海内,被誉为"云南三宝"之一。

9. 藏族

藏族以牧业为主,兼营农业,藏系绵羊、山羊、牦牛、犏牛是青藏高原特产。高原畜牧业是藏族传统生产中的主要部门,在生产中所占比重大于农业。高原畜牧业生产有多种类型,牧区主要是按季节轮流转场放牧的半定居游牧类型,半农半牧区和农区则为定居游牧及定居定牧类型。畜种类型主要有藏绵羊、藏山羊、黄牛、犏牛、牦牛、马、骡、驴等。驯养牦牛、培育犏牛、种植青稞是藏族人民在人类文明史上的特殊贡献。农业以种植生长期短、耐寒抗旱的青稞为主,也种植小麦等农作物。

10. 彝族

彝族生产民俗的发展经过了3个阶段,即采集渔猎阶段、农牧并重阶段和以农耕为主、畜牧为辅阶段。目前,绝大多数彝族地区都进入了第三个经济阶段。生产工具是创造物质文化的基础和条件,彝族以农业生产为主,主要铁制农具有犁、铧、条锄、板锄、镰刀、砍刀等,分别用于开荒、砍伐、耕地、耙田、挖田、收割等;木制农具有木犁、牛轭、连枷、柴架、背板等;竹质农具有箩筐、簸箕、背篮,用于选种、积肥等;狩猎工具主要有弓箭、矛、撵网、扣厥、绊绳、火枪等。彝族妇女均自织麻布,纺麻线多用纺轮,也有纺车,与汉区纺车相似。

课题三 外国农业民俗

一、亚洲国家农业民俗

（一）朝鲜

朝鲜是一个农业国家，农民占绝大多数，许多习俗都与农业生产有关。主要习俗有：占年，根据日月的色、形状以及鸡鸣狗叫等来占卜吉年或凶年；干活节，旧称奴仆节，一年有两次，其中一次在农历正月十五日，把稻禾上残留下的谷子碾磨做成松糕，分给奴仆吃，目的是让奴仆多干活，现在则是相互团聚，商议安排一年的农活；祈雨祭，由于每三四年就有一次旱灾，农民在无奈中往往举行祈雨活动，在山上设坛祭天，祈求山将天神惠降甘霖，以解除干旱；祈晴祭，立秋后，如雨水过多，会损坏谷物、影响收成，严重时甚至会造成凶年。因此农民就要在高山上设坛，摆上供品，祈天帮助停止下雨；稻草人，农作物成熟时，为了驱赶衔食稻穗的鸟群，要在田野里竖上稻草人，除人形外，也有做成蛇状的稻草人。

（二）印度

印度是以畜耕为主要生产方式的传统农业国家，以种植稻谷、小麦、豆类、杂粮等粮食作物为主，一年分大熟与小熟两季，也广泛种植其他经济作物，如棉花、茶叶、烟草等。养牛为世界之最。

（三）菲律宾

在菲律宾的莱特岛，许多人以种玉米为生，从播种到收获有许多奇特的习俗。有的农民播种玉米要选择在满天繁星的夜晚，他们相信这样收获的玉米会像夜空中的星星那样多。下种时，人们不能露齿或哈哈大笑，否则玉米棒会长不满粒。有的农民在玉米地锄草的时候喜欢在锄把儿上拴个小铁盒或板，这样每锄一下就会发出响声，他们相信这种响声能把企图糟蹋玉米的恶魔吓跑。也有的人在播种玉米的头一天夜里把全家人和帮工叫到地里，主人站在已经平整好的田地上祈祷，然后在玉米地的四角各种上一棵叫"卡里帕因"的小树，"卡里帕因"的意思是幸福，种上这种树是希望在这里播种玉米的人都得到幸福。

（四）缅甸

在缅甸南部丹老群岛散居着古老的沙垄族，"沙垄"意指"生活在海上的居民"，当地人自称"帽坎"，即"浸沉在咸水中的人"。他们绝大多数以船为家，乘着轻舟在岛屿之间漂泊。个别家庭在岛上用竹木、树皮搭成十分简陋的房屋，但因常遭海盗袭击，不能长期定居。沙垄人住在海上,并向大海获取生活资料。他们水性极好,不带任何潜水工具就可以潜下25米深处捞取各种珍珠、贝壳和其他一些珍贵海生物,捕获海里的蜗牛、牡蛎、虾、鱼、龟等作为食物。有时他们也到岛上狩猎或采集蜂蜜与燕窝以及野菜、野果,过着天然的原始生活。

(五)泰国

泰国是世界五大农产品出口国之一,享有"东南亚粮仓"的美誉,是亚洲唯一的粮食净出口国和世界上主要粮食出口国之一。作为传统农业国,泰国农业主要产区集中在中部湄南河三角洲和东北部呵叻高原。农产品品种丰富,包括水稻、香蕉、玉米、木薯、甘蔗、蔬菜、绿豆、咖啡豆等。南部橡胶、中部稻谷、北部桑树形成了泰国农业的"南胶中米北丝"格局。每年五月初举行的农耕节是泰国的重要节日,人们以此大典来祈求天神,保佑农家风调雨顺、五谷丰登,这一天也是一年开始植水稻的标志。

二、欧洲国家农业民俗

(一)德国

德国的北方主要发展畜牧业,种植马铃薯、甜菜等,南方种植小麦。农业大部分都是全自动化的农业设备,发展速度特别快。现代生态农业是德国农业生产特色,他们不使用化肥、农药,重视农作物的轮作与间作及土地的休息,与畜牧业协调发展,种植小麦、大麦以及牧草等;圈养以牛、猪为多。

(二)荷兰

围海造田、发展园艺业是荷兰农业的传统与特色。农田作物以马铃薯、小麦、甜菜为主,园艺作物以蔬菜、花卉为主,花卉大量出口,郁金香香飘世界。荷兰濒临大海,位于大河下游,境内地势低洼,人们有向海洋夺取良田的传统,为抽水需要建造了大风车,也形成穿木鞋的习俗。

(三)意大利

意大利由于多山和缺乏肥沃土壤,农业可耕地面积所占比重较小,农业现代化水平较欧美低。农作物以小麦、水稻、玉米为主,是欧洲最重要的稻作区。畜牧业以牛、猪饲养为多。因属地中海型气候,园艺业很发达,蔬菜、水果大量出口,橄榄油、葡萄酒驰名世界。

(四)俄罗斯

俄罗斯耕作业与畜牧业并重,主要农作物有小麦、大麦、燕麦、玉米、水稻和豆类。经济作物以亚麻、向日葵和甜菜为主。畜牧业主要为规范化的养牛、养羊、养猪业。北部苔原与森林带居民主要放牧驯鹿和马匹,兼事狩猎;中部森林草原带和草原带主要是传统的"黑土"农耕地带,农牧密切结合;南部荒漠地区居民从事灌溉农业,并放养羊群,半农半牧。在辽阔的西伯利亚地区，狩猎在许多土著居民的农业民俗中占主要地位。

三、美洲国家农业民俗

（一）美国

美国是现代农牧业生产的代表，不仅有完善的种植业，而且有发达的畜牧业。同传统游牧不同，美国牧场的牲畜是牧主为出售而经营的一种产品。牧民也不再拖家带眷，而是受雇于牧主的劳动者，称为"牛仔"，牛仔身上体现了粗犷、进取、冒险、侠义、劫富济贫和克服困难的精神。为了适应放牧生活的需要，牛仔的打扮也很特别，即穿戴宽边帽、高统皮鞋、皮衣和紧身马裤。美国西部牛仔的活动是美国畜牧业民俗的一个侧面。在美国西部开拓时期，许多拓荒者到得克萨斯州一带开辟牧场、放牧牛群、驯养野马。他们向墨西哥牧马人学习，很快形成了从牧歌到服装、从放牧方式到骑马术都具有自己特色的生产生活方式，构成了西部"牛仔"风格，以牛仔服装风靡世界。

（二）阿根廷

阿根廷高乔人过去终年与牛马为伴，过着逐水草而居的游牧生活。他们长于骑射，能在一望无垠的草原上纵马飞驰，抛出长长的绳套捕捉狂奔的牛马，或把四散奔跑的牛马群围拢在一起。他们还善于使用流星锤，流星锤由两三个紧包着兽皮、系着皮绳的石球组成。狩猎时，猎人手握一个石球用力挥动，使别的石球在空中流星般地飞转起来，然后将流星锤掷向猎物，缠住猎物的腿或脖子。

（三）墨西哥

墨西哥是印第安人农业文明的起源地，拥有众多农业习俗，其中以阿兹特克人的水上农田最具特色。他们至今还在恰尔科湖和绍契尔科湖上耕作一种独特的农田——木筏上的农田，当地人称"其南巴"，即先用树枝和芦苇编成一个轻巧的木筏，然后从湖底挖出肥沃的淤泥，晒干后掺入少量耕地上的泥土铺在木筏上，把若干木筏连接在一起，在靠近岸边的地方用木桩插入湖底固定，这样就可以在木筏上播种了。墨西哥水分和阳光均很充足，尤其适宜蔬菜与花卉种植。到收获季节，农民只需将木桩拔去就可划着木筏在湖面上穿梭流动，满载新鲜而嫩绿或金黄色的蔬菜和花卉到湖畔的集市出售了。

四、非洲国家农业民俗

（一）阿尔及利亚

马格里布地区的绿洲就像是阿尔及利亚艰苦的沙漠环境中的奇迹，拥有着高度密集的多样化的农业生产系统，是过去1000年里当地人的智慧结晶。绿洲农民在沙丘中挖出深坑种植枣椰树,在枣椰树下种植谷物、果蔬、药材、矮树等,还建立了复杂多样的灌溉系统,逐渐形成了一片多层结构的农业生态系统。"阿尔及利亚绿洲农业系统"于2005入选首批"全球重要农业文化遗产"。

(二)摩洛哥

在摩洛哥阿特拉斯山脉的东部,柏柏尔人在极端环境中建立了一片绿地。柏柏尔人自新石器时代开始便居住在阿特拉斯山脉,抵抗不同殖民时期的入侵和统治。在此过程中,他们发展出特有的自然资源管理方式,采用半农半牧的农业生产方式很好地保存了当地的遗传多样性。

(三)坦桑尼亚

在非洲最高峰乞力马扎罗山脚下的村里居住着一群查加人,他们的家庭菜园是一种典型的庭院农业,采用多层植被结构,一般有4层,由上而下分别分布着提供遮阴、药材、饲料、水果、薪柴的乔木、香蕉、咖啡灌木和蔬菜。这种多层系统最大化地使用了有限的土地,结合农作物种植与家畜饲养,形成了有机循环,并确保了土壤肥力。

【模块回顾】

农业民俗是人类在长期的农业生产过程中逐步形成的文化产物,反映了农业生产的基本过程与经验诸内容的模式化行为,既是生产经验的总结,又是指导生产的手段。广义农业民俗的发展经历了采集渔猎民俗、原始农业民俗、传统农业民俗、现代农业民俗阶段,包括种植业民俗、林业民俗、渔业民俗、畜牧业民俗以及农产品加工业民俗,涉及人类天然的采集与渔猎活动、人工的植物种植与动物养殖活动。农业民俗具有地域性、季节性、行业性、功利性、稳定性、经验性、技艺性、田园性等特征。农业民俗受自然环境、科学技术、经济水平、民族与地域传统等因素的制约。

【自我测试】

1. 什么是农业民俗?广义与狭义的农业民俗有何不同?
2. 影响农业民俗的主要因素有哪些?
3. 现代农业经济中是否存在农业民俗?
4. 依据农业民俗的形成时间、民俗事象、产业结构标准,农业民俗可以分为哪些类别?

【实战训练】

全班学生分成若干个小组,就如何开发当地农业民俗旅游资源进行深入调研,设计一个项目开发方案,并进行评析。

【能力鉴定】

农业民俗学习者能力鉴定表（一）

被鉴定者姓名：_____ 能力单位：<u>农业民俗基础认知</u> 鉴定或工作场所：_____ 鉴定者姓名：_____				
关键能力	评价指标	是否具备能力		
^^	^^	是	不是	
记忆能力	1. 说出农业民俗形成的三个阶段			
^^	2. 说出农业民俗的基本特征			
^^	3. 区分农业民俗的不同类型			
理解能力	1. 农业民俗的影响因素			
^^	2. 农业民俗的旅游价值			
被鉴定者能力：满意_____ 不满意_____				
对被鉴定者的反馈：				
鉴定者签名：_____ 日期：_____				

农业民俗学习者能力鉴定表（二）

被鉴定者姓名：_____ 能力单位：<u>农业民俗实例展示</u> 鉴定或工作场所：_____ 鉴定者姓名：_____				
关键能力	评价指标	是否具备能力		
^^	^^	是	不是	
记忆能力	1. 说出我国南北农业民俗的差异性			
^^	2. 说出不少于 5 种我国少数民族的农业民俗			
^^	3. 说出不少于 3 种外国的农业民俗			
理解能力	根据某一区域或某一民族的农业特色，设计 1 条乡村旅游线路			
被鉴定者能力：满意_____ 不满意_____				
对被鉴定者的反馈：				
鉴定者签名：_____ 日期：_____				

模块七
工艺美术民俗

学习目标

知识要求

1. 了解工艺美术民俗的分类和特点
2. 理解工艺美术民俗的旅游价值
3. 熟悉中国各个民族与世界工艺美术的主要种类

能力要求

1. 能够辨识各地区具有代表性的工艺美术品
2. 能够设计制作一件工艺美术品,并对将其转化成旅游纪念品的可行性进行评析

一、工艺美术民俗概念

工艺美术民俗是人们在生产、制作生活日用工艺品和装饰欣赏工艺品过程中形成的传承模式。它发源于人类物质文化和精神文化的创造领域，集中体现了人类的创造力量和人类文明的基本特性。人们日常生活中的衣食住行无不与工艺美术有着密切的联系，大多数不仅具有实际的用处，而且更重要的是，它是一种美的创造，美化了人们朴素平凡的日常生活，使人们面对它们时获得一种美的享受，进入到一种愉悦向上的审美境界。

二、工艺美术民俗的类别

工艺美术的种类十分繁杂，按工艺美术的功能价值可分为两大类：一类是日用工艺，即经过装饰加工的生活实用品，如染织工艺、陶瓷工艺、家具工艺等；另一类是陈设工艺，即专供欣赏的陈设品，如象牙雕刻、玉石雕刻、装饰绘画等，这是通常的划分方法。

按工艺美术的生产者和消费者的社会层次可分为民间工艺美术、宫廷工艺美术和文人工艺美术3类。按工艺美术材料和制作工艺一般可分为雕刻工艺（牙骨、木竹、玉石、泥、面等材料的雕、刻或塑）、煅冶工艺（铜器、金银器、景泰蓝等）、烧造工艺（陶瓷、玻璃料器等）、木作工艺（家具等）、髹饰工艺（漆器等）、织染工艺（丝织、刺绣、印染等）、编扎工艺（竹、藤、棕、草等材料的编织扎制等）、画绘工艺（年画、烫画、铁画、内画壶等）、剪刻工艺（剪纸、皮影等）、编织工艺、陶瓷工艺等。按制作目的来分，又可分为特种工艺品、纪念性工艺品、礼品性工艺品等。

三、工艺美术民俗的旅游审美特征

旅游是一种集自然美、社会美和艺术美为一体的综合审美活动。在人类长期的生活实践中，爱美之心已经积淀为人的一种本能式的心理，这种心理中蕴含着审美意向的生长基因。人们所从事的各种艺术实践和进行的游览活动都适用于这一心理。从这点来看旅游的本质，应该说它是人类追求美、欣赏美的一种活动，是满足人类自身审美心理需要的一种行为。工艺美术作为艺术的一种形式，具有"美"的所有特质。因此，作为旅游吸引物和旅游纪念品，工艺美术能发挥它独特的作用。工艺美术的旅游审美特征主要体现在以下几个方面。

（一）适用性与审美性有机结合

"适用"是具体的，"美"是抽象的。这种"具体"和"抽象"的对立与统一使得许多工艺美术能历经世事沧桑而一直保持其环境的、历史的、社会的各种美的形态。适用与审美相结合是工艺美术本质的、首要的特征。从某种意义上来说，工艺品首先是适用的，然后才是美的。一般工艺美术品特别是少数民族民间工艺品大多与生产生活相联系，具有一定的实用功能，如瓷器中瓷盘、瓷碗就是生活中的一般用品。从古到今，实用工艺品一直是工艺美术中的主要类型。我们现在保存的古代工艺品在它们当初生产时大多是为了实用的目的，像古代的鼎就是用来烹煮食物的器物，陶器则是日常生活中离不了的必备容器。日用工艺品的审美价值主要是通过适用性的发挥才得以完美体现的。

造型美是工艺品的基本要求和基本特征，造型美的产生是人们根据实用和审美的需要精心设计创造出来的，是美的最直接体现。工艺美术品的造型内容极其丰富，不同类别的工艺品有着不同的类型，同类的工艺品也有着不同的风格，这也是吸引游客的最主要因素。造型的优美新奇给游客的感受是强烈难忘的。图案是一般工艺品必不可少的内容，特别是我国的工艺美术图案历史悠久、内容丰富，有着强烈的民族性，在世界上独树一帜，其内容大多与其产地人民的生活环境、历史发展有密切的关系。当地人民的生活、传说故事、动植物、山川河流都是常见的图案内容。

色彩美是工艺品形式美的另一个重要内容。色彩是一切视觉要素中最活跃、最有表现力的因素，具有强烈的感染力和对人们心理的冲击力。有的工艺品利用材料的天然色彩如竹编、草编等，充满了自然气息，给人以清新质朴之感。

（二）工艺形象的象征性

工艺美术品是人的本质感情对象化的产物。因此，我们只有透过工艺形象的外在形式去理解作品的内在情感，才能找到领悟象征意蕴的基本途径。工艺形象的象征性与艺术类型的变化发展有关，而这种变化和发展又使工艺形象的崇高美有了展现的依据与可能。首先，工艺美术民俗是民族精神的崇高体现，丰富多彩的工艺美术民俗风情和民俗艺术，就是我们生息在东方大地上的中华民族的精神风貌和审美意识的印证。正是因为工艺美术民俗来自民间、流行于民间，而民族精神又主要蕴藏在民众之中，所以工艺美术民俗最能体现中华民族的精神风貌。

其次，工艺民俗艺术又是现实生活的壮丽写照，我国的工艺美术民俗产生于大众、流行于民间，是广大人民群众集体创作的产物和智慧的结晶。在漫长的艺术实践中，人民群众按照自己的审美意识和审美情趣，把劳动、爱情、娱乐等现实生活的场面加以艺术化、典型化，从而创造了为广大群众所喜闻乐见并长盛不衰的工艺美术民俗，并通过这种形式来表现自己如火如荼的现实生活。

最后，工艺美术民俗以其特有的民族风格，把中国人民追求理想、追求永恒的拼搏精神表现得淋漓尽致。工艺形象的象征性还与历史的、社会的因素有关，只有把作品放在历史的、社会的大背景中，才能更准确地品鉴工艺品的象征意蕴和崇高美。

（三）工艺美术表现手法的多样性

工艺品总是由具体的质材构成的，质材本身的审美性直接影响作品的艺术特色和艺术价值。如雕塑中的牙雕、木雕、石雕、玉雕、砖雕等。由于所用质材不同，作品的风格迥异，艺术感染力也自然不同。有些工艺品对质材有特殊的要求，比如大型雕塑一般多用石雕、铜雕。另外，一些工艺品的质材如象牙、玉石、水晶石、玛瑙、翡翠、金银等本身就十分珍贵，而且很具美感，有的晶莹剔透，有的色泽悦目，有的纹理细腻，使人产生高洁、富丽、瑰奇等各种美感。瓷器具有洁净、润泽的审美特征；陶器则显得朴实、厚重；玻璃工艺品晶莹、透明，总之各种材料都有自己独特的美质。工艺品就是要利用各种技术手段，让艺术美与自然美完美地结合，创造出真正的艺术珍品。

【延伸阅读】

海南黎族传统纺织技艺将走进联合国 推广中国非遗文化

从海南省旅游和文化广电体育厅获悉，为推广中国非物质文化遗产，宣传海南黎族传统纺染织绣技艺，将于2019年9月6日至12日在位于法国巴黎的联合国教科文组织总部举办展演展示文化交流活动。

据了解，2009年10月，中国有25个非物质文化遗产项目被列入联合国教科文组织非物质文化遗产名录，海南省申报的"黎族传统纺染织绣技艺"被列入首批亟须保护的非物质文化遗产名录。

10年来，海南省已建成5个黎族传统纺染织绣技艺传习馆，保持148亩原材料种植生产基地供传承人传习所需和16个黎锦技艺传承村正常运营，并在62所中小学开展黎锦技艺进校园实践课。目前，参与学校学习的人数超过10 000人，织女由申报时不足1 000人发展至今近20 000人，黎族传统纺染织绣技艺代表性传承人曾多次代表海南到亚洲、欧洲等国家和地区进行展演展示。

海南省旅游和文化广电体育厅非遗处相关负责人介绍，此次赴巴黎举办的展演展示将分为黎锦传统纺染织绣技艺展区、传承人活态展示区、黎锦风情展示区、10年保护成果展示区及黎锦创新文化展示区5大版块。海南将选派1名黎族传统纺染织绣技艺国家级代表性传承人、4名省级代表性传承人和青少年代表赴现场进行演示。

届时，展演展示将重点展示传承人的精品力作，其中两幅"龙被"——"双凤朝阳""鸾凤和鸣"均产于清末民初，图案绚丽，色彩斑斓，代表了黎锦工艺中难度较大的珍品。

在此次活动中，海南黎族传统纺织技艺展示展演团将与巴黎的文化艺术单位进行交流，探讨黎锦走向时尚的可行性，探讨中法两国非遗传承与保护、黎族图腾元素与时装设计的运用，并与联合国教科文组织公约秘书处就"用科技还原人类遗产"及亟须保护名录转换人类代表作名录的可行性等进行交流讨论。

（来源：中国新闻网，2019-09-04）

课题二 中国工艺美术民俗

一、中国工艺美术的特点

中国是世界四大文明古国之一，5 000年的悠久历史熔铸出了灿烂的华夏文明，也熔铸出了璀璨夺目的中国工艺文化。中国工艺美术是中华民族优秀文化的重要组成部分，在国内外享有崇高的声誉，被世人赞誉为"罕见而神秘的工艺"。中国工艺美术具有历史悠久、品类齐全、技艺精湛、风格独特、推陈出新等显著特点。

（一）历史悠久

石雕、陶器、牙雕、编织等工艺美术的历史可以追溯到原始社会时期，青铜器、漆器的制作也有数千年历史，其他如玉器、丝绸、瓷器、木工艺、剪纸、刺绣等也都各有上千年或数百年的历史。

（二）品类齐全

中国工艺品种类繁多，不胜枚举，世界上现有的工艺美术种类在中国基本都能发现。因此，中国应该说是世界工艺美术大国。中国工艺美术主要有以下品类：雕塑、陶瓷、金属、编织、漆器、玻璃画、其他工艺等。

（三）技艺精湛

中国工艺美术的精湛技艺很早就受到世人的推崇。从秦汉起，中国的陶瓷、丝绸等工艺品传到西方后被争相购藏，许多西方家庭以能摆上中国瓷器、穿上中国丝绸服装为荣。长期以来，中国工艺美术精品被许多国外博物馆、艺术公司、个人所珍藏，而且在国际工艺品大赛中中国工艺美术精品屡屡获得大奖。

（四）风格独特

中国民族众多，各民族工艺各有自己的独特风格，如刺绣就有上海的顾绣、山东的鲁绣、广州的粤绣、成都的蜀绣、湖南的湘绣、北京的京绣。同一种工艺品，不同民族的制作工艺又各有特点，如藏族、维吾尔族、回族的地毯无论是材料、图案、色彩或技艺都各有不同。

（五）推陈出新

创新是艺术的生命。从古至今，中国工艺美术不断在创新中向前发展，特别是近现代以来，中国传统工艺不断接受国外现代工艺与美术的设计理念与手段，工艺水平不断提高，展现出新的生机与活力。

二、汉族工艺美术民俗

汉族作为中华民族的主体，在从远古走向今天的历史进程中不断接纳吸收各少数民族和外来优秀文化成分，创造了博大精深、气度不凡的汉族文化。汉族工艺美术是其中绚丽无比的一朵奇葩，几千年来，它不断发展更新，工艺水平精益求精，品种丰富繁多，创造了许多工艺精品，在世界各民族工艺美术大家庭中占有突出地位。

汉族工艺美术的源头若从现在考古发掘出来的、远古先民创造的最早的饰物算起，至今至少已有5 000年以上的历史了。汉族传统工艺主要包括陶瓷工艺、织染工艺、金属工艺、雕刻工艺、髹漆工艺、民间绘画与版画、剪纸、木作工艺等种类。

（一）陶瓷工艺

在中国，制陶技艺的产生可追溯到公元前4 500—前2 500年，比欧洲早1 000多年掌握制瓷技术。汉族的古代陶瓷曾在世界上一枝独秀，是汉族工艺中突出的一种。中国制瓷在世界上享有盛誉，以至于中国被西方人一度称为"瓷国"。瓷器的发明是在陶器技术不断发展和提高的基础上产生的。商代的白陶是用高岭土做原料，烧成温度达1 000℃以上，是原始瓷器出现的基础。江苏宜兴的陶器古朴典雅，造型美观大方，为宜兴赢得了"陶都"之称。唐代的青瓷越窑最负盛名，白瓷以邢窑为代表，世称"南青北白"。宋代五大名窑的汝窑、官窑、哥窑、钧窑、定窑都有自己独特的风格。宋代还出现了专为皇宫烧制精品瓷器、独具风格的官窑。元代以后，景德镇成为全国的瓷器制造中心，有"瓷都"之称，以"白如玉、薄如纸、明如镜、声如磬"的独特风格闻名。

（二）织染工艺

丝绸是汉族的代表性工艺品。考古研究表明，在新石器时代晚期中国人就开始养蚕，并能够织出较为精细的丝织物。到了殷商时期，人们掌握了丝织技术。汉唐时期，家家户户种植桑麻，能纺织能绣。普通人穿的是葛麻织品，贵族穿的是高级丝织品，高级丝织品还销往印度、朝鲜、蒙古等国，远及波斯、罗马等国。从中国通往中亚、欧洲的商路被誉为"丝绸之路"。织染工艺以丝织品和织绣为主，有刺绣、织锦、弹丝、地毯和印染等不同品种。刺绣工艺与纺织工艺相伴相生，明清时期刺绣普及，多用于家庭生活用的边饰等各种陈列品。我国较为著名的刺绣有湖南的湘绣、苏州的苏绣、广东的粤绣和四川的蜀绣，被称为中国的"四大名绣"。江苏南京的云锦、四川的蜀锦、江苏苏州的宋锦、广西的壮锦被称为中国的"四大名锦"。

（三）金属工艺

汉族的金属工艺以景泰蓝、花丝镶嵌为主要品种。景泰蓝又称"铜胎掐丝珐琅"，是北京特色传统手工艺品之一，也是驰名世界的手工艺品。其名称和明代景泰年号有一定关系，但它始于元代，当时称为珐琅（用石英、长石、硝石和碳酸钠等加上铅和锡的氧化物烧制成像釉子的物质涂在铜质或银质器物上，经过烧制形成不同颜色的釉质表面）。铜掐丝珐琅是用细扁铜掐成图案，焊在铜胎形上，再点填上彩色釉料，经烧制、磨光、镀金而成。景泰蓝造型典雅雄浑、纹样繁复、色彩清丽庄重，制作过程集美术、工艺、雕刻、镶嵌、玻璃熔炼、冶金等专业技术为一体，具有鲜明的民族风格和深厚的文化内涵。景泰蓝自诞生起便是宫廷御用珍玩，备受元明清三朝皇室的推崇和喜爱。花丝镶嵌工艺又称细金工艺，传统的花丝镶嵌工艺用金、银等为原料，采用掐、填、攒、焊、堆、垒、织、编等技法，将金属丝制成千姿百态的造型，并采用锉、锼、镂、闷、砍、崩、挤、石、戗、镶等技法将金属片做成碗或爪型凹槽，镶嵌不同种类的宝石。花丝镶嵌制作技艺是中国宫廷工艺的代表。

（四）雕刻工艺

汉族的雕刻工艺有牙、玉、木、石、竹、骨等品种，这类工艺最能体现汉民族匠心独运的创造力和因材施艺的精湛技巧。玉雕是中国古老的雕刻品种之一，汉族的玉雕工艺品极为精美，具有民族特色。玉石自古华夏族始，汉族及其先民们就把玉视为神秘珍贵宝物。在古代中国，玉被当作美好物品的象征，用来比喻人的德行，玉成为一切美善事物的代名词，如锦衣玉食、玉液琼浆。尊称他人也多冠以"玉"，如尊称他人之女为"玉女"，尊称他人书信为"玉札"。早在新石器时代晚期，我国先民就已掌握了制玉工艺，我国自古就以产玉石多而著称。玉石种类有翡翠、白玉、绿松石、金青石、孔雀石、芙蓉石、南阳玉、木变石等，在众多的玉石中，新疆出产的和田玉质地最佳，被誉为"玉中之精英"，尤其是白色的羊脂玉，色质洁白，滑润如羊脂，为和田玉之冠。玉雕的品种较多，主要有人物、器具、鸟兽、花卉等大件物品，也有戒指、印章、饰等小件物品。

（五）髹漆工艺

中国是世界上最早发现并使用天然漆的国家，髹漆是中华民族的骄傲。中国漆的技法在古代主要是在漆艺中的运用。早在距今7 000年前的河姆渡遗址中就发现了木胎朱漆碗和朱漆筒。古人已经用天然漆装饰器具，曾侯乙墓出土的漆木箱外表黑漆朱绘，内里髹以黑漆或朱漆，是我们至今能见到的年代最为久远的衣箱。汉代髹漆工艺达到鼎盛，品种齐全、技法丰富。如今，漆器工艺已形成了福州脱胎漆器、扬州漆器、平遥推光漆器、成都漆器等多个流派。中国传统漆的技法里有大量的对金银的使用，金漆镶嵌是中国传统漆器的重要门类，距今已有数千年历史。传统描金银工艺即先在漆底上用天然漆或者油调制色漆来勾勒和涂饰物象的轮廓与纹理，等漆半干的时候再敷以金银材料髹饰绘画的笔触等装饰技法，制成家具、饰品、屏风等。

（六）民间绘画与版画

民间绘画是由民众创作的，以美化环境、丰富民间风俗活动为目的，在日常生活中应用并流行的美术。民间绘画的种类很多，如年画、版画、建筑彩画、壁画、扇面画、家具画等。年画始于古代"门神画"，是中国的一种古老民间艺术和绘画体裁，也是中国农村老百姓喜闻乐见的艺术形式。"年画四大家"是：河南开封朱仙镇、山东潍坊杨家埠、江苏桃花坞、天津杨柳青。朱仙镇的木版年画历史最为悠久，是中国木版年画的鼻祖和发祥地。天津杨柳青木版年画的造型方式和艺术风格继承了我国工笔重彩画和民间版画艺术的特点，保留着中国古老的雕版印刷技术，年画的内容凸显民族传统，把农耕社会的审美情趣和生活体验表现得淋漓尽致，寄托着人们的希望和向往，成为传统中国"年文化"的重要组成部分。版画是以"版"作为媒介来制作的一种绘画艺术，民间流传的木刻版画大都以不同用途和人生礼仪相结合，如门神、祭祀用的神像、纸马、书籍插画等。

（七）剪纸

剪纸又称为刻纸、窗花或剪画，是汉族的传统民间工艺。汉代纸的发明促进了剪纸的出现、发展及普及，明清时期剪纸手工艺术走向成熟，并达到鼎盛。剪纸是长期流传于我国的一种具有浓厚乡土气息的民间艺术。剪纸是一种镂空艺术，以纸为加工对象，以剪刀（或刻刀）为工具进行创作，在视觉上给人以透空的感觉和艺术享受。剪纸在民间流传极广，历史也很悠久。民间剪纸之所以能够长久、广泛地流传，其具有纳福迎祥的表现功能是其主要原因。人们祈求丰衣足食、人丁兴旺、健康长寿，这种朴素的愿望通过剪纸传达出来。例如民间剪纸《鹿鹤同春》是民间传统的主题纹样，在民间文化中鹿鹤同春是春天和生命的象征，民间"鹿"与"禄"同音，鹤又被视为长寿的大鸟，因此鹿和鹤在一起即福禄长寿之意。在民间社会生产力相对低下的情况下，民间剪纸以各种形式表达出对生命的渴望，对生命的崇拜成为人们最虔诚的信仰。

（八）木作工艺

我国传统木作家具从选料、工艺、功能到装饰艺术等方面都达到了较高水平，中国传统风格的家具丰富多彩，具有鲜明的民族风格和独特的工艺美，其中的明式家具堪称家具中的精华。明朝时期，园林建筑大量兴起，作为室内陈设的重要组成部分，家具也需要相应的发展。明式家具具有独特的艺术风格，可用简、厚、精、雅四字来概括，简即造型洗练；厚即敦厚，庄重大方；精即做工精巧；雅即典雅。它线条挺拔流畅，结构严谨，色泽自然，纹理清晰，木质珍贵，多用紫檀、花梨等硬木，此外还有骨嵌家具、嵌银丝家具等特殊工艺。木作家具种类有床、梳妆台、松鹤三扇屏、五扇仕女座屏等。

三、少数民族工艺美术民俗

少数民族工艺美术的主要特点是：传统工艺继承较好；民族特色、地域特色鲜明；工艺品以实用为主；自然环境、历史文化的影响较为明显。

（一）东北少数民族工艺美术民俗

1. 满族

满族传统刺绣中的补花工艺富有特色，满族人常把染色布或皮革剪成图案缀衣或镶边，或用多色布块拼合，形成花色丰富、风格独特的服饰、手帕与荷包等。其中，荷包香囊最为著名，是满族人特别喜爱的随身佩物。满族人结婚时的幔套也是著名的刺绣工艺品，一般用五彩丝线绣成，绣工精致，配色明丽。木雕、幔杆是满族常见的木工艺品，用来挂幔帐所用，两端雕有各种花纹饰物。"额其和"是一种满族人随身携带的护身木刻神偶，粗犷稚拙，具有原始的美。满族人的金属工艺历史悠久，技艺精湛，以满洲大簪、银佩饰、香碟为代表。剪纸、泥塑、绢花也是满族的主要工艺品种。

2. 赫哲族

历史上的赫哲人拥有自己传统的手工艺。男人们主要制作船、铁质工具和从事编织、木工等，妇女们以鱼、兽皮为原料，制作出精美的服饰和生活、生产用具。赫哲人用桦树皮制作出精美的制品，大到桦皮船，小到箱、碗、盒、桶、盆等数十种。各种桦皮、木制品及生产工具上大都雕刻有各种精美的图案，有云纹、花朵、鸟兽、山水风景等。赫哲人的传统衣裤、鞋帽、被褥等也绣有各种图案，尤其是妇女穿的衣服，托领、襟边、袖头、围裙上多绣或镶嵌各种云纹、花朵。过去赫哲族妇女还用鲜花染色于鱼兽皮衣服上，十分美观，把各种小布块剪成三角形、方形、菱形，拼成各种几何图案，做成被、褥。

3. 鄂温克族

鄂温克族工艺美术有刺绣、雕刻、绘画和岩画等。鄂温克族喜欢在各种用具器皿上或雕、或绣、或绘上各种图案花纹，并善于用桦树皮等作原料，刻、剪成各种飞禽走兽作儿童玩具。另外，在黑龙江上游右支流额穆尔河上源克伯河的源头之一交劳格道河畔的山岩间和额尔古纳河支流阿娘尼小河的悬崖上，发现了两处鄂温克人的岩画，是迄今为止中国最北部的岩画遗址。这两处岩画以人物和动物为主，艺术地再现了鄂温克人的狩猎生活，可以看到鄂温克人的信仰意识以及祈求神灵护佑而创造出的岩画艺术。

（二）中南少数民族工艺美术民俗

1. 黎族

黎族妇女的纺织刺绣早已闻名于世，尤对于木棉的纺织更是独具匠心，对推动我国棉纺织技术的发展功不可没。黎锦的生产是经过纺、织、染、绣四大工艺来实现的，妇女们用简单的纺织工具织出有精美花纹图案的黎锦、黎单、头巾、花带等，其花纹线条多运用直线、平行线、方形、三角形等构成富有装饰风格的多种奇花异草、飞禽走兽和人物的图案,主要图案有"渔猎农耕图""祭祀图""丰收图"和"婚礼图"等。色彩一般是红、黄、黑、白等几种,配色协调,精致新颖。"缬染"是黎族特有的一种染色法,即先在经线上扎成花纹,然后染色再织成裙布。刺绣以双面绣最为出色,一般用在妇女的服饰上。黎族的陶瓷业历史悠久,从出土文物看,远在新石器时代黎族的祖先就会制作陶器了,制作方法是用手捏成陶胚放在柴堆里烧成,种类有陶锅、陶罐、蒸酒甑等。

2. 畲族

畲族民间工艺广泛深远,它们质朴多姿且世代相传。至近代,畲族民间工艺美术中的诸多形式已不复存在。而尚保留的如纺纱织布工艺、织花带工艺、缝纫和刺绣工艺、竹编草编工艺以及纸刻工艺等诸形式也都发生了一定的变化。畲族地区盛产石竹、斑竹、金竹、雷公竹等竹子,为竹编工艺品生产提供了丰富的原材料,竹编工艺因其极具实用价值而在畲族农村中普遍存在,其中最具代表性的是编制斗笠。除此之外,畲族民间还散存着一些古老的工艺装饰形式,如木刻工艺、金属饰品工艺等。木刻工艺装饰品多用于装饰木制家具如桌、椅、床等,亦有少量残存于木构建筑之中。

3. 土家族

土家族的传统工艺有染织、编织、刺绣、雕刻、绘画、剪纸等,尤以"西兰卡普"为典型。土家族妇女善纺细布,自织自染的"土布""土锦"经久耐用,编织的"土花铺盖"土家语称"西兰卡普",以深色锦线为经线,各种色彩的粗丝、棉、毛绒线为纬线,进行手工挑织。它织工精巧,色彩绚丽,图案多达几百种,一般分为3种类型:一是自然景物、禽兽、家什器具、鲜花百草;二是几何图形,最常见的是"卍"字图、单八勾、双八勾等;三是文字图案,如喜、福、寿等。整体效果古朴典雅、层次分明、惟妙惟肖、光彩夺目。

(三)西北少数民族工艺美术民俗

1. 回族

回族的民间工艺美术习俗源于伊斯兰文化艺术,具有本民族文化传统和特点,表达了回族人民对艺术的感受和思想。回族的刺绣工艺配色艳丽,周围挑绣边饰,精致大方。宁夏回族剪纸题材丰富,造型美观,画面新颖,在我国剪纸工艺中享有盛誉。回族箱柜画利用木漆工艺美饰家具和器物,体裁以花卉、植物为主,技法以线为主,外加晕染,造型夸张简练,布局均匀,贯联舒展,疏密适度。回族的诵经用品一般为铜铸,由瓶、炉、盒三件组成,称为"炉瓶三设"。每件均有阿拉伯经文,下置红木或紫檀木托,造型优美。甘肃和宁夏回族地区最有特色的民间工艺美术品是用于各类建筑物内外的嵌镶装饰砖雕,砖雕的内容多为花鸟虫鱼、人物、宗教图案等。贺兰石砚用贺兰石雕刻,质地细密,刚柔相宜,色彩深紫与浅绿相映,有发墨、存墨、护毫等特点,在国内外享有盛名。在制瓷上,回族最大的贡献是发现了"回青"这种原料,并在瓷器中将"回回花纹"与中国传统的松、竹、梅、龙、凤巧妙地结合起来。

2. 维吾尔族

维吾尔族的艾德来丝绸以生丝为原料，轻薄而柔和，印染工艺采用古老的扎经染色法。和田、洛浦产的丝绸讲求黑白效果，图案形象粗犷奔放，配色多采用黑底白花或白底黑花。喀什、莎车的丝绸以色彩鲜艳为特点，多采用平行排列的对称条形图案，常用宝石蓝、翠绿、桃红、杏黄等颜色，绚烂夺目。维吾尔人无论男女老幼，不分春夏秋冬都喜欢戴一种四楞小花帽，一般用黑白两色丝线绣出民族形式的花纹图案，绣法有丝线平绣、丝线结绣、串珠片绣、格子架绣等。英吉沙小刀是新疆维吾尔族的手工艺品，具有浓厚的维吾尔族风情，几乎是人人携带，形影不离。英吉沙小刀以其精美的造型、秀丽的纹饰和锋利的刃口而闻名于世。英吉沙小刀是以原产地英吉沙县而命名的，英吉沙是著名的"中国小刀之乡"。喀什等地出产的净手壶用紫铜或黄铜制作，装饰美丽，精细古雅，工艺水平较高。

3. 哈萨克族

柯赛绣是新疆伊犁尼勒克县哈萨克族传统的刺绣工艺，主要原料是绒线和绣布，刺绣内容为草原上的动物、花草等。柯赛绣包括十字绣、钩绣、平针绣、珠子绣、贴花绣、镂空绣、钩针7种绣法。柯赛绣图案色彩艳丽、线条流畅、人物活灵活现，做工精美绝伦，具有很高的艺术观赏价值和收藏价值。绣品主要用于男女老少服装、花帽、家居饰品、各类旅游纪念品等，也可用于哈萨克族毡房装饰品。哈萨克人喜欢在木床、木箱、木柜、桌子、摇篮、木门和车子上雕刻各种花纹。哈萨克人的木碗、木勺、木盘、捣马奶杵子、装饮具的木盒以及冬不拉、库布孜等乐器上雕刻着各种图案。哈萨克族的金银匠手艺也是很高明的，他们用黄金、白银以及宝石在马鞍、马嚼子、马鞍带上面装饰各种精美的图案，还制作戒指、手镯、耳环、腰带、凤钗和其他新娘头饰等。

（四）西南少数民族工艺美术民俗

1. 藏族

藏族的工艺美术品以唐卡、酥油花、藏刀、纺织为代表，具有鲜明的民族特色和宗教特色。唐卡现在专指藏传佛教艺术领域里特有的一种工艺美术品种。唐卡是一种以布、绸为底，用矿物颜料作画，或是剪贴、刺绣成画，并用彩缎装裱而成，然后悬挂供奉的宗教卷轴画，题材涉及藏族的历史、政治、文化和社会生活等诸多领域，堪称藏民族的百科全书。唐卡历来被藏族人民视为珍宝，类型有刺绣、织锦、缂丝和贴花等。在藏族人看来，绘制唐卡是一件神圣的事情，不仅要选择吉日，画师还要口诵经文。酥油花是雕塑艺术的一种特殊形式，最早产生于西藏的本土宗教。藏刀是藏族人民生活中不可缺少的、极为普及的用具。藏刀可分为长剑和腰刀，具有生产、生活、自卫、装饰4种用途。藏族的纺织工艺具有鲜明浓厚的民族特点，主要包括地毯、氆氇、卡垫、围裙、藏被、服装、藏包等生活用品和口袋、背篓、鞍鞯等生产工具。牛羊为藏区的纺织工艺提供了丰富的原料，藏区少数民族形成了以牛羊毛为主的纺织工艺体系，这些毛纺织品具有结实耐用、平整柔软、保暖性能好等优点。藏族围裙色彩艳丽，江孜、拉萨、贡嘎等地的地毯及浪卡子的藏被都是传统纺织工艺中久负盛名的工艺产品。

2. 纳西族

绘画与雕塑是纳西族东巴宗教艺术的重要构成部分。东巴绘画可分为木牌画、竹笔画、纸牌画和卷轴画。木牌画分尖头形和平头形两种，尖头木牌画一般绘神灵和被认为是善的大自然精灵"署"，着色；平头形木牌画各种鬼怪，不着色。纳西木牌画与我国西北地区出土的汉代人面形木牌有传承关系，木牌上画鬼神再插于地上祭祀之俗原是古羌人的古俗。竹笔画主要是指用书写东巴经的尖头竹笔所绘的图画，包括经书封面装帧、经书扉页画、题图、插图等，有白描也有彩色。纸牌画指画在多层厚纸粘合而成的硬牌上的绘画，分为占卜纸牌画、自然神"署"之画以及东巴的五幅冠等。卷轴画是画在布质卷轴画上的各种神像画，东巴举行仪式时挂在临时设置的经堂上。卷轴画中的杰作是"神路图"，该画长15～20米，上绘鬼神人三界，有近400个人神鬼兽形象，用于丧礼和超度亡灵仪式。东巴绘画和雕塑有粗犷率直、自然浑朴的风格。东巴雕塑有面塑、泥塑、木雕。纳西族的木雕艺术是纳西族聚居所特有的一种传统习俗，高门大户自不用说，就是普通民居也都讲求在屋檐、窗扇、门扇、家具上雕上各种花纹，纳西族的雕刻艺术非常发达，东巴雕塑成为纳西族艺术中的奇葩。

3. 白族

白族人民制作的大理石产品是白族手工艺的代表产品。大理石制品誉满中外，常见的工艺品有屏风、花瓶、花盆、笔筒、砚台、茶盘、酒杯、台灯、烟灰缸、压条、图章、健身球、桌凳等40多种，还雕刻成栏杆、狮子等装饰物，制成各种家具。其次是剑川木雕，剑川素有"木雕之乡"的美称，木匠人数之多、技艺之高为云南之冠。扎染是白族著名的手工艺品，是先扎布后染色，由妇女手工扎缝。扎染布色泽雅致，图案美观，永不变色，白族妇女们使用的头巾、手帕和挂包大都用扎染布做成。白族的草编制品也闻名于世，草帽系将麦秸经过水漂、硫磺熏白后编制而成，是白族妇女世代相传的一项技艺，其优点是软、细、白、美。大理草帽被评为云南省优质产品，远销国外。白族人民制作金银饰品的技术也很高，产品主要是妇女、小孩佩戴的装饰品，如扭丝手镯、扁挑手镯、戒指、耳环、簪子、帽花、三须、五须、冠针、蝴蝶、龙凤等几十种。这些金银饰品刻有各式富有民族特色的花纹，十分精致美观。

4. 傣族

傣族织锦即傣锦，是我国一种古老的传统手工艺纺织技艺，反映了傣族在农耕社会的面貌，是傣族文化的一种展现。傣锦是一种以丝线、毛线、棉线、麻线、腈纶线、金丝线等材料为原料，采用傣族传统的木架织机手工操作，经提花、织造等工艺形式制作成的长条形织锦物，是云南的傣族人民从事宗教活动和美化生活必不可少的物品。傣族筒帕也是傣族群众日常生活的必需品，傣族人民不论是进城赶集还是上山打柴和下河捕鱼都要随身携带，用它来装生活用品。据记载，傣族筒帕已有1 000多年的生产历史。傣族制陶工艺是傣族人们世代传承下来的一种古老的制陶工艺，今西双版纳傣族自治州景洪市的曼斗寨、勐罕曼峦寨、勐海县曼扎寨及勐龙寨等傣族村寨仍然保留着古老的制陶工艺。

5. 苗族

苗族蜡染，古代谓之"点蜡幔"，它是蜡画和染色的总称，是流行于苗族中一项古老的手工艺术。苗族妇女多习蜡染，她们按自己构思的图案，以蜡刀蘸蜡汁作画于布面，然后将其放入蓝靛缸内浸染，煮去蜡汁，即成蜡染制品。蜡染制品种类颇多，有床单、被面、提包、门帘、桌布、头帕、壁挂等。苗族妇女的挑花技艺也很高超，她们依据布纹的取向来设计图案，具体操作时要数纱下针，不能错位。苗族挑花世代相传，构图简练，有较强的概括性，凡花木、鱼虫、鸟兽都能寥寥数笔勾勒成形，堪称为一种高超的抽象艺术。苗族刺绣简称"苗绣"，手法有平绣、绉绣、缠绣、抽纱、打子等。苗族银饰有悠久的历史，产品主要有银花、项圈、耳环、手镯、项链、银冠、银角、凤尾、银簪、银梳、围腰链、银披肩、银铃、银牙签、银戒指等。银饰工艺风格独特，师徒传授，世代相袭，银饰纹样多为鱼龙、鸟兽、花卉，或动或静，栩栩如生。其中，用白银抽细丝然后采用穿、搓、缠、凿、填等法加工的制品尽善尽美，堪称精品。

6. 壮族

壮锦是壮族人民的工艺美术织品，它是用棉纱和五色丝绒织成，以色彩绚丽、图案别致、结实耐用而驰名古今中外。壮锦工艺有独特的风格，在题材内容、图案组织、纹样造型和色彩运用上具有浓厚的民族特色。花纹图样有万字、水纹、云纹、菊花等纹样，还有复杂的蝴蝶朝花、凤穿牡丹、双龙抢珠、狮子滚球、鲤鱼跳龙门等寓意较深的图案达20多种。花色品种多样，用途广泛，可用作床毯、被面、围裙、背带、腰带、手提袋、头巾、衣边装饰等，精致美观，经久耐用，深受各族人民的喜爱。陶瓷中最突出的是钦州坭兴陶。钦州坭兴陶生产从清咸丰年间起，距今已有120多年的历史。坭兴陶有独特的风格和特点，采用独特的打磨、上蜡、抛光工艺，产品风格朴素、幽雅，并有"窑变"现象，别具一格。1915年，坭兴陶产品曾参加在美国旧金山举行的"巴拿马万国博览会"，获得陶瓷类金牌奖。

7. 瑶族

瑶族人民精于织染和刺绣。早在汉代，就有瑶族先民"织绩木皮，染以草实"的记载。到宋代，瑶族人民用蓝靛和黄蜡在白布上染出精美细致的花纹，称"瑶斑布"，这种精巧技术曾在国内享有盛誉。瑶族织绣的花纹图案主要有挑花、织花和绣花3种。明清之际有"用五色绒，杂绣花卉"的记载，它是瑶族比较精美的手工艺品。改革开放以来，为了更好地保存民族传统文化和进行民族风情旅游资源开发，有些地方政府拨出专门资金，让年轻人向老人学习包括传统的织染刺绣在内的传统手工艺技术。瑶族的编织工艺主要有竹筐、竹篓、竹箩、竹帽、藤箱、藤夹等。雕刻艺术主要有门匾、烟盒、吊楼，以及神像、神龛，以茶山瑶的水平为最高。

【延伸阅读】

四川发布10条"非遗之旅"路线：非遗进入游客"菜单"

到四川省阿坝藏族自治州汶川县体验羌年、羌绣，在甘孜州康定市"跑马溜溜的山上"参加跑马转山会，在蜀道沿线深度体验三国蜀汉文化……5月28日，在"文化和自然遗产日"来临之际，四川省将非遗融入旅游线路和旅游产品，发布了10条"非遗之旅"路线。

怎样让非遗走进千家万户，进入游客的"菜单"？四川省尝试了非遗和旅游的深度融合。

据四川省文化和旅游厅二级巡视员、非遗处处长林彤介绍，四川以非遗传习所、非遗体验区和非遗体验基地为载体，将四川的非遗元素与旅游线路融合，通过产品设计、线路策划，推出了10个非遗旅游项目和旅游产品——"非遗之旅"。

其中，"藏羌环线非遗之旅"依托"九寨沟环线"经典旅游线路，游客可以在欣赏美景的同时，深度体验藏年羌、羌绣、羌族羊皮鼓舞等羌民族非遗项目的独特魅力；通过"香格里拉非遗之旅"可以体验木雅藏戏、理塘锅庄、康定"四月八"跑马转山会等康巴非遗项目神奇之处；在"蜀道三国非遗之旅"线路上，重点非遗项目数不胜数，包括金钱板、嘉陵江中游船工号子、广汉保保节、麻柳刺绣、阆中春节习俗等别有风味。此外，精心设置的"古蜀名镇非遗之旅""川北巴山非遗之旅""川江沿线非遗之旅""青城峨眉非遗之旅""年画体验之旅"和"竹艺体验之旅"等将全面为游客提供中华传统美学体验。

通过文化和旅游的融合发展，文化可以更加富有活力，旅游也会更加富有魅力。在四川省文化和旅游厅副厅长赵红川看来，非遗与旅游的融合一方面可借力旅游线路和知名景区丰富的游客资源，宣传四川特色非遗保护项目，另一方面也提升了四川旅游的文化品位和旅游价值。据称，四川省文化和旅游厅即将联合旅行社等机构，策划推出非遗技艺的体验、研学、互动项目，丰富游客的文化体验。

近年来，四川省相继出台了《四川省非物质文化遗产条例》《关于传承发展中华优秀传统文化的实施意见》《四川省非物质文化遗产传承发展工程实施方案》《四川省传统工艺振兴实施计划》等法规和规范性文件，初步构建起具有四川特色的非遗保护工作新格局。

在大力推动非遗融入文旅发展方面，四川保护和利用各地特色非遗资源发展文化旅游业，打造了四川省成都市崇州市道明镇竹艺村、四川省德阳市绵竹年画村等以刺绣、年画、竹编、陶艺等为主要特色的传统乡镇和传统村落，开展了非遗小镇、非遗特色乡村的建设试点工作。为增强地方旅游吸引力，四川鼓励各地挖掘民俗和传统节庆文化内涵，推动传统节日复兴，实现了"自贡灯会""彝族火把节""羌年"等非遗项目在全球的知名度和影响力提升，成为当地文旅融合的典范。

在文旅融合的大环境下，非遗能给地方旅游品牌加分，形成发展的新优势。近年来，四川进一步加强了非遗保护名录体系建设工作。为保证传承队伍的持续扩大，四川大力实施代表性传承人群研培计划，加大对非遗代表性传承人的培训力度，2016年以来，四川省共举办各种研培班25期，培训传承人1 000余人，并在全国率先实施省级非遗代表性传承人记录工程，对所有65岁以上省级非遗代表性传承人进行抢救性记录。

（来源：中国文化报，2019-06-04）

课题三 外国工艺美术民俗

一、亚洲国家工艺美术民俗

（一）日本

日本工艺品主要有偶人、陶瓷、雕刻、织染、漆器、金属等。偶人是日本人民最喜爱的传统工艺品，它用木、绢、纸等材料制作而成，工艺精湛，颇具民族特色。偶人因为用途不同可以分为占卜偶人、玩具偶人和鉴赏偶人，其形象有仕女、儿童、武士、神佛等。偶人充满温馨情思，常被作为馈赠礼品。日本的陶瓷工艺品多是瓶、水壶、酒壶、香炉等，其中伊万里瓷器在欧洲享有盛誉。日本漆艺已有千余年历史。漆器华丽轻巧，坚固耐用，成为日本人常见的日用品。螺钿漆器为日本传统特色漆器品种，它是以磨制好的贝类壳片镶嵌在涂成一定厚度的漆层上，组成各种花纹，经过打磨后闪耀奇光异彩，璀璨夺目，是漆器中的精品。金属工艺品以"七宝烧"为代表。"七宝烧"是日语对金属珐琅器的称谓。因为日本人认为这类工艺品非常美丽华贵，恰如佛经中提到的七种珍宝，故冠以"七宝"之名。日本"七宝烧"以明灿莹润的釉色和精致美妙的图案著称于世。

（二）泰国

泰国的传统绘画、雕塑和首饰等各种工艺品从总体上反映了泰国工艺美术民俗的情况。泰国的绘画分为传统画、现代画和抽象派画。泰国的古典绘画多限于寺庙和宫殿里的壁画，绘画题材都是与佛教有关。泰国民间传统绘画手法和色彩比较简单，但有很强的故事性，如描述佛祖的经历等。泰国的雕塑集中在对佛教人物和大象的表现上，材质选用木头、金属、象牙或稀有石器和灰泥制成。泰国的木雕工艺精美，著称于世的雕塑型、高浮雕型和浅浮雕型的各色木雕工艺深受人们的喜爱。泰国是久负盛名的世界有色宝石加工贸易中心之一，也是世界珠宝首饰的重要出口国之一。泰国传统而精巧的手工艺品有独树一帜的红、蓝宝石及其饰物加工以及手工精巧的黄金制品。泰国红宝石被广泛地用于泰国王室的首饰中。

（三）菲律宾

菲律宾生产的工艺品较多，分布也广，主要有百胜滩的编织品、木雕刻及色彩鲜艳的草席，怡朗的芦苇扇子、草帽、款式精巧的竹篮，宿务的贝壳、珊瑚、木吉他，纳卯（达沃）的天然珍珠，棉兰老岛的铜器，碧瑶的银器以及巴纳韦的木雕等。菲律宾的特色商品还有雪茄、皮革品、台垫、手袋、椰壳制品等，很有传统特色。此外，男女绣服、草席、藤篮、银器都极负盛名。

（四）印度尼西亚

印度尼西亚的工艺品保持和继承了传统民族风格，种类丰富，以木雕、蜡染、陶瓷、编织为主。印尼木雕工艺极负盛名，最具代表性的当属巴厘岛的人物木雕，用料有黑檀木、柚木、檀香木等名贵木材，刀工精巧，打磨光亮，既表现了雕刻形象的生动传神，又显示了材质美，为印尼长盛不衰的旅游纪念品。蜡染也是印尼具有代表性的传统工艺，他们蜡染用的"蜡壶"特点是蓄蜡多，宜表现点、线，故印尼蜡染多以点线为骨，绘制精细，色彩艳丽，题材主要有印尼农村风光、港湾景色、神话故事等。

二、欧洲国家工艺美术民俗

（一）英国

英国的民间艺术非常繁荣，有英格兰的陶器、木刻和木画、民间木版画，苏格兰的花格布、皮手袋、匕首，威尔士的橡树雕刻的家具和陶瓷等。英国工艺美术有以下几方面的特征：一是陶瓷和玻璃工艺十分兴盛；二是实用性工艺品较少，绝大部分工艺品是观赏品；三是工艺品做工考究，充满浪漫主义气息。英国传统工艺品以玻璃较为突出，融切割、研磨、粘接技术于一体，完全以抽象的造型、巧妙的空间处理和色彩的搭配所形成的节奏感和韵律感给人以强烈的美的享受。骨质瓷是英国人对世界瓷器的贡献。这种瓷从18世纪中叶诞生就一直在英国流行，它白度高、密度小、相对密度轻、透明度好，瓷质细腻，光泽柔和。英国的银器非常华丽，造工精良而复杂，特别是银质的圣诞餐具广受各国游客的喜爱。其他如家具、雕刻、金属等也很有名。

（二）德国

德国的工艺品主要有陶瓷、玻璃、木雕、金属等品种。位于莱比锡和德累斯顿两大都市之间的迈森自古就以陶瓷闻名于世，尤以独特的白瓷产品和天蓝色的"洋葱花样"瓷器而久负盛名，迈森瓷器素有"瓷中白金"之称。慕尼黑是德国的工艺品中心之一，这里制造的咕咕钟、彩绘的蜡烛、木雕手工艺品、登山帽、具有民族色彩的服装、玻璃手工艺品以及宁芬堡的陶瓷器、啤酒杯都深受游客的喜爱。金属制品中的不锈钢刀具也深受游客的喜爱。德国的街头流行造型艺术，街头艺人穿戴着各自特制的衣帽，涂上厚厚的油彩，几乎一动不动地站立在街头，如同一尊人物雕塑艺术品。

（三）俄罗斯

俄罗斯的特色工艺品有"套娃"、木雕、手工镀金器具、油画、彩蛋等。闻名遐迩的木雕"套娃"，是一种由大小不同的几个或几十个小套人组成的民间工艺品，一般由多个一样图案的空心木娃一个套一个组成，通常为圆柱形。最普通的图案是一个穿着俄罗斯民族服装的姑娘，叫作

"玛特罗什卡",它是俄罗斯传统大众文化的一个象征。另外俄罗斯漆画也很有特色,一般取材于民间童话,位于伊凡诺沃州的帕列赫是俄罗斯著名的民间艺术中心,几乎每个家庭都收藏有帕列赫漆画。彩蛋是俄罗斯古老、具有传统也是较受喜爱的工艺品之一,彩蛋的绘制始于乌克兰,19世纪在俄罗斯广为流传,现为全世界所知晓。俄罗斯人素有爱好油画的风尚,画在黑色小首饰盒上面的小型精细画在俄罗斯也小有名气。

(四)荷兰

木鞋是荷兰浓郁特色的工艺品和旅游纪念品。木鞋在荷兰随处可见,大到木鞋形状的商店、餐馆,小到项链吊坠,各种尺寸、质材的木鞋成为荷兰的动人景观。木鞋上绘有荷兰的风光图案,涂上鲜艳的亮漆,可爱俏丽。荷兰的玻璃器品质优良,风格独特,特别是荷兰皇家利尔德姆水晶玻璃器厂制造的水晶玻璃制品,被欧洲人称为"独一无二的利尔德姆",其制品绚丽璀璨,熠熠生辉,造型沉稳匀称,色彩装饰宁静柔和。郁金香金银制品造型纤巧秀丽,线条简洁明快,似有鲜花的芳香与色泽。工艺品也以郁金香为题材,为人称道。荷兰的制陶在中世纪就很兴盛,当地陶工用河里或海里淤积的黏土烧制各类花瓶、盖罐,以马库姆装饰陶器为代表。

三、美洲国家工艺美术民俗

(一)美国

美国的工艺美术丰富多彩,特色鲜明,缤纷绚丽,充分体现了其高度发达的国民经济和开放的思想文化所带来的活力,同时也反映出美国工艺家们良好的艺术素养和大胆的创新精神。美国工艺品可归纳为以下几点:一是作品表现形式多样,富于变化;二是作品的色彩绚丽多变,富于激情;三是作品表现内容充满了幽默感和娱乐性;四是作品注意材料的机理效果和特性;五是作品很少带有实用功能,基本都是以陈设和观赏为目的、前卫风格的工艺品。雕塑是美国工艺美术最直接的展现,美国雕塑在20世纪前一直受欧洲风格的影响。而在今时今日,美国雕塑完全是一种个人的表现,而且以不同形式出现,材料也包罗万象,展现出雕塑家天马行空的想象力。此外,美国工艺美术的代表还有印第安人传统工艺品,如木雕、编织、面具等。

(二)加拿大

加拿大印第安人和因纽特人的工艺品最有特色。印第安人的图腾作品别具一格,雕刻完的图腾有些需要染色,颜料是用不同的矿石、泥土、鱼油及鲑鱼子等材料按照比例混合而成的。由于印第安人没有文字,所以图腾上面没有文字,只有图案。图腾柱上的图案可以是单独的,也可以是两组或多组图案组合而成,图案的内容有人物、动物等,常见的有飞鸟、熊、狼、鱼、蛇等。另外铜制的茶杯垫子、充满原始图案色彩的毛衣都极富特色。加拿大的特色工艺品还有用翡翠做成的胸饰、坠子和皮革工艺品、金银、饰有各种枫叶图饰的木雕饰品等。软毛拖鞋以及被称为

"皂石"的蓝色石头雕成的小摆饰为因纽特人所独有。

（三）智利

铜制工艺品是智利的特色产品。智利是世界第一产铜国，不论在商店橱窗还是智利人家中随处可见闪闪发光的各种铜质器皿，如铜碗、铜盆、铜壶、铜杯、铜烟具，每件铜制品上都雕有人物、风景、花草、鸟兽等。各地商店里的铜制手工艺品新颖别致，手工精细，但铜制工艺品的价格并不低。另外，蓝晶石挂件、皮具、绘画、木刻都是智利不错的工艺品。

（四）巴西

巴西的艺术品中最受欢迎的是陶瓷和艺术泥塑品。巴西的工艺美术画中有一种非常特别的沙画，是用染了颜色的沙子在瓶子或器皿上堆砌而成。巴西的沙画题材大多是拉美风光，看上去很像油画，具有浓厚的巴西民族特色。

四、非洲国家工艺美术民俗

（一）埃及

埃及的陶器制造工艺是闻名于阿拉伯世界的，最具有代表性的是陶艺艺术家达尔维西的艺术品，他创造了不着色而直接用窑烧成自然色的方法。他的陶具多为花器与挂盘，图案素雅，充满着浓重的浪漫主义色彩。纸莎草纸阿拉伯音译为"伯尔地"，纸莎草是生长在尼罗河流域类似芦苇的一种草科植物，其茎富有良好的纤维，古埃及人、希腊人、罗马人以及阿拉伯人都用它来造纸，纸莎草纸是古埃及文明的重要标志。

埃及人的民间美术不是画在纸上，而是刺画在身上。埃及文身艺术从法老时期流传至今，具有区别部族与血统、显示信仰和表达个人审美情趣的功能。彩绘用的油是用橄榄油与无花果、薰衣草等植物的汁合成的，主要有青、黑、橘红等色，其中荷花图案比较盛行。埃及的玻璃吹制工艺已有几个世纪的历史，其青绿色、黑褐色的各种工艺品颇有民族特点。埃及珠宝大多是仿制法老时代的样式制作的。伊斯兰主题的珠宝较少反映民众的想象，设计通常沿袭驱邪的手和眼睛，并刻有"安拉"字样。开罗是工艺品的主要产地，这里的皮制品、象牙雕刻品、铜制品、金银工艺品、蜡石工艺品等颇受游客欢迎。

（二）刚果

刚果是著名的园林国，2/3的国土被森林所覆盖，木材品种极为丰富，为木雕艺术提供了取之不尽、用之不竭的原材料，也注定使刚果成为当之无愧的非洲木雕大国。斯蒂昂·马约拉是刚果现代木雕的开山鼻祖。刚果的木雕工艺以镂空的小洞和刀法而著名，分为人像和面具两种。面具雕刻多用于祭祀和庆典，有寓意和思想感情，具有生气。

（三）南非

南非自然条件优越，物产丰富，工艺美术制品发展历史悠久，传统工艺品主要有雕刻、泥罐、珠饰、挂毯、绘画等。南非的木雕工艺品题材丰富，多是反映他们生活的作品，雕刻手法细腻，形态各异，充满豪放的野性美和浓重的当地土著人的风情。鸵鸟蛋是南非工艺品的象征，已成为南非仅次于黄金、钻石的受游客青睐的纪念品。南非的能工巧匠们把山水风光、人物及动物、花草树木绘在鸵鸟蛋上，非常精美。南非有许多手工艺市场，大商店、小商铺工艺品琳琅满目，从狂野粗犷的木雕、婀娜多姿的铜质舞女造型到栩栩如生的瓷器，绘画作品应有尽有，无不令人赞叹。德班近郊的祖鲁村落以祖鲁民族工艺品而闻名。

（四）津巴布韦

津巴布韦有各种各样不同风格的工艺品，如面具、石雕刻、木制品、手工制作的乐器、花边制品、手编筐、陶器、织物、印染、宝石、半宝石的摆件、皮革、铜器、铜版画等非洲传统民俗工艺品，其中以西部的木雕制品最为有名。

【模块回顾】

工艺美术是人类追求美好生活的一种艺术创造形式，它源于生活，表现生活，高于生活。由于工艺美术品具有功能美、实用美、质地美等特点，又富有纪念性、艺术性、观赏性，已成为旅游商品中的主体。中国是世界工艺美术大国，善于继承和创新，工艺品不仅历史悠久，种类繁多，而且技艺精湛，美不胜收。世界工艺美术更是一个万紫千红、芬芳无比的大花园，欧洲、北美的工业发达国家是现代工艺的主力军。非洲、南美洲、大洋洲、亚洲的一些发展中国家仍坚守着传统工艺的温馨家园。传统与现代的有机结合将使工艺美术有更加斑斓多姿、生机勃勃的未来。

【自我测试】

1. 工艺美术民俗的旅游审美特征表现在哪些方面？
2. 中国工艺美术有哪些特点？
3. 汉族工艺美术中的重要种类有哪些？
4. 中国与日本工艺美术发展的特点有何不同？

【实战训练】

学生分小组外出考察当地旅游工艺产品的特色与种类，了解游客对工艺品的选购与评价，并对其进行分析。

【能力鉴定】

工艺美术民俗学习者能力鉴定表(一)

被鉴定者姓名：_____　　能力单位：<u>工艺美术民俗基础认知</u>
鉴定或工作场所：_____　　鉴定者姓名：_____

关键能力	评价指标	是否具备能力	
		是	不是
记忆能力	1. 说出工艺美术的类别		
	2. 说出工艺美术的特征		
	3. 说出汉族工艺美术中的重要种类		
理解能力	1. 工艺美术民俗的审美价值		
	2. 工艺美术民俗的旅游价值		

被鉴定者能力：满意_____　不满意_____

对被鉴定者的反馈：

鉴定者签名：_____　日期：_____

工艺美术民俗学习者能力鉴定表(二)

被鉴定者姓名：_____　　能力单位：<u>工艺美术民俗实例展示</u>
鉴定或工作场所：_____　　鉴定者姓名：_____

关键能力	评价指标	是否具备能力	
		是	不是
记忆能力	1. 说出5种以上中国工艺美术品的寓意		
	2. 说出3种以上外国工艺美术品的寓意		
应用能力	根据某一区域或某一民族的工艺美术民俗，设计符合这一地区文化特性的旅游商品		

被鉴定者能力：满意_____　不满意_____

对被鉴定者的反馈：

鉴定者签名：_____　日期：_____

模块八
婚姻民俗

学习目标

知识要求

1. 掌握婚姻民俗的概念
2. 了解婚姻民俗的类型
3. 熟悉中式婚礼与西式婚礼的仪式流程

能力要求

1. 能够设计中式婚礼策划方案
2. 能够利用不同的婚姻民俗开发特色旅游项目

一、婚姻的起源

婚姻古时又称"昏姻"或"昏因"。一般而言,"婚姻"一词的起源有3种说法:

说法一,《礼记·昏义》中说"男以昏时迎女,故曰婚;女因男而来,故曰姻"。在我国古代的婚礼中,男方通常在黄昏时到女方家迎亲,而女方随男方出门。这种"男以昏时迎女,女因男而来"的习俗就是"婚姻"一词的起源。换句话说,婚姻是指男娶女嫁的过程。

说法二,东汉经学家郑玄在《礼记·经解》注中说"婿曰昏,妻曰姻"。其意思是,在古代,婿被称为"昏",妻被称为"姻"。因为新郎在黄昏时迎娶新娘,所以称男方为"昏",而新娘随着男方而行,所以称女方为"姻"。这个解释和前一说法类似,意义却不相同,因为这里的婚姻指的是夫妻关系。

说法三,《尔雅》对婚姻一词解释为"婿之父为姻,妇之父为婚……妇之父母、婿之父母相谓为婚姻"。其意思是,新郎的父亲被称为"姻",新娘的父亲被称为"婚",夫妇双方的家庭亲属之间是一种婚姻关系,这也是民间"姻亲"称呼的由来。

二、婚姻民俗的概念

婚姻泛指适龄男女按照婚姻法在经济生活、精神物质等方面的自愿结合,并取得法律、伦理、医学、政治等层面的认可,双方共同生产生活并组成家庭的一种社会现象,它形成了人际间亲属关系的社会结合或法律约束。根据观念和文化不同,婚姻通常以一种亲密或性的表现形式被承认,以婚礼的方式来宣告成立。结婚的原因很多,如法律、情感、经济、精神信仰、社会、个人生活、生理心理的需要。通常,婚姻是组成家庭的基础和根据,双方家长称"亲家"或"姻亲"。

婚姻民俗是随着婚姻的产生而产生的,它是反映一定婚姻意识的积久成习的婚姻行为,不仅体现了一定时代的社会生活面貌,而且从微观上展示了一个民族的价值观、审美观、宗教观和心理发展态势。

三、婚姻民俗的类型

(一)一夫一妻制

一夫一妻制亦称"单偶婚""个体婚",是指一名男性与一名女性结为夫妻的婚姻制度,双方同时只有一名配偶,是现时世界上最多国家奉行的婚姻制度,是文明世界的体现。1912年即中华民国的元年,《中华民国临时约法》中明文规定中国实行一夫一妻制。但是因为各种历史原因,一些少数民族实行一夫多妻甚至一妻多夫等制度,直至1950年5月1日颁行《中华人民共和国婚姻法》,我国才真正彻底确立一夫一妻制。

(二)乱婚

乱婚是性学对于原始社会的婚姻状况的描述,也就是男女之间的性关系是没有任何束缚的、真正的动物性的性结合。乱婚被认为是婚姻制度出现之始、群婚出现之前的一种状态,介乎有秩序和没有秩序之间。

(三)血婚制

血婚制也称血缘群婚制度或血缘家庭制,指在原始社会蒙昧时期的中级阶段,在同一原始群体内,同一行辈或同一年龄阶段的男女既是兄弟姐妹又互为夫妻的集团婚姻形式。它是群婚制的低级形式,也是人类两性关系史上产生的第一个禁忌原则。这一规则排除了纵向的父母与子女、祖父母与孙子女等直系血亲间的两性行为;两性行为只能在同一行辈的男女之间进行。若干兄弟和若干姊妹相互集体通婚在古代普遍流行过,中国古代妇女结婚后称公婆为"姑舅"是这个制度存在过的证明。

(四)普那路亚婚制

普那路亚婚制是原始社会中的一种婚姻形态,为群婚的典型,即一族团内的女子与另一族团内的一群男子,或一族团内的兄弟与另一族团内的一群女子互相通婚。这些共夫的姐妹或共妻的兄弟之间互称"普那路亚"(夏威夷语,意为"亲近的同伴"),故又称普那路亚婚。这一婚制约出现于旧石器时代晚期,是从一族团内排除同胞兄弟姊妹间和旁系兄弟和姊妹间的婚姻关系后逐步发展而来的。原始人从血缘婚制发展到普那路亚婚制,是生产力发展与自然选择的结果。至19世纪,夏威夷群岛的土著居民中仍存有这种婚姻制度。

(五)偶婚制

偶婚制是一男一女成对配偶的婚姻制度。这种婚姻制度的特点是:一个男子在许多妻子中有一个主妻,一个女子在许多丈夫中有一个主夫。就是说,在成对的配偶中有一个或长或短的时间内相对稳定的同居关系,每个男子或女子有一个较为稳定的或主要的配偶,并不排除男女双方与自己的主妻或主夫以外的人发生性关系,而且夫妻关系极不稳定。这种婚姻形式存在于人类的野蛮时期,是人类由群婚制到个体婚制(专偶婚制)的一种过渡状态,它是一夫一妻制的雏形。

(六)一夫多妻制

一夫多妻制是一个男子同时与几个女子保持夫妻关系的婚姻形式。这种婚姻形式在世界各民族中较为普遍。一夫多妻制始于母权制后期，为父权制婚姻形式的特点，是生产资料私有制的产物。中国的一夫多妻制始于黄帝尧舜时期，直到1912年即中华民国元年，《中华民国临时约法》中才明文规定实行一夫一妻制。虽然古代中国和中亚民族的男子曾经都可以娶多位女子，但这两者仍然有区别。传统的中国男子的配偶中只有一位是正妻，其他都是小妾；而希伯来人则是简单的多位妻子，狭义上的一夫多妻制正是指后者。

（七）一妻多夫制

一妻多夫制指一个女子同时与几个男子保持夫妻关系的婚姻制度。它与一夫多妻制都被认为是人类婚姻的例外形式，并不是普遍流行的。一妻多夫的主要形式有两种，一种是有血缘关系的几个兄弟共娶一妻，一般由长子出面迎娶，以后造成兄弟共妻的事实；另一种是朋友共妻。这种婚俗主要流行于印度南部和中亚一带，其形式多为依次同居，不是联合同居，所生子女或依次先后各归其夫，或归母亲所指定的父亲。

（八）单偶制、专偶制

单偶制、专偶制是指和单一配偶结婚，并排斥与外人同居。排斥与外人同居这一点是这一制度的根本要素，近代文明社会普遍采用这种婚姻制度。

（九）走婚

走婚是我国云南的少数民族摩梭人的独特婚姻方式。摩梭人是母系社会，除了少数家庭因为要增加家庭劳动人口而娶妻或招婿外，基本上没有婚姻制度。走婚是情投意合的男女通过男到女家走婚，维持感情与生养下一代的方式，所生下的小孩归母家生养，生父会在满月时公开举办宴席，承认彼此的血缘关系，避免发生同父乱伦。走婚的男女维系关系的要素是感情，一旦发生感情转淡或性格不合可以随时切断关系，因此感情自由度较高，在性事方面也是女方占主要地位，女方一旦不再为男方开门，走婚关系就宣告结束。

（十）闪婚

闪婚是"闪电式结婚"的简称，指现代婚姻中，双方从相识或恋爱开始到结婚的时间非常短的一种类型。究竟多短算闪婚，目前并无公论，很多人认为这一期限低于1年。"闪婚"的概念来自于"闪客""闪存"之类的新名词，意思是"很快结婚"。在"快餐爱情"时代，就连结婚、离婚的程序都改成了更为便捷的方式，"闪婚"的出现可以说是时代发展的一个产物。

（十一）网婚

网婚是基于互联网的网络虚拟婚姻，是"网上结婚"的简称，是一种在网上结婚的网络游戏，双方可以模拟现实婚姻生活，包括装修自己的家、做饭、购物、聊天等。网婚发源地是天涯社区的天涯婚礼堂，具有一定的影响力，拥有独特的网婚文化。

一、汉族婚姻民俗

我国汉族的婚礼习俗源远流长，民族色彩浓郁，早在春秋战国时期即已形成一套完整的礼仪，即"三书六礼"。"三书"指在"六礼"过程中所用的文书，是古时保障婚姻的有效文字记录，包括"聘书""礼书"和"迎书"。"六礼"是指由求婚至完婚的整个结婚过程，包括"纳采""问名""纳吉""纳征""请期"和"亲迎"6个礼法。

（一）三书

1. 聘书

聘书即订亲之文书，在纳吉（男女订立婚约）时男家交予女家之书柬。

2. 礼书

礼书即在过大礼时所用的文书，上面列明过大礼的物品和数量。

3. 迎书

迎书即迎娶新娘之文书，是亲迎接新娘过门时男方送给女方的文书。

（二）六礼

1. 纳采

纳采是六礼中的第一礼，俗称"说媒"，即男方家请媒人去女方家提亲，女方家答应议婚后，男方家备礼前去求婚。当儿女婚嫁时，由男家家长请媒人向物色好的女家提亲。男家在纳采时，需将大约30种有象征吉祥意义的礼物送给女家，女家亦在此时向媒人打听男家的情况。

2. 问名

问名是六礼中的第二礼，俗称"合八字"，即男方家托媒人请问女方出生年月日和姓名，准备合婚的仪式。在女方家长接纳提亲后，将女儿的年庚八字带返男家，以使男女门当户对和占卜吉凶。

3. 纳吉

纳吉是六礼中的第三礼，又称"过文定"，即男方将女子的名字、八字取回后在祖庙进行占卜。卜得吉兆后，备礼通知女方家，决定缔结婚姻。郑玄在《礼记》中注："归卜于庙，得吉兆，复使使者往告，婚姻之事于是定。"

4. 纳征

纳征是六礼中的第四礼，也称纳币、纳成，俗称"过大礼"，即男家把聘书和礼书送到女家。在大婚前一个月至两周，男家会请两位或四位女性亲戚（须是全福之人）约同媒人，带备聘金、礼金及聘礼到女方家中，此时女家需回礼。

5. 请期

请期是六礼中的第五礼，又称乞日、告期，俗称"选日子"，即男家择定合婚的良辰吉日，并征求女家的同意。

6. 亲迎

亲迎是六礼中的第六礼，又称迎亲。在结婚吉日，穿着礼服的新郎偕同媒人、亲友亲自往女家迎娶新娘。新郎在到女家前需到女家的祖庙行拜见礼，之后才用花轿将新娘接到男家。在男家完成拜天、地、祖先的仪式后，便送入洞房。

六礼中以"亲迎"的内容最为丰富多彩，主要习俗有铺房、哭嫁、撒谷豆、举火、泼水、障面、穿红衣、新娘足不履地、坐花轿、跨马鞍、拜堂、交杯、闹房等。2000多年来，这些亲迎习俗经久不衰，近代随着社会的进步虽有所革新和演变，但基本方面变化不大。

【延伸阅读】

传统中式婚礼布置就要红一点

身着凤冠霞帔、状元服，拜天地、掀盖头，喜庆热烈又不失典雅的传统中式婚礼被越来越多的新人垂青，想要打造地道正式的中式婚礼，筹备婚礼前有必要了解中式婚礼的布置要点，做到心中有数。

中式婚礼之必备道具

花轿：花轿作为传统婚礼的核心部分是从南宋开始流行的，它分四人抬、八人抬两种，又有龙轿、凤轿之分。轿身红幔翠盖，上面插龙凤呈祥，四角挂着丝穗。有钱人家娶亲为五乘轿，其中花轿三乘，娶亲去的路上女迎亲者坐一乘，其余二乘由压轿男童坐；迎亲回来时新娘、迎亲、送亲者各坐一乘。另有二乘蓝轿，用蓝呢子围盖，上面插铜顶，由新郎、伴郎各坐一乘。

旗锣伞扇：它位于迎亲队伍之中、花轿之前，可令整个迎亲仪式热闹、壮观。

鞭炮：迎亲礼车在行进途中，应一路燃放鞭炮表示庆贺。

凤冠霞帔：嫁女儿的人家无论贫富对嫁衣都是十分的讲究。新娘内穿红袄，足登绣履，腰系流苏飘带，下着一条绣花彩裙，头戴用绒球、明珠、玉石丝坠等装饰物连缀编织成的"凤冠"，再往肩上披一条绣有各种吉祥图纹的锦缎——"霞帔"。

盖头：古时新娘着凤冠霞帔的同时都用红布盖头，以遮羞避邪，红色取吉祥之意。

马鞍："鞍"与"安"同音，取其"平安"长久之意。马鞍多放于洞房的门槛上，表示新娘跨马鞍，一世保平安。当新娘前脚迈入门槛后脚抬起还没有落下的时候，这时由上有父母、下有子女的"全人"把马鞍抽掉，正好符合了"烈女不嫁二夫，好马不配双鞍"的意思。

火盆：是放置于大门口的一盆火，让新娘迈过去，寓意婚后的日子红红火火。

天地桌：多置于院中，桌上放大斗、尺子、剪子、镜子、算盘和秤，称为"六证"。意思是：可知家里粮食有多少、布有多少、衣服好坏、容颜怎样、账目清否、东西轻重等。民间常有只有"三媒（媒人）六证"俱全，才表示新婚合理合法的说法。等到吉时举行的结婚典礼，就俗称为"拜天地"，由司仪主持，一拜天地、二拜高堂、三是夫妻对拜。

秤杆：入洞房后，新郎用秤杆挑去新娘的红盖头，取意"称心如意"。

花烛：在婚礼仪式中使用大红色的成对蜡烛，点燃于厅堂及洞房之内，因其上多有金银龙彩饰，故称为"花烛"。

中式婚礼之必备要素

（1）红色桌布让婚宴餐桌看起来更加喜庆。
（2）共同点燃代表爱情的红烛把婚礼引向高潮。
（3）戴着凤冠霞帔的新人泥偶给婚礼带来活泼的气氛。
（4）运用一些红色的浆果作为点缀，使宴会的布置更有层次感。
（5）红玫瑰是中式婚礼上首选的鲜花。
（6）用鲜花装点的迎接牌是必不可少的元素。
（7）不论选择什么样的婚礼蛋糕，不要忘记在桌面上洒满红色花瓣，让婚礼的气氛统一。
（8）在重要宾客的面前放置小桌花是让来宾感到你们诚意的好方法。
（9）送给来宾一款具有浓浓中国风的喜糖，他们会对这场完美的中式婚礼留下深刻印象的。

中式婚礼之必备习俗

抬轿起程：在锣鼓、唢呐、舞狮的伴随下，花轿开始起程。按传统，新娘应该被兄弟背出来送上轿子。不过现代人多独生子女，只能由表兄弟或伴郎代劳，通常也改背为抱了。花轿的路程目前只是走走形式，除非两家特别近。不过按照惯例是要给轿夫红包的，否则他们会有意颠动花轿，让新娘"好受"。

跨火盆和射箭：古礼中是新娘坐花轿过炭火盆，不过现在通常都是新娘在媒人的搀扶下直接跨了。然后在下轿之前，新郎还得拉弓朝轿门射出3支红箭，用来驱除新娘一路可能沾染的邪气。

拜堂和交杯酒：火盆之后有的还要跨过马鞍，征兆新人婚后合家平安，然后才由新郎用红布包着的秤杆挑开新娘头上的喜帕，这时一对新人就该正式拜堂了。拜堂后最重要的部分是给双方高堂敬茶，通常这个时候要弄得一群人声泪俱下，场面感人，在热烈的喜庆气氛中也透着浓浓的亲情。

同心结发和谢媒：现代的娶亲仪式很多都是把该在洞房里的事搬出来展示，比如结发应是新人在洞房里相互剪些头发，作为夫妻关系的信物放在一起保存，现在则是当众表演。

（来源：青岛新闻网，2010-11-08）

二、中国少数民族婚姻民俗

（一）东北少数民族婚姻民俗

1. 满族

满族旧时婚姻重视门第，盛行早婚和娶大龄女。这与旗内男子当兵出征，希望早育子女有关。贵族官宦人家盛行指婚，多由朝廷指定结婚对象，一般旗人也有由族长指婚的情况。清代宫廷的"选秀"是为皇帝及亲王选妃，一般限定在八旗三品官内部遴选。旧时满族结婚过程较为繁多，有议婚、小定、大定、过礼、送日子、开锁、送嫁妆、迎娶、坐帐、合卺、分大小、回门和住对月一整套过程。结婚时，新娘要在洞房炕上坐帐一日，称为"坐福"。晚间在地上放一张桌子，桌上放两个酒壶和酒盅，新郎新娘手挽手，绕桌子三圈后饮酒。炕上点燃一对蜡烛，通宵不熄，房外一人或数人唱喜歌，名曰"拉空家"，或有人用黑豆往新房窗户上撒，热闹一两个小时后自散。三日后新郎新娘回娘家。

2. 朝鲜族

朝鲜族婚礼习惯上按"婚仪""纳采""纳币"和"迎亲"等程序进行。婚仪是父母通过媒人商议好子女婚事，纳采为订婚仪式，纳币是新郎家送彩礼以示对女方家许婚的谢意，迎亲则为结婚典礼，是整个婚礼中最为重要且最隆重的仪式。

3. 赫哲族

赫哲族人实行氏族外婚，一夫一妻制，过去富户或官吏也有一夫多妻的，婚龄一般为十七八岁。过去婚姻仪式比较简单，但后来受满、汉民族影响较大，婚姻仪式趋于烦琐。改嫁不受限制，与初婚相似，但喜车无彩篷。现在的赫哲族婚姻形式与汉族无太大区别。

4. 鄂伦春族

鄂伦春人传统的婚姻由父母包办，实行一夫一妻的氏族外婚制，还实行间接的交错从表婚，严禁氏族内婚或性行为。男女婚姻多由男方托媒人求婚，一般求三次才成，第三次尤为关键。求成后，商定认亲、过彩礼的日期，彩礼以马匹为主。在认亲的日子，男方要留在女方家，时间20天至1个月不等。在结婚那天，新郎和伙伴们以赛马的形式进入女方住地，经过一系列的仪式后，新郎当晚住在新娘家。第二天新娘被接到新郎住地。随着时代的发展，现在鄂伦春族的婚姻形式与汉族基本相同。

（二）中南少数民族婚姻民俗

1. 土家族

土家族历史上的婚姻比较自由，男女双方经过自由恋爱，征得双方父母同意，经"土老师"（巫师）作证，即可结为夫妻。在恩施石窟、大山顶等地，有"女儿会"的习俗，即每年农历七月十二日，青年男女通过"女儿会"唱歌跳舞，彼此爱慕，结为终身伴侣。改土归流后，土家族被迫实行父母之命、媒妁之言的包办婚姻。解放以后，人民政府颁布了新的婚姻法，从此土家族人民真正享受到了婚姻自主的幸福。土家族的婚姻仪礼大致包括"打样""求婚""讨红庚""定亲"（俗称"插茅香"）"看期""亲迎"等程序，与汉族古代"六礼"类似。较有特点的婚姻仪式是陪十姊妹、陪十兄弟与哭嫁。

2. 高山族

高山族的婚姻实行一夫一妻制，近亲之间不通婚，如有违反者将受到严厉的制裁。阿美人、泰雅人、排湾人地区的青年男女有恋爱的自由，但婚姻必须取得父母的同意；布农人和邹人地区，男女婚事是由父母包办的；赛夏人有的地区实行交换婚姻，在个别地区也有指腹为婚的，但为数极少；鲁凯人婚姻以嫁娶婚为多，入赘婚很少，男女可以自由交往，但要结婚必须遵守传统的习俗。

3. 畲族

畲族普遍实行一夫一妻制。一般同姓不婚，通婚多在本民族内部的盘、蓝、雷、钟四姓中进行。过去，畲族婚姻一般是不要聘金的，女儿出嫁十分简朴，嫁妆除一般礼物外，还有农具、斗笠、蓑衣等，稍为富裕者也有以耕牛作陪嫁的。新中国成立前，由于存在着民族压迫和歧视，畲、汉严禁通婚。在建立婚姻关系的过程中，畲族受汉族的影响而由父母包办婚姻，婚姻极不自由。新中国成立后，随着民族平等团结政策的执行，畲、汉之间的通婚逐渐多起来了，买卖婚姻也逐渐取消，青年男女自由恋爱结婚。

4. 黎族

黎族婚姻普遍实行一夫一妻制。新中国成立前，黎族婚姻多由父母做主，但姨表及同宗均不得通婚。部分地区存在婚后"不落夫家"的习俗，女子出嫁后不久就返回娘家，一直到怀孕才回夫家定居。"玩隆闺"是黎族地区普遍存在的恋爱习俗，黎族青年男女成年后常在"隆闺"约会，经过一定时间，情投意合的双方常能终成眷属。新中国成立后，一些旧习俗已逐渐废除。

（三）西北少数民族婚姻民俗

1. 蒙古族

蒙古族在新中国成立前曾有过很多落后的婚姻习俗，如贵族一夫多妻、包办婚姻、结婚前要由喇嘛念经或求神问卦、重聘礼、抢婚、收继婚等风俗。新中国成立后，他们严格实行一夫一妻制，青年男女都是自由恋爱，自主择偶，绝大多数家长接受和同意孩子的选择，父母前往女方家"征得同意"只是一种必要的程序，那些落后婚俗大部分被废除。由于劳动力不足，也有一些家庭招婿入赘。

2. 回族

回族婚礼形式因所处地域较多而多种多样，比较一致的程序是请媒人提亲、说色俩目（也叫定茶）、插花（也叫定亲）、迎娶、念尼卡哈、撒喜、闹洞房、摆针线、回门等。婚礼时，男女各家还要摆宴席招待宾客。当新娘子入了洞房，送亲客人进屋后，主人一方面安排接待客人，一方面请阿訇给新郎新娘念"尼卡哈"：在堂屋正中设一张方桌，上方坐阿訇，左右坐证婚人和父母亲，地下铺上毯子，新郎、新娘跪或站在上面，聆听阿訇的教诲和宣读《古兰经》有关片断，再用汉语作一番解释。证婚仪式结束后，新郎、新娘入洞房。

3. 哈萨克族

哈萨克族人自古以来的婚俗规定有血缘关系的宗亲不能联姻，远的宗亲要隔七代，出了七代的才可以结亲。旧社会哈萨克族中女方有索彩礼的习俗，彩礼的数量依双方家庭的地位财产而定。除了彩礼外，男方还要给女方的父母送哺乳礼、喜庆礼、给亲戚送衣料（"克依特"），女方家根据彩礼的数量置办嫁妆。哈萨克族婚俗中特别强调终身婚姻，因此过去哈萨克族离婚的几乎没有，现在也很少见。

4. 维吾尔族

维吾尔族过去曾盛行包办婚姻，现在自由恋爱较为普遍，婚前男方必须向女方交彩礼。维吾尔族婚礼由阿訇主持。首先要念"尼卡"确立夫妻关系。"尼卡"仪式结束后，要举行婚宴，招待各自的亲戚、好友与同事。婚礼有迎新娘仪式、"要力托素西"（意为挡道、拦路）、揭面纱仪式、新郎与新娘为自己的婚礼所举行的庆贺仪式等。

5. 东乡族

东乡族的婚姻实行男娶女嫁。男子到了结婚的年龄请媒人到女家说亲，女方同意后男方就要送"订茶"，即男方家通过媒人向女方家送去茶、冰糖、衣物等。送了"订茶"就等于已经"订婚"。然后男方家要给女方送"彩礼"，彩礼的多少视男家经济情况而定。一般是由媒人、男方家长及儿子一起向女方家送礼，女方家请来本家的老人，备以饭菜招待，称之为接礼。结婚日期多选在秋收后或冬闲时的"主麻"日，结婚这天要进行简单的伊斯兰教仪式。

（四）西南少数民族婚姻民俗

1. 侗族

侗族的婚姻一般经过"说合""订婚""迎娶"等过程，北部地区还有"讨八字"的习俗。解放前曾流行姑舅表婚，女子婚后有"不落夫家"的习俗，婚后新娘即返娘家，遇有农忙、节日或重要事情接回夫家住数日后又返娘家，有的往返数年，直到怀孕生子后才长住夫家。

2. 苗族

苗族的婚姻严禁同宗族者婚配，一般是异姓通婚，同姓不同宗有的也可通婚。婚姻缔结的主要形式是自主婚姻，过去也有父母包办的，婚前青年男女都有比较自由的恋爱活动，但结婚一般也都要征得父母的同意。苗族婚姻的缔结过程非常复杂，婚礼仪式也极为复杂。毕节地区和云南屏边等地结婚一般都是新娘步行到夫家，不拜堂。但湘西地区是坐轿，威宁地区是坐轿或骑马。宣恩新娘到夫家时必须从侧门进入洞房，并由陪伴的未婚姑娘端盘请新娘新郎喝"交杯酒"。贵州黔东南的一些地区，夫家要准备一对熟鲤鱼给新娘"掐鱼祭祖"，表示她已成为夫家的成员。湖南、湖北、川东、贵州松桃、天柱和晴隆的部分苗族中，新娘出嫁以后就长住夫家。其他地区苗族还盛行"不落夫家"，即新妇结婚后就返回娘家，要待二三年或数年后才到夫家长住。

3. 彝族

彝族婚姻的特点是同族内婚、家支外婚、等级内婚、姑舅表优先婚和姨表禁婚。彝族传统婚姻中有转房习俗，有生育能力的妇女丈夫去世后，子女又尚未成年，则须转嫁给死者的同胞兄弟或近亲叔侄。新中国成立后，同族内婚和等级内婚的限制已被打破，彝族青年男女以感情为基础自由恋爱，出现了跨族别婚、跨等级婚、跨国界婚。

4. 傣族

傣族家庭与婚姻在历史上的鲜明特点是等级内婚。土司之间实行严格的等级内婚，盛行一夫多妻。广大农民实行父权制的一夫一妻小家庭，家庭成员为父母与未婚子女。青年男女婚前社交活动相当自由，可以自由恋爱。未婚青年在节日里或盛会场合"串不少"（找未婚女子谈情说爱）

很盛行。流行招赘上门的习俗。傣族举行婚礼时要有隆重的"拴线"仪式：由老人用洁白的棉线拴在新郎、新娘的手腕上，象征把两人的灵魂拴在一起，并祝福新婚夫妇相敬如宾，白头偕老。

5. 白族

白族家庭是一夫一妻制。同姓同宗不通婚，但例行姑舅表婚，本民族内部或与其他民族之间都可通婚。新中国成立前，各地婚姻多为父母包办，媒人说合；新中国成立后，废除了宗法封建制度，实现婚姻自由，青年男女可通过众多的定期集会自由恋爱。定亲是白族婚俗的重要礼仪之一，届时男方要通过媒人向女方家庭送"三色水礼"，即红糖、茶叶、酒。婚礼热闹而烦琐，一般持续3～5天。婚后，新郎新娘要回女方家拜父母、会亲戚，称为"回门"。

6. 仡佬族

仡佬族在新中国成立前实行支系内婚制，各支系之间互不通婚，但同宗不得开亲，习惯姑表或姨表联姻。青年男女一般在十四五岁时订婚，甚至有"背带亲""指腹婚"者。仡佬族婚礼仪式形式多种多样，大部分地区保持有"男不亲迎"和新娘步行以及婚礼期间新婚夫妇不同房等传统习俗。新中国成立后，随着仡佬族与汉族、布依族、彝族、苗族等各民族长期错杂而居，缔结族际婚姻、经由自由恋爱而到政府相关机构登记结婚的年轻人日益增多。

7. 布依族

布依族的婚姻习俗因所处地域不同而不尽相同。历史上有父母包办的婚姻，也有完全自主的婚姻。从史书记载看，布依族在明代以前婚姻是自主的，明代以后由于各民族的频繁交往和文化的相互交流，特别是以儒家文化为代表的汉文化的影响，布依族的婚姻礼俗逐渐改变，婚姻缔结从自主择配变成了父母绝对包办。包办婚姻导致早婚（俗称"背带亲"）的产生，即婚姻当事人在幼儿时就由父母订了婚约，然后在十几岁时就结婚。婚礼结束后新娘返回娘家居住，即"不落夫家"。有的则实行"姑舅表婚"，即舅之子娶姑之女，或者相反。

8. 纳西族

纳西族主要聚居区结婚一般都要经过定亲、请新娘、举行婚礼的程序。过去有少数"抢婚"和"兄亡纳嫂"的"转房"婚俗，同姓不同宗的人可以通婚，但同一"崇窝"（宗族）之间禁止通婚；姑舅表和姨表优先婚是过去比较流行的习俗。纳西族的传统婚礼称为"素字"，意为"迎接生命神"，纳西人认为每个人都有自己的生命神"素"，新娘是外来的新的家庭成员，因此要把她的生命神迎进新郎的家庭，与新郎家庭其他成员的生命神结为一个集合体。随着时代和人们观念的变迁，过去的很多繁冗礼节已经大大简化。

9. 壮族

壮族多一夫一妻制家庭。过去"女娶男嫁，夫从妻居"曾经较为盛行，后来过渡到"从夫居"的父系家庭为主。直到近、现代，壮族农村地区仍普遍存在婚后"不落夫家"的习俗，新娘出嫁那一天由十来个同辈姐妹陪同到新郎家，有的地方当天婚礼过后即回娘家，有的地方新娘与同辈姐妹一起在新房中歌唱达旦度过新婚之夜，次日一起回娘家。以后逢农忙或节日才到夫家劳动几天，一般要到二、三年后或怀孕后才长住夫家。这种文化现象被认为是壮族婚姻制度从"从妻居"到"从夫居"转变进程的一种过渡形态。

> **【延伸阅读】**
>
> **传统婚俗成溱湖旅游新亮点**
>
> 　　抛绣球、唱情歌、坐花轿……8月26日，姜堰溱湖旅游度假区管委会邀请18对青年男女参与活动，还原传统习俗文化，成为景区的新亮点，吸引了数千名游客驻足观看。
>
> 　　当天上午9时，溱湖旅游度假区的婚俗馆里，"深'溱'款款，七夕有缘"专题活动拉开序幕。"王员外招乘龙快婿咯。"大门处，热情的家丁用乡音大声地吆喝着，并四处散发喜糖，很快吸引了一大批游客争相踏入婚俗馆看个究竟。披红挂彩的城楼上，18位"员外千金"早已梳妆打扮好，依次出场向楼下的未婚男士抛来绣球。谁接到绣球，就会戴上"员外千金"的专属手环，表明配对成功。
>
> 　　接下来，每六对情侣为一组进行游戏，游戏分"心有灵犀""爱意传递""舞动花环"3个环节。每组按要求最先完成游戏的一对男女，才有资格进入"爱要大声唱出来——情歌对唱"环节，女方唱一句，男方要接着唱准下一句。经过一番激烈的PK，评出了活动的前三名。
>
> 　　此次大型公益联谊活动旨在弘扬中华传统文化，再现溱潼本土婚俗风情。作为国家5A级旅游景区，溱湖旅游度假区坚持活动常态化，今年已成功举办了溱潼会船节、古山茶观赏节、铁人三项赛、亲子手绘节、端午龙舟赛、国际光影节等活动，截至目前已吸引130多万人次游客参与。下一步，溱湖旅游度假区还将举办湿地露营节和溱湖八鲜美食节，融入更多文化元素，将旅游"蛋糕"做大做强。
>
> （来源：中国江苏网，2017-08-30）

课题三　外国婚姻民俗

一、亚洲国家婚姻民俗

（一）日本

　　日本传统婚礼仪式大致分为神前式、教会式、佛前式、人前式4种。

　　神前式结婚仪式起始于日本室町时代，是当时武官家庭最为盛行的一种结婚典礼。礼节较为繁多，婚礼上男女双方需喝3杯交杯酒，每杯分3次喝光，以此盟誓相爱一生，白头偕老。

　　教会式婚礼始于明治维新之后，原则上本来只有信徒才能在教堂举行婚礼，特别是天主教派要求更为严格。但近年来即使不是信徒，只要在教堂里接受简单的培训也可和信徒一样，在庄严的气氛中走进神圣的教堂和心爱的人约定终身。

　　佛前式婚礼上，男女双方在佛像面前宣读婚约，向祖先报告两人结为百年之好，相守一生。

婚礼上还把一种叫"纸垂"的白色纸剪成又细又薄的纸条，把它缠在树枝上，这是一种传统的风俗，意味着把已故的亲人的魂招回来，永保平安。在婚礼上进行的玉串奉奠仪式，必须由和男女双方血缘亲近的人主持。

人前式婚礼是在一种特定的神面前举行，不受男女双方家庭宗教信仰的约束，只在亲戚朋友面前签订一个结婚合约书就行了，然后男女双方一起大声朗读婚约书，宣读自己对对方的爱，整个过程仅需10～15分钟。

（二）韩国

韩国的婚姻习俗是传统婚俗、新式婚姻和宗教婚礼并存，具有浓厚的民族风格。

新式婚姻是自由恋爱，订婚仪式可有可无，结婚仪式各地虽不尽相同，但大体有如下程序：在音乐声中，穿着婚礼服的新郎、新娘入场，相互致礼；主婚人介绍新郎、新娘简历，宣读结婚证书，新郎和新娘互换礼品；主婚人致辞，男女方代表讲话，新郎、新娘致答词，来宾致辞祝福；在乐曲声中新郎、新娘退场。

韩国传统的旧式婚姻程序多，礼仪很繁杂，大体包括以下程序：经媒人介绍，男女双方家长为自己的儿女商议婚事和订立婚约，称议婚。按惯例，纳彩订婚时男方派人给女方送聘礼，亦称"送函"（木盒）。函内装书信与青、绿两色的彩缎，供女方做上衣和裙子用，女方还要复信。

迎亲结婚当日新郎早起，穿好结婚礼服向父母行拜礼，由父母到祠堂告祝拜祖。此后，新郎骑马与随行者一道去新娘家迎亲。新娘向父母告别，父母再三叮嘱要孝敬公婆，注意礼节。亲属簇拥新娘送到中门，新郎与新娘在院中进行"奠雁"仪式。所谓"奠雁"，就是指新郎抱雁进入女家，置于桌上，并拜见岳母，请她给雁喂面条，表示新婚夫妇将如大雁一样爱情专一，白头偕老。

献雁之后，新娘出来会见新郎，相互鞠躬，以蓝、红两色丝线连结手腕，共饮三盏交杯酒，并交换结婚戒指。接着新娘在母亲或亲属搀扶下来到轿前，新郎掀开轿帘，新娘进入轿内。新郎骑马在前引路，花轿尾随其后。

路过城隍庙时，要以白布条拴在庙前。花轿到新郎家后，新郎下马入院，花轿随后越过用草燃起的篝火才能进院门。迎接的人向花轿投撒豆粒，院子的地上铺着草席，桌子上点着一对花烛，放着两个插有松枝和竹子的花瓶、几盘栗子、枣子和柿饼，还放一只母鸡和一只公鸡。新娘下轿入院时，先向雁（由新郎家的人抱着站在院里）鞠躬致敬，再与新郎对拜，相互敬酒。

（三）蒙古

蒙古族传统婚礼习俗在前郭尔罗斯蒙古族自治县历史悠久，世代流传，当地蒙古族聚集的地方，民间始终保持着古老的郭尔罗斯蒙古族特色的传统婚俗。在氏族社会时，蒙古人认为氏族内所有成员来自一个共同祖先，氏族内不能结婚和同婚，特别是王公贵族都隔旗结为婚缘。蒙古草原广袤辽阔，居住分散，娶妻或嫁女都要到很远的地方，女儿出嫁后不知道何年何月才能与父母兄妹再见面，因此娶亲成了男婚女嫁的喜事和亲人分别的悲事。蒙古族是能歌善舞的民族，前郭尔罗斯的蒙古族在婚嫁时自然要用歌唱去表达这种喜庆和悲伤，于是产生了婚礼歌。经过漫长的历史过程，产生了半职业性的婚礼祝词家"贺勒莫沁"，男女双方都有歌手和"贺勒莫沁"，并逐渐形成了按照婚礼活动顺序、歌声贯穿全过程的婚礼习俗。

（四）泰国

泰国是传统的佛教国家，人们生活起居、生老病死都离不开佛事活动，因此，泰国的婚姻首先要在宗教上得到承认，然后才能得到父母亲朋的承认、政府的承认。在新房中，新人会摆放佛像和国旗，还挂有泰国国王王后御像。

泰国人举行婚礼需要经过戴双喜纱圈、洒水、拜祖宗神灵、铺床、守新房和入洞房等仪式，最后完成整个婚礼。

双喜纱圈又叫"吉祥纱圈"，是由参加婚礼的和尚拿着，由双方新人的长辈或者婚礼主持人分别戴在新郎新娘的头上。在泰国人习惯中，先脱新郎的纱圈预示将来丈夫掌握家庭大权；先脱新娘的则妻子掌大权。

洒水前，新人要先点香、拜佛，然后坐在矮榻上，头部朝向星相家规定的方向（多为东方），新娘坐在新郎的左侧，伴郎伴娘坐或站在新人后面。新郎新娘双手合掌向前伸出，接受洒水，下方需摆放接法水的盆。洒水仪式的主持者要先给新郎新娘头上戴上吉祥纱圈，然后将法螺水洒在新郎新娘的手上，祝愿新婚夫妇白头偕老，相亲相爱。然后参加婚礼的客人会依次上前为新人洒水祝福，亲戚最后洒水祝福。长者拿去吉祥纱圈后，结束洒水仪式。

洒水仪式结束后，仪式主持人会分发小礼物给客人作为纪念。然后请新郎进入室内，女方父母将白布铺于室内中间，并摆上椰子酒和拜神布，新郎点燃两支蜡烛、两支佛香，与新娘一起礼拜祖宗神灵。礼拜时，新郎举右手与新娘举起的左手交握，跪拜祖宗神灵3次。三拜祖宗后，新郎还要跪拜女方父母及女方长辈。长辈接受跪拜后要祝愿新人幸福，并赠送礼物。

铺床仪式又称摆枕仪式，一般在新婚洒水仪式的当日晚上进行。铺床的人由新娘请来，铺床人必须是儿女双全、德高望重、有身份的一对恩爱夫妻。铺床人要为新郎新娘扫床铺、铺被褥、摆枕头、挂蚊帐。由新娘准备一只冬瓜、一块研药石、一只白猫、一口锅，锅里盛满清水，一个托盘上放着成包的绿豆、芝麻、稻谷及彩礼等，这些东西都有其寓意。铺床人将这些东西放置在新人床边，铺好床后铺床人要在新床上躺一下，妻子躺在左面，丈夫躺在右面，并互相交谈，内容是祝新郎新娘幸福、白头偕老等。到此，铺床仪式即告结束。

接着进行新郎守新房和送新娘入洞房仪式。新郎需单独守新房数日，傍晚新娘要为新郎送替换的睡衣一套。新郎守洞房为三夜、五夜或七夜不等，直至送新娘入洞房的良辰吉日。届时，由新娘父母或铺床夫妻送新娘入洞房，交给新郎，并教导新娘要忠诚丈夫、夫妻要相亲相爱等。现代泰国人结婚程序简化，多在一日内完成，新郎不再守新房。

（五）印度

印度传统婚礼也是印度传统特色的文化之一，在新人举行婚礼时，所有的家庭成员都须参加。新娘和新郎的母亲在婚宴上更是要承担重要任务。

婚礼一般是在由四根竿子支起来的帐篷下举行。新郎由舅舅护送到婚礼帐篷。新娘则由伴郎和一名年轻女孩陪伴，女孩的任务是不断摇晃一个装了硬币的金属壶，来使新郎保持良好的精神状态。

整个婚礼一共包括3个部分：第一个部分是洗脚，新娘的父母用牛奶和清水为这对新人洗脚，祝福开始他们的新生活。第二个部分是牵手，新娘的右手被放到新郎的右手中，牧师诵读完圣经，在新郎和新娘的肩头缠绕24圈白布，象征他们的结合。然后在帐篷中央点燃一小堆火焰，新娘的兄弟或表兄、表弟带领新娘和新郎围绕火焰走数圈。另外，新娘和新郎的手中必须拿着大米、燕麦、树叶等，象征着财富、健康、繁荣和幸福。最后，新郎的兄弟们向新人抛洒玫瑰花瓣以驱除邪恶。典礼仪式过后，新娘要喂新郎满满五口印度糖果吃，说明照顾丈夫和给全家做饭是她应尽的义务。然后新郎再同样喂新娘糖果，说明供养妻子和全家是丈夫的责任。双方的亲戚给新人额头点上红点，并向他们抛洒大米，祝愿他们能长久、幸福地生活。

（六）越南

在越南北部蛮族的一些部落中，结婚时有一种让旧情人先占初夜的"谢恩"婚俗。一个新娘在婚前往往有旧情郎。如果确定与一个人订婚，就要同其他情人断绝关系。按传统习俗，新婚之夜新娘并不住在新郎的洞房里，而是去找旧情人共枕最后一夜，以示"谢恩"，从此之后也就与旧情郎断绝一切来往，完全忠于自己的丈夫，不会再有其他的不轨行为。

越南贡族的婚俗也很特别，他们的婚姻最主要的特点是：先入赘、后娶亲。

首先由男方父母、兄弟、族长和未来的新郎一起到女方家去提亲，带上一包盐、一包茶叶、一捆麻绳、一筒酒，晚上到姑娘家。他们一边抽烟，一边喝酒，一边商量儿女的婚事。如果女方同意，先商定男子入赘女方的年限。商定妥当，第二天新郎就要带上被子、枕头和一把刀入赘女家，姑娘的发式也开始改变，把长发盘于头顶，表示已有丈夫。入赘期满之前几个月，上门郎和父母再次造访女家，双方商定迎亲的日期。

迎亲那天，男家的父母、叔伯、舅姨、兄弟等到女家迎接新娘。新郎和新娘的两家人在房子的楼梯前对唱山歌，女家用切成细丝的芭蕉花拌炒过的芝麻和辣椒作为下酒菜，请男方的客人一起饮酒欢庆。男方唱罢、饮罢，女方才请男方全体人员入屋。

二、欧洲国家婚姻民俗

（一）英国

英国人的婚俗丰富多彩，从求婚到度蜜月均按自己的传统方式进行。在英格兰北部约克市求婚方式颇为奇特，继承了古代民间遗风，女孩子需要出嫁了便穿上不同颜色的紧身服饰，向男性示意。不同的颜色表示不同的意思，绿色的表示"来吧！我愿意恋爱，大胆地追求吧"；黄色表示"机遇是有的，如果合我的意还是有成功的机会"；红色表示"目前我还不想谈情说爱，不要追求我"。勇敢的小伙子会根据对方的服色和自己的选择去大胆地追求,绝不会被扣上行为不端的帽子。

结婚或定婚戒指是许多民族的传统习俗,英国人在教堂里举行婚礼仪式时,新郎给新娘戴戒指是不可缺少的一项重要内容,人们甚至认为不戴戒指的婚姻是无效的。

英国人举行结婚仪式要穿礼服。新娘身着白衫、白裙、头戴白色花环,还要罩上长长的白纱,手持白色花束。英国人崇尚白色,它象征爱情纯洁、吉祥如意。结婚仪式举行完毕,新郎新娘从教堂里出来的时候,人们要向新人撒五彩缤纷的纸屑,撒纸屑的习俗起源于撒麦粒。麦粒象征着丰收和生活富裕,同时也祝贺新婚夫妇幸福长寿,子孙满堂。

度蜜月也是英国各地青年结婚的重要内容之一,他们把积蓄下来的钱用于旅游,结婚后去旅游便称作度蜜月。这原是古代的习俗,在新婚之时一定要饮用一种用蜂蜜特制的饮料,用来象征家庭美满、爱情甜蜜和生活幸福,这种饮料从结婚开始要喝30天,因此就把新婚第一个月称作蜜月了。

(二)俄罗斯

传统的俄罗斯人的婚姻习俗颇为繁多。说媒时讲究单日说媒,忌讳星期三、星期五和12号。相亲时要祷告,并还要围桌走三圈。订婚名堂更多,如喝糖水定终身,牧师主持订婚仪式后双方才可开始筹备结婚,举办订婚舞会等。结婚时摆"门形"婚宴,在城市婚礼上要三吻双亲,婚礼后还有结婚拜访周;在农村讲究铃声驱灾,新婚夫妇乘坐的马车要用鲜花和小铃铛来装饰。在婚宴上,新婚夫妇要各掰下一块面包,蘸盐后敬献给自己的父母,以感谢他们的养育之恩。接着同自己的家长吻别,女伴们唱忧戚的送别曲。

现在在俄罗斯几乎所有的城镇都有"结婚登记宫",亦称"幸福宫"。这种"宫"多为两层的楼房。一层是表格登记室、女宾室和男宾室;二层是登记厅、宴会厅、礼品间、鲜花间和休息室。现代俄罗斯的婚礼多由"幸福宫"的工作人员主持,在国歌声中婚礼宣布开始。在主持人的引导下新人挽手前进,双方亲友踏着柴可夫斯基第一钢琴协奏曲的旋律缓缓进入登记大厅。接着举行新人、证婚人签字仪式,众人在乐声中以掌声祝贺。一对新人把戒指为对方戴上,并接过结婚证书,在乐声中走出大厅。婚礼后,新婚夫妇到列宁纪念堂或无名烈士墓前献花默哀,表示对前辈的怀念,然后乘彩车观光市容、举行喜宴等。

(三)西班牙

西班牙婚礼分为两类:宗教婚礼和世俗婚礼。宗教婚礼在教堂举行,世俗婚礼则在市政府或法院登记。

西班牙婚礼可以在上午或晚上举行,婚礼会邀请家人、朋友和与之相处不错的同事参加。所有的来宾都会穿得非常优雅得体,新娘则身着白色婚纱,因为白色在西班牙文化中象征着纯洁,新娘会携带4种东西:新的东西、老的东西、借来的东西、蓝色的东西。新的东西表示迎接未来,旧的东西象征与不好的过去告别,借来的东西代表与朋友之间的联系,蓝色的东西表达忠诚。

西班牙婚礼上有男女双方的证婚人，在婚礼上新婚夫妇要交换结婚戒指，戒指戴在右手的无名指上，象征着婚姻的忠诚。

在西班牙的婚礼上客人会收到新人的礼物：糖果、扇子、小瓶酒水，非常特别的礼物是袜带。婚礼之后，新婚夫妇会去度蜜月。

（四）意大利

意大利人习惯把婚期定在春、秋两季，一般以3月、4月、7月、9月、10月为多。意大利人对婚礼比较重视，婚礼分为两种，一种是民政婚礼，另一种是教堂婚礼，举行这两种婚礼都是合法的。无论哪种形式都需要进行婚姻登记，按照婚姻法的规定办理。

在意大利，除了上述民政婚礼和宗教婚礼仪式，甚至主张不举行正式仪式，只要到市政府婚姻登记处注册登记就算是结婚了，婚后新婚夫妇可以到国内旅游城市或国外风景区度蜜月。

三、美洲国家婚姻民俗

（一）美国

美国人对待婚姻问题一直追求交往自由、择偶自由、爱情自由。男女恋爱通常不需要中间人介绍，父母也很少干涉子女与异性的交往。他们重视婚姻合同，在结婚前，男女双方到律师事务所签订一份婚姻合同，主要内容是婚后的钱财归属、家务分担、离婚的前提条件等。他们还讲求离婚自由，把离婚当作喜事予以宴庆，整个社会的离婚率很高。

美国人传统的婚礼仪式着重突出"新、旧、借、蓝"的特点。所谓新，是指新娘须穿着崭新的雪白长裙，以示新生活的开始；旧是指新娘头上的白纱必须是旧的（一般是其母结婚时用过的），以示不忘父母的恩情；借是指新娘的手帕是向女友借来的，以示不忘友情；蓝是指新娘身披的缎带必须是蓝色的，以示她已经获得了赤诚的爱情。

现代美国人的婚礼多在当地法院举行，由一名法官证婚并主持。新人往往不穿礼服，不收礼品，也不设喜宴。有的婚礼在户外野餐或外出旅行，仅有双方的父母、兄妹等人参加即可。

（二）加拿大

加拿大是个多民族的国家，有英裔、法裔、印第安人、因纽特人、华人及各国移民。这些民族都具有自己的传统习惯和风俗，在婚礼上也表现如此，从而使加拿大成为一个有着多姿多彩婚礼习俗的国家。

加拿大青年男女喜欢在5月到9月这段时间举行婚礼，尤其爱在7月喜结良缘，而且婚礼仪式多选在星期六这一天。加拿大人喜爱鲜花，他们婚礼上的鲜花十分考究，教堂、宴会厅、新房都要用玫瑰花、兰花、百合花装扮，色彩艳丽、浓香扑鼻，因此采购鲜花也是一项重要的事情。

婚礼仪式在教堂里举行，仪式内容同西方许多国家大体相似。其中，加拿大新婚夫妇相互赠送的戒指内侧刻着各自姓名的缩写字母和结婚日期，双方视为珍品而留作永久的纪念。教堂礼仪结束后，新婚夫妇要坐着花车沿着繁华的地区走一圈，最后到风景美丽的地方拍新婚合影。

居住在加拿大北部的因纽特人至今流行着"抢亲"的古老习俗。因纽特人注重诚挚的感情，不讲究结婚的形式，婚礼异常简朴，新郎新娘叩拜家族长老、父母兄弟、亲朋好友等，大伙吃一顿鱼肉饭、喝一碗鱼汤，纵情跳一阵舞，婚礼便宣告结束，客人各自离去。

（三）巴西

巴西人实行一夫一妻制，婚姻大多是同一阶层不同家族之间的结合。合法婚姻有两种：一种是男女双方到政府有关机关登记，另一种是男女双方到教堂登记。有些中产阶级和上层人士为在财产处理上有法可依，先到政府机关去登记，基于宗教信仰又到教堂去登记，从而举行两次婚礼。

巴西婚嫁的传统习惯是男方无须准备聘礼，只准备一对戒指即可。在贫穷偏远地区，男方只需用甘蔗酒作聘礼，婚礼也很简单。结婚的费用与举办婚礼事宜多由女方负责。

政府规定，青年人结婚前必须接受政府主办的婚前教育，集训2周，每天6~7小时，学习完了还要进行考试，合格者由政府颁发证书。男女青年获得这一证书才能结婚，否则不许结婚。

巴西人的婚礼一般在教堂举行，由神父主持。婚礼开始时新娘由父亲或其他男性亲属陪同，在《婚礼进行曲》的伴奏下缓缓走向站在圣坛前等候的新郎。神父向男女双方分别询问是否愿意同对方结为夫妻，二人各自做出肯定的答复后便交换戒指、互相亲吻。当教堂内再次响起《婚礼进行曲》时，新娘挽着新郎的右臂步出教堂，结婚仪式即告结束。

巴西印第安人的婚俗多种多样、千奇百怪。在巴西中西部的博罗罗族印第安人的求婚方式很独特，男女之间的恋爱是姑娘主动向小伙子求爱。在求婚之前，姑娘要亲手精心制作一种美味点心，以此作为信物。一旦发现意中人从她家门前过时，便在母亲的陪同下把放在铁锅里的点心送给小伙子。如果男方接受女方的求爱，他会把点心全吃光，并于第二天亲自把铁锅送还给姑娘；如果男方不同意女方的求婚，那么他就会让自己的母亲或一位近亲把姑娘赠的点心原封不动地退回女方家。

亚瓜部落的姑娘长大成人后，整个部落要为她举行隆重的梳头仪式，长者给她梳过头后便当众宣布她可以寻找配偶了。如果一个小伙子爱上了这个姑娘，在征得姑娘的父亲同意后，小伙子须打一只珍贵的野兽或捕捞一条大鱼献给未来的岳父，以表示自己具有劳动的本领。

沙万特部落青年的婚姻由父母包办。达到结婚年龄的青年男女由部落为他们举行婚礼。男性在婚前还要度过5年的集体生活，接受训练，否则不能结婚。

苏鲁伊部落青年男女的结婚仪式很简单。小伙子从妇女群中唤出自己的未婚妻，两人来到部落酋长面前，酋长当众公布小伙子的名字。随后，小伙子对姑娘说："你是我的妻子。"姑娘回答说："你是我的丈夫。"之后，小伙子送给姑娘一只陆龟和一杯蜂蜜，结婚仪式便宣告结束。

四、非洲国家婚姻民俗

（一）埃及

埃及是中东和北非比较发达的国家，幅员辽阔，因此地区差异大，特别是南北地区的差异很明显。广大农村和南部地区依然保留着数千年的婚俗传统，而城市和北部地区则深受西方文化的影响，其婚姻中掺杂着诸多的新式风俗。

埃及从吉沙至阿斯旺的广大南部地区被称为"上埃及"，居民以农牧业为生，被称为"赛迪人"，这里的婚俗依然保持着古老而纯朴的埃及文化与传统。

上埃及人在生活方面非常保守。当地传统是男女授受不亲，不允许不同性别的年轻人相互交往，找对象的主要途径是通过媒婆和亲友介绍。在上埃及，近亲结婚是允许的，通常情况下，上埃及人绝不会轻易将女儿嫁给陌生人。女婿的首选是堂亲，其次是表亲。这两种婚姻的比例最高。如果既不是堂亲也不是表亲，则要讲究门当户对，主要看双方家庭的宗教信仰、社会地位和富有程度。特别是宗教信仰，如果双方信仰不同，是绝对不可能结婚的。

上埃及人的婚姻一般由父母包办。如果双方家长都同意了，这桩婚事也就定下来了，然后才会通知小伙子和姑娘。男方会出一笔可观的聘礼并给未婚妻购买戒指、脚镯等珠宝和衣服，女方则负责盖新房，置办家具和婚后生活的必需品。

埃及沿地中海和红海的北部地区是埃及的政治、经济中心，受西方文化影响较大，其婚姻习俗与南部地区有着很大的不同。在城市和沿海地区，由于妇女拥有与男人平等的学习和工作机会，性别隔离与歧视现象不像传统的伊斯兰社会那么严重，因而男女可以自由交往，自由恋爱和自主婚姻。如果感情成熟，男女双方一般会举行一个由双方父母和亲友参加的订婚仪式，既可以在宾馆也可以在清真寺举行，由专门的主持人或阿訇主持，其内容与传统的埃及订婚仪式大致相同，一是签署婚约，二是确定婚期，商定聘礼，举行热闹的庆祝仪式。

婚礼一般在宾馆举行。这一天，新娘身穿漂亮的西式白色婚纱，新郎则穿黑色西服。来宾们坐在宾馆大厅里，男女可以混坐在一起。《结婚进行曲》响起，新郎、新娘在伴郎和伴娘的陪同下手挽手缓缓步入厅堂。人们一面欢呼，一面在他们头上撒下祝福的鲜花。新郎、新娘在厅堂正中坐定，婚礼主持人给他们献上一杯象征幸福美满的玫瑰露，宴会和庆祝活动正式开始。宴会当中，新郎、新娘会亲手切开结婚蛋糕与来宾分享，并向众人散发甜点和小礼品。婚礼结束时，新郎、新娘站在宾馆门口欢送客人，之后返回宾馆包住的房间或自己的新房共度良宵。

（二）尼日利亚

尼日利亚人根据民族的不同，婚俗也大不相同，无论传统婚礼还是现代婚礼都有彩礼和宗教仪式。彩礼的数量各地不同，鲁巴人的彩礼很少，而伊博人的彩礼较多。彩礼有食物、牛、饮料、服装和钱财等，还包括用来祈祷的物品。下彩礼后，传统婚礼和现代婚礼都会依照伊斯兰教或基督教的仪式进行。

尼日利亚最有特点的是一种叫作"私奔"的风俗。本来这里是一妻多夫制度，后来发展成女人还可以私奔另找丈夫。姑娘的第一个男人用钱在她的父母那里买下了姑娘的自由,从此以后姑娘就可以随便同哪个男人谈恋爱乃至于私奔。姑娘头一天迈进丈夫的家门就可以开始物色对象以便私奔了。这种私奔的特别之处在于,被姑娘遗弃的丈夫仍然还是她的丈夫,婚姻依旧有效。姑娘可以随意在哪个丈夫那里居住,直到老了、失去了姿色,才定居于某个丈夫的家里。

【延伸阅读】

海外奇异婚俗令人咋舌

神秘的非洲有着奇异的传统和风情,各国婚俗亦如万花筒般令人目不暇接。让我们掀起"盖头"看个仔细——坦桑尼亚:结婚要与新娘捉迷藏。

坦桑尼亚的婚礼风俗五花八门,其中西北部有个部族叫甸丁拉姆,其婚俗尤为新鲜奇特。在当地的斯瓦希里语中,这种婚俗被称为"契拉拉非米达"——"迷藏婚"。

婚礼举行前夕,新娘的娘家人载歌载舞、吹吹打打地把新娘送到新郎所在的村庄,但并不是直接送到新郎家中,而是到村中找个隐蔽的地方把新娘藏起来。当确信新娘藏好后,送亲的人才去新郎家报信,请新郎前去寻找。

新郎找人并非单枪匹马,而是要在两名亲友的陪同下一起去挨家挨户地找。无论是否藏着新娘,邻居们都愿意让新郎一行进入屋内搜寻,他们觉得这样能沾些喜气,是件幸运甚至荣幸的事。不过,邻居们一定要保持沉默,不能向新郎通风报信。因为按当地风俗,如果新娘是经别人通风报信后找到,便是"假婚",两人结了婚以后也不会幸福。谁愿意让自己的婚姻不幸呢?所以,新郎和亲友们非常忌讳别人提供有关新娘隐身藏在何处的任何信息。如果有人"好心"给新郎通风报信,他不但不领情,反而会非常不高兴,没准还会翻脸。

如果新郎运气好,一下子就找到了,就可以欢欢喜喜地把新娘迎娶进门。否则他就要一家一家挨着去找,不过一次只能连续寻找3家。如果这时还没找到,女方送亲人就要将新娘接回娘家,7天以后再送来藏好,让新郎重新寻找,仍然是最多可以找3家。若再找不到的话新娘又会被接走,一周后再送来"捉迷藏",周而复始,一直到新郎找到心上人为止。

这个游戏的确不是那么容易顺利完成的,个别"倒霉"的新郎往往好长时间也找不到新娘,婚礼就只好一周一周拖下去,有时要好几个月才能把新娘娶回家呢。不过这也没什么,反正大家都不忙,多找几次、时间拖得长一些,可以让更多的日子充满乐趣和欢笑。于是,找新娘的新郎不慌不忙,看热闹的邻居更是乐此不疲。

(来源:人民网,2008-09)

【模块回顾】

婚礼是人生礼仪中的又一大礼,历来都受到个人、家庭和社会的高度重视。人们之所以重视成人礼仪,一个重要的功利目的是因其与婚姻联系在一起。人类自身要发展、社会要进步都少不了人类的延续,从这一点来说,婚礼受到人、社会的重视是一点也不奇怪的。

婚姻是维系人类自身繁衍和社会延续的最基本的制度和活动。婚姻作为民俗现象,其内容主要包括婚姻形态和婚姻礼仪两个方面。男女双方经过合法结婚程序而组成的家庭才能得到社会的认可；婚后所生子女的权利才能得到法律的保护；双方的合法财产也能受到国家的保护。婚姻的实质是要向周围的人宣告一个新家庭的诞生，这件事意味着这个家庭所在家族的兴旺发达，因为它不仅是接纳了新成员，更重要的还意味着家族的血缘由此可以得到延续，所以婚姻在文化领域发挥着重要的作用。世界各地因其独特的政治、经济、文化的差异，在婚姻习俗方面也具有独特的差异性。

世界各地的婚姻风俗是世界灿烂文化的重要组成部分，通过了解世界各地婚姻制度的差异，我们能更清楚地对世界各地文化有一个更全面和具体的认识，了解文化之间的差异。

【自我测试】

1. 婚姻民俗的类型有哪些？
2. 传统中式婚俗中的"三书六礼"指的是什么？
3. 中式婚礼有哪些基本流程？
4. 韩国传统的婚姻有哪些程序？

【实战训练】

全班学生分成若干个小组，外出进行实地考察，了解当地的旅游活动中对婚姻民俗旅游资源的开发利用情况，并进行评析。

【能力鉴定】

婚姻民俗学习者能力鉴定表（一）

被鉴定者姓名：_____ 能力单位：婚姻民俗认知			
鉴定或工作场所：_____ 鉴定者姓名：_____			
关键能力	评价指标	是否具备能力	
		是	不是
记忆能力	1. 说出婚姻民俗的基本含义		
	2. 说出婚姻民俗的类型		
理解能力	理解我国汉族的传统婚俗		
被鉴定者能力：满意_____ 不满意_____			
对被鉴定者的反馈：			
鉴定者签名：_____ 日期：_____			

婚姻民俗学习者能力鉴定表（二）

被鉴定者姓名：_____ 能　力　单　位：婚姻民俗实例展示				
鉴定或工作场所：_____ 鉴定者姓名：_____				
关键能力	评价指标	是否具备能力		
		是	不是	
记忆能力	1. 说出不少于 5 种我国少数民族的婚姻民俗			
	2. 说出不少于 3 种外国的婚姻民俗			
应用能力	策划一个简单的中式婚庆方案，展示举办中式婚庆的技能与技巧			
被鉴定者能力：满意_____　不满意_____				
对被鉴定者的反馈：				
鉴定者签名：_____　日期：_____				

模块九
社会交往礼仪民俗

学习目标

知识要求

1. 了解社会交往礼仪民俗的含义
2. 掌握社会交往礼仪民俗的基本原则
3. 熟悉社会交往礼仪民俗的作用

能力要求

1. 能够把握人际交往礼仪的技巧
2. 通过学习不同地区和国家的人际交往礼仪民俗，能够为不同地区和国家的客人提供有针对性的优质旅游服务

课题一 社会交往礼仪民俗认知

中国自古以来就有"礼仪之邦"之美誉,在大力提倡社会主义精神文明的今天,讲文明、讲礼仪、讲礼貌是每一位公民必须具备的社会公德。在人际交往中,礼仪往往是衡量一个人文明程度的准绳,它不仅反映着一个人的交际技巧与应变能力,还反映着一个人的气质风度、阅历见识、道德情操和精神风貌。礼仪体现出我国优秀的历史传统文化,随着人与人、国与国之间的交往日益频繁,讲究礼仪对和谐的人际关系显得尤其重要。

一、社会交往礼仪民俗的含义

我国自古就有着"人无礼则不生,事无礼则不成,国家无礼则不宁"的说法。礼仪是人类文化的结晶、社会文明的标志和人类交往的行为规范。它是人类为维系社会正常生活而要求人们共同遵守的、最起码的道德规范,是人们在长期共同生活和相互交往中逐渐形成并且以风俗、习惯和传统等方式固定下来的。所谓社会交往礼仪,是指人们在社会交往活动中形成的应共同遵守的行为规范和准则,涉及穿着、交往、沟通等内容,具体表现为礼节、仪表等。社会交往礼仪也指人们在社会交往中受历史传统、风俗习惯、宗教信仰、时代潮流等因素的影响而形成,既为人们所认同又为人们所遵守,以建立和谐关系为目的的、各种符合礼仪的精神及要求的行为准则或规范的总和。

二、社会交往礼仪民俗的基本原则

(一)尊重原则

孔子曰:"礼者,敬人也。"在人际交往中,互相尊重最为重要,尊重是礼仪的情感基础,只有彼此间相互尊重,才能保持良好的人际关系。每个人在人际交往中都处于平等地位,不论种族、国籍、肤色、社会地位如何,只有尊重他人,才能赢得他人的尊重。

(二)自律原则

自律原则就是要自我要求、自我约束和自我反省,同时更提倡"严于律己,宽以待人"。礼仪就像一面镜子,对照这面"镜子",人们可以发现自己的"美"与"丑",从而自我约束,树立良好的形象,成为一个受欢迎的人。

（三）宽容原则

宽容是一种较高的境界和高尚的情操，一种容纳意识和自控能力，宽容就是要尊重他人的个人选择，允许别人有行动与见解的自由。在人际交往中要学会宽容，对不同于自己的见解要多容忍、多体谅、多理解，不要斤斤计较、过分苛刻。

（四）适度原则

适度原则就是要求应用礼仪时必须注意技巧，合乎规范，特别要注意把握分寸。在人际交往中，该行则行，该止则止，适度为佳。

（五）从俗原则

俗话说："十里不同风，百里不同俗。"在人际交往中要入乡随俗，与绝大多数人的习惯做法保持一致，只有尊重对方特有的习俗，才能增进双方的理解和沟通，才能更好地表达我们的真诚和善意，才有助于我们交往顺畅。

（六）真诚原则

真诚就是在交际过程中做到诚实守信，不虚伪、不做作。如果缺乏真诚，则不可能达到目的，更无法保证交际效果。因此，运用礼仪时务必诚信无欺，言行一致，表里如一。

三、社会交往礼仪民俗的作用

从交际的角度来看，礼仪可以说是人际交往中适用的一种艺术、一种交际方式或交际方法，是人际交往中约定俗成的示人以尊重、友好的习惯做法。社交礼仪是学问，因为它具有专业性、系统性和科学性。专业性表现在它是研究人际关系和人们进行社会交流形式的专门知识，系统性体现在它已形成一整套行为规范，科学性反映在它是人们实践经验和社会习惯的总结。具体来说，礼仪的作用主要体现在以下四个方面。

（一）尊重作用

人们只有在社会交往中讲礼仪、懂礼貌、知礼节，才能在尊重对方的基础上得到别人对你的尊重和友好，这就是礼尚往来。尊重使人通过讲究社交礼仪，使个人的人格、能力、才华、业绩、成就、形象得到社会的承认、欣赏，进而逐步拥有一定的社会地位和声誉，并由此产生自信心和威望感，让人体验到自身存在的价值，能在人际间形成和谐、良好、积极向上的人际关系氛围，从而使人类文明得到发扬和升华。

（二）约束作用

礼仪的作用就是强化之、固定之、恪守之。另外，人是有欲望的，欲望不加约束就会泛滥成灾，就会造成人际关系的混乱和无序，所以礼仪还有着约束的作用，使人们时时、事事、处处都在礼仪的规范内行动，而不超出礼仪规定的范围之外。

（三）教育作用

礼仪作为一种道德习俗，对社会中的每一个人都有教育的功能。礼仪一旦形成和巩固就成为社会传统文化的重要组成部分，世代相传。在人类社会的发展和进步中，礼仪的教育作用具有重要意义。

（四）调节作用

礼仪的重要功能是对人际关系的调节。人们在交往时互相敬重、按礼仪规范去做，才能缓解或避免某些不必要的情感对立与障碍，建立良好的人际关系。再次，调节作用还体现在通过社交化礼仪可以创造一些交际活动所需要的气氛，继而影响人们的行为。在现代生活中，人们的相互关系错综复杂，有时在平静中会突然发生冲突，甚至采取极端行为。礼仪有利于促使冲突各方保持冷静，缓解已经激化的矛盾。如果人们都能够自觉主动地遵守礼仪规范，按照礼仪规范来约束自己，就容易使人际间感情得以沟通，建立相互尊重、彼此信任、友好合作的关系，进而有利于各种事业的发展。因此，礼仪作为一种规范程序、一种凝固下来的文化传统，对人们之间的相互关系模式起着固定、维护和调节作用。

【延伸阅读】

互相尊重是最基本的礼仪

一位外国教授正在给一群留学生上礼仪课，由于学生来自不同的国家，所以大家听得都很认真。"礼仪就是从细小的地方开始做起。比如说我刚才走进教室的时候，轻轻地敲了门。"教授说道。

教授告诉他的学生："敲门是有讲究的：敲一声，代表试探；敲两声，代表等待对方应答；敲三声，代表询问。而在现实生活中，有八成以上的人却不知道如何敲门。"接着，教授在课堂上做了一次互动，一个学生扮演餐厅的服务员，送外卖到教授家。"服务员"咚咚咚敲了三下门，进门后把外卖轻轻地放在桌子上。教授当场指出了"服务员"的问题：敲门声太重，没有表明自己的身份；也没自带一次性鞋套，弄脏了主人家的地板。于是，那名学生按照教授的指点又表演了一次。可完成后那名学生仍站在讲台上看着教授。教授提醒他可以下台了。这时，他认真地对教授说："老师，如果有人给我送外卖，我不会让他换鞋，我宁可自己再拖一次地板，因为那样会伤害那个人的自尊心。还有，对方离开的时候，我会真诚地对他说一声谢谢。"

教授愣了一会儿，继而真诚地说了一句："你说得对，谢谢你。"

这时讲台下响起了热烈的掌声。

人与人之间是平等的，需要相互尊重。在与人交往的过程中，不要一味地要求对方怎么样，而应该退一步想一想自己为对方做了什么。尊重对方应该体现在你的一举一动中，哪怕一句话，只要是诚挚的，就是最人性的。

（来源：中国礼仪网，2011-05-30）

一、汉族社会交往礼仪民俗

孔子说："有朋自远方来，不亦说乎？"表达了一种好客的心理。汉族喜欢交往，讲究"礼尚往来"。汉族人常用的社会交往礼仪有拱手礼、跪拜礼、鞠躬礼、握手礼等。

（一）拱手礼

迎宾时，对与主人身份平等的宾客，主人要迎于大门之外，见面拱手相礼，称为"揖"。拱手礼实际上就是抱拳作揖。拱手礼的基本要求是右手半握拳，然后用左手在胸前扶住右手，在眼睛注视对方的同时，相拱的手向着对方自下而上、自内而外轻轻摇动两三下。为了向对方表示尊敬，可将双手向上抬，与额同高。

（二）跪拜礼

跪拜礼是古代汉族的一种交际礼仪，也是旧时使用年代最长、次数最频繁的一种礼节。古人认为，不跪不叫拜。拜，在古代就是行敬礼的意思。周代礼仪对跪拜的动作和对象有严格的规范，分稽首、顿首、空首，称为"正拜"。行稽首礼时，拜者必须屈膝跪地，左手按右手，支撑在地上，然后缓缓叩首到地，稽留多时。手在膝前，头在手后，这是"九拜"中最重的礼节，一般用于臣子拜见君王和祭祀先祖的礼仪。

（三）鞠躬礼

鞠躬礼是我国的传统礼节，源于先秦时代。鞠躬礼是对别人表示恭敬的一种礼节，既适用于庄严肃穆、喜庆欢乐的仪式，也适用于商务社交场合。行鞠躬礼时必须脱帽，身体呈立正姿势，脸带微笑，目视受礼者。男士双手自然下垂，贴放于身体两侧裤线处，女士的双手下垂搭放在腹前。以腰为轴心上身往前倾弯腰，下弯的幅度可根据施礼对象和场合决定。通常，下弯的幅度越大，表示尊敬的程度越深。

（四）握手礼

握手礼源于古代欧洲人向对方表明手中未带武器，表示亲切友好之意，通行于欧美，辛亥革命后我国也习以为礼。在当今商务交往中，握手是最常使用的一种见面礼。要求：不用左手握手；不可交叉握手；不戴墨镜、帽子、手套握手。握手时应遵循的原则：尊者居前。上下级之间，上级先伸手；男女之间，女士先伸手；长晚辈之间，长辈先伸手；同级同辈之间，不分谁先伸手；主宾相见，当客人到来之时，主人先伸手，表示欢迎；当客人走的时候，应该客人先伸手，以示再见，表示让主人留步；和多人握手，握手次序由尊到卑；人数多时可跟相近的几个人握手，向其他人点头示意，或微微鞠躬即可；如果察觉对方没有要握手的意思，点头致意即可。握手时，彼此之间保持一步左右的距离，双方握着对方的手掌，上下晃动两到三下，握手的时间3～5秒为宜，并且适当用力，左手贴着大腿外侧自然下垂，面带微笑地注视对方表示诚意。如果是热烈握手，可以摇晃几下，表示十分友好。但"死鱼式"的握手则是无礼之举，即伸出一只无任何力度、质感、不显任何信息的手，给人的感觉好像握住一条三伏天腐烂的死鱼，传递出的信息是手的主人生性懦弱，对人冷淡无情、消极傲慢。

二、中国少数民族社会交往礼仪民俗

（一）东北少数民族的社会交往礼仪民俗

1. 满族

"尊老敬上"是满族礼仪的中心内容。平日，同居的晚辈每天早、晚都要给老人请安。长辈的教诲要洗耳恭听，不能顶撞。与长辈同行要随从其后。进出门时要先行几步，为长辈开门，并请长辈先行。在屋中要长辈先坐。长辈说话，非得允许不得插言。长辈外出远行，要送出大门外，归来要迎至大门。年轻人外出归来，要先向父母请安，然后再回到自己房里。路途相遇，晚辈须垂立路旁，让长辈先走。吃饭时要长辈先坐、先吃，自己才能坐，才能动筷子。满族人非常"重客守信"。满族人好宾客，信朋友，重感情。家里来了宾客，必设炕桌，置酒款待。宴客的菜肴均是双数，饮酒必以大盅，尽欢而止。满族人守信用，答应朋友的事情，一定会千方百计去做。主人外出或下地干活，房门也不锁，路人或来客可随意入门、喝水、吃饭，只是临走时将门前箱内木棍指向自己去的方向即可，这个放木棍的小箱叫"客铭箱"。满族人主要的和常见的礼仪形式有见面礼、请安礼、告别礼等几类。见面礼主要有叩头礼、顶头礼、抱见礼、执手礼、鞠躬礼、擦肩大礼等。请安礼主要有打千儿礼、跪安礼、蹲安礼、抚鬓礼等。告别礼是社交礼仪中的重要内容，主要有打横、相抱、亲面、执手、鞠躬等礼节。

2. 鄂温克族

鄂温克族是一个好客的民族，热情、诚恳地招待客人是鄂温克族人的习惯。他们认为客人来到家里是大喜事。鄂温克族讲究礼节，非常好客。年轻人见到长辈要施礼问安和敬烟，通常的礼节是屈膝、侧身、拱手作揖。到鄂温克族家里做客，主人把皮垫摆在哪里客人就要在哪里落座，不得随意挪移皮垫。客人落座后女主人随即端上奶茶，然后再煮兽肉，肉煮好了之后，女主人拿出猎刀先切一小块肉投入火堆里，再给客人们吃。在牧区，对客人敬烟、敬奶茶和吃手扒肉是普通的礼节。在猎区，猎民则以驯鹿奶和鹿、犴的胸口肉、脊骨肉、肥肠、犴鼻肉等招待客人为最上品。鄂温克族人待客必有酒，除白酒外家家都能自酿野果酒，敬酒时主人要高举酒杯先往火中倾注点滴，自己先呷一口再请客人喝。猎人和牧民在森林和草原上设有仓库，存食品、衣物、工具等，从不上锁，如果有人途中断粮、缺衣，可以到任何一个仓库里去取，不一定要取得主人的同意，事后在市场上遇见主人如数归还即可。鄂温克族人认为外出的人谁也不会背着房子走，如果自己不招待别人，自己出门后也不会有人照顾。

（二）中南少数民族社会交往礼仪民俗

1. 黎族

黎族是一个尚礼的民族，黎族礼仪有着丰富的内容，涉及生产、生活的多个方面。海南黎族一般在农历2月春分前后种植早稻，7月立秋前后种植晚稻。开始插秧第一天，亩头及妻子白天不能躺在床上休息，路上遇到别人也不能讲话。民间认为，白天卧床休息会使妇女们插秧的速度减慢，同外人讲话会走漏风声，带走好运，不利于稻谷生长。黎族人平时迎宾会客以饮酒为情礼，敬酒对歌常通宵达旦。黎族同胞大多嗜酒，久而久之形成了自己的酒文化。所饮之酒大多是家酿的低度米酒、番薯酒和木薯酒等，用山兰米酿造的酒常作为贵重的礼品赠与宾客，黎家人常用这种酒款待贵宾。海南黎族招待客人有一套饮食礼仪：用餐时，对男客先酒后饭，对女客先饭后酒。宾主分开对坐，请酒时，主人先双手举起酒碗向客人表示请酒，然后自己把酒一饮而尽。接着把米酒逐个捧给客人，客人把酒喝完后，主人还给每个人嘴里送一口肉菜，表示尊敬。通常，主人只陪客人喝酒，不陪客人吃饭，因为怕客人不好意思把饭吃饱。

2. 土家族

土家族人民非常好客，平时粗茶淡饭，如有来客必盛情款待。若有客至，夏天先喝一碗糯米甜酒，冬天先吃一碗开水泡团馓，再以美酒佳肴待客。腊肉是土家族的上等大菜，若是逢年过节到土家人家做客，满桌的菜肴中正上方必摆上腊肉。主人还会拿出雪白的糍粑去烤，待烤得两面金黄"开花"时，吹拍干净，再往里面灌注蜂蜜或白糖，双手捧给客人。有些地方给客人吃糍粑还有讲究，即把烤好的糍粑给客人之后客人不得吹拍火灰，要接过来就咬，此刻主人会抢回去吹打拍干净，蘸上糖再给客人。土家人热情好客，如有贵客到来，要放铁炮或鸣放猎枪表示欢迎。听见炮声，寨上的男女老少皆出来迎接宾客。主人立即煨茶、装烟、做油茶汤。席上要喝大碗酒，吃大块肉，并请寨上的老人或头面人物陪客把盏。土家族喜欢饮酒，其中常见的是用糯米、高粱酿制的甜酒和咂酒。待客人到来时，取置堂案正中，以细竹通节为竿，插坛底，堂中置案，两旁分放鸡、鸭、鱼、肉等，各置筷子一双，而不设座。由主妇开坛，主人请客人上前依次轮流咂酒，后举筷而食，彼此不以为嫌，边吸边食，边唱边跳，载歌载舞，甚为热烈。客人不能与少妇坐在一起，不能与少妇同坐一条长凳。

3. 畲族

畲族至今还保持着很多古雅、淳朴、优良的传统礼俗。在道德规范方面，畲族人历来有祭祖尊宗的遗风，加之长期与汉族人民交错杂居在一起，互相影响，孔孟的伦理思想和道德哲学已逐渐为畲族人所吸收，形成了具有畲族独特风格的行为准则和道德规范。客人到门都要先敬茶，一般要喝两道，还有说法："一碗苦，两碗补，三碗洗洗嘴。"客人只要接过主人的茶就必须喝第二碗。如果客人口很渴，可以事先说明，直至喝满意为止。若来者是女客，主人还要摆上瓜子、花生、炒豆等零食。畲族和祖国大家庭中的其他民族一样，饮茶之风在生活习俗中占据了重要地位。从畲族的"茶歌"中我们可以领略到，饮茶不单是一般的生活习惯，而且有一整套的迎宾待客的礼节，有其不可忽视的审美价值。"凤凰茶"茶艺表演正是取材于畲乡的一个生活习俗：饮蛋茶。福建屏南县的甘棠乡巴地畲族自然村的村民以艾叶卧底，上搁一个完整的生蛋，用滚烫的山泉水浇熟，沏出"艾蛋茶"。每逢村中男人办大事、干重活，或身有小恙时必饮此茶。艾叶可祛痧解毒避邪气，蛋可进补，故奉蛋茶又成为迎宾待客的上等礼节。闽东畲乡有句谚语为"无酒难讲话"，说的是畲族人热情好客、善饮酒，常以自家酿制的美酒待客。酒在畲族的人际交往中起着沟通、联络感情的作用。客人一到畲家，主人会先恭恭敬敬地用双手捧上一大碗米酒请客人品尝，这是畲家最高的待客礼节。

（三）西北少数民族的社会交往礼仪民俗

1. 蒙古族

蒙古族是一个非常热情、好客、直率的民族。茫茫的草原上没有旅店，但每一座蒙古包里的主人都会愉快地招待那些素不相识的客人，他们端出奶茶，斟上奶酒，煮上羊肉，或以歌劝酒，或敬献哈达，热诚招待客人。蒙古族人民尊重礼仪，客来敬茶是一种高尚的蒙古族传统礼仪。在蒙古族家中有客来，茶是必不可少的款待物。牧民们招待客人照例先向贵宾献上一碗奶茶，接着主人又端上来炒米和一大碗奶油、奶豆腐和奶皮子等奶制品。接着穿戴民族盛装的家庭主妇端来清香扑鼻的奶酒款待客人，这也是蒙古族的传统礼节。主人会用诗一般的语言劝酒："远方的客人请你喝一杯草原佳酿，这是我们民族传统食品的精华，也是我们草原人民的厚意深情。"客人走进蒙古包，殷勤的主人就会热情地向客人递鼻烟壶，以表示敬意和友好。在蒙古包里要盘腿围着炉灶坐在地毡上，但炉西面是主人的居处，客人不得随便坐。主人敬上的奶茶客人是要喝的，不喝有失礼节。主人请吃奶制品客人也不宜拒绝，拒绝会伤害主人的心。有些地区用手扒肉招待客人，还有一定的规矩。例如用一条琵琶骨肉配四条长肋骨肉进餐，牛肉则以一根脊椎骨肉配半节肋骨及一段肥肠敬客。接待尊贵的客人或是喜庆之日则摆全羊席。

2. 维吾尔族

维吾尔族是一个尊老爱幼、热情好客的民族。他们对长者非常尊敬，走路、说话都是让长者先行、先说。亲友相见握手问候,互道"撒拉木"(你好、你们好)或是"亚克西姆塞斯"(您好),然后双手摸须,躬身后退一步,要把右手放在胸口,男子相见要握手,妇女相见要互相拥抱,贴一下右脸,再问对方家属是否平安。通常情况下,长辈、晚辈相遇时,晚辈要主动施礼,长辈则在小孩问候之后吻其额头或脸面。维吾尔族待客非常热情,最尊贵及最年长的客人要坐在炕中间主人特意铺的褥子上。请客人入座后,女主人便将餐单铺开,摆上馕和糕点等,夏天还要再摆上一些瓜果。先给客人倒茶或奶茶,再做好饭端上来,有条件的还要宰羊款待来宾。有时主人会弹起都塔尔、热瓦普等民族乐器,以歌舞助兴。如果是食用手抓饭,饭前须提上一壶水请客人洗手,一般冲洗三遍。饭毕,如有长者领作"都瓦"(祈祷),客人不能东张西望。饭前饭后必须洗手,洗手后忌讳顺水、甩水。维吾尔族有一种送玫瑰花的交际礼仪。维吾尔族人喜欢玫瑰,红色玫瑰花象征幸福、友谊,一般献给长辈、亲友,祝其幸福如意;白色玫瑰象征爱情,献给姑娘、小伙子,有求爱之意。当玫瑰花盛开的时节,维吾尔族男女老少都要摘一两朵戴在胸前或插在鬓角,路遇长辈、亲友、同事甚至陌生人时都愿交换或奉送对方一朵玫瑰花,表示祝福。

3. 回族

回族在日常生活中见面都要问安。穆斯林之间的问候,问者要说"色俩目尔来孔"(平安、和平),答者要说"安色俩目"(也赐予你平安),也可以简化只说"色俩目"。在宗教场合或晚辈见到长辈,在问"色俩目"的同时,还要右手放在胸前鞠躬。客人来访时要先沏茶,还要端上瓜果或自制的面点招待,所有家庭成员都要来与客人见面、问好。回族人把饮茶作为待客的佳品。若遇上老年客人,还要烧热炕请老人坐,并敬"五香茶"或有代表性的"八宝盖碗茶"。敬茶时有许多礼节,要当着客人的面将碗盖揭开,在碗里放入茶料,然后盛水加盖双手捧送。这样做,一方面表示这盅茶不是别人喝过的余茶,另一方面表示对客人的尊敬。如果家里来的客人较多,主人要根据客人的年龄、辈分和身份分出主次,把茶先捧送给主客。同辈人则遵循从右至左的顺序。在就餐时,长辈要坐正席,晚辈不能同长辈一同坐在炕上,须坐在炕沿或是地上的凳子上。

(四)西南少数民族的社会交往礼仪民俗

1. 藏族

藏族有句谚语"最好的食品留给客人吃,最好的衣服留给自己穿",这也体现了他们的待客之道。藏族人接待客人时,无论是行走还是言谈,总是以客人或长者为先,并适用敬语,忌讳直呼其名。路遇长者要脱帽让路,若骑马相遇则要下马致礼。迎送客人要弓腰屈膝,面带微笑,室内要盘腿而坐,不能双腿伸直脚底朝人,不能东张西望。藏族人赠送礼品通常要躬腰双手高举过头,对方接纳礼品需要双手去接。酥油茶是藏乡群众日常生活必需的一种饮品,也是藏族人民待客、礼仪、祭祀等活动不可或缺的用品,极具民族特色和文化内涵。主人对客人的茶碗总是添得满满的,以表示礼貌。如果自己不想喝了就摆着不要动,等告别时一饮而尽,这样才符合当地饮茶习惯。青稞酒是藏族人都喜爱喝的酒,是藏民用青稞酿成的一种度数很低的家制酒。每当亲戚、朋友团聚或客人来访,主人都要给客人敬三杯酒,客人用无名指沾少许弹向空中,以示敬天、地、祖先，然后小喝一口，添满，再喝一口，如此3次，然后满杯喝干。敬茶、烟、酒时要双手奉上，手指不能放进碗口。献哈达是藏族人民日常交往中常见的一种礼仪，在拜访客人时要双手捧上，表示敬意。拜会尊长、送别迎亲、馈赠亲友时使用哈达，可表示敬意、祝贺之情，表达纯洁、诚挚之心。哈达有蓝、白、黄、绿、红5种，最常见的为白色哈达，象征纯洁、吉利。五彩哈达是非常隆重的礼物，是献给菩萨和迎亲做彩礼用的特定礼物。

2. 纳西族

纳西族热情好客，内部团结和睦，对外以礼相待，有丰富的礼仪文化。"三叠水"宴席是纳西族招待宾客的最高礼仪。"三叠"是指三套规格大小不同的餐具，共计18道菜。最初，只有纳西族上层人士才用三叠水招待宾客，后来很多有财力的大户人家也开始慢慢采用，此后三叠水在民间慢慢流行开来。客人到访，不管是正式的宴席还是寻常人家的日常饭食中，长者都会坐在"格顾鲁"之称的正席，吃饭由长者先动筷。进纳西人家不可当着主人或是客人的面打骂小孩，不得擅自进入老人和女人的卧室，不可打主人家的狗。在公众场合忌高声喧哗，说粗话。骑马到村前必须下马，不能将马拴在祭天的地方。

注重礼节、讲究信义、谨慎行事是纳西族人的处世方法，在与纳西族交往时要坦诚相待，不可欺瞒哄骗。在一般民居中，白天待客多在檐廊之下，夜间待客多在正房堂屋里。在木楞房里待客则一般坐于火塘边，座位讲究老幼尊卑、男女有别。在摩梭人居住的泸沽湖地区，不能随意进入姑娘的"花楼"，不要询问"阿夏"的情况。不能随意翻弄灶里面的灰。祭天、地、战神时忌讳外人观看。在社会生活中，摩梭人十分重视对自己和他人的劳动成果和生态的保护，凡践踏庄稼、毁坏森林、污秽水源等都会遭到公众舆论的反对，并视其情节轻重予以惩罚。

3. 白族

白族热情好客，先客后主是白族待客的礼节。白族人喜饮烤茶，家中来了客人要以酒、茶相待。著名的"三道茶"就是白族的待客上品。无论是否认识都热情接待客人，凡客人光临必以三道茶招待。三道茶是白族最讲究的茶礼，即斟茶三道：第一道是用沱茶冲泡的苦茶；第二道是加了红糖和牛奶的甜茶；第三道是放入核桃、蜂蜜、米花的回味茶。"一苦、二甜、三回味"的三道茶不仅是白族同胞待客的佳茗，还寓含了丰富的人生哲理。但白族人倒茶一般只倒半杯，倒酒则需满杯，他们认为酒满敬人，茶满欺人。受到白族人热情的款待，应说声"挪卫你"（谢谢）来表示谢意和感激之情。

尊敬长辈是白族的传统美德。见到老人要主动打招呼、问候、让道、让座、端茶、递烟。起床后的第一杯早茶要先敬给老人。在老人面前不准说脏话、不准跷二郎腿。进餐时，老人、客人坐上首，由老人先动筷子，晚辈依次坐两旁或下首并随时要为长辈和客人添饭加汤。一些地方的白族家庭中，成员各有比较固定的座位，一般男性长辈坐左上方，女性长辈坐右上方，客人和晚辈坐下方和上方。白族人家的火塘是个神圣的地方，忌讳向火塘内吐口水，禁止从火塘上跨过。

4. 壮族

壮族是一个好客的民族，客人到家十分讲究礼节，主人必在力所能及的情况下给客人以最好的食宿，对客人中的长者和新客尤其热情。以酒敬宾待客是壮族的一种严谨而古老的风俗，各套规矩都有一定的讲究。酒席间必须让客人吃饱喝足才罢休，否则主人就觉得很没有面子，客人不吃饱喝足会让人觉得主人没有诚心。壮族把喝酒当作待客的最高礼仪。酿酒在壮族的农村是件比较重大的事，为表示对老人的尊重也为了表明老人在家中的地位，通常让家中老人来酿酒。壮族家中酿出的酒第一杯用于敬神，第二杯用来孝敬家中老人。请客用餐时需等最年长的老人入席后才能开饭，年轻人必须立在客人旁边为客人斟酒后方能入座，只有长者才能与老年客人同坐正席。除了能饮点酒的老年妇女之外，年轻的妇女不能到堂屋的宴席上与客人共餐。长辈未拈动的菜，晚辈不得先吃；给长辈和客人端茶、盛饭必须双手捧给；不能从客人面前递，也不能从背后递给长辈；先吃完的晚辈要逐个对长辈、客人说"慢吃"再离席，晚辈不能落在全桌人之后吃完饭。路遇老人，男的要称"公公"，女的要称"奶奶"或"老太太"。路遇客人或负重者要主动让路，遇负重的长者，同行要主动帮其代负并送到分手处。在老人面前不能跷二郎腿，不能说污言秽语，不能在老人面前跨来跨去。登上壮族人家的竹楼一般要脱鞋。壮族忌讳戴着斗笠和扛着锄头或其他农具的人进入到自己家中，所以到了壮家门外请放下农具，脱掉斗笠和帽子。

【延伸阅读】

创造富有时代性和民族性的中华礼仪

　　道德建设的历史经验告诉我们，一个重要的价值观念要想具有普遍性、持久性和权威性，主要靠4种东西来实现。一是一个通俗易懂和较高权威的教义读本；二是政府、制度的支撑；三是社会化的礼节仪式；四是体现价值观念的人格化示范队伍。今天我们推进道德建设的目的之一在于推进一些中华民族优秀道德观念的礼节仪式真正"飞入寻常百姓家"。

　　一要注意弘扬中华民族热情好客精神，正如孔子所说："有朋自远方来，不亦乐乎？"待客宴有接风宴、饯行宴，宴请伴随载歌载舞，喝酒通过酒令让客人参与其中，想方设法让客人吃得高兴。西方的祝酒仪式结束后基本上则是自斟自饮。

　　二要弘扬中华民族社会责任心精神。西方婚礼中的男女誓词体现的是男女双方当事人之间的婚后责任，与国家社会无关，与父母双亲无关。而中国一般的婚礼誓词是男女双方"一拜天地，二拜高堂，夫妻互拜"，这里的天地实际是指国家社会，高堂是指父母双亲，这表明夫妻双方不仅要有互爱责任，同时对国家社会、父母双亲也负有责任。

　　三要弘扬中华民族尊老敬贤精神。古时中国人一般40岁之后开始举办寿诞礼，春节要回家与老人团聚，春节早晨要对长辈行跪拜礼，第一碗饺子要送给家中辈分最高者。西方人从不愿说自己年龄，也没有敬老活动。

　　四要注意弘扬西方礼节仪式中的科学精神。例如，在饮食方面西方人实行分餐制，中国人实行共享制，事实证明，分餐制是讲卫生、防治疾病传染的良好方式，不分餐的共享制是病从口入的主要渠道。

　　五要注意弘扬西方礼节仪式中的平等精神。例如，美国老师上课的基本习惯是把一堂课分为两半：上半节课老师提出问题或该课的内容；下半节课老师让学生围绕问题进行讨论，由学生自由发言。老师会肯定每一个学生的表现，然后提出自己的观点或结论。

　　六要注意弘扬西方礼节仪式中尊重私权精神。例如美国人十分讲究"个人空间"，谈话时习惯于两人的身体保持一定的距离,一般是120～150厘米,最少也不得小于50厘米。行走于街巷时不得窥探别人院落,更不得未经许可进入私家院宅。

七要注意兼取中西礼仪之长。这方面不乏成功事例,例如在饮食礼仪方面,西方人的分餐制较科学,中国人的共餐制较有人情味,演进下来现在就出现了自用筷、公用筷;或一人两双筷,一入自己口,一用夹菜肴;小菜共用,其他菜分食,等等,这些礼仪吸纳了中西饮食礼仪之长,体现了中国人的智慧。

（来源：中国礼仪网，2019-06-22）

课题三
外国社会交往礼仪民俗

一、亚洲国家社会交往礼仪民俗

（一）日本

日本以"礼仪之邦"著称,讲究礼节是日本人的习俗。鞠躬礼是日本人最重要的礼仪,日本人以鞠躬礼作为见面礼节,并说"您好""再见""请多关照"等。鞠躬弯腰的深浅不同,表示的含义也不相同。日本人有时还一面握手一面鞠躬致敬。日本人初次见面对互换名片极为重视,初次见面时不带名片不仅失礼,而且对方会认为你不好交往。互赠名片时要先行鞠躬礼,并双手递接名片。接到对方名片后要用点头动作表示已清楚对方的身份,如果接过名片后不加看阅就随手放入口袋,会被视为失礼。

日本人对坐姿极为讲究,不管是坐在椅子上还是榻榻米上。在家中,很多日本人仍然保持着"正坐"的习惯,即双膝并拢跪地,臀部压在脚跟上,脚背平贴榻榻米,抬头挺胸的坐法。

去日本人家里做客应按以下规则处理：时间上可以灵活些。如果主人是长辈,客人要准时或稍早一些到达。在屋外先脱鞋、摘帽等,再按门铃。脱鞋很讲究礼节,脱鞋进门后,要转身弯腰,把鞋尖对齐了面朝门口。客人要自觉地换上主人准备好的拖鞋,不仅在刚进门时要这样,而且在进厨房、去阳台、上厕所均要换上专用的拖鞋,放在不同位置的拖鞋不能乱穿到别处。在进入到有榻榻米的房间时也应该脱掉拖鞋。进客厅前要互相鞠躬,进入居室后开始互相寒暄,接着客人递上礼品。如果要在主人家里吃饭,应该让长辈先入座。与日本人交往时不能随便地打听别人的隐私,比如婚姻、年龄和收入等。

（二）泰国

泰国是一个礼仪之邦，具有浓厚的佛教色彩。泰国人认为一个人的头部是最神圣的部位，外人不能随便抚摸他人的头部，小孩子的头部也不例外。只有国王、高僧或父母才能抚摸他人的头部，拿东西也忌讳从头部越过。

泰国人认为人的右手清洁而左手不洁，所以要用右手递东西给别人，在比较正式的场合还要双手奉上，用左手会被认为是对人不礼貌或是鄙视他人。在接别人东西时不能用左手接，接长辈的东西须用双手。泰国人互相打招呼时行合十礼。行礼时低头双手合掌，十指并拢举起，互相问候"萨瓦迪卡"，即"你好"的意思。行合十礼的时候，身份不同，要求也不同。小辈或下级行礼时双手举至前额；平辈行礼时双手举至鼻子的部位；长辈对晚辈或上级对下级还礼的时候双手不超过胸部；分手告别时也要行合十礼。在国王等皇室成员或父母、师傅、老师等尊贵的客人面前还应该行跪拜礼。

泰国人认为脚部是卑贱的，只能用来走路，绝对不能把脚掌冲向佛，不要跷起脚和把脚底对着别人。妇女落座要求更为严格，双腿必须并拢，否则会被认为是不文明，缺乏教养。到泰国朋友家里做客或是拜访须事先联系主人，准时赴约被看作是讲礼节、有修养的表现。泰国人有进门先脱鞋的习惯，在泰国乡村，人们席地而坐，不得盘腿，应双脚并拢端坐，而且并拢的双脚不能朝向他人。主人多用茶水和水果招待客人，夏季会在热茶里放上冰块。有些人家有请客人嚼槟榔的习惯。

（三）印度

印度是一个开放又十分重视宗教和社会风俗的民族。他们非常好客，对应邀或是突然造访的客人都十分热情。去印度人家里拜访，带糖果和鲜花是最受欢迎的礼物。印度人吃饭时，每人一个大铝盘和几个小铝碗，将要吃的食物倒入大盘中用手捏在一起送入口中，切忌用左手或双手吃东西。印度是信仰佛教的国家，盛行双手合十礼，一般人见面时把双手掌于胸前对合，十指合拢，并微微弯腰颔首。不同身份的人见面时行双手合十礼有不同的姿势。对于身份高于自己的人，双手合十，指尖高于胸部，一般到口部为限；子女拜父母或佛教徒拜见佛像时，双手合十后要举起，使指尖齐眉。妇女在行合十礼时，腰往往要比男子弯得更低一些。对于最尊敬的客人，行礼时身体可弯成直角。若是久别重逢或即将远行或有大事发生时，印度人要行拥抱礼。拥抱时，双方将双手搭在肩上，先把头偏向左边，胸膛紧贴一下，然后把头偏向右边，再把胸膛紧贴一下。有时双方也用手抚对方的背并紧抱，表示特别亲热。在印度南部，双方见面时用嘴和鼻贴一下对方的面颊，以表示友好。有些地方，年轻人见到长辈或下级见到上级时必须低头用右手抚摩长辈和上级的脚背，以表示尊敬。到庙宇参观时必须脱鞋方能进入。印度人在接待宾客时，主人会将一个花环挂在宾客的脖颈上，有的会送上一束玫瑰花，有的在贵宾身上撒些各种各样的花瓣，以表示友情。同印度人打交道时，如果对方表示同意你的意见，会把头向左摇动，如果不同意则会点头示意。

（四）印度尼西亚

印度尼西亚人非常重视礼节，讲究礼貌。社交场合与客人见面时，一般习惯以握手或点头为礼，男士不要主动伸手要求与女伊斯兰教徒握手。与熟人或是朋友相遇，传统礼节是用右手按住胸口并互相问好。当人们坐下来时两腿不能交叉，而要平放在地板上，脚尖和鞋底对着别人会被认为是侮辱。印尼人不在街道上或是走路时吃东西，认为这是不礼貌的行为。与别人谈话或进入别人家中时要将太阳镜摘下。印尼人有进寺（清真寺）脱鞋之俗，在巴厘岛，进入寺庙必须在腰间束腰带。如果有幸被邀请到印尼人家里吃饭，客人在开饭前或喝酒之前要等候主人的邀请，吃饭时不要多说话，用餐完毕需在盘子里留点食物。作为客人，不应对食物提出特别的要求，如提出要盐之类的。印尼人喜欢客人到他们家中做客访问，并且在一天中的任何一个时间去拜访他们都是受欢迎的。但在主人没有邀请之前客人不可以贸然就座，在长者和客人座位前经过一般要弯腰并将右手伸至右膝处，以表示对他们的敬重。在印尼人民心中，毛茉莉代表纯洁、热情，同时也是象征爱情之花和友谊之花。在国际交往中，把长长的、漂亮的毛茉莉环挂在来自远方的客人脖子上，一直垂到胸口，表示对对方的敬重与友好。

二、欧洲国家社会交往礼仪民俗

（一）英国

英国人在社交场合中特别注重礼仪形式，引见客人有自己的规矩习惯：一般要向地位高的人引见地位低的人，向老年人引见青年人，向妇女引见男子，向已婚妇女引见未婚的青年女子。英国的男士崇尚绅士风度，在社交场合遵循"女士优先"的原则。一般情况下，走路让妇女先行；乘电梯让女宾或女主人优先。英国人注意衣着打扮，什么场合穿什么服饰都有一定惯例。见面时对尊长、上级和不熟悉的人用尊称，并在对方姓名前面加上职称、衔称或先生、女士、夫人、小姐等称呼。亲友和熟人之间常用昵称。初次相识的人相互握手，微笑并说"您好"。在大庭广众之下，人们一般不行拥抱礼，英国人对约会不习惯提前到达，一般都是准时赴约。去英国人家里做客最好带点价值较低的礼品，因为花费不多不会有行贿之嫌，常带的礼品一般有巧克力、酒、鲜花。在英国，服饰、香皂之类的物品被认为涉及个人的私生活，所以一般不用来送人。菊花在任何欧洲国家都只用于万圣节或葬礼，一般也不宜送人。在接受礼品方面，英国人习惯当着客人的面打开礼品，无论礼品价值如何或是否有用，主人都会给予热情的赞扬表示谢意。

（二）法国

对法国人来说，社交是人生的重要内容。法国人的礼节主要有握手礼、拥抱礼和吻面礼。法国人在社交场合与客人见面时最常行握手礼，一般是女子向男子先伸手，年长者向年幼者先伸手，上级向下级伸手。在法国，尊重女性被认为是具有良好教养。在法国人的日常生活中，尊重女性的习惯随处可见，如为女性开门、上下车让女性先行等。法国人很重视在公众场合的形象，在社交场合，女子入室时男子须起立。去法国人家里做客要带点小礼物。应邀到主人家里共进晚餐，客人应该送些花，去赴宴时，客人迟到一刻钟到半个小时是尊重主人的表现，以免去得太早致主人措手不及。法国人几乎不请朋友在饭店吃饭，而是在自己家里做饭请客，他们认为自己亲自烹饪才能彰显出对朋友的诚意。在进餐时，客人应当夸奖女主人所准备的菜肴。法国人善饮，法国有句谚语"酒已取出就得喝"，他们几乎餐餐必喝，而且讲究在餐桌上以不同品种的酒水搭配不同的菜肴。法国人不怎么注重准时性，但商务活动要严守时间，商务活动在圣诞节及复活节前后两周不宜往访。法国人除非关系比较融洽，一般不互相送礼。对法国人来说，初次见面就送礼会被人认为是不善交际的，甚至还会认为你行为粗鲁。在法国，接受礼品时若不当着送礼者的面打开包装，则是一种无礼的表现。

（三）西班牙

西班牙是一个非常讲究礼仪的国家。在西班牙，朋友见面或是介绍陌生人时通常行握手礼，一般通过握手的方式和轻重便可以知道双方之间的关系。假若轻轻握手即刻放手，两人的关系必然淡薄，反之则深情厚谊。与女士握手应注意避免握得过重，不宜握着对方的手久久不放，以免轻浮之嫌。比较熟悉和亲近的朋友相遇，如果两人均是男士，通常行握手礼；如果两人均是女士，则相互轻吻面颊，若是久别，亦要互相拥抱。如果两人是异性，即使初次被介绍也要相互亲吻左右面颊。西班牙人热情好客、开朗大方，但是容易激动，发生争吵也很正常。西班牙人在送礼时总是极力夸耀他们的礼品是如何精选而来，以表"礼轻情意重"。当收到礼物时，收礼人应当当着送礼人的面郑重其事地将礼物拆开，如果是在正式的场合收到礼物，不宜当众拆开，否则有失礼节。西班牙人吃东西时通常会礼貌地邀请周围的人与他分享，但这仅仅是一种礼仪上的表示，不能贸然接受，否则会被认为缺乏教养。西班牙人非常健谈，尤其是在用餐时间，他们乐于聊天。西班牙人不轻易请人到家中做客，若是被邀请实乃幸事。所以无论菜肴是否合口味，客人都应该把菜肴吃干净，否则女主人心中一定不悦，认为自己烹饪不佳，以至于客人挨饿。在就餐前应当听从主人的安排，按次就坐。如果邻座是女士，要协助对方先入座，应尽可能地与同桌的人交谈。喝汤时不能发出声音，口中有食物时不要说话，就餐结束时要向主人表示感谢。

（四）德国

德意志民族是讲究文明礼貌的民族，德国人在社会交际中对礼节非常重视。德国人素来事无巨细，皆有法律规范，德国人讲纪律、守法律是出了名的，德国人视遵纪守法为做人的一种美德。与德国人打交道，自觉遵纪守法会受到敬重，目无法纪在德国则是不受欢迎的。德国人之间初次见面如果需要第三者介绍，要先向老年人引见年轻人，向女士引见男士，向地位高的人引见地位低的人。在社交场合，德国人通常采用握手作为见面礼节，双方握手时要友好地注视对方，以表示尊重对方。握手的时间宜稍长一点，晃动的次数宜稍多一些，握手的力量稍大一点。如果是亲朋好友见面，德国人往往会行拥抱礼。德国以右为上，让你走在右侧是对你的尊重。德国人认为在公众场合窃窃私语或大声说话是非常无礼的。德国人的待客之道无不体现他们谨慎处事的作风和对客人极其尊重和重视。他们邀请客人总是先用电话邀请对方商约邀请的时间、地点、时间，然后才发出邀请。在德国，官方或者非官方的邀请信还会注明衣着的要求，这样会避免穿戴不合适而闹出尴尬局面。在德国私人宴请的场合，等候迟到客人的时间一般不会超过15分钟。音乐会的迟到会令德国人生厌，迟到的人最好等到一个乐章结束之后再入座。

（五）意大利

意大利人在路上见面一般是简单打个招呼或是行握手礼。意大利人热情好客，如果你被人邀请到意大利人家里吃饭则不能拒绝，因为拒绝是非常不礼貌的。如果应邀到朋友家中做客时，可以带葡萄酒、鲜花或巧克力作为礼物，送花时要注意送单数。意大利人晚餐时间大都拖得很长，从晚上8点开始一直吃到深夜，菜肴相当丰富。如果恰逢节庆，客人应当给主人带点礼品或是纪念品，礼品的包装要讲究。

意大利人对自然界的动物有着浓厚的兴趣，喜爱动物图案，尤其是对狗和猫异常偏爱。红玫瑰表示对女性的一片温情，一般不送红玫瑰。手帕也不能送人，丝织品与亚麻织品一般也不能送人。礼物应含有某种快乐的味道，可送点精致典雅的东西，比如古典名著或艺术品。收到礼品后，主人会当着客人的面打开礼品包装，并说一些感谢的话。和意大利人相处，说话时必须注视对方。

意大利人不大注重约会的准时，时间观念较差，一般不准时。出席宴会、招待会等活动也经常迟到，至少在社交活动中如此，前往意大利人家中拜访一定要先预约。高级主管的上班时间是不规则的。意大利人对初次见面的人往往表现得很客气。意大利人大多善于交际，并很重视友谊。意大利人交谈的话题一般有足球、家庭事务以及当地新闻等。

三、美洲国家社会交往礼仪民俗

（一）加拿大

加拿大人讲究礼貌，但是又喜欢无拘无束，不喜欢繁文缛节。加拿大人性格开朗热情，对人朴实、随和、友善、热情好客，在社会交往场合与客人相见时一般行握手礼，亲吻礼和拥抱礼只适合亲朋好友和情人之间。许多加拿大人喜欢直呼其名，以此表示亲近友善。加拿大人在人际交往中的自由和随和是众所周知的，但在公众场合，他们也很注意文明礼貌，观看表演要提前入场，中途不能随意走动。加拿大人不喜欢别人插队，不喜欢那种抢着插嘴、边说话边用手指人的人。他们不喜欢别人一直盯着自己。他们认为吐痰是非常失礼的行为。如果有人在公共场合抠头发、清理指甲污垢，会被认为缺乏教养。加拿大人习惯拥有较大的个人空间，在使用银行自动提款机时，后面的人应该保持一定的距离，推碰别人是不礼貌的行为举动。加拿大人的时间观念很强，约会事先约定后一般要准时赴约，社交约会最迟不要超过半小时，如果不得已迟到，最好先打电话通知对方，并告知准确的到达时间。

（二）美国

美国人乐观大方、天性浪漫、性格开朗、善于攀谈、喜欢社交、似乎与任何人都能结交成为朋友，与人交往时讲究礼仪，他们交往时没有过多的客套，朋友见面打招呼说一声"Hello"就可以了。美国人见面一般行握手礼或是拥抱礼，不管对长辈还是平辈，他们都喜欢直呼其名，并认为这样更加自然和亲切。不相识的人见面时双方都会主动介绍自己的姓名。第三方介绍时，一般是把男子介绍给女子，把身份低的介绍给身份高的，把年轻的介绍给年长的，把女主人介绍给客人。美国人常说"Thank you"，这并不是一种客套，而是一种与人交往的礼仪。对于不熟悉的人，要避免谈及宗教、种族等敏感问题。

在公共场合用餐时不宜发出声响，否则会被认为是没有教养的。在正式的社交场合应按照礼仪要求着装。美国人一般不会随便送礼，在接到礼物时会显得有些难为情，尤其是没有回礼的情况下。不同于中国人送礼讲究成双成对，美国人认为单数是吉利的。美国人收到礼物一定要马上打开，当着送礼人的面赞赏礼物，并立即道谢。在美国，约会要守时，在美国人家中做客不必过分拘礼，主人请客人就座，客人应顺意而坐，否则会使得主人心理不安。在别人家里做客时不宜抚弄室内的古董珍玩，不宜询问室内用品的价格，不可随意地浏览或是翻阅主人的文件。在美国人家里做客不要轻易吸烟，如果你想吸烟，应该首先询问在座的女士是否介意，并先向其他人敬烟。

（三）古巴

古巴人诚实谦逊、热情随和、乐于交际、待人友善，对客人即使是初次见面也会热情招呼，主动问候，握手致意。第二次见面时，除了握手之外还会行吻面礼。朋友或亲人相见也常常以拥抱为礼。同外来客人初次相识并谈得投机，会当场邀请客人到家中做客，并拿出家中最好的食物招待，让客人高兴进门、满意告别。古巴人喜爱酒，宴客更是离不开酒，主要是冰镇啤酒和甘蔗酒（当地人称之为龙酒），宾主边喝边谈，气氛友好亲切。

古巴人乐于助人，他们奉行"滴水之恩，当涌泉相报"的做人准则。外国人向古巴人问路，对方会热情而详细地告诉你，如果你仍不明白，对方会主动陪送你到目的地，而拒绝你付给的任何报酬。在古巴，不要给对方礼物——这被视为非法行为。"13""周五"是不吉利的，逢这些数字心情会懊丧。按照古巴的商务礼俗，宜穿保守式样西装。拜会政府机关必须先订约。古巴人在商务活动中说话干脆、痛快，与他们谈判时不宜拐弯抹角，但他们通常会要求对方降低商品售价，对此事先应有所准备。

（四）阿根廷

阿根廷人非常讲究礼貌，"谢谢""对不起""借光"是阿根廷人日常使用率最高的词汇。阿根廷的礼仪和欧美国家大体相似，人们见面都要热情问候，彼此握手。熟人朋友见面还要拥抱或亲吻。在交际场合，对阿根廷人一般均可以"先生""小姐"或"夫人"相称。在正式场合，阿根廷人的着装讲究干净整齐。不论是进行正式访问还是外出一定要男穿西装套装，女着套裙或长裙。在阿根廷最好不要穿灰色的套装、套裙。在餐厅吃晚餐也要穿西装、扎好领带，一副绅士模样，外地来的观光客也绝不例外。阿根廷人见面时，与男士行握手礼，对女士轻吻脸颊。到阿根廷人家中做客，要给女主人献上一束鲜花或一些糖果，也可以带上威士忌。阿根廷人喜欢别人夸奖自己的孩子、家里的陈设和他们做的菜肴。阿根廷人喜欢聊的话题是体育运动，特别是足球，喜欢聊当地美丽的公园。妇女喜欢谈论时装，但是应该避免谈及宗教或是政治问题。

咖啡馆是阿根廷人的重要社交场所，一杯咖啡可以喝上几个小时，随心所欲地聊天。阿根廷人不论男女老少天天喝马黛茶，"宁可食无肉，不能居无茶"，喜欢以马黛茶款待客人，在茶中加入糖表示"友好"，加上苦味的佐料则表示"冷淡"，如果客人说"谢谢"，主人会认为你不想再饮茶，就不会再续水了。阿根廷人不喜欢在圣诞节、复活节前后两周及1～3月的度假期进行商务活动，也不喜欢在早餐时间商谈业务，谈判过程中一般不喜欢涉及个人私事。

四、非洲国家社会交往礼仪民俗

（一）埃及

埃及人采用的见面礼仪主要是握手礼。与跟其他伊斯兰国家的人士打交道时的禁忌相同，同埃及人握手时最忌用左手，男女之间可不握手，男士不宜主动伸手，握手时不应交叉。男士在握手时必须从座位上站起来，女士则不必。除握手礼之外，埃及人在某些场合还会使用拥抱礼或亲吻礼，拥抱礼力度要适中。埃及人所采用的亲吻礼往往因交往对象的不同而采用亲吻不同部位的具体方式，其中最常见的形式有3种。一是吻面礼，一般用于亲友之间，尤其是女性之间，一般是先右边贴一次，然后左边一次。异性之间通常是握手，只有亲戚之间行贴面礼。二是吻手礼，它是向尊长表示敬意或是向恩人致谢时所用的。三是飞吻礼，多见于情侣之间。埃及人认为"右比左好"，右是吉祥的，做事要从右手和右脚开始，握手、用餐、递送东西必须用右手，穿衣先穿右袖，穿鞋先穿右脚，进入家门和清真寺先迈右脚。埃及人的交往礼仪既有民族传统的习俗，又通行西方人的做法，上层人士更倾向于欧美礼仪。埃及人不忌讳外国人家访，外国人去埃及人家里做客应注意首先要预约，通常在18点后及斋月期间不宜拜访。用餐时不要把盘子里的食品吃光，这被认为是不礼貌的。在埃及人面前尽量不要打哈欠或打喷嚏，如果实在控制不住，应转脸捂嘴，并说声"对不起"。

（二）南非

南非的黑人和白人所遵从的社交礼仪不同，白人的社交礼仪特别是英国式社交礼仪广泛流行于南非社会。在社交场合，南非人所采用的普遍见面礼节是握手礼，他们对交往对象的称呼主要是"先生""小姐"或"夫人"。在黑人部族中尤其是广大农村，南非黑人往往会表现出和社会主流不同的风格。比如，他们通常以鸵鸟毛或孔雀毛赠给贵宾，客人得体的做法就是把这些珍贵的羽毛插在自己的帽子上或头发上。在城市里，南非人的穿着打扮基本西化了，凡是正式场合，他们都讲究着装端庄、严谨。南非黑人通常还有穿着本民族服装的习惯。不同部族的黑人在着装上往往有自己不同的特色。在南非黑人家做客，主人一般会送上刚挤出的牛奶或羊奶，有时是自制的啤酒。客人一定要多喝，最好一饮而尽。跟南非人交谈有4个忌讳的话题：一是不要为白人评功摆好；二是不要非议黑人的古老习惯；三是不要为对方生了男孩表示祝贺；四是不要评论不同黑人部族或派别之间的关系及矛盾。

（三）加纳

加纳人见面和告别都习惯行握手礼。当同列队人握手时，无论这些人年长年幼、地位高低，他们一般都习惯从右向左一一同列队人握手。他们打招呼的习俗很特殊，通常客人来访时，客人先向主人致意；老师进教室时，老师先向学生致意；两人相遇，先看到对方者先打招呼，但加纳人恰好相反。如果忽视这些规矩，很容易被他们误解成是故意找他的麻烦或是羞辱他。

加纳人感情真挚、极为好客，哪怕你是个陌生人，只要对他们不持恶意、能够以礼相待，就一定会受到他们的热情帮助甚至包括提供住宿、食物及钱财等。他们还特别富有感激之情，若对他们有恩，他们一定会千方百计地设法报答。加纳人非常重视名誉，甚至把名誉看得比自己的生命还重要。他们时间观念不强，他们对事先联系好的约会有时可能不准时到达，甚至可能不去赴约。在加纳，凳子被视作一种吉祥物，他们喜欢精心保存一只乃至几只凳子，还常以珍藏的凳子当作最好的礼物馈赠客人。他们不喜欢那些收到礼物毫不在意的人，认为那样是对送礼物的人的轻蔑和侮辱。

【模块回顾】

礼仪是人类文化的结晶、社会文明的标志和人类交往的行为规范，也是人类为维系社会正常生活而要求人们共同遵守的最起码的道德规范，是人们在长期共同生活和相互交往中逐渐形成，并且以风俗、习惯和传统等方式固定下来的。社会交往礼仪是指人们在社会交往活动中形成、应共同遵守的行为规范和准则，涉及穿着、交往、沟通等内容，具体表现为礼节、仪表等。社会交往礼仪具有尊重作用、约束作用、教育作用和调节作用。

【自我测试】

1. 社会交往礼仪民俗的基本原则有哪些？
2. 社会交往礼仪有什么作用？
3. 德国的社会交往礼仪有什么独特之处？
4. "合十礼"在哪些国家盛行？
5. 中西方社会交往礼仪的差异在哪里？

【实战训练】

全班学生分成若干个小组，外出进行实地考察，了解当地旅游从业人员（或当地居民）是如何与游客进行交流的，并进行评析。

【能力鉴定】

社会交往礼仪民俗学习者能力鉴定表（一）

被鉴定者姓名：_____ 能力单位：<u>社会交往礼仪民俗认知</u>
鉴定或工作场所：_____ 鉴定者姓名：_____

关键能力	评价指标	是否具备能力	
		是	不是
记忆能力	1. 说出社会交往礼仪民俗的基本含义		
	2. 说出社会交往礼仪民俗的基本原则		
理解能力	1. 社会交往礼仪民俗的文化内涵		
	2. 社会交往礼仪民俗的旅游价值		

被鉴定者能力：满意_____ 不满意_____
对被鉴定者的反馈：
鉴定者签名：_____ 日期：_____

社会交往礼仪民俗学习者能力鉴定表（二）

被鉴定者姓名：_____ 能力单位：<u>社会交往礼仪民俗实例展示</u>
鉴定或工作场所：_____ 鉴定者姓名：_____

关键能力	评价指标	是否具备能力	
		是	不是
记忆能力	1. 说出至少 4 种我国少数民族的社会交往礼仪民俗		
	2. 说出至少 3 种外国的社会交往礼仪民俗		
应用能力	根据少数民族的社会交往礼仪民俗，设计 1 项民俗文化特色旅游计划		

被鉴定者能力：满意_____ 不满意_____
对被鉴定者的反馈：
鉴定者签名：_____ 日期：_____

模块十
岁时节日民俗

学习目标

知识要求

1. 了解影响岁时节日民俗的因素
2. 掌握岁时节日民俗的基本类型
3. 熟悉中国各民族和外国的岁时节日民俗

能力要求

1. 能够辨别中国及外国的特色岁时节日民俗
2. 能够通过实例揭示岁时节日民俗的旅游价值
3. 能够根据特色节庆活动设计专项旅游线路

课题一 岁时节日民俗认知

一、岁时节日民俗的概念

岁时节日民俗是一种内容宽泛、涵盖面较广的社会文化现象。岁时源于古代历法，节日源于古代季节气候，岁时节日就是由年月日与气候变化相结合排定的节气时令。岁时节日民俗是指在一年当中某个约定俗成的特定时日，在人们的社会生活中形成的具有某种民俗意义的社会性活动，并由此所传承下来的各种民俗事象。节日相对固定，一般有周期性、有特定的主题、有群众的广泛参与。

二、岁时节日民俗的形成与发展

我国是世界上较早进入农耕生活的国家之一，农业生产要求人们掌握较为准确的农事季节，因此人们很早就能依靠对天象、气象和物象的观察来决定农时，指导生产，安排生活。天象就是日月星的变化，气象就是气候的变化，物象就是动植物随季节而起的变化。我国古代劳动人民正是根据天文、历法知识来划定一年中的时序节令，将生产活动和日常生活纳入自然规律之中，逐步形成不同的风俗。不同的地方、不同的民族有不同的节日，就是相同的节日在不同的地方、不同的民族其内容也不尽相同。节日及民俗的形成是一个漫长历史累积的过程，受政治、经济、历史、文化传播等多种因素的互相渗透、互相影响，共同对节日民俗的形成发生作用。

（一）政治经济因素

以生产性节日民俗来说，从事农业生产的民族节日习俗受农事活动的影响，如春季有迎接春耕的节日典礼，秋季有庆贺丰收的节日典礼。上层统治者的参与和提倡也对民间约定俗成的节日起到促进和推动作用。例如德国慕尼黑的啤酒节本与啤酒无关，是起源于1810年10月巴伐利亚路德维希王子与黛丽丝公主的结婚庆典，时值粮食瓜果丰收时节，后来演变成为民间传统节日。

（二）社会生活因素

社会生活对节日民俗形成的影响是多方面的。在我国古代社会，求神拜佛、问卜占卦是社会生活的重要内容，因而我国传统节日中有大量这方面的习俗。另外，我国长期以来受儒家思想的影响重视人际交往，逢年过节人们都会走亲访友，登门贺岁，这些都显示了社会生活在节日民俗形成中的重要影响。

（三）历史传说因素

历史事件与传说也是影响节日民俗形成的因素之一。例如关于端午节的来历民间有多种传说，如纪念屈原说、纪念伍子胥说、纪念东汉孝女曹娥说等。但民间流传最广的是纪念屈原的说法，于是在端午节就形成了祭祖屈原、赛龙舟的风俗。中秋节本渊源于古代的秋祀、拜月习俗，汉代有了嫦娥窃食不死药成仙奔月、化为蟾蜍的神话，月中又多出玉兔、桂树之说。唐代进一步演绎出吴刚砍伐桂树及桂子飘落人间的传说，使故事情节更加丰富完整，形成了固定的拜月、赏月的习俗。

（四）文化传播因素

文化传播方式主要有两种：一种是通过自然的文化传播形成的节日民俗，如汉族有春节、清明节、端午节、中秋节，许多少数民族也有这些节日；另一种是人为的，主要是宗教性的节日传播。

三、岁时节日民俗的类型

（一）农事生产性节日民俗

农事生产性节日是以农林渔猎等生产习俗惯制为标志的节日，如四时标志的"四立"和"二分""二至"都是预报农事季候的。农事节日是农业生产活动的里程碑，但民间并不一定都用节日仪礼对农事节日做出表示。随着现代化农业技术的发展，农事民俗逐渐减弱了它的节日特色。我国民间还有两个特殊的农事节气，就是夏至三庚日开始的"数伏"和冬至开始的"数九"，都是为农事报信的节气。

（二）祭祀性节日民俗

祭祀节日是主要内容以供献天帝、祭礼神灵、祭奠祖先亡灵、祈禳灾邪、驱恶避瘟等信仰习俗为标志的节日。在我国各民族民俗节日中，这种节日居多数。例如海南岛黎族的稻公稻母祭日就是把农事节日与祭祀谷神、祖先结合起来的收获节。西南少数民族中以彝族为代表的传统火把节也是盛大的祭祀节日，以祭神祭田、送祟除邪为主要内容。

（三）纪念性节日民俗

纪念节日的主要节日内容是追念民族英雄及地方历史上受崇拜人物的活动。例如藏族每年在藏历七月初一到初五之间举行传统的藏戏节，俗称酸奶节（"雪顿节"），相传是为了纪念藏族历史上著名的修铁索桥大师唐东结布而流传下来的；汉族端午节主要的民俗活动是吃粽子、赛龙舟，与纪念屈原这位历史人物相结合；欧美各国的圣诞节、复活节也是与耶稣有关的纪念节日。

（四）庆贺性节日民俗

庆贺节日以喜庆丰收，祝贺人畜两旺、平安幸福为主题。这种节日在民间属于重大的节日，各民族都有，通常我国各民族的"年"节就属于这一类。又如保加利亚以"玫瑰之国"称著于世，每年6月的第一个星期天都要举行玫瑰节；在美国新墨西哥州的哈奇城，每年9月5日要举行"辣椒节"；北美居民每年12月31日要举行"南瓜节"；在西班牙的一些地方，每年9月要举行"大蒜节"。

（五）游乐性节日民俗

游乐性节日的主要内容是通过歌舞游艺活动进行社交往来，这类节日往往以群众集会的形式举行。例如各地各民族举行的传统歌节、歌会、歌圩活动都属于这一类，如大理白族的传统盛会"绕山林"就是很有代表性的社交游乐节日；苗族有些地区每年农历3月下旬在"马日"举行的爬山节、6月19日的香炉山爬坡节都是规模盛大的男女青年社交集会日，歌山人海，十分壮观。壮乡侗寨的歌圩会、赶坡歌会、仫佬族的"走坡节"，西北地区汉族、回族、东乡族、保安族、撒拉族等族的六月六莲花山"花儿会"都是很有特色的游乐性节日。在国外，一年一度的西班牙"奔牛节"也成为男性青年们显示自己勇敢的娱乐节日。

【延伸阅读】

二十四节气的含义

立春 立，开始，春蠢动，意味着植物开始萌动生长，民间可开始备耕。过去，为启示农民春耕，用竹篾扎成牛状，由人持鞭打之，俗谓"打春牛"。后来没有打春牛的活动了，但仍称立春为"打春"。是日，民间有人做小巧花布公鸡，嘴叼玉米粒，缀于幼儿衣袖上，以兆丰年。立春日天气与年景有关，是日天晴，兆丰年。"一年之计在于春"，民间多精耕细作，麦田中耕或浇水施肥，以求丰收。

雨水 入春后，东南风始吹，雨水增多，故名之。开始植树，有时有春寒天气，谓之"倒春寒"。

惊蛰 天气转暖，春雷响动，蛰伏地下的动物开始苏醒。是日闻雷，兆年景丰收。

春分 春季的一半，昼渐长，夜渐短。小麦进入生长旺季，"麦过春分昼夜忙"，应加强田间管理，施肥、中耕等。

清明 清洁明朗意，气候清新、温暖，草木繁茂，谚曰"清明前后，点瓜种豆"。是日天晴，兆大丰收，有"清明晒干柳，窝窝撑死狗"的说法。

谷雨 霜雪断，雨水多，雨生百谷而名。枣树发芽，春作物可入地。谚曰"枣芽发，种棉花"。

立夏 夏季开始，小麦齐穗；黄瓜成熟，"四月八，鲜黄瓜"。其时风雨，对作物有影响。

小满 以麦子籽粒生长盈满而名。小满见"三新"（指樱桃、油菜、蚕茧成熟），做收麦准备。可种谷子，有"小满种谷，憋破仓屋"之说。

芒种 "芒"指作物尖端硬毛，意为带芒作物（如小麦）成熟收割，晚秋作物始种，即所谓"芒种忙种"。有"四月芒种麦在前，五月芒种麦在后"的说法，指芒种节气若在四月底，

夏至	芒种前收割麦子；若在五月初，则于芒种后收割麦子。至，意极，日影短到极点。从这天起，太阳逐渐南移，气温升高，天气变热，开始锄头遍地。有农谚"掏钱难买五月旱，六月连阴吃饱饭"。待庄稼苗剔出、草锄干净，这时下雨可以促进作物生长。夏至三庚入头伏，伏有30天或40天，分头伏、中伏和末伏，每伏10天，中伏有20天的。民间有"热在中伏"和"三伏里头加一秋"之说。
小暑	暑，炎热意，小暑天气渐至炎热，汛期到，作物旺长，可犁炕地。
大暑	为一年中最热时。正值伏中，"冷在三九，热在三伏"，"三伏不热，五谷不结"。
立秋	时在三伏之中，秋天到来。"秋"也是庄稼接近成熟的意思，"立秋三天遍地红"，指高粱穗变红成熟。
处暑	处，结束意。炎热的天气将于此日结束，气温渐降，可种荞麦。
白露	时至仲秋，近地面水汽冷结为白色露珠而故名。天气转凉，收秋腾茬。"白露身不露"，不应再赤露身体了。
秋分	秋季的一半，此后北半球昼渐短，夜渐长。秋收最忙时节，备播小麦。
寒露	天气由凉转冷，露水寒冷沁心而名。此时是播种小麦的大好时机，有"寒露到霜降，种麦莫慌张"，"秋分一半家，寒露满天下"之农谚。
霜降	以天冷露水结成薄霜而故名。"霜降有霜，米谷满仓"。时在农历九月，种麦应结束。"霜降到立冬，种麦莫放松"。
立冬	冬天到来。渐入农闲，做过冬准备。
小雪	气温下降，始飘雪花，雪不多所以叫"小雪"。越冬准备就绪。
大雪	天寒地冻，大雪纷飞故名。瑞雪兆丰年，"麦盖三床被（大雪），枕着馍馍睡"。
冬至	太阳直射南回归线，此后天气渐入严寒。是日交九，有《冬九九歌》："一九二九不出手，三九四九冰上走，五九六九河开冻，七九八九沿河看柳，九九加一九，耕牛遍地走。"
小寒	冷气久聚而寒，但不是最冷，故名。
大寒	进入一年中最寒冷的时候。时在十二月，准备过春节，"小寒大寒，杀猪过年"。

（来源：24节气网）

课题二 中国岁时节日民俗

一、中国汉族岁时节日民俗

汉族岁时民俗的最初来源与古代天文、历法知识有紧密联系。自古以来，我国民间就传承着仰视天象以观测寒暑季节并为衣食住行做准备的习俗。如农谚所说："天河朝东西，收拾穿冬衣；天河朝南北，收拾把麦割。"在漫长的历史演变中，形成了丰富多彩的汉族节日文化。

（一）春节

春节是农历正月初一，又叫阴历年，俗称"过年"，是民间最隆重、最热闹的一个传统节日，年俗庆祝活动异常丰富多彩，每年从农历腊月二十三日起到年三十，民间把这段时间叫作"迎春日"，也叫"扫尘日"，在春节前扫尘搞卫生已成为汉族的传统习惯。然后就是家家户户准备年货，节前10天左右人们就开始忙于采购物品，年货包括鸡鸭鱼肉、茶酒油酱、南北炒货、糖饵果品，都要采买充足，还要准备一些过年时走亲访友时赠送的礼品，小孩子要添置新衣新帽，准备过年时穿。

节前要在住宅的大门上粘贴红纸黄字的新年寄语，也就是用红纸写成的春联。屋里张贴色彩鲜艳寓意吉祥的年画，心灵手巧的姑娘们剪出美丽的窗花贴在窗户上，门前挂大红灯笼或贴福字及财神、门神像等，福字还可以倒贴，路人一念"福倒了"也就是福气到了，所有这些活动都为节日增添了足够的喜庆气氛。

（二）元宵节

元宵节又称"上元节"，即阴历正月十五日。在古书中，这一天称为"上元"，其夜称"元夜""元夕"或"元宵"，元宵这一名称一直沿用至今。由于元宵有张灯、看灯的习俗，民间又习称为"灯节"。此外还有吃元宵、踩高跷、猜灯谜等风俗。我国古代历法和月相有密切的关系，正月十五这天，人们迎来了一年之中第一个月满之夜，因此这一天理所当然地被看作是吉日。早在汉代，正月十五已被用作祭祀天帝、祈求福佑的日子，后来古人把正月十五称"上元"，七月十五称"中元"，十月十五称"下元"。

（三）清明节

清明节属我国历法中的二十四节气之一。节期在公历每年的4月5日前后。清明节既是传统节日，也是最重要的祭祀节日，是祭祖和扫墓的日子。扫墓俗称"上坟"，是祭祀死者的一种活动，汉族和一些少数民族大多都是在清明节扫墓。按照旧时习俗，扫墓时人们要携带酒食果品、纸钱等物品到墓地，将食物供祭在亲人墓前，再将纸钱焚化，为坟墓培上新土，折几枝嫩绿的新枝插在坟上，然后叩头行礼祭拜，最后吃掉酒食回家。唐代诗人杜牧的诗《清明》："清明时节雨纷纷，路上行人欲断魂。借问酒家何处有？牧童遥指杏花村。"就写出了清明节的特殊气氛。

（四）端午节

农历五月初五是为"端午"或"重五"。古代，"五"与"午"相通，因此，"端五"亦称为"端午""重午"。端午节是我国民间夏季最重要的传统节日，每年农历五月初五日举行。它约始于春秋战国之际，其来源有4种说法，其中民间流行最广、最有影响的说法是为纪念屈原于五月初五投汨罗江。这天，人们会举行各项活动，如吃粽子、躲午、赛龙舟、迎火船、戴艾蒿、挂菖蒲、戴香包、挂葫芦、驱五毒、饮雄黄酒、悬钟馗等习俗。

（五）七夕节

农历七月七日的晚上称"七夕"。我国民间传说牛郎织女此夜在天河鹊桥相会，后有妇女于此夜向织女星穿针乞巧等风俗。所谓乞巧，即在月光下对着织女星用彩线穿针，如能穿过七枚大小不同的针眼就算很"巧"了。农谚说"七月初七晴皎皎，磨镰割好稻"，这说明七夕又是磨镰刀准备收割早稻的时候。

（六）中秋节

农历八月十五为中秋节。阴历八月为秋季第二个月，叫"仲秋"，八月十五居仲秋之中，叫"中秋"。此日月色倍明，故又称"秋节""月夕""月节"。在中国人心目中，中秋是一个象征团圆的传统节日。中秋节的起源与古代秋祀、拜月习俗有关。如今，每当中秋之夜，皓月当空，合家欢聚，共赏明月，品尝各式月饼，人们借助各种象征团圆的节物与活动表达一个共同的心愿：祈愿家人团圆、生活美满。"每逢佳节倍思亲"，这是中国人特有的传统情感。对于炎黄子孙来说，即使远在天涯海角，中秋节的明月也能带去亲人的缕缕相思与祝福。

（七）重阳节

重阳节节期在每年的农历九月初九日，也是中国民间的传统节日。重阳节源自天象崇拜，由上古时代季秋丰收祭祀演变而来。"九"数在《易经》中为阳数，"九九"两阳数相重，故曰"重阳"；因日与月皆逢九，故又称为"重九"。九九归真，一元肇始，古人认为九九重阳是吉祥的日子。古时民间在重阳节有登高祈福、秋游赏菊、佩插茱萸、拜神祭祖及饮宴祈寿等习俗。传承至今，又添加了敬老等内涵，人们于重阳之日感恩敬老。登高赏秋与感恩敬老是当今重阳节日活动的两大重要主题。

【延伸阅读】

传统节日法定假日化的意义

2007年12月16日，国务院正式颁布了修订后的《全国年节及纪念日放假办法》。民众对新的放假办法可能还有些不太满意的地方，比如关于取消五一长假，有人认为这实际上让一些打工者失去了一个与家人团聚的机会，所以希望能继续保留原来的五一长假。正所谓"众口难调"，一个放假办法是无法使从事各行各业的14亿人都满意的。即便如此，大家对增加3个传统节日为公众假日还是持肯定和支持态度的。

从有关方面对这次节假日放假办法调整的说明来看，之所以增加清明、端午及中秋3个节日为假日，主要是考虑到我国现有的节假日安排明显缺乏传统文化特色。五一和十一的长假安排，更多的是出于政治性纪念日的考虑，在现实生活中，民众在度过这些假期的时候，"假日"的意义凸显，节日的意义则几近于无。而一些世代相传、具有丰富的文化内涵和民族特色的节日却在民间有着顽强的生命力,即使单位不放假,老百姓仍会在工作和生活的"夹缝"中挤出时间享受这些节日给身心带来的愉悦和满足。

中国的传统节日当然不止春节、清明、端午和中秋,有些节日如元宵节、重阳节、腊八等,民间也会有各种各样的庆祝活动,季节性的节日如夏至、冬至等也有很重要的民俗活动与之相连,如在山东就有"冬至饺子夏至面"的说法,如刚刚过去的冬至,就有很多人在这一天里吃饺子。依托于节日的假日,虽不可能照顾到所有的民俗,但一些全民性的节日则理应成为法定假日。

首先是一种遵循"国际惯例"的做法。节假日的规定虽然民族各异,不过各国的法定假日无疑要考虑到相沿已久的民族节日或宗教节日,如基督教的圣诞节、犹太教的逾越节、伊斯兰教的宰牲节等。我们也有寄托着民族情感的、得到炎黄子孙公认的节日,因此,把这些"识别"中国人之所以是中国人的节日设为法定假日,是符合"国际惯例"的。

其次是可以增强民族的凝聚力。在如今几乎地球上每一块土地上都有中国人的大环境里,真正能把中国人凝聚在一起的,不是现如今那些时髦的语词,而是植根于深厚的传统文化中、流淌在每一个炎黄子孙血液中的民族情愫,而这些情愫恰恰可以具化为一个个节日,在这些节日里更具象征意义的仪式或饮食中唤起人们的民族认同感和自豪感。

再次,节日的法定假日化也为我们继承传统文化遗产提供了一个依托和平台。我们有5 000年的文明史,自古及今,先贤们给我们留下了丰厚的遗产,既有看得见的物质的遗产,诸如长城、大运河,也有看不见的"非物质文化遗产",如天人合一的和谐精神、以孝道为核心的仁爱精神、以天下为己任的忧患意识等。我们虽无法企望每个人都在过节的时候沉湎于对过去的怀想中,不过传统节日的法定假日化毕竟为我们提供了一个沉思与感恩的机会,为我们的"继承和发扬"提供了可能。

最后还应该提到的一点是,传统节日成为法定假日实际上也是我们的政府在决策时更注重民意,更"以人为本"的表现。以往节假日的设定主要考虑的是国家的、政治的或经济的原因,"黄金周"一词的普及与流行,就是这种价值取向的最好注脚。当长假的弊端日益显现,引起一些专家学者的注意并被不断地进入人大或政协的提案后,决策者也在不断地调整着自己的思路,从原来的只是"答复"到后来的时机不成熟的"解释",再到最后征求意见后的修订"落实",体现的是一种政府工作从一厢情愿地闭门造车式的决策,到满足百姓情感需求的"以人为本"的执政观的变化,这一变化是更令人欣喜的。

(来源:中国民俗网)

二、中国少数民族岁时节日民俗

(一)东北少数民族岁时节日民俗

1. 满族

(1)春节

春节是满族人民重要的传统节日。节前要做满族传统糕点——萨其马,张贴对联、窗花、挂笺(按旗属分别贴红、黄、蓝、白色)、挂"福"字。午夜分发"神纸"之后,晚辈男子到族内各家"辞岁"。除夕半夜子时，家家吃饺子，取"更岁饺子"之意。还要把一枚铜钱（富家有的用宝石等）暗放饺子中．谁吃到了则终岁大吉。除夕，家家院内竖灯笼杆，高可达六七米，上扎松枝，高挂红灯，红灯至初六，夜夜不熄。

（2）颁金节

颁金节为满族"族庆"之日。1635年农历10月13日，皇太极发布谕旨，正式改族名"女真"为"满洲"，这标志着一个新的民族共同体形成。1989年10月，在丹东"首届满族文化学术研讨会"上，正式把每年的12月3日定为"颁金节"。各地满族同胞在农历十月十三日的满族命名日自发地举行纪念活动，以示纪念满族诞生。但活动时使用的名称不尽相同，或称"命名日"，或称"诞生日"，或称"纪念日"。

（3）添仓节

每年正月二十五，满族农村家家讲究煮黏高粱米饭，放在粮仓里，用秫秸棍编织一只小马插在饭盆上，意思是马往家驮粮食，丰衣足食。这一天，要象征性地添新饭，连添三回，也有的人家用高粱秸做成两把锄头插在饭上。这个节日至今在东北农村仍旧保留着。

2. 朝鲜族

（1）老人节

朝鲜族向来都把尊重老人看作是家庭乃至整个社会生活中极为重要的礼节，为老人过花甲仪式，即老人节，既隆重又至诚。一到花甲之日，子女们为老人摆寿席，设酒宴，广邀亲朋好友和邻居欢聚一堂，感谢父母养育之恩，祝愿老人健康长寿。在花甲仪式中，"献寿"为主要内容，即晚辈们依次向花甲老人敬酒跪拜的祝寿之礼。献寿礼按子女长幼之序、亲戚远近之别及至宾客，依次敬酒献寿。献寿礼又是别具风格的庆典活动，人们或者献花敬酒，或者赋诗祝寿。献礼后，老人和妇女们把寿席上的饮食分给在场的年轻人和小孩，人们相信吃寿席上的东西会使人健康成长。

（2）婴儿周岁生日节

朝鲜族家庭非常重视和认真操办小孩的周岁生日。周岁生日当天小孩穿着漂亮的生日服装，男孩一般上着"则羔里"（上衣），外加小坎肩，下穿蓝色裤子，头戴幅巾，而女孩上穿彩绸"则羔里"，下着红绸罗裙。生日当天最引人注目的活动是象征预言命运的"抓周"。早晨，家人为孩子摆上生日桌席，桌上放着一些米、小豆、打糕、面条、线、书、笔、钱币等带有象征意义的东西。在父母的扶持下，让孩子拿他喜欢的东西。如果孩子拿了笔或书，那么将来一定学习好，成为学者；如果拿的是钱币或大米就说将来会发财；如果先抓面条或线，则说他会健康长寿。

（二）中南少数民族岁时节日民俗

1. 土家族

（1）赶年节

赶年节是土家族传统节日，土家人过大年时间比汉族提前一天，小月为腊月二十八，大月为腊月二十九。过赶年节要做糯米粑，杀猪祭祖、煮酒。除夕之夜还要"守年""抢年"，即吃过团圆饭后手执吹火筒在房前屋后转一圈，名曰"出征"，有的手持猎枪上山走一趟曰"模营"，以纪念先人。虽提前一天"赶年"，大年三十晚上还是照样过除夕，有各种文娱活动，"玩龙灯""荡秋千""踩高跷"等。

（2）牛王节

每年的4月18日是土家族的牛王节。这天各地土家族都要举办牛王节歌会，搭起歌台，将牛头像悬挂在歌台中央，以歌颂牛的功德。牛王节十分热闹，各家各户提前一天将牛梳洗干净，喂精饲料，牛角上系一朵大红花，一早牵着去赶歌会，同时也借此机会展示自家喂的牛健壮。

2. 黎族

（1）黎族春节

黎族民间过春节称为"过旧年"，从除夕至正月初四止。黎历把元月称为"年月"，是过年的休闲月，是一年的开始。春节节日的本意在于除旧布新，送往迎来，黎族各家老少都会把家里打扫得干干净净，欢天喜地迎接新一年的到来。黎族习惯不在异地过年，大年三十都要回家吃年饭。年初一大清早要给牛栏、猪舍、谷仓、果树贴红符，表示财物有主。这一天一般全日闭户不外出，不许打骂人，不讲污秽语言，只能说吉利的话。年初二开始亲戚朋友互贺新喜，敬酒对歌或开展各种文体比赛活动，气氛活跃，人们沉浸在一片欢乐之中。

（2）黎族三月三

三月三节（农历三月初三）是黎族的民间传统节日。每年农历三月初三，黎族人民都会身着节日盛装，挑着山篮米酒，带上竹筒香饭，从四面八方汇集到一起，或祭拜始祖，或三五成群相会、对歌、跳舞、吹奏打击乐器来欢庆佳节。青年男女更是借节狂欢，以歌会友，以舞传情，沉醉在幸福的爱河里，直到天将破晓才会依依惜别，相约来年三月三再会。黎族三月三有着非常广泛的群众基础，随着时代的变迁，节日的庆祝内容也日益多样，但对歌、民间体育竞技、民族歌舞、婚俗表演仍是基本的内容。

3. 畲族

（1）畲族春节

畲族过春节除杀鸡宰猪外，还要舂糍粑，取其谐音，祝愿在新年里有"好时（糍）运"，日子"年年（黏黏）甜"。畲族人十分虔诚地祀奉"盘瓠"祖先。初一晨起，全家叩拜"盘古祖图"，讲述祖先创业的艰难。节日期间，悦耳的畲族山歌飞扬，伴随着情真意切、悠扬动听的山歌，含情脉脉的畲家姑娘把亲手绣制象征纯洁爱情的彩带系在情郎腰上。

（2）畲族二月二

畲族二月二又称"会亲节"，是畲族仅次于春节的传统节日，主要流行于闽东的福鼎、福安等县。所谓"会亲"，系指原由福鼎双华、福安坂中分炉至浙南、闽东各地的畲族于每年农历二月初二回祖地相聚，举行会亲活动。节日这一天，畲家门前都升起白底红边的三角形族旗和颇似古时"华盖"的圆伞，从双华分支出去的各地族人都盛装打扮回到祖地会亲。人群熙熙攘攘，歌声笑声不绝于耳，宁静的山村顿时成为欢乐的海洋。

（三）西北少数民族岁时节日民俗

1. 蒙古族

（1）那达慕

"那达慕"蒙古语意为"游戏"或"娱乐"，原指蒙古族传统的"男子三竞技"——摔跤、赛马和射箭。随着时代的发展，逐渐演变成今天的包括多种文化娱乐内容的盛大庆典活动和物资交流活动。历史上的那达慕不受时间限制，通常在祭祀山水、军队出征、凯旋、帝王登基、正月以及大型庆典等场合举行。今天的那达慕在每年夏秋之交举行，规模一般是看当年牧业的生产情况，小丰收小开，大丰收大开。活动内容除了传统"男子三竞技"，还有文艺演出、田径比赛和各类经济文化展览以及订货洽谈、物资交流等活动。

（2）祭敖包

"敖包"是蒙古语音译，亦作"鄂博""脑包"等，汉语的意思为"高堆子"，原是指在游牧交界之处及道路上用石块或泥土堆积起来以作标记的石堆或土堆，后来逐渐被视为神灵的居所，被作为崇拜物加以祭祀和供奉。敖包一般均建于地势较高的山丘之上，多用石块堆积而成，也有的用柳条围筑，中填沙土，一般呈圆包状或有圆顶方形基座，上插若干幡杆或树枝，上挂各色经旗或绸布条。过去，祭敖包活动多在农历5～7月水草丰美、牛羊肥壮的季节进行。届时，群众纷纷扶老携幼，携带着哈达、整羊肉、奶酒和奶食品等赶来敖包处。先献上哈达和供祭品，再由喇嘛诵经祈祷，众人跪拜，然后往敖包上添加石块或以柳条进行修补，并悬挂新的经幡、五色绸布条等。最后参加祭祀的人都要围绕敖包从左向右转三圈，祈神降福，保佑人畜两旺。祭祀仪式结束后，常常举行赛马、摔跤、射箭、赛布鲁等传统体育活动。

2. 土族

（1）擂台戏

擂台戏也称"擂台会"，是青海互助县一带土族的传统节日。每年农历二月初二在县府所在地威远镇举行，威远镇宋代名为"牧马营"。节日这天，人们盛装打扮，纷纷来到会场。许多著名的花儿歌手远道跋涉而来，试与当地歌手比高低。人们各自选伴结伙，分成若干赛场，每组7～10人，在广场上摆开阵势对唱。当比赛进入高潮时，各场涌现出许多新的歌手，然后组成新的小组，继续比赛对唱。直到暮霭降临人们才陆续离去，对歌优胜者被誉为"花儿王"，当众披红挂彩。除唱花儿外，节日的主要活动还有物资交流、唱戏、赛马、摔跤、武术表演等。

（2）花儿会

花儿会是土族传统节日，节日时间因地而异。主要的花儿会是五峰山花儿会，流行于青海互助一带，每年农历六月初六日于五峰山举行。五峰山坐落在互助县西垣，因山峰形状与人手五指相似而得名。五峰山翠峰青峦，雾披云裹，泉水潺潺，风景优美。每逢节日，山上山下锣鼓喧天，人来人往，川流不息，或观赏浏览，或赛歌比舞，台上纵情高歌唱花儿，台下集体对歌，此起彼伏。花儿会还是城乡物资交流的盛会。

3. 维吾尔族

（1）肉孜节

肉孜节是维吾尔族的一个传统节日，因为它在封斋一个月后举行，所以又叫"开斋节"。一般把每年的9月1日至10月1日定为斋月。在斋月里，人们只能在每天日出前和日落后进食，整个白天不能吃饭喝水，称为"守斋"。按规定，老弱病残儿童可以不守斋，但也要节制食欲。斋日期满之日，即伊斯兰教历的10月1日为开斋节。届时，所有虔诚的穆斯林都要沐浴更衣，身着节日盛装到清真寺做礼拜，人们走访亲友，互相馈赠礼品，互相祝福。

（2）古尔邦节

古尔邦节又叫"宰牲节"，在肉孜节过后70天举行。古尔邦节是阿拉伯语的音译，意为"宰牲"或"血祭"。维吾尔民族的古尔邦节同汉族的春节一样，节日气氛特别浓郁。古尔邦节前人们要做各种准备，特别是作为"献牲"的牲畜要预先买好。按传统，节日聚礼之后的早晨是献牲祭祀、取悦安拉的最佳时机。通常，人们把血祭的牲畜宰好入锅之后，男子们开始互相拜节，妇女们则留在家里炖肉，摆节日食品、烧茶等，准备迎接客人。大家除了互相道贺，彼此问候之外，还要共餐、吹拉弹唱，一起娱乐。

（3）诺鲁孜节

诺鲁孜节是维吾尔族人民古老的传统节日，"诺鲁孜"一词来自古伊朗语，意为"春雨日"。每年3月20~22号的诺鲁孜节也叫迎春节（开春节），是迎接春天来临的节日。诺鲁孜节的仪式在20号的黎明开始，男女老少都要身穿民族盛装，各家的家长首先起床，在房屋正中燃起一堆松柏树枝，将冒烟的树枝在每人头上转一圈，预祝他们在新的一年平安快乐。人们欢聚在一起，在独他尔、热瓦甫、冬不拉等弹拨乐器的伴奏声中翩翩起舞，欢歌笑语连绵不断，充满了辞旧迎新的喜悦气氛。诺鲁孜节是传承下来的庆祝活动，维吾尔族将其视为新的一年的开始。

（四）西南少数民族岁时节日民俗

1. 藏族

（1）藏历年

藏历年是藏族传统节日，每年藏历正月一日开始，三五天不等。藏历12月初，人们便开始准备年货。除夕晚上，各家在佛像前摆好各种食品，为了使节日期间有充足、丰富的食品，这天晚上全家人要忙碌到深夜。初一这天一般是闭门欢聚，互不走访。初二亲友之间相互登门拜年祝贺，互赠哈达。藏历新年期间，大家在广场或空旷的草地上围成圈儿跳锅庄舞、弦子舞，在六弦琴、钹、锣等乐器的伴奏下，手拉手、人挨人地踏地为节、欢歌而和，孩子们则燃放鞭炮，整个地区沉浸在欢乐、喜庆、祥和的节日气氛之中。在城乡，人们演唱藏戏，跳锅庄和弦子舞；在牧区，牧民们点燃篝火，通宵达旦地尽情歌舞。民间还进行角力、投掷、拔河、赛马、射箭等活动。

（2）雪顿节

雪顿节是西藏藏族人民的重要节日之一，每年藏历7月1日举行，为期4~5天。在藏语中，

"雪"是酸奶的意思，"顿"是"宴""吃"的意思，雪顿节按藏语解释是吃酸奶子的节日，后来雪顿节的活动内容逐渐演变为以藏戏会演为主，所以也有人叫它藏戏节。传统的雪顿节以展佛为序幕，以演藏戏、看藏戏、群众游园为主要内容，还有精彩的赛牦牛和马术表演等。届时，拉萨市附近的居民身着鲜艳的节日服装，扶老携幼，提上酥油桶、带上酥油茶来到罗布林卡，席地而坐，边饮边谈，载歌载舞，罗布林卡以及周围的树林里一夜之间便会涌现一座色彩鲜艳的帐篷城市，还形成几条热闹繁华的节日市街，几乎整个拉萨城都搬进了这片绿色天地，所有人都在歌声舞蹈中过着野外生活，深沉热烈的歌声伴着高原特有的乐器在树影里传播，这是拉萨人最有活力的日子。

（3）望果节

望果节是藏族农民欢庆丰收的节日。"望果"是藏语音译，"望"的藏语意思是田地、土地，"果"意为转圈，意为"绕地头转圈"。"望果"节历时1～3天，于秋收前择吉日举行。每年这天，藏族人民都身穿节日盛装，有的打着彩旗，有的抬着青稞、麦穗扎成的丰收塔，丰收塔上系着洁白的哈达，举着标语，有人敲锣打鼓，唱着歌曲和藏戏绕地头转圈。绕圈后，人们携带帐篷、青稞酒，一边说古道今，一边狂欢畅饮，有的还举办传统的赛马、射箭、赛牦牛、骑马拾哈达和歌舞、藏戏比赛。商业部门也会组织物资交流，供应民族特需商品和日用百货，收购土特产品。望果节过后藏民便开始了紧张的秋收播种。

（4）沐浴节

沐浴节藏语叫"嘎玛日吉"（洗澡），是藏族人民特有的节日，在西藏至少有七八百年的历史。在藏历7月6～12日举行，历时7天。届时，无论城镇、乡村，无论男女老幼，家家户户带上洗澡用具来到附近江河沐浴。老人在河边洗头擦身；年轻人在河中洗濯、游泳，孩子们在水边嬉戏打水仗；妇女们也毫无顾忌地尽情浴洗，清洗衣物被褥；姑娘们以水为镜，在河边精心梳妆打扮。休息时一家人围坐在帐篷里或阳伞下，品尝芳香的青稞酒和喷香的酥油茶，弹唱高歌，谈笑戏耍。夕阳西下时是沐浴节的高潮，人们眺望着高空的金星，沐浴在河中。这时候，天气晴朗，阳光和暖，水流柔缓，水质清澈，正是沐浴的大好时机。

2. 彝族

（1）火把节

彝族最盛大的节日是"火把节"，每年农历6月24日举行。关于火把节的传说很多，其中有一个故事是这样传说的：古时候，彝族人在抵御外族的战争中将火把绑在羊角上，驱赶羊群冲入敌阵，击溃了前来侵犯的敌人，从此人们用过火把节来纪念和庆祝战争的胜利。彝族过火把节要举行摔跤、斗牛和歌舞活动，入夜各村各寨都要燃起火把，人们擎着火把朝火把上洒松香，相互祝福。

（2）护林节

护林节也称"忌欢节"，是彝族传统节日，流传于隆林、那坡县部分彝族区，分别于农历三月初三和五月十六日举行。古代彝族靠山吃山，形成了花卉树木有灵的观念，每年春夏草木和农作物萌发时，择日敬祭草木和作物幽魂，以示保护它们茁壮生长。那坡县彝族还于节日期间组织象征性的"打猎"活动,数名小伙子分别扮猎人、猎犬和猎兽,在林中嬉戏狩猎。节日当天将铜鼓、葫芦笙和彝胡等乐器封存起来,宣告一年一度的禁忌期开始,直至十月初十才开禁。

3. 苗族

(1) 跳花节

跳花节是苗族地区一个民族情趣浓厚的传统节日,主要是苗族男女青年交友求偶和群众性社交娱乐的节日。"跳花"又名"跳月""踩花山""扎山"等,各地无统一日期,但大多是农历正月或春天。节日期间,许多地方都设有"花场",场中插一根"花杆",开场那天要举行跳芦笙、爬花杆、斗牛、赛马、耍刀等活动。期间青年未婚男女进行"游方"活动,跳舞对歌,选择意中人,谈情说爱;老人们则会老友、交新友,摆叙家常。

(2) 芦笙节

芦笙节流行于贵州凯里、麻江、丹寨各县交界的舟溪一带。各地节期不统一,一般在农历的正月、二月或三月;个别地区在七月举行,主要内容是祭祀祖先,庆祝丰收。一般在节日之前要举行仪式,先由某村德高望重的老人主持祭祖,与此同时,各家各户都在自家自行祭祖,随后各村各寨的姑娘穿着盛装,佩戴银花银饰,小伙子们各自带着芦笙,从四面八方向芦笙场地涌来,各村的青年男子都各自围成圆圈,吹笙跳舞,持续四五天,气氛十分热烈,是一种融歌、舞、乐于一体的群众性的文艺活动。

(3) 姊妹节

苗族传统节日"姊妹节"又称"姐妹节",是清水江中游沿岸苗族青年特有的社交性节日集会,有的村寨在农历二月十五日过,有的村寨在农历三月十五日过,以台江施洞地区最有特色。过节时,家家都要准备由红、黄、白、黑、绿五色糯米饭搅拌在一起的"姊妹饭"以饷宾朋。白天,江边、路边、沙滩上、草地上人山人海,入夜,江边的沙滩上、草地上,高亢的飞歌声、浑厚古朴的大歌声和情歌声交织在一起,在宁静的夜里传到很远很远。节日的早上,寨子里的姑娘们便去田里捉鱼,准备"姊妹饭",不管她们到哪家田里捕捞都会受到欢迎。妇女们吃完"姊妹饭"后,便各自带上事先准备好的彩色糯米饭到游方场找小伙子对歌。小伙子想吃到糯米饭必须在对歌中取胜。除对歌以外,妇女们可以随意参加各种娱乐活动,出嫁的姑娘也要回娘家过"姊妹节"。

4. 瑶族

(1) 盘王节

盘王节是瑶族纪念祖先的传统节日,也称"做盘王""跑盘王""还盘王愿"。各地节期不一。一般秋收后举行。1984年8月17~20日,在南宁召开的全国瑶族代表座谈会通过以农历10月16日为盘王节。相传,盘护帮助评王击败高王,娶评王3个公主为妻,被封为盘王,生育6男6女,成为瑶族的祖先。后盘王上山打猎,被羚羊撞落山崖而死。后人为了纪念盘王的始祖恩德,伐梓木作鼓,取羚羊皮蒙之,击鼓庆祝。由于时值秋收后进行,也含有庆丰收意义。

(2) 达努节

达努节是马山、都安、巴马、平果、隆安等地自称"布努"的瑶族传统节日,又名二九节、祖娘节、祝著节、瑶年。达努，瑶语意为"老慈母"。传说农历5月29日是瑶族始母密洛陀的生日，后人出于崇拜，定该日为祝寿日。时日，家家户户杀猪宰羊，宴请宾客，同时还举行铜鼓舞、斗画眉、赛弓箭、赛马等文娱活动。达努节经历史变迁，逐渐从民间宗教节日变成丰收节和平安节。

5. 纳西族

（1）七月会

丽江的七月会是纳西族人民的一个重要节日，于夏历7月中旬举办，会期一至两周，以骡马、牛等大牲畜交易为主，故称"七月骡马会"。届时，除了交易骡马，各地农民还纷纷携带土特产品到会上出售，即使阴雨绵绵也会期无阻。场内演戏，场外赛马，热闹异常。夜晚，城区客店、马店住得满满的，并有各地歌手对唱"谷气调"，直到深夜。七月会期间，会场上彩旗飘扬，路口搭着青松牌坊。人们扶老携幼，熙熙攘攘，你去我来。纳西族少女披着镶饰星月的美丽披肩，一排排地走着，小伙子们骑着自行车，一架连一架。七月会是纳西族人民狂欢的节日，今日的纳西七月会已名副其实地成了边疆新貌的博览会、民族友谊的交流会，越来越显示出独具一格的特色。

（2）棒棒会

每年农历正月十五是丽江纳西族的棒棒会。届时，丽江城内人流如潮，街道上摆满了交易的竹、木农具和果树、花卉等。棒棒会标志着春节活动的结束和春耕生产的开始。除了正月十五县城的棒棒会外，还有正月二十的白沙农具交流会，交流会上不仅农具种类齐全，而且小孩玩具、日用杂货也应有尽有。

（3）三朵节

三朵节纳西语叫"三朵颂"，是祭拜"三朵"之意。"三朵"是纳西族人民千百年来笃信的保护神。过去，每年二月和八月羊日，各地的纳西族人都要到白沙"三多阁"（即"北岳庙"）和各地的"三朵阁"隆重祭拜"三朵神"，届时，人山人海，热闹非凡，同时还进行各种文娱活动。1986年8月，云南丽江纳西族自治县决定，将"三朵节"即每年阴历二月八日定为纳西族传统节日，届时，全县统一放假一天，并由县政府具体安排各种庆祝活动。

6. 壮族

（1）"三月三"歌节

壮族每年有数次定期的民歌集会，其中以"三月三"歌节最为隆重。壮族一向以能歌著称，壮族民歌的形式、内容丰富多彩，有二三句的，也有三四句以至更多的，流行七字句和腰脚韵，种类有盘歌（猜歌）、哭嫁歌、贺新居歌、生活歌、农事歌、时政歌、历史歌，等等。壮歌的特点是善于触景生情，托物取喻，以猜谜、盘问的形式唱出有声有色、动人心弦的歌词。

（2）牛魂节

牛魂节又称牛王节、开秧节，多在春耕以后的一天进行，有的地区固定于农历四月初八进行，因为相传这一天是牛王的诞辰。传说牛王原来是一位天神，奉玉帝之命下凡帮助人们耕作。人们感激他的功劳，便在其诞辰祭祀牛魂。这一天，各家各户都将牛梳洗一番，并修整牛栏，带着一篮五色糯米饭和一束鲜草到牛栏旁边祭牛魂，然后把一半食品及鲜草分给每头耕牛吃。

7. 侗族

（1）花炮节

侗族一年一度的花炮节，各地举行的日期不同。三江侗族自治县是农历正月初三，梅林是二月初二，富禄是三月初三，林溪是十月二十六。花炮分为头、二、三炮，花炮都系上一个象征幸福的铁圈，外用红绿线包扎，燃放时以火药为冲力，把铁圈冲上高空。当铁圈掉下来时，人们便以铁圈为目标蜂拥争夺，谓之"抢花炮"。谁抢得花炮谁在这一年里就人财两旺，幸福安康。因此抢花炮时人人争先，个个奋勇。抢花炮的时间不限，谁能把花炮先交到指挥台就算优胜。抢花炮比赛结束后便开始各种游艺活动，芦笙队在芦笙场上赛芦笙；老人在树下斗画眉，拉家常；年轻姑娘和小伙子则趁此良机对歌谈情，侗家山寨到处洋溢着欢乐的节日气氛。

（2）赶社

侗家有赶社的习惯。赶社不在寨里，而在野外，如把放牧坪或田坝里作为社场。每年到社日这一天，男女老少从四面八方赶赴社场。小孩看热闹，大人买东西、交换农副产品。姑娘和后生们都穿上新衣裳，姑娘戴各种银饰，系上绣花围腰和编带，手提刺绣荷包，包里装着酸鱼酸肉和糯米饭，三五成群，满面春风，在社场上请后生共进午餐。后生则买糖果送给姑娘。初次相识的对歌结情，早有交往的则重叙旧情，约定下次相会的时间。晚上，后生还请姑娘到寨上做客吃社饭，饭后男女青年走进歌堂对歌。如今，赶社变成青年男女交往的节日，而社场就成为定情的场所。

8. 布依族

（1）三月三

三月三布依语叫"三碗"，布依族家家做三色糯米饭供祖宗。以家族为单位，每户拿一只鸡到山上给祖宗扫墓、添土、挂纸。这天是"扫寨"（一种祭祀活动，意为扫除火神、瘟神和各种邪恶，以保一寨四季平安）、扫火星、祭山神、祭土地菩萨的日子。

（2）六月场

六月场是贵州省贞丰、紫云一带的布依族传统节日，六月场意为预祝人畜两旺、五谷丰登。节期在六月间的任何一个逢六日。节日上午，各户主都到田头杀鸡祭田神，其余的人在家准备鸡鸭鱼肉、花糯米饭等"躲山"的吃食。午饭后人们云集到六月场躲山，同时赶场，尽情玩乐。寨中几名德高望重的老人带着炊具、火种、香烛，牵着洗净的牡牛到山神庙祭神。日偏西时，躲山的群众以户为单位席地吃响午饭，并相互邀请或交换食品。躲山的人不能随意返家，直到从祭山处传来"分肉啰"的喊声后，躲山人才分成四股到山神庙抬四条腿回村，这时人们才能各自回门。随后，各家派人到寨中领取祭山神的牛肉煮食。

9. 傣族

（1）泼水节

泼水节又叫佛浴节，一般在大傣历6月举行，相当于公历4月中旬。浴佛节这一天要用清水为佛洗尘，然后彼此泼水嬉戏，相互祝愿，后来逐步发展到用盆和桶，边泼边歌，越泼越激烈，鼓声、锣声、泼水声、欢呼声响成一片。在西双版纳地区，浴佛节被政府宣传为"泼水节"，举行赛龙船、放高升、放飞灯等传统娱乐活动和各种歌舞晚会，吸引了国内外的游客。

（2）关门节

关门节又称"入夏节"，源于古印度佛教徒的雨季安居习俗，随南传佛教传入傣族地区。信仰南传上部座佛教的傣族一般在大傣历9月15日（农历6月中旬）举行入夏仪式，入夏仪式这天就是入夏节，傣族村寨的佛寺都要击鼓为号，告诉人们节日已到，佛爷们集中到佛寺念经，信众们准备食物、鲜花、纸币等到寺庙"赕佛"，而后便进入为期3个月的"结夏"。结夏期间禁止僧侣外出讲经，禁止信众远行不归，禁止男女谈情娶嫁，禁止大型庆祝活动，僧侣要安心诵经、民众要专心生产。

（3）开门节

开门节又称"出夏节"，与入夏节相对应。出夏节一般在大傣历12月15日（农历9月中旬）举行，象征着3个月的结夏期结束，可以解除入夏节以来的一切禁忌，僧侣可以出寺传教募化，男女也可以谈情娶嫁。出夏节这天，傣族民众们都会身着盛装，带着食物、鲜花、腊条、钱币等到佛寺拜佛听经，并举行盛大的庆祝活动，舞着各种鸟、兽、鱼、虫等形状的灯笼环游村寨，燃放烟花、点孔明灯、跳象脚鼓舞等各种娱乐活动。

【延伸阅读】

浓郁彝风在七月流淌　　2019火把节390万游客做客大凉山

"东方狂欢夜，燃情火把节"，刚刚结束的火把节假期让国内外游客和市民们沉浸在激情和快乐的海洋中。节日期间，凉山州旅游经济持续健康发展，旅游市场平稳有序，"大凉山"文化旅游品牌不断提升。据不完全统计，火把节期间，全州共接待游客390.69万人次，同比增长3%。其中，一日游客304.45万人次，同比增长1.75%；过夜游客86.24万人次，同比增长7.65%；旅游收入18.87亿元，同比增长23.01%；自驾车15.43万辆。节日期间，无重大旅游安全事故，未发生一起旅游服务质量投诉，实现了安全、秩序、质量、效益"四统一"的假日旅游工作目标。

清凉夏日，火把狂欢异彩纷呈

2019年的大凉山彝族火把节分为"火把狂欢体验、民俗风情体验、健康休闲体验、乡村旅游体验、招商引资招才引智活动"5大系列板块，西昌、昭觉、布拖、普格4个会场分别举行了火把狂欢、邛海开海节、月亮女儿选拔大赛、全国轮滑公开赛、2019全国桨板锦标赛、彝族传统选美、民俗体育竞技、文化旅游产业扶贫项目招商推介会等上百项主题活动。"清凉夏日·燃情火把"，渗透着浓郁的民俗精神，传达着朴素的生命观念和生活态度，全域旅游正在全州积极稳步推进。

西昌火把节围绕"火之旅"，以火文化为主线，以文兴旅、以文促旅，探索出一条文旅融合发展的新路径。本次火把节狂欢活动共设置洛古波乡"星落人间·火舞彝寨"原生态火把狂欢活动，大箐乡"清凉夏日·邛池流火"彝寨火把狂欢活动，四合乡"永不落幕的火把节"狂欢活动3个活动会场，融入丝路文化击石取火、航天科技文化卫星发射、非遗文化火把节三大凉山特色，以毕摩祈福点燃圣火、唱响"圣火"主题歌，吉祥物"火娃"诞生，火秀、火舞、火花等，构筑"星落人间，火舞彝寨"的美丽画卷及西昌红红火火、跨越发展的美好愿望，讴歌祖国繁荣强盛。

精彩绽放，分会场各有特色

火把节期间，昭觉、布拖、普格3个会场展示着各自的特色，精彩绽放。昭觉谷克德彝族传统火把节以"彝族传统火把节"为核心，以精美绝伦的彝族传统选美比赛决赛，彝族传统体育竞技等民俗活动吸引了众多来自各地的俊男靓女参赛，为现场观众带来了一场精彩的视觉盛宴。普格乡村民间火把节以民俗民间活动为主，具有浓郁的彝族特色，普格县、洛乌乡、螺髻山、日都迪萨开展的传统体育竞技、选美等民俗文化比赛着重体现民族化、民间化、原生态化，重点突出隆重、热烈、简朴的活动场景。

以"火把原乡·燃情阿都"为主题的布拖县坚持"政府引导、社会主办、市场运作"的思路，成功举办了布拖脱贫攻坚成果摄影展、阿都非物质文化遗产展、布拖特色产品展销、彝族特色美食文化周，2019脱贫攻坚协作推进会、阿都火把文化精品剧目演出、农业文化旅游产业扶贫项目招商推介会、火把节系列民俗活动，"都格啦"火把狂欢夜活动等系列活动，提振了布拖全县人民决战决胜脱贫攻坚的精气神，展示了布拖开放包容的新形象。

各分会场开展了具有地域特色的火把节活动，包括朵洛荷、彝族传统选美、脱贫攻坚成果摄影展、农业文化旅游产业扶贫项目招商推介会、彝族特色美食文化周、篝火狂欢夜、传统体育竞技等。与此同时，将彝族传统火把节和文化旅游产业扶贫相结合，为搭建原生态彝族文化交流展示和开放合作平台、一体推进高质量打赢脱贫攻坚战和经济高质量发展注入强大正能量，为全面建成小康社会和下一步乡村振兴打下坚实基础。

文旅融合，大凉山旅游品牌效应进一步凸显

火把节期间，邛海开海节、西昌第三届古城文化节、知青怀旧展演、西泠印社走进西昌、凉山彝族传统选美大赛等民俗风情体验活动，让广大游客充分体验了凉山清凉夏日、迷人风情的魅力，取得了良好的旅游品牌效应。凤凰葡萄节、川兴蜜桃采摘节、马道"百花深沟"观光游、黄水龙泉人家冲浪、西昌安哈民俗文化节等乡村旅游体验活动诠释了凉山乡村旅游的无穷魅力。

（来源：凉山日报，2019-08-03）

课题三 外国岁时节日民俗

一、亚洲国家岁时节日民俗

（一）日本

1. 女孩节

每年3月3日为日本的"女孩节"，这时候正值桃花盛开，所以又叫作"桃花节"。节日这一天，父母都要为自己的女儿举行庆祝仪式，要用桃木雕刻小偶人，放在女孩的床头和枕边，作为保护神，以后偶人越做越大，直到与真人大小一模一样，成了女孩节特有的摆设物了，因而女孩节也叫作偶人节。

2. 男孩节

在日本，5月5日是端午节，端午节与男孩节同日。到了男孩节这天，家长用竹竿挂起由七色彩旗和红黑两色的"绯鲤""真鲤"组成的鲤鱼旗，旗子在蔚蓝的天空里迎风飘动，目的是祈求神的保佑，使男孩子健康成长，将来成为优秀的人。

3. 七夕

每年7月7日的七夕也称"七巧节"。这天，家家户户在院子里设供案，摆上玉米、茄子等物，女孩子们在五色纸上写上字、诗歌、佳句以及其他美好的愿望，祈求织女保佑，如今这些愿望已变为上大学、找工作及其他的要求。

4. 樱花节

每年3月15日至4月15日为樱花节，也称作"樱花祭"，已有1 000余年历史。樱花自开花至花残只有7天，因而也有称作"樱花七日"的说法。在日本自南至北樱花开放的季节里，人们在樱花树下摆上丰盛的酒宴，或合家欢聚一堂，或邀请三五好友，一边吟诗作画，一边开怀畅饮，共同迎接春天的到来。

（二）韩国

1. 春节

农历正月初一的春节是韩国最隆重的传统节日。韩国人讲究回家过年，不管在哪里工作，也不管离老家有多远，一到春节都要赶回家乡去团聚，父母在的要回到父母身边；父母不在的，长兄为父，到大哥家与兄弟姐妹团聚。春节这天早上，韩国人会早早起床，穿好美丽的韩服，祭祀祖先。接着晚辈给长辈行跪拜礼，受礼的长者向拜礼人说些吉祥、祝福的话，赠些礼钱。春节最有名的食品是大年初一早晨起来吃的年糕片汤，象征新的一年团圆美好。

2. 寒食节

寒食节当天，韩国人为祖先的坟墓除杂草、植新草，这一风俗被称作"改莎草"。寒食之日，王室会在王陵和宗庙前举办盛大的祭祀活动，民间也都会准备水果、点心、酒酿等简单的茶礼以飨祖先。这一天还有不生火只吃寒食的习俗，因此人们会在寒食节前一天提前准备好凉菜或艾蒿团等，作为寒食节当天的食物。

（三）印度

1. 丰收节

丰收节也叫"庞格尔节"，在公历3月中旬左右举行，盛行于南印度。节日期间，家家户户要打扫清除，人们要穿戴一新，烧做甜牛奶米粥敬奉太阳神，然后全家分食。出嫁的女儿要回娘家团聚。人们还要举行敬牛仪式，给牛洗澡、染牛角、好食待牛、牵牛游行或举办赛牛会等。

2. 灯节

灯节是印度教隆重的节日，在公历10～11月举行。节日期间，全国各地的印度教神庙显得格外热闹，人山人海，印度妇女会拿着盛满祭品的盘子慢慢朝着庙堂走去，所有参加节日庆典的人都非常虔诚。灯节以孟买地区最为热闹，人们张灯结彩，抬着神像游行狂欢，分尝油炸甜食。男女老少身着新装，载歌载舞，喜气洋洋，一片节日喧闹气氛。

（四）泰国

1. 宋干节

宋干节是泰国重要的旧历节日之一。"宋干"是求雨的意思，每年公历4月14～15日是宋干节。据说，宋干节是印度婆罗门教的一种仪式，随着婆罗门教传入中南半岛各国，教徒每年在固定的宗教节日到河边洗浴，希望去掉一切邪恶和污秽，有的地方又称为泼水节。泼水嬉戏、浴佛、滴水礼、洒水礼、放生和堆沙塔是宋干节的主要内容。

2. 水灯节

水灯节在泰历12月15日。水灯节没有正式的假期，但却是泰国民间非常流行的一个节日。水灯节之夜，皓月当空，大小江河上漂流着无数五彩缤纷的水灯，映照出一幅人间天堂的美丽景象。人们在河边放灯和观灯，喜庆丰收，感谢河神。

（五）缅甸

1. 泼水节

泼水节是缅甸的传统节日。在公历4月13日前后欢庆4天。男女老少都可互相泼水，表示辞旧迎新之意，也象征着欢乐和幸福将伴随人们度过新的一年，同时还有风调雨顺、五谷丰登、人畜兴旺、健康长寿的意思。

2. 光明节

光明节是缅甸热闹的节日之一。在缅历7月14～16日举行3天活动，从月圆日前一天起到月圆日后一天止，主要内容是点灯祭拜佛塔，以示佛法昌明。

二、欧洲国家岁时节日民俗

（一）英国

1. 元旦节

每年1月1日，英女王都会发表新年祝词，教堂会在除夕夜做礼拜守岁。在伦敦，一个已经实行多年的做法是在除夕提供免费公共交通，方便人们迎接新的一年。在子夜降临之际，不少人会聚集在伦敦市中心泰晤士河河畔的议会大楼前等候大本钟敲响1月1日零时零分的钟声。不少人会带杯香槟酒，举杯迎接新年。

2. 五朔节

五朔节是英国传统的民间节日，5月1日是凯尔特人历法中夏季的第一天，因此该节是人们庆祝阳光普照大地的日子。按照传统风俗，这一天人们要抬着花环游行，从少女中选举"五月皇后"，小伙子们则跳莫里斯舞。

3. 情人节

情人节又叫"圣瓦伦丁节"或"圣华伦泰节"，在每年的2月14日，是西方国家的传统节日之一，起源于基督教。这是一个关于爱、浪漫以及花、巧克力、贺卡的节日。情人节这天，英国人会送给心爱的人玫瑰花和小礼物，用以表达爱意或友好。情人节的晚餐约会通常代表着情侣关系发展的关键。

（二）法国

1. 圣诞节

虽然圣诞节传统习俗在法国各地极不相同，但在圣诞节前夜举行半夜弥撒是各地的法国人圣诞节庆祝的重要特色之一。无论大教堂还是小教堂，不论是天主教堂还是基督教堂，圣诞节前夜全都灯火辉煌。人们高唱颂歌，钟声与琴声欢快齐鸣。弥撒后家人同往年长兄姐家中团聚，共享圣诞餐，并分享一年来的家中要事。家人不和之事也常因圣诞欢聚而尽释前嫌，言归于好，故圣诞节在法国人眼中被视为仁慈和睦的日子。

2. 国庆节

1880年6月法国议会通过法令，正式定7月14日为法国国庆节，以纪念巴黎人民攻占巴士底狱的光辉日子。国庆节这天法国全国放假，在凯旋门至协和广场之间的香榭丽舍大街上举行盛大的阅兵式。

（三）德国

1. 狂欢节

2月10日左右是德国的狂欢节。这一节日在科隆、美因茨等沿莱茵河流域城市的庆祝规模盛大。这一天人们身着盛装，戴上各种假面具，载歌载舞到街上游行。各种彩车驶上街头，站在车上的人们向街道两旁的人群撒糖果、巧克力和玩具等。

2. 慕尼黑啤酒节

慕尼黑啤酒节又称"十月节"，源于1810年10月，当时是为庆祝巴伐利亚亲王成婚而举行的活动。因在这个节日期间主要的饮料是啤酒，所以人们习惯性地称其为啤酒节。每年9月末到10月初在德国的慕尼黑举行，持续两周，到10月的第一个星期天为止，是慕尼黑一年中最盛大的活动。如今，慕尼黑啤酒节已成为德国最盛大的传统节日之一，每年吸引着数百万来自世界各地的游客。

（四）意大利

1. 元旦

每年1月1日，人们要带着香槟酒和纸杯在午夜前赶到城市的中心广场上。新年钟声敲响之际，所有的人都要开香槟庆贺。开香槟酒时一定要让瓶塞发出清脆的响声并让其飞上空中，瓶塞落在谁的身上谁在新的一年里将会万事如意。有些地区的居民还会从窗户往外扔旧东西，预示除旧迎新。

2. 赛马节

每年7月2日和8月16日，意大利都要举行两次规模宏大的赛马比赛，当地人称之为"赛马节"。比赛场设在锡耶纳中心广场，赛前有一段华丽的盛装游行。参赛的马匹和骑士会穿着不同颜色服装来代表不同街区，随后要绕着广场亮相。绕广场三圈，哪一匹马跑到最前边便为获胜者。为了庆祝赛马节的胜利，获胜者所在的区要举行盛大的庆功宴——露天酒会。

（五）俄罗斯

1. 元旦节

元旦（1月1~10日）即俄罗斯新年，是一年中最隆重、最具民族特色的俄罗斯传统节日。每逢新年，每家每户、大街小巷都会布置得很漂亮。与其他国家不一样的是，俄罗斯人往往坚持用真正的枞树和彩灯来装点中央广场以及家里的客厅，而非人造枞树。

2. 送冬节

送冬节又称谢肉节，是新年后第二个热闹的节日。送冬节是四季节日之一，节期约在2月末、3月初，为时一周。送冬节的前身是古斯拉夫人的春耕节。人们认为冬去春来是春神雅利洛战胜严寒和黑夜的结果，因此每年2月底3月初都要举行隆重的送冬迎春仪式。送冬节期间跳的圆圈舞是俄罗斯最主要的民间舞蹈形式。节日里，各地会举行化装游行，彩车上载着人们装扮的寒冬女神、俄罗斯三勇士等神话中的人物，人们载歌载舞，送别寒冷的冬天，迎接温暖的春天。

三、美洲国家岁时节日民俗

（一）美国

1. 新年

新年是全美各州一致庆祝的主要节日。美国人过新年，最热闹的是新年前天晚上，即平安夜，人们聚集在教堂、街头或广场，唱诗、祈祷、祝福、忏悔，一同迎候那除旧更新的一瞬。午夜12点，全国教堂钟声齐鸣，乐队高奏著名的怀旧歌曲《一路平安》。在音乐声中，激动的人们拥抱在一起，怀着惜别的感伤和对新生活的向往共同迎来新的一年。

2. 独立日

独立日是美国的主要法定节日之一，是为纪念1776年7月4日在费城大陆会议正式通过《独立宣言》而设立。独立日这一天，全美教堂钟声齐鸣，各种彩车、模型车、杂技车和儿童玩具车与欢乐的人群排成浩浩荡荡的队伍前进，热闹非凡，呈现出一派欢乐的节日气氛。

3. 感恩节

1月的第4个星期四是感恩节。感恩节是美国人民独创的一个古老节日，也是美国人合家欢聚的节日，因此美国人提起感恩节总是备感亲切。每逢感恩节这一天，美国举国上下热闹非凡，人们按照习俗前往教堂做感恩祈祷，城乡市镇到处都有化装游行、戏剧表演或体育比赛等。劳燕分飞了一年的亲人们也会从天南海北归来，一家人团团圆圆，品尝美味的感恩节火鸡。

4. 圣诞节

1月25日圣诞节是美国最大、最热闹的节日，原是基督徒为庆祝耶稣诞辰而定的节日，如今它已不再只是宗教的节日，也成为政府规定的公众假期。人们或在教堂庆祝或在学校开舞会，也有的全家团聚共进晚餐。圣诞节前人们会互寄礼物和贺卡，商店和饭店的节日气氛也很浓，到处摆放着圣诞树、挂着圣诞饰物。

（二）加拿大

1. 枫糖节

枫糖节在3月底至4月初，是加拿大传统的民间节日。每年3月春意盎然时，生产枫糖的农场被粉饰一新，披上节日的盛装，大家在一起品尝大自然送给他们的甜蜜礼品。传统的枫糖节向来向国内外的游人开放，尤其欢迎儿童。一些农场还专门保留着旧时印第安人采集枫树液和制作枫糖的器具，在节日里沿用古老的制作方法为观光客表演制枫糖的工艺过程，有的还在周末向旅游者免费供应枫糖糕和太妃糖，任人品尝。节日里，当地居民还热情地为游客们表演各种民间歌舞，带领观光客去欣赏繁茂美丽的枫林红叶。

2. 冬季狂欢节

在2月上、中旬举行的冬季狂欢节是加拿大魁北克省居民最盛大的节日。节日活动规模盛大，内容丰富多彩，具有浓郁的法兰西色彩。节前要用雪筑成一座五层高的"雪之城堡"，节日期间要推选一位"狂欢节之王"，作为魁北克市的临时"统治者"，他身穿白衣，头戴白帽，犹如"雪人"一般。在破冰后的圣劳伦斯河上要举行传统的"冰河竞舟"，还要在冰、雪上举行其他各种活动。

（三）巴西

1. 狂欢节

狂欢节也称"谢肉节"，是欧洲移民带到巴西的宗教节日，是巴西人民的传统节日，相当于我国的春节，现已成为巴西最大的民间节日。狂欢节在复活节前47天，也就是天主教封斋节前3天开始，这一因素导致了每年狂欢节日期的不确定性，一般在2月的中旬或下旬，狂欢节活动从狂欢节前3天（星期六）就开始了，每天晚上进行，接连举行3天。里约狂欢节是巴西规模最大、最受欢迎的狂欢节，紧随其后的是萨尔瓦多和伯南布哥的狂欢节。

2. 圣灵节

圣灵节是起源于葡萄牙的一种民间节日。1819年首次在巴西举行，每年6月初开始，历时10天。节日期间，人们身穿盛装，头戴以牛、鬼、小丑、海盗为主的面具，互祝幸福，年轻人则谈情说爱。圣灵节最热闹的时候是最后3天，届时骑马表演和少女的巡游仪式以及歌咏表演将把节日气氛推向高潮。

四、非洲国家岁时节日民俗

（一）埃及

1. 尼罗河节

每年8月28日是尼罗河节，又称"尼罗河泛滥节""尼罗河娶妇节"。埃及人民世世代代生活在尼罗河两岸，视尼罗河为圣河。尼罗河每次泛滥就会无偿地帮助农民灌溉一次土地，河水退后，农民即在淤泥地上耕种，尼罗河带来了人畜两旺和丰收的欢乐。为感谢尼罗河给他们带来的好生活和财富，埃及人为此举行隆重的庆典。

2. 惠风节

惠风节在阿拉伯语中被形象地称为"闻风节"，"闻风"的意思是嗅闻微风，这个节日的主要内容是踏青和野餐。惠风节是埃及全民的节日，也是埃及全民的欢乐。届时全国放假一天，埃及全国大大小小的公园、娱乐场所免费向公众开放。明朗开心的笑脸和大自然所展示出的诗情画意交相辉映，构成了一幅幅动人心弦的画面。

（二）南非

1. 开普敦狂欢节

每逢3月，南非的开普敦将迎来一年中最热闹的狂欢。艺术表演、舞蹈狂欢、音乐盛会在狂欢节都是必不可少的内容。节日期间，几乎所有的市民都会来到梵沃克大道上狂欢，狂欢节吸引了来自整个南非的艺人和世界各地的游客。在露天看台上，每天下午会上演乐队的精彩表演。由数十个方队组成的表演团队和近2 000名舞蹈演员在大道上为游客展现多姿多彩的表演。在狂欢节期间，盛装游行的歌舞队会展现拿手绝活，给游客们留下特别而难忘的回忆。

2. 喧闹艺术节

每年9~10月，在约翰内斯堡举行的"喧闹艺术节"为南非最大的民间节日。节日期间，各部落的艺术家云集此地，展示具有丰富非洲文化内涵的文艺节目，如土著音乐和舞蹈。这类土著文化在旧南非时期是难得看到的，而今展现出来，吸引了许多海外游客。

【延伸阅读】

中秋小长假云南接待游客753.51万人次　同比增长18.06%

2019年中秋节假日期间,云南全省共接待游客753.51万人次,同比增长18.06%;共实现旅游收入59.7亿元,同比增长25.57%。假日期间,云南省内各旅游线路、景区和景点旅游管理不断规范、服务质量稳步提升、旅游形势保持良好,各地文化节庆活动丰富多彩,在中秋佳节为游客们献上了一道道美味的文旅大餐。据统计,中秋小长假期间,游客接待量居全省前5位的州市分别为昆明市、红河州、曲靖市、玉溪市、昭通市。假日期间,全省自驾车达327.82万辆次,同比增长5.53%,其中,红河州、玉溪市、昆明市进出自驾车数量居全省前3位。综合来看,云南旅游区域分布更加均衡、广泛和合理,不但缓解了旅游热点地区的拥挤状况,也拉动了偏远地区旅游产业的起步。

游客消费方向则由景区景点转向乡村休闲,游客更加倾向于感受乡土气息、亲近大自然、探秘古村落为目的的乡村休闲游,使旅游区域的覆盖面向乡村扩展。中秋小长假,大理环洱海临海游客数量有所减少,游客旅游活动范围逐步向苍山沿线的大理古城、喜洲古镇、苍山索道及巍山、漾濞、洱源、宾川、南涧、云龙、永平等县转移。

旅游热点区域更加凸显。假日期间,以昆明、红河、大理、丽江、西双版纳、普洱、保山、曲靖为代表的传统旅游线路和主要景区景点持续火爆。昆明、曲靖、玉溪等城市周边家庭休闲度假游、城郊短途游需求旺盛,乡村旅游点、农家乐成为一日游的主要目的地,备受游客青睐。随着红河哈尼梯田被列入世界文化遗产名录,建水古城、建水紫陶、滇越铁路文化品牌的打造以及会泽南方丝绸之路、威信红色文化线路的旅游宣传推广,滇东、滇东南的假日旅游成为云南旅游"新方向"。

智慧旅游功能备受青睐。假日期间,"游云南"App的智慧导览、智慧厕所、慢直播、精品线路推荐、AI识你所见等功能备受游客青睐。"一部手机游云南"的投诉平台也成为全省受理旅游投诉的主要渠道,极大方便了游客反映诉求。据统计,小长假期间,全省共受理旅游咨询投诉109起,均通过"一部手机游云南"平台受理,104起已办结,5起正在办理。全省无重大文化旅游投诉情况发生。据了解,大理州在各景区景点张贴了"一部手机游云南"近5 000张宣传海报及二维码图片,让游客真正做到"一机在手,全程无忧",真正体现"游客旅游体验自由自在、政府管理服务无处不在"。

文化节庆成为"重头戏"。中秋佳节,云南全省各地深入挖掘传统文化,推出了比往年更加丰富多彩的节庆、民俗活动,不断丰富旅游形式、提升旅游活动的文化内涵。丽江开展了"河灯寄相思、情系中秋"等"和美古城"系列民俗节庆主题活动,增进了游客、商户、居民的互动交流;"红河的月亮——中越中秋诗歌朗诵会"在河口县举行,中越两国的优秀传统诗歌展演,让游客度过了一个难忘的中秋之夜;砚山县开展了非遗展示展销活动,丰富了旅游产品,满足不同游客需求。

历史文化景区成为"新宠"。中秋节是中国四大传统节日之一,小长假期间,云南的历史文化景区受到了旅游者偏爱,成为"新宠"。据统计,丽江古城、哈尼梯田等世界文化遗产地、巍山古城、官渡古镇、黑井古镇、沙溪古镇等文化古镇,昆明金殿、大观楼、建水孔庙、丽江黑龙潭古建筑群等各级文物保护单位以及博物馆、纪念馆的旅游参观人数均较去年同期有较大增幅。此外,云南省博物馆、大理市博物馆参观人数分别达到2.2万人次、2.4万人次，较去年同期有所增长；丽江古城周霖艺术纪念馆、纳西象形文字绘画体验馆等17个民族文化展示点免费对外开放，成为旅游热点。2019年以来，云南省高度重视旅游市场秩序的整治，多措并举助推旅游产业持续健康快速发展，也为中秋小长假期间云南的文化旅游市场的正常运行提供了强有力保障。其中，《云南省旅游从业人员"八不准"规定》，针对"不合理低价游""以购养游"等乱象进行深入整治，实现了旅游市场秩序的根本好转；"30天无理由退货"机制的建立有效维护游客的消费权益；"游云南"App让游客"说走就走，全程无忧"；一批具有鲜明地域特点、世界一流水平的特色小镇助力云南成为世人向往的旅游目的地；"旅游革命"九大工程的持续推进正有效促进文旅融合，推动云南从"旅游大省"向"旅游强省"迈进。

（来源：中华人民共和国文化与旅游部，2019-09-17）

【模块回顾】

岁时节日民俗是指在一年当中某个约定俗成的特定时日，在人们的社会生活中形成的具有某种民俗意义的社会性活动，并由此所传承下来的各种民俗事象。节日相对固定，一般有周期性，有特定的主题，有群众的广泛参与。岁时节日民俗的发展受到政治经济、社会生活、历史传说、文化传播等因素的影响，其类型主要有农事节日民俗、祭祀性节日民俗、纪念性节日民俗、庆贺性节日民俗、游乐性节日民俗等。

【自我测试】

1. 什么是岁时节日民俗？简述岁时节日民俗的形成过程。
2. 岁时节日民俗有哪些类型？
3. 中国岁时节日民俗有哪些特征？试举例加以说明。
4. 你是怎样看待岁时节日民俗在旅游中的地位的？
5. 说一说家乡的重要节庆活动。

【实战训练】

全班学生分成若干个小组，外出进行实地考察，了解当地的旅游活动中对岁时节日民俗旅游资源的开发与利用情况，并进行评析。

【能力鉴定】

岁时节日民俗学习者能力鉴定表（一）

被鉴定者姓名：_____　　能力单位：岁时节日民俗基础认知
鉴定或工作场所：_____　　鉴定者姓名：_____

关键能力	评价指标	是否具备能力	
		是	不是
记忆能力	1. 说出岁时节日民俗的基本内涵		
	2. 说出岁时节日民俗的影响因素		
	3. 区分岁时节日民俗的不同类型		
理解能力	1. 我国岁时节日民俗的文化特征		
	2. 岁时节日民俗的旅游价值		

被鉴定者能力：满意_____　　不满意_____

对被鉴定者的反馈：

鉴定者签名：_____　　日期：_____

岁时节日民俗学习者能力鉴定表（二）

被鉴定者姓名：_____　　能力单位：岁时节日民俗实例展示
鉴定或工作场所：_____　　鉴定者姓名：_____

关键能力	评价指标	是否具备能力	
		是	不是
记忆能力	1. 说出我国汉族 5 种传统节日民俗		
	2. 说出不少于 10 种我国少数民族的岁时节日民俗		
	3. 说出不少于 5 种外国的岁时节日民俗		
应用能力	根据某一区域或某一民族的特色岁时节日民俗，设计 1 条节庆游或假日游的旅游线路		

被鉴定者能力：满意_____　　不满意_____

对被鉴定者的反馈：

鉴定者签名：_____　　日期：_____

模块十一

游艺民俗

学习目标

知识要求

1. 掌握游艺民俗的基本类型
2. 了解游艺民俗的重要特征
3. 熟悉中国各民族和外国的游艺习俗

能力要求

1. 能够鉴赏中国及外国的特色游艺活动
2. 能够通过实例揭示特色游艺民俗的旅游价值
3. 能够利用不同的游艺民俗开展特色旅游项目

课题一 游艺民俗认知

一、游艺民俗的形成

（一）游艺民俗的概念

关于游艺民俗的概念，学术界有不同的理解。中国著名民俗学家乌丙安先生认为：凡是民间传统的文化娱乐活动，不论是口头语言表演的还是动作表演的，或用综合艺术手段表演的活动，都是游艺民俗。他还对民间游艺的范围作了这样的界定："非宫廷化的广大民间层的表演活动；非剧场化、非大舞台化的表演活动；非职业化的或半职业化的民间文艺家的表演活动。"由此看来，游艺民俗涵盖了各种民间娱乐活动。

游艺民俗的含义可以理解为：它是一种以消遣休闲、调剂身心为主要目的，有一定模式的民俗活动。它包括民间游戏、民间竞技、民间歌舞、民间曲艺、民间小戏、民间杂艺等内容。从简单易行、随意性较强的游戏，到竞技精巧、没有严格规则的竞技；从因时因地、自由灵便的戏耍，到配合各种特殊需要的综合表演，都属于游艺民俗的范围。游艺民俗涉及人们生活的各个方面，不仅反映广大劳动人民的生产、生活、理想和愿望，也可以表达人们的道德情操与审美意识，而且能对社会生活产生直接的、具有实用价值的多功能作用。它是人类在具备起码的物质生存条件基础上为满足精神的需求而进行的文化创造。

（二）影响游艺民俗的因素

民间游艺活动与人们生产生活的实践密切相关，它的形成与发展受到多因素的影响。

1. 生产劳动因素

许多娱乐游戏活动都源于早期生产劳动，如投掷、射箭、骑马等是狩猎生产的再现，秧歌、杵舞、采茶舞等是农事劳动的模拟。

2. 宗教信仰因素

在原始社会"万物有灵"观念与多神崇拜的影响下，人们要举行各种各样的祭祀活动来娱神。随着社会的发展进步，人们的宗教观念渐趋淡漠，祭祀活动日益失去严肃性与神秘性，祭祀舞蹈活动由娱神向娱人演变，最终形成民间娱乐活动。如我国传统的"社火"本起源于土地崇拜，现代"闹社火"、舞龙灯已演变成人们岁时年节期间的歌舞娱乐活动。

3. 军事战争因素

"寓武于娱"的竞技项目大多与军队训练有关，如摔跤、相扑、拔河、马术等与练兵、培养团队合作、锻炼身体有关，棋类活动则与兵家战术谋略训练相联系。

二、游艺民俗的类型

根据民间文化娱乐活动的内容和性质,游艺民俗可以划分为民间游戏、民间竞技、民间歌舞、民间曲艺、民间小戏、民间杂艺等类别。

(一)民间游戏

民间游戏是指流传于民间,以嬉戏、消遣为主的娱乐活动,俗语称"玩耍",是一种积极的参与性娱乐。民间游戏是游艺民俗中最常见的、最普遍的、最有趣味的娱乐活动,种类很多,大致可划分为4类:智能游戏、体能游戏、助兴游戏、博戏。

1. 智能游戏

智能游戏是指以训练开发人们(主要对象是少年儿童)的智力和技能为目的的游戏娱乐活动。智能游戏的显著特点有二:一是"智",二是"能"。主要有拼七巧板、套九连环、猜谜语、折纸、剪纸、说绕口令、数歌谣、射覆、玩益智图、藏物找物等。这类游戏小型、灵活,富有趣味性,可以培养儿童的口头表达能力、数字计算能力和空间想象与推理能力。

2. 体能游戏

体能游戏是指游戏中以锻炼发展少年儿童的身体素质为目的的娱乐活动。这种体能游戏没有严格的时间限制和固定规则,注重的是游戏中的娱乐,它以动作见长,大多是集体追逐性、竞赛性的嬉戏活动。一般在庭院进行,如捉迷藏、老鹰抓小鸡、猫拿耗子、丢手绢、跳房子、拉大锯等。

3. 助兴游戏

助兴游戏是指流传于民间,以嬉戏、消遣为主的娱乐活动。多在节日聚会和饮宴时进行,如行酒令、茶令、唱酒歌、躲数、划拳、猜火柴、包袱剪子锤、五扛七、击鼓传花等。助兴游戏的主要作用是在一定场合为人们助兴,其游戏的方式和目的明显有别于其他游戏。

4. 博戏

博戏是指以赌赛输赢为娱乐目的的游戏活动,主要有掷骰子、马吊牌、押宝、麻将、五木、关扑、双陆、长行等。博戏和以各种民间棋类活动为代表的赛技艺竞技有相近之处。从发生的基础看,两者是相同的,后来逐渐发生了变化。棋类活动发展成为竞技的一种,而博戏则朝赌博发展,最终成为民间游戏活动。

(二)民间竞技

民间竞技是一种以竞赛体力、技巧、技艺为内容的娱乐活动,争强斗胜是民间竞技的根本特性。民间竞技项目数量众多,范围广泛,主要有力量型竞技、技巧型竞技、技艺型竞技等类型。

1. 力量型竞技

力量型竞技是以赛力量为主的娱乐项目。作为传统的竞技项目,既有单个的力量竞技,也有团体性对抗竞技。以个体为主的竞技主要有摔跤、投掷、举重、爬竿、投腰、推杆等。集体性竞技有拔河、接力赛、龙舟竞渡等项目。

2. 技巧型竞技

技巧型竞技是以赛技巧为主的娱乐活动，大致可分为单一技巧竞技活动和综合技巧竞技活动两种。它与力量型竞技相比，以巧见长，凭借竞赛者身体的上下肢表演踢、跳、蹬、抽、打、举等多种技巧，变化奇妙，多姿多彩。单一技巧是指在同一活动里比赛某一种技巧的竞技。传统的项目有跳绳、跳皮筋、踢毽子、荡秋千等。综合技巧是在同一活动中表演多种技巧的竞技活动，如赛马及各种马术比赛。

3. 技艺型竞技

技艺型竞技是以赛技艺为主的娱乐活动，其特点是搏击度较弱，竞技娱乐性强。多以各种民间棋类为代表，主要有围棋、象棋、弹棋、五子棋等。

（三）民间歌舞

民间歌舞是指载歌载舞或乐舞的民间游艺活动。民间歌舞的产生与生产实践和宗教祭祀有关，最早的民间舞蹈是原始的劳动舞和仪式舞，在长期的社会发展过程中，民间歌舞艺术得到逐步完善与发展，由实用性的娱神歌舞发展成为今天的自娱性娱人歌舞。今天的民间歌舞有着很强的娱乐作用，表达情感和满足民众审美的需要成为今天民间歌舞的主要社会功能。歌舞活动包括3种基本的表演形式：歌舞、乐舞、民乐。

1. 歌舞

歌舞一般是指以唱歌和舞蹈为主的各种舞蹈表演形式，包括载歌载舞和歌舞相间两类。以载歌载舞形式表演的舞蹈占绝大多数，此类形式在礼俗性歌舞和表演性歌舞中常见。如藏族的跳锅庄就是比较有代表性的不化装、不伴奏的唱歌跳舞，藏族的热巴舞则是说、唱、乐、舞和杂技的综合性歌舞。

2. 乐舞

乐舞是指以乐器和舞蹈二者因素为主的舞蹈表演形式，乐器的使用以打击乐、吹管乐、弹拨乐较为多见。按乐、舞结合的方式，分为边奏边舞、奏乐伴舞两类。像陕北腰鼓舞、晋西花鼓舞、山东花鼓舞、单鼓舞、太平鼓舞等，皆是挎鼓、背鼓或持鼓而舞，为边奏边舞类型。而秧歌、花鼓戏、花灯的大场舞蹈常用固定的锣鼓队或吹打乐队在一旁伴奏，为奏乐伴舞类型。乐舞中还有不用乐曲伴奏，完全用跳舞道具的、打击节拍跳舞的形式，这种击节被看作是打击乐器类型，如黎族的打竹舞。

3. 民乐

民乐是用各种类型的打击乐器、管乐器、弦乐器的演奏配合而成的表演形式。打击乐器可细分为皮击乐器、金属击乐器、木击乐器、玉石击乐器；管乐器可细分为管乐器、簧管乐器；弦乐器可细分为击弦乐器、拨弦乐器、拉弦乐器，另外还有陶孔乐器、木叶乐器、口笛、口弦类乐器。民间乐舞成员用上述多种乐器，或独奏、或协奏、或合奏，创制了许多为各民族喜爱的传统民间乐曲形式。民乐在更多的场合用于伴唱、伴舞，特别是在少数民族的广大人民中，歌、舞、乐是难分难解的、三位一体的游艺民俗。

（四）民间曲艺

民间曲艺又称民间说唱，主要以说、唱、数为手段，包括一些表演因素的口头艺术形式。在中国，曲艺是与戏曲同源异流的姊妹艺术。曲艺的演出简便灵活，通常只用一人（主要说唱者）或二三人（二人对说、或伴奏、或帮腔），有站唱、坐唱、走唱或单口、对口、群唱、拆唱等多种表演形式。其特点是故事内容与各地方言相配合，与地方乐调相结合，是提炼了的语言和活泼灵巧、优雅动听的民间音乐（曲调和乐器）的完美结合。由此，又形成我国南北曲艺的不同风格。按表演手段的不同来分，曲种分说、唱、数、说唱兼有4大门类。

1. 说类

说类包括评书、评话、相声、滑稽。

（1）评书

评书又称说书，源于唐代的"俗讲""说话"，宋代的"讲史""说经"，现流行于北京和北方广大地区。评书多讲长篇故事和小说，往往分回分目，连讲多次，每次围绕一个中心事件讲一个把子，每个把子分几个梁子，每个梁子有一个故事高潮，下分几个扣子，扣子要扣人心弦，制造悬念。现今中央和地方电台都有长篇评书连播节目。

（2）评话

评话流行于南方，用各地方言讲述。有的以描述情节见长，生动曲折，引人入胜，叫作"平说"；有的以表现某人物形象见长，被誉为"活关公""活鲁智深"；有的善讲才子佳人、缠绵悱恻的爱情故事；有的善讲金戈铁马的战争、武打故事，金鼓、马嘶均借艺人之口表达。

（3）相声

相声以说为主，学、逗、唱兼备，起源于周秦时的俳优活动、汉代东方朔式的滑稽讽刺语言艺术等，多为两人对说，主角叫"逗"，配角叫"捧"，一逗一捧，称对口相声；也有单口、群话相声，利用设包袱、抖包袱，用幽默诙谐的话不断逗人发笑，发挥其讽刺的功能。

（4）滑稽

滑稽又称独角戏，流行在上海、杭州和沪宁线一带，主要特点是讽刺性。滑稽里有不少娱乐性、知识性的作品，大多以学各地方言、市声、戏曲、曲艺腔调，以及绕口令的段子为主。

2. 唱类

以唱为主的曲种最多，有大鼓、渔鼓、弹词、坠子、道情、琴书、牌子曲、莲花落等曲种。

（1）大鼓

大鼓主要流行于北方。影响较大的有京韵大鼓、梅花大鼓、西河大鼓、乐亭大鼓等。表演时一人自击鼓、板演唱，以三弦、琵琶、胡琴等伴奏，唱词多是6字、10字韵语，节奏感强，唱腔与当地语言和民间乐调有密切关系。曲目是精彩短篇故事，也有中长篇分回演唱的。

（2）弹词

弹词主要流行于南方。著名的有苏州弹词（与苏州评话合称苏州评弹）、扬州弹词、长沙弹词、四明弹词等。1~3人表演，自弹自唱，有说有唱，以唱为主。伴奏乐器有小三弦、琵琶和扬琴。唱词多为7字，唱腔多为上下句反复变化。用当地语言演唱，曲调因地而异。

（3）道情

道情是由"说"和"数"发展为"唱"的一个重要曲艺门类，南北各地都有，盛于南方。因用渔鼓、简板等打击乐器击节伴奏，所以通常称"道情通鼓"。

（4）琴书

琴书是以扬琴伴奏而得名，有说有唱，唱为主，说为辅，均用当地方言，曲调也因地而异，有坐唱、站唱等表演方式。南北方各有自己的品种，著名的有山东琴书、四川琴书、云南琴书、北京琴书等。

3. 数类

数类主要有数来宝、快板、山东快书。数来宝在北方广大地区流行，南方也有。原是贫苦艺人走街串巷、在店铺门前演唱索钱的手段，因夸赞店主服务周到、商品价廉物美，"数"得仿佛可以"来宝"（赚大钱），由此得名。用变化多端、技巧很高的打竹板来伴奏，唱词句式多变，增强了描述情景、刻画人物的表现力。快板又叫顺口溜，演化自数来宝，以北京快板最流行，它以叙事、抒情取胜。山东快书用两块铜片敲击伴奏，地方方言演唱，极具地方风格。

4. 说唱兼有类

说唱兼备的有鼓书、评弹等，主要是说、唱艺术的融合。

（五）民间小戏

民间小戏是指劳动群众口头创造、民间演唱的戏剧艺术，又称地方小戏，与作为地方大戏曲的京剧、川剧、评剧、越剧、昆曲、豫剧、河北梆子、粤剧等剧种有所不同。它是在民间曲艺和民间歌舞的基础上发展起来的，一般以歌舞形式出现。在表演内容上多反映下层民众生产生活状况；在语言上多采用乡音土语；在表演情节上多采撷生活片段、单场独幕；在形式上多用村坊小调、民歌秧腔，角色以二三人为主，载歌载舞，欢快活泼。

我国现存的民间小戏种类繁多，就其来源、样式和分布流传地区的不同，分为花鼓采茶戏类、秧歌类、傀儡影戏类、宗教戏剧类等。

1. 花鼓、采茶戏类

花鼓、采茶戏类主要流行于南方长江流域，又称"花灯"，与民间闹元宵和收获茶叶的游乐活动有关，以各地方言和民歌为基础表演，角色多为一丑一旦，也有一丑一旦一生，采用花鼓、花灯舞蹈动作，有耍扇、耍手帕等技艺，支派遍及南方各省。

2. 秧歌类

这一类流行于我国北方黄河流域，多在闹社火时表演，也称"扭秧歌"，有地秧歌、高脚秧歌、武秧歌等，载歌载舞，初为一丑一旦，后逐渐发展成有剧目的小戏。

3. 傀儡、影戏类

傀儡戏有提线木偶、布袋戏、杖头木偶等种类，有角色，有情节，辅之以戏曲声腔、乐器伴奏。影戏是利用透光影人来表演故事情节，伴有唱腔曲调，因所制作影人的材料和造型种类不同、流传的区域不同而有不同称呼，如山西纸窗影、河南驴皮影、陕西牛皮影、江浙羊皮影等，各有独特的雕镂技艺和操作方法。

4. 宗教戏剧类

宗教戏剧类包括各地藏族的藏戏、贵州的地戏、南方各地的傩戏、四川的端公戏、江西孟戏等，都是在宗教性节日习俗中产生和发展的。一般在宗教性活动中演出并与其他宗教仪式密切结合，具有鲜明的娱神性质，内容多为宗教故事。表演者多世袭，角色多戴假面具或演化为化妆。

（六）民间杂艺

民间杂艺古代称为"百戏""把戏"，是流传于民间以杂耍性表演为主的娱乐活动，包括民间艺人的杂手艺、动物表演及诸种斗戏。杂艺表演活动适应了社会中、下层民众的欣赏口味，是他们一种便利的消闲方式，在民间拥有大量的观众。从民俗史的角度考察，这些杂艺是古代瓦肆百戏中最有生命力的一部分，是人们所喜闻乐见的形式。它们往往始终保持着固有的朴素风格和传统的表演技法，成为民俗性突出的娱乐活动。

民间杂艺就其主要形式，大致可区分为民间艺人的杂耍表演、动物的争斗与表演两大类别。

1. 民间艺人的杂耍表演

这类表演主要有杂技和戏法。杂技主要是指民间的表演性技艺，包括蹬技、手技、项技、踩技、口技等"杂耍之技"。民间常见的传统杂技项目有蹬坛、顶碗、爬竿、走索、飞丸、跳剑、钻圈等。杂技艺人往往以扣人心弦的惊险表演赢得观众。戏法即魔术，古称"幻术"。它以巧妙而隐蔽的手法变化出奇幻的效果，往往使人在惊叹之余觉得神奇和不可理喻。民间戏法的传统项目有：吞刀吐火、断头再续、鬼搬运、空中取酒、大变金钱等，深受民众喜爱。

2. 动物的争斗与表演

动物斗戏是一种对抗性的动物游戏，有一定的争斗规则。人们精心蓄养勇猛善斗的动物，以入场争胜。这种游戏往往为赌博者所利用，成为博戏。斗戏包括斗鸡、斗蟋蟀、斗羊、斗牛、斗鹌鹑等。

动物表演又称"禽兽鱼虫之戏"。它是杂耍艺人利用驯化的动物，在公开场所为观众所作的表演，传统项目有：猴戏、马戏、虎戏、象戏、禽戏等。经过特殊调教的动物在艺人指挥下，多以拟人化的动作表情取悦于观众。猴戏在我国较为常见，驯兽艺人利用猴子的灵性让它表演推车、骑马、牵羊、跳舞等动作，令观众捧腹大笑。

三、游艺民俗的特征

游艺民俗同其他民俗事象一样，既有民俗的共性，又有自身的特点，归纳起来游艺民俗有以下几个特点。

（一）娱乐性与竞技性相融合

娱乐性与竞技性是游艺民俗的基本特性。很多游艺民俗活动既存在着程度不同的竞技特征，又存在着程度不同的娱乐特征，特别是在民间游戏和民间竞技活动中，"你中有我，我中有你"的现象是常常见到的，如打秋千、踢毽子、抛绣球、拉海龟等。人们在游娱竞技活动中使性情自由抒发，磨炼了意志，开启了心智。参与者具有的竞争心理是游乐活动得以广泛持久开展的内在动力。

（二）地域性与传统性相结合

任何民俗都不可能脱离其赖以生存的文化环境，传统的游艺无法从书本上和正规教育当中得到，是人们在实践活动中自觉或不自觉地把它传给一代又一代。因此，游艺民俗在民间广为流行，具有强烈的乡土气息。同时，地区的差异又形成了种种不同的地方特色。北方天高地阔，人们在与大自然的严酷斗争中培养了勇武精神，因此游艺竞技的赛力较多，如摔跤、角力、拖冰床等。南方山环水绕，气候温和，人们性格柔和、灵巧，富于想象，长于智能和技巧游戏，如猜谜、对联、斗茶、弈棋等。游艺竞技因地制宜，如山乡的竹林竞技、水畔的水嬉、高原的骑射、平野的登高等。

（三）季节性与非季节性相结合

我国的游艺活动很多带有明显的季节感，如春季赏梅；初夏"斗百草"，盛暑玩"知了"；秋季斗蟋蟀，重阳登高、赏菊花；冬季踢毽子、抽陀螺等。有些游艺活动是四季通行的，如搓麻将、下象棋、练拳、舞剑以及很多儿童游戏，都是可供人们随时玩乐的。

（四）日常性与节日活动相结合

我国的很多民间游艺活动在日常生活中都可以进行，如"踢毽""跳绳""拔河""麻将""包袱、剪子、捶"等；还有一部分民间游艺活动以节日为载体集中进行，如我国民间的传统节日"元宵节"，家家户户张灯结彩，街头巷尾千灯争艳。龙灯、花灯、走马灯、龙凤呈祥灯等灯火辉煌、千姿百态。元宵节不仅有观不完的花灯，还有热闹欢腾的舞龙灯、踩高跷、划旱船等各种游艺。我国的节日活动中，游艺活动往往是高潮所在。如在"三月三"节，壮族要举行对歌活动，侗族要进行抢花炮的游艺，极富民族特色，对歌、抢花炮自然成为节日里最精彩的内容。

四、游艺民俗的旅游价值

游艺民俗作为一种形式多样、文化内涵丰富的民俗文化，是民俗旅游资源中最富观赏性、最具参与性、最有娱乐性的一种，它作为一种无形的旅游文化资源，其价值在现代旅游业中正日益展现出来。

（一）欣赏的价值

欣赏的价值是指游艺民俗的观赏性。游艺民俗与旅游结合具有神秘性、乡土性、朴实感、文化性、亲切感等特征。这顺应了人们在旅游中追求健康、回归自然、张扬个性、增强知识的旅游审美观念。通过观赏，美其目而悦其心，使人看了心里舒服，得到一种美的享受，从而实现人们的愉悦性，也就是我们所说的欣赏。

（二）体验的价值

体验性价值即游艺民俗能使人们（或旅游者）或全部或部分地亲身参与进去，以获取最大愉悦的目的。绝大多数游艺民俗的活动内容不但有极强的观赏性，而且还有较大的参与性。人们只有通过身临其地、参与其事，才能真实地体验其境、感受其情。这种境界是真实真趣之境界，其情才是真情实感之情。因为惟有参与其间，才能缩短主观与客观间的距离，达到情景结合、物我两忘的境地，让旅游者亲身领略民俗活动的魅力，如一些游戏、杂耍、竞技都可以让旅游者直接参与其中。还可以让异国异域游客试奏一下从未见过的新奇的民族乐器，试穿一下鲜艳别致的民族服饰，都可实现其非凡的愉悦效果。

（三）娱乐价值

游艺民俗大多以流行在民间的、群众性十分广泛的文化娱乐活动为内容，以人们喜闻乐见或自发参与表演的形式为标志，如民间戏曲、民间曲艺、民间歌舞、民间竞技、民间杂艺、民间游戏等。只要具备了竞技激烈性、赏心悦目性、知识趣味性，能适应这三者之一要求的民间的有愉悦身心快乐而又有趣的活动，都具有较高的娱乐价值。从民间游艺的社会功能来说，主要是具有较强的娱乐性，娱乐性是贯穿于民俗事象之中的特质。

课题二
中国游艺民俗

一、中国汉族游艺民俗

（一）民间游戏活动

1. 老鹰抓小鸡

老鹰抓小鸡俗称"黄鹂吃鸡"，又叫"黄鼠狼吃鸡"，是一种多人参加的益智娱乐游戏，在户外或有一定空间的室内进行。这种游戏对发展学生灵敏性和协调能力，培养学生合作练习、合作意识有一定的促进作用。游戏需要至少3人，一人当母鸡，一人当老鹰，其余的当小鸡。小鸡依次在母鸡后牵着衣襟排成一队，老鹰站在母鸡对面，做捉小鸡姿势。游戏开始时，老鹰叫着做赶鸡运作。母鸡身后的小鸡做惊恐状，母鸡极力保护身后的小鸡。老鹰再叫着转着圈去捉小鸡，众小鸡则在母鸡身后左躲右闪。

2. 击鼓传花

击鼓传花也称"传彩球"，属中国民间游戏，流行于中国各地。数人或几十人围成圆圈坐下，其中一人拿花（或一小物件），另有一人背着大家或蒙眼击鼓（桌子、黑板或其他能发出声音的物体），鼓响时众人开始依次传花，至鼓停止为止。此时花在谁手中（或其座位前）谁就上台表演节目（多是唱歌、跳舞、说笑话；或回答问题、猜谜、按纸条规定行事等），如果偶然花在两个人手中，则两人可通过猜拳或其他方式决定负者。

3. 丢手绢

丢手绢又叫"丢手帕"，我国传统的民间儿童游戏。开始前先准备几块手绢，大家推选一个丢手绢的人，其余的人围成一个大圆圈蹲下。游戏开始，被推选出的丢手绢的人沿着圆圈外行走。丢手绢的人要不知不觉地将手绢丢在其中一人的身后。被丢了手绢的人要迅速发现自己身后的手绢，然后迅速起身追逐丢手绢的人，丢手绢的人沿着圆圈奔跑，跑到自己的位置时坐下，如被抓住则要表演一个节目，可表演跳舞、歌谣、讲故事等。

4. 拉大锯

拉大锯是一种传统游戏，可以是两个孩子对坐，两腿伸直、脚掌相抵、手指互勾，或者大人与孩子对坐，将孩子两脚夹在大人的小腿间，手互拉，甲俯乙仰。俯仰时角度要尽可能低，仰卧起来时脚不能离地面。这样，一俯一仰犹如船工用力划船，一来一往即为两人对拉大锯。有的地方管这种游戏叫"筛锣"或"筛锣锣"，可以两个小孩子玩，也可以一个大人带一个小孩子玩，后者的好处是利于孩子的安全，可以坐着玩，也可以大人坐着、孩子站着玩。

5. 七巧板

七巧板又称七巧图、智慧板，是中国民间流传的智力玩具。它是由宋代的"宴几"演变而来的，原为文人的一种室内游戏，后在民间演变为拼图板玩具。现七巧板系由一块正方形切割为五个小勾股形，将其拼凑成各种事物图形，如人物、动植物、房亭楼阁、车轿船桥等，可一人玩，也可多人进行比赛。

（二）民间竞技活动

1. 龙舟竞渡

龙舟竞渡，又称"扒龙舟""赛龙舟""扒龙船""划龙船""龙船赛会"等，是中国历史上一种具有浓郁的传统民俗文化色彩的群众性娱乐活动，同时也是一种有利于增强人民体质，培养勇往直前、坚毅果敢精神的体育运动。龙舟竞渡习俗历史久远，自古流传，多在喜庆节日举行，是多人集体划桨竞赛。传出国外后，深受各国人民的喜爱并形成了国际比赛。龙舟作为中华文明的一种载体，承载着厚重的历史、人文。龙舟不仅仅传承了中国传统文化，还蕴含着团结、拼搏、

进取的体育精神和理念

2. 踢毽子

毽子古称"抛足戏具",是一种用鸡毛插在圆形的底座上做成的游戏器具。汉族的踢毽,北方有"里踢外拐,蹦前过海"之谚。毽子种类有鸡毛毽、皮毛毽、纸条毽、绒线毽。踢毽子的动作多种多样,有敲、绕、打、跪、站、揽、砍、独立、帮飞等脚法;套数有踢、把、丁、拐、鼓、站、端、骗、叼、栏子(拖枪)、二板、漏窟、顶灯、点灯、翻浪、开弓等。踢毽子既是一项灵巧性的娱乐活动,又是竞技性项目,有比踢次数的,有比踢花样和难度的。比赛方式有单踢和二人对踢,有集体传踢(以传到某人处毽子落地为输)。踢毽子是一种全身性运动,有益于培养人的灵敏和协调性。

3. 跳绳

跳绳是一人或众人在一根环摆的绳中做各种跳跃动作的运动游戏。这种游戏唐朝称"透索",宋称"跳索",明称"跳百索""跳白索",清称"绳飞",清末以后称作"跳绳"。作为一种古老的汉族民俗娱乐活动,南宋以来,每逢佳节都跳绳,家家户户要比赛。

(三)民间歌舞活动

1. 耍龙灯

耍龙灯,又称"舞龙""龙灯舞"。它是我国独具特色的传统民俗娱乐活动,早在汉代民间就已相当普遍了。耍龙灯的表演有"单龙戏珠"与"双龙戏珠"两种。龙身由许多节组成,每节间距约1.66米左右,一节称一档。组成龙身的"节"一般都是单数(如9节、11节和13节等)。龙头部分也分轻重不同,一般重量约30斤。龙珠内点蜡烛的称"龙灯",不点蜡烛的称"布龙"。农村耍龙灯还有个习惯,就是不仅在本村耍,还到外村表演,到镇上或城市宽阔的街头、广场去"赛演"。每当新春至元宵节期间,在此起彼落的锣鼓声、鞭炮声中,各个民间"舞龙"队大显身手,相当热闹。

2. 东北秧歌

东北气候寒冷,秧歌的动作强劲有力。以往秧歌艺人多活跃于春节期间,活跃于众多的庙会,平时则组班去近村远镇流动演出。表演时吹响唢呐、敲起大鼓,扮"上装"(女)、"下装"(男)的演员舞活了的扇、帕总让人看不够。

3. 陕北秧歌

陕北秧歌主要流行在陕北的榆林和延安大部分地区,给人以深刻影响的是"扭""唱""场图"的艺术效果。陕北秧歌的场图曲直交错,图案精致优美,队形丰富多变,拥有300多种图案,表现内容有民间祭祖、人情风物、古代军事阵图、飞禽走兽、自然景观等。

4. 云南花灯

云南花灯在民俗场合的表演有两种形式:一是沿用传统汉族秧歌"走街""游行"的方式,二是在街头广场、谷场空地等场合采用"团场歌舞"的方式演出。表演攀高、过桥,转身时腰部柔和摆动,作挑担行路状时,胯部自然地模拟挑担行路时的"崴",手势有如风摆柳,优美轻盈的风韵是"崴"动时形成的"S"形，成为云南舞蹈的突出特征。

5. 凤阳花鼓

凤阳花鼓又称"打花鼓""花鼓小锣"等，起源于凤阳府临淮县（今凤阳县东部），是一种集曲艺和歌舞为一体的传统民间表演艺术，但以曲艺形态的说唱表演最为重要和著名。凤阳花鼓主要分布于凤阳县燃灯、小溪河等乡镇一带，其曲艺形态的表演形式是由一人或二人自击小鼓和小锣伴奏，边舞边歌。历史上艺人多以此为出门卖艺谋生的手段，凤阳花鼓因此而传遍大江南北。凤阳花鼓是根植于凤阳传统民间的戏曲艺术瑰宝，有凤阳"一绝"之美称，并入选首批国家级非物质文化遗产名录。

（四）民间曲艺活动

1. 苏州评弹

苏州评弹是苏州评话和苏州弹词的总称，是采用吴语徒口讲说表演的传统曲艺说书戏剧形式。它产生并流行于苏州，以及江、浙、沪一带。苏州评弹有说有唱，大体可分为3种演出方式，即一人的单档、两人的双档、三人的三个档。演员均自弹自唱，伴奏乐器为小三弦和琵琶。唱腔音乐为板式变化体，主要曲调为能演唱不同风格内容的"书调"，同时也吸收许多曲牌及民歌小调，如"费伽调""乱鸡啼"等。"书调"是各种流派唱腔发展的基础，它通过不同艺人演唱，形成了丰富多彩的流派唱腔。2008年，苏州评弹入选第一批国家级非物质文化遗产扩展项目名录。

3. 山东快书

山东快书起源于山东省地方传统曲艺形式，具有100多年的历史。它最早流行于山东、华北、东北各地，解放后发展遍及全国。演唱者手执竹板或鸳鸯板，以快节奏击板叙唱，故又名"竹板快书"。山东快书以说唱为主，语言节奏性强，基本句式为"二、二、三"的七字句，为保证演唱的明快，一般最后一句为3个字，左手击打两块相同的铜板（鸳鸯板）作为伴奏乐器。

4. 京韵大鼓

京韵大鼓由河北省沧州、河间一带流行的木板大鼓发展而来，形成于京津两地。京韵大鼓的基本腔调为起腔、平腔、落腔、高腔、长腔、悲腔等。平腔适于叙事，高腔表现激昂的情绪，落腔则表现平缓轻松的情绪。京韵大鼓具有半说半唱的特色，唱中有说，说中有唱。所以，唱词在演唱中也占重要的位置。唱词基本为七字句和十字句，多为上下句的反复，并且比较讲究语气韵味，与唱腔衔接自然。主要伴奏乐器为大三弦与四胡，有时也有琵琶，演员自击鼓板掌握节奏。

（五）民间小戏活动

1. 泉州提线木偶戏

泉州提线木偶戏，古称"悬丝傀儡"，源于秦汉时期。泉州提线木偶戏传统剧目中保存着大量古代闽南语系地区的民间信仰及婚丧喜庆等习俗内容，保存着大量"古河洛语"与闽南方言的语法、语汇及古读音，保存着许多宋元南戏剧目、音乐、表演形态等方面的珍贵资料，具有多学科研究价值。

2. 皮影戏

皮影戏，旧称"影子戏"或"灯影戏"，是一种用蜡烛或燃烧的酒精等光源照射兽皮或纸板做成的人物剪影以表演故事的民间戏剧。表演时，艺人们在白色幕布后面，一边操纵戏曲人物，一边用当地流行的曲调（有时用方言）唱述故事，同时配以打击乐器和弦乐，有浓厚的乡土气息。在河南、山西、陕西、甘肃天水等地农村，这种拙朴的汉族民间艺术形式很受人们的欢迎。

3. 桂林傩戏

桂林傩戏又名"跳神"，源于古代的傩祭，从中原传入到桂北，到北宋时已形成群众性的民间艺术。傩戏活动一般举行3天3夜，由1~3人着彩衣、戴面具表演。单人舞有《开山》《盘古》《耕种郎》等，双人舞有《门神》等，三人舞有《游江》等。舞蹈动作源于生活，模拟动作多，格调古朴。艺人称剧本为"神书"，唱腔、曲牌为"神歌"。伴奏乐器有笛子、腰鼓、大鼓、拍板，道具有斧头、大刀等，服装为龙袍、花袍、剑裙、女裙等。傩戏多在酬神、还愿或祭祀活动时演出，也作娱乐性演出，因贴近生活，深受群众喜爱。

4. 彩调

彩调俗称"调子""彩调剧""彩灯""哪嗬嗨"等，是广西地方传统戏剧、国家级非物质文化遗产之一。彩调源于广西北部农村，流传甚广，名称不一。桂林叫"彩调"，柳州、河池地区和梧州部分县叫"调子戏"。彩调剧目多以劳动、爱情、家庭生活等为主题，有大量的口传和手抄本在民间流传。表演时采用桂柳方言，以小生、小旦、小丑（"三小"）等载歌载舞的表现形式为主，其中丑角和旦角的步法、转身、亮相、扇花、手花富有特色，尤以步法最为突出。

（六）民间杂艺活动

1. 魔术

魔术是以不断变化让人捉摸不透并带给观众惊奇体验为核心的一种表演艺术，是制造奇妙的艺术。更简单地说，它是一种违反客观规律的表演。魔术是依据科学的原理，运用特制的道具，巧妙综合视觉传达、心理学、化学、数学、物理学、刑侦学、表演学等不同科学领域的、高智慧的表演艺术。它抓住了人们好奇、求知心理的特点，制造出种种让人不可思议、变幻莫测的现象，从而达到以假乱真的艺术效果。

魔术的表演形式有以下几种：近景魔术，近距离面对一个或数个观众作表演，需要有熟练的手法技巧，所用的道具多为日常生活用品，如钱币、扑克牌等。因为与观众面对面接触，观众又常常可以触摸表演物，往往带来的震撼极大；沿桌表演，通常于餐馆表演，表演者沿着一桌一桌进行表演；街头魔术，以街头为舞台进行与观众各种互动的表演；酒吧魔术，用一些中、小型道具配合演出，适合于酒吧、夜总会、生日会或周年晚会。互动性高，表演者常常逗得台下观众笑成一片；舞台魔术，需要配合大型魔术道具、舞蹈、舞台灯光、音响演出，此类表演只适合在大剧场或大礼堂等远距离观赏区域进行。

2. 斗鸡

斗鸡是人们利用雄鸡好斗的性格，使雄鸡经过人工训练后相斗借以取乐的一种游艺活动。中国斗鸡按其地理分布主要有河南斗鸡、山东斗鸡等，以产于开封、郑州和洛阳等地的河南斗鸡血统较纯，也更著名。当斗鸡开始，两鸡振翼，怒目相对，你啄我叼，一会儿就会羽飞头烂、鲜血淋漓。再加上围观的人们呐喊助威，气氛异常。乡村斗鸡图激烈紧张，有些地区的斗鸡比赛有一定的规定和时间、地点。如北方很多地方多在农历正月十五、清明节、中秋节等前后举行。规定好时间，参加斗鸡的双方带斗鸡来到斗鸡场，由主持人根据双方协议和一些规定放鸡入场进行决斗。斗鸡开始后，如果一方认为自己的鸡不是对手，甘拜下风，主动认输，则另一方为胜。决斗中一方鸡败走，不敢再战，另方为胜。

3. 吴桥杂技

吴桥杂技是河北省的传统民俗杂技艺术。提到"杂技之乡"，人们多以河北省沧州市吴桥县素称。在吴桥，杂技艺术俗称"耍玩意儿"。民谣说："上至九十九，下至才会走，吴桥耍玩意儿，人人有一手。"吴桥人对杂技有着特殊的爱好，无论在街头巷尾还是田间麦场，甚至在饭桌前和土炕上，他们随时都会翻一串跟斗、叠几组罗汉、打几趟拳跤、变几套戏法魔术。下雨天一群群小学生甚至将雨伞顶在鼻子尖上冒雨行走。洞房花烛夜更是妙趣横生，吃糕点信手拈来，喝喜酒立等可取，新娘子空手一伸颗颗喜糖满屋飞，新郎官空中击掌支支香烟飞进手。2006年吴桥杂技被国务院列入第一批国家级非物质文化遗产名录。

4. 猴戏

猴戏又名"猴子戏"，泛指猴子或其他灵长类动物（如猩猩）参与演出的表演艺术。猴戏除了指真正由猿猴表演的项目外，还用来比喻人们一些装模作样流于表面的行为。古人把猴子视为马的守护神，常在马厩内养猴子以留住马匹。我国民间艺人牵猴挑箱，耍猴谋生。在街头巷尾、田间地头，锣鼓等一响，舞台就摆开了，"推小车""坐旱船""上刀山""走钢丝""张飞卖肉"，还有演关公、扮女妖、装绅士阔佬、跳太空舞、扭迪斯科，艺猴滑稽的表演常常逗得人们开怀大笑。

二、中国少数民族游艺民俗

（一）东北少数民族游艺民俗

1. 满族

（1）八角鼓

八角鼓是满族在民间说唱演出中用来伴奏的一种乐器。因鼓身有八个角而得名，又称单鼓，鼓体扁小，鼓面呈八角形。鼓身八角形，木制框架，直径17厘米左右，单面蒙蟒皮，鼓身周围嵌铜钹，并缀有丝穗子，鼓形小巧玲珑。八角鼓戏曲中更多地融合了诸多地区艺术成分，形成了独特的风格与艺术特色。它的多元性受到流传地域民俗文化的影响，以深厚的文化穿透力成为民间喜闻乐见的一种艺术形式，不仅在满族中广为流传，同时也受到汉族的欢迎和喜爱。

（2）满族秧歌

满族秧歌又称为"地秧歌"，俗称"鞑子秧歌"。满族每逢年节举行跳秧歌活动，入场时先以2横排或4行队形拜茶桌，行3次满族"请安礼"，然后开始走"阵"和跑"圈场"，阵式有"六和阵"等20余种。男角步法有"矮蹲步""出溜步"等，双臂大悠大晃，多模拟雄鹰飞翔以及拉弓射箭的姿势。女角动作挺拔洒脱，手中绢、扇飘动，悠然自得，突出了骑射民族天足（旧时指妇女没有经过缠裹的脚）妇女的形象。

2. 朝鲜族

（1）长鼓舞

长鼓舞是朝鲜族传统民间舞蹈，历史悠久，其舞蹈形式有独舞、双人舞、群舞等多种。长鼓舞的表演以柔软的扛手、伸肩、鹊雀步等动作为主，以肩挎长鼓，右手持鼓鞭，边跳边敲鼓的形式表演，身、鼓、神融为一体，高度协调统一，长鼓两面具有不同的音高。舞蹈时，右手用鼓鞭敲打高音鼓面，左手拍打低音鼓面。由于音高不同、节奏不同，变化多端的鼓点和着优美的舞姿，令人赏心悦目、兴奋异常。长鼓舞通常由慢板起拍，节奏逐渐加快，最后戛然停止。

（2）荡秋千

朝鲜族妇女传统竞技活动荡秋千的形式有好几种，朝鲜族民间称"打秋千"或"荡秋千"。秋千架有10多米高，两架顶端横架一梁，系上两股绳，离地面0.33米高处用横板将两绳连结。每逢节日或喜庆时，朝鲜族妇女聚集一起，进行秋千比赛。评定优胜的方法有几种：一种是以秋千架前方高树上的树叶或花朵为目标，用脚碰着花朵或咬掉花朵者为优胜；一种是在踏板底下挂一根绳，秋千荡起的高度高者为胜；再一种是在秋千架前方竖立两根杆子，杆上横拉一根系有铃的绳，以碰铃次数多少定胜负。

（3）跳板

跳板是朝鲜族妇女普遍喜爱的游戏之一，历史悠久，一般在元宵节、端午节和中秋节等节庆日子举行。跳板大多用木质坚硬又极具弹性的水曲柳木板制成。跳板中央的下面放一个板垫，使木板两端可以上下活动。板垫多用稻草捆，用草袋装满土亦可，高度以30厘米为宜。跳板中间有一个支点，跳时两人分别站在两端，轮流起跳，利用跳板的反弹力把自己和对方弹向空中。这样反复地一起一伏，奋力向上跃起，不断增加腾空的高度并做出各种花样动作。跳板靠两人协调合作，有时边跳边唱，一人唱，一人和。

3. 鄂伦春族

（1）班吉

班吉是鄂伦春族的一种围棋。棋盘由一块平整的桦树皮或木板上画图构成，图中间大方形为平地，两头菱形为山地，横、竖、斜线为道路，交叉点为站位。棋子用三角形的小木块制成。一方持有24个小棋子为兵卒，一方持两个大棋子为猛兽。对弈时，首先双方按照在棋盘上固定不变的阵势，小棋子摆8个在中间的站位上，大棋子放在两端山地的要口。规定持大棋子的一方先走，设法吃小棋子，只能一步一步沿直线走。若大棋子一方被小棋子围得寸步难行，则小棋子赢；如果小棋子被大棋子吃得没有足够的兵力围住大棋子，则为大棋子胜。

（2）依和讷嫩

鄂伦春族的舞蹈分仪式舞、娱乐舞、宗教舞3大类，共同特点是边歌边舞，动作由慢到快，动作激烈至高潮时结束。代表性舞蹈有"依和讷嫩""依哈嫩"、黑熊搏斗舞等。"依和讷嫩"是3年一次的氏族大会上进行的全族性舞蹈，十几人为一组，一人居中央，其余人手拉手围成圈跳。过去，一个氏族集中起来传家谱和族谱时跳这种舞。

（二）中南少数民族游艺民俗

1. 土家族

（1）摆手舞

摆手舞是湖南、湖北、四川等地区的土家族舞蹈，一般有"大摆手"和"小摆手"。"大摆手"多个村寨上万人参加，持续一星期时间。"小摆手"以一个村寨为单位，一人领舞，众人随舞。凡是有土家族的地方都有"小摆手"。摆手舞以摆手为基本动作，有变化的单摆、双摆、回旋摆，并伴有军事、狩猎、农耕等动作。动作的组合变化在于即兴发挥，以锣鼓为伴奏，昼夜均可举行。大型摆手舞都有祭祖仪式，设祭案供奉，杀猪宰羊，巫师唱念。舞蹈队伍在大旗的率领下，吹号声中走进场。舞蹈活动热烈。在摆手舞结尾时，一般要表演反映原始崇拜的"毛古斯"舞蹈。近年来，在旅游开发的促进下，摆手舞改在广场上进行，以方便旅游者观赏。

（2）打溜子

打溜子又称"围鼓""打家伙""抽溜子"等，是土家族地区流传最广的一种古老的民间器乐合奏，它历史悠久，曲牌繁多，技艺精湛，表现力丰富，是土家族独有的艺术形式。由溜子锣、头钹、二钹、马锣组成的打溜子乐队将各类乐器的技巧融于一体，并充分发挥每件乐器的演奏技艺。一般由3～4人合奏演出，故有"三人溜子""四人溜子"之分。"五人溜子"是后引进汉族吹管乐器唢呐，吹打结合的演奏形式，更能增添喜庆、欢乐的气氛。

2. 黎族

打竹舞是黎族民间传统舞蹈，亦称跳竹竿、竹竿舞、打柴舞，流行于海南省黎族地区，通常在喜庆节日、农闲时跳。舞时，在村寨林间空地上平行放置两根竹竿，其上一般横列8根竹竿；参加者多为男女青年，4人一排，分列两端，双膝跪地每人双手各执一竿的顶端，成4组平行状，随着鼓乐的节奏分合击拍；跳舞者在竹竿分合的间隙跳跃，或用单脚，或用双脚，做出各种旋转及舞蹈动作。竹竿可根据人数多少有所增减。情调爽朗活泼，场面欢快。民族性体育活动有拉乌龟、穿藤圈、打狗上被（则归球）等，黎族的传统节日是三月三日的迎春节，一般在五指山相聚欢悦，举行歌舞活动。

3. 畲族

畲族人民酷爱运动，运动项目有节日登山"打尺寸""盘柴槌"、骑"海马"、竹林竞技和武术，特别是棍术、拳术及拳术中的"点穴"令人叫绝。畲族乡村有"歌海舞洋"之称，畲族舞蹈成为宗教祭祀礼仪活动中的重要组成部分，在本民族各种重大祭典礼仪活动中留传下来。人们所能看到的和所发现的畲族民间舞蹈几乎无不与宗教祭奠、祭祀仪式浑然一体。"传师学师"（又称"做阳")是一种寓教育后代于怀念祖先而世代相传的一种祭祀仪式活动，这是一部印记着畲族始祖的业绩并衍生出原始宗教礼俗并融进部分道教文化的"祭祖"长舞。整个舞蹈有连贯性情节，其间配合穿插着念诵、歌唱、单人舞、双人舞和集体舞等。

4. 高山族

在中国美丽的宝岛台湾生活着能歌善舞的高山族人。"甩发舞"是高山族雅美人的女子舞蹈，具有浓郁的海洋色彩。过去，雅美人妇女有白天不跳舞的习俗；此舞多在月夜进行。雅美人生活在名为兰屿的海岛上，暖湿的海洋气候和充足的阳光照射下，雅美少女们体质健美，都有一头乌黑的秀发，并喜欢赤足走路。明亮的月夜，她们来到宁静的海边，聚集在铺满卵石的海滩上跳甩发舞。开始时，她们先站成横排散开长发，轻摇身体歌唱，双脚下卵石滑动的美妙声和歌声交织在一起，充满诗意；然后她们互相紧挽双臂，俯身将长发甩至身前，边歌边进，直至发梢触及地面后，随即微屈双膝，用力仰头将头发甩起，使它与身体有瞬间的垂直，再甩至身后披散开来，如此甩发歌舞，直至尽兴。

（三）西北少数民族游艺民俗

1. 蒙古族

（1）那达慕大会与蒙古"三艺"

那达慕大会是蒙古族传统节日盛会，"那达慕"是蒙古语的音译，意思是"娱乐"和"游戏"，原为祭祖和娱乐相兼的活动，后来祭祖内容渐趋减弱而发展成为今天的群众娱乐和物资交流盛会。此节在七八月间牧民生产的黄金季节里举行。一般一年一次，每次一至数日。大会期间，各地农牧民骑着马、赶着车，带着皮毛、药材等农牧产品，成群结队地汇集于大会的广场，并在会场周围的绿色草原上搭起彩色蒙古包。近年来，每逢那达慕大会都有国内外宾客前往参加，与蒙古族人民共享节日之乐。蒙古"三艺"是指蒙古族的三项传统体育娱乐活动，即赛马、射箭和摔跤，是在那达慕大会上举行的男子三项竞技。

（2）顶碗舞

顶碗舞是蒙古族的一种民间舞蹈，其动作优美，气质高雅，风格独特，具有浓郁的民族特色，是许多少数民族都非常喜爱的一种舞蹈形式。能歌善舞的蒙古人在婚宴和喜庆佳节的聚会上一人或多人头顶茶杯或碗状小油灯或碗，碗里盛满清水或奶酒，双手各拿两个酒盅或一束竹筷，在歌声和乐声中翩翩起舞。顶碗舞的动作没有固定的套数，掌握好基本动作和击盅、打筷的规律之后，舞者现场即兴发挥，情绪激昂，动作、舞姿的变化丰富多彩，充分展现蒙古族舞蹈的技艺、智慧和丰富灵活、多变的特点。顶碗舞是蒙古族一项重要的舞蹈文化资源，是蒙古族舞蹈不可或缺的一部分，它在千百年的时间里始终保有自己最独特的风味，成为蒙古族文化的一个重要表现形式。

（3）盅碗舞

盅碗舞亦称"打盅子"，传说起源于古代打仗时获胜利的人们在庆典宴会上拍掌击节，击酒盅助兴。演变至今发展成为手持酒盅、头顶彩碗而舞之。盅碗舞一般为女性独舞，具有古典舞蹈的风格。舞者头顶瓷碗，手持双盅，在音乐伴奏下，按盅子碰击的节奏，两臂不断地舒展屈收，身体或前进或后退，意在表现蒙古族妇女端庄娴静、柔中有刚的性格气质。

（4）筷子舞

筷子舞因用筷子伴舞而得名，多在喜庆宴会上由男子单人表演。表演时，舞者双手各持筷一束，和着众人的歌声和各种敲击声，在跪、坐、立等姿态中，随着腿部的屈伸、身体的扭动，用筷子击打手、臂、肩、背、腰、腿、脚等部位，间以击打地面动作，边打边舞。筷子舞动作敏捷、干净利落、节奏感强，淋漓尽致地表现了蒙古族热情、开朗、剽悍、豪迈的民族个性。

2. 维吾尔族

（1）赛乃姆

赛乃姆是新疆维吾尔族喜闻乐见的传统民间舞蹈，主要发源于从事农业生产、民族聚居、文化发达的南疆各绿洲。表演赛乃姆时，大家同坐成圆圈，乐队偏居一角，舞者站在中间，或一人独舞，或二人对舞，或多人共舞，在伴奏声中众人拍手唱和，舞者只跳不唱。歌曲有现成的，也有旧曲填新词即兴编唱的，或描述现场情景，或表达欢乐心情。赛乃姆的舞蹈形态源于生活而又高于生活，如常见的托帽式、挽袖式、拉裙式和抚胸式等，完全是生活动作的舞蹈化、日常行为的艺术化。赛乃姆用得最多的步伐是"三步一抬"，脚步平实，略有颤动，其他还有横垫步、进退步和点步等，动作优美，情调曼妙，舞姿活泼，干脆利落。

（2）达瓦孜

达瓦孜即"高空走绳"，是喜庆节日时维吾尔族的健身娱乐表演。空地上先竖起高达30米的粗杆，杆顶拉一条大绳与地面成45度并接地，杆子四周由钢丝等物固定不至倒塌。表演者手持一根维持平衡用的竹竿，由接地处走向粗杆顶端，边走边做各种技巧动作，有蹲起、倒立等，惊险而有趣。全国少数民族运动会上多有此项目的表演。

（3）麦西热甫

麦西热甫是维吾尔族的一种传统民间文化娱乐活动形式，起源于古代的祭礼、庆典活动。内容大致包括音乐、舞蹈、歌唱、联句对唱、讲故事、说笑话、做游戏、即兴吟诵等。每逢公众的喜庆节日必举行大型的麦西热甫，冬天农闲举行小型的麦西热甫。每次举行麦西热甫都要通宵达旦。

（4）多朗舞

多朗舞为礼俗性舞蹈，是维吾尔族历史悠久、形式完整、动作粗犷矫健的一种民间舞蹈，深为维吾尔族人民所喜爱。多朗舞源自塔里木盆地多朗地区（中国西北），是一种有着结构严谨的舞蹈形式。开始时以双人对舞为主，不限对数，中途不能退场，直到竞技性旋转开始为止。随着鼓声加快，舞蹈速度也越来越激烈，由两人对转变成分散的竞技性旋转，最后只留下一人在场中央。在众人喝彩声中，多朗舞达到了高潮而结束。自始至终，多朗舞都在"多朗木卡姆"的音乐伴奏下进行。

3. 哈萨克族

（1）冬不拉

冬不拉是哈萨克族民间流行的传统弹拨乐器，流行于新疆阿勒泰、伊犁、巴里坤等地区。冬不拉由音箱、琴杆、琴头等部分构成。传统冬不拉为整块松木或桦木凿成，雕刻精细，多数为两根弦，亦有人使用三根弦。冬不拉常作自娱或为演唱歌舞伴奏，多以坐姿演奏，琴体斜抱怀中，右手手指拨弦，左手扶琴杆按弦取音，运用下弹和上挑两种手法，多弹双弦，偶尔弹单弦。

（2）黑走马

黑走马，哈萨克语称"卡拉角勒哈"，意为"黑色的走马"，是哈萨克族最具代表性的民间舞蹈，它广泛流传于新疆境内的哈萨克族居住区。哈萨克族有一句古老的谚语："歌和马是哈萨克的两只翅膀。"马是哈萨克族生活中不可缺少的工具和伙伴，而"黑走马"更是马中尤物，它形象剽悍雄壮，通体黑亮，走时步伐平稳有力，姿势优美，蹄声犹如铿锵的鼓点。骑上黑走马，犹如进入一种艺术境界，人在舞，马亦在舞，由此形成了以"卡拉角勒哈"命名的民间舞蹈和同名乐曲。

（3）叼羊

叼羊即抢山羊之意，是哈萨克族男子集体马上角力的游戏，多在节日举行，人数不定，两队骑手聚集在开阔场地，率先将宰杀并去头、蹄的2岁白山羊颈部扎紧，放在数百米外，一声令下，两队开始争夺，以先持羊到达终点的队为胜者。也可由一人骑马持羊冲出，众人再开始争夺，以最后抢得山羊者为胜。

4. 回族

（1）花儿

花儿又名"少年"，是回族人民所喜爱的一种民歌。它具有高亢、豪放、优美、悠扬的特点，有着强烈的艺术魅力和浓郁的回族特色。花儿发源于回族聚居的宁夏回族自治区，宁夏素有"花儿的故乡"和"圣地"之美称，花儿由甘肃发展到宁夏、青海、新疆一带的回族当中演唱，习惯称作"回族花儿"。经过数百年的发展演变，现在已形成河州花儿、莲花山花儿、宁夏花儿等不同的流派和风格，不同地区的回族花儿有不同的曲调，形式有四句花儿、六句花儿（折断腰）和三句花儿。每一种形式的花儿都有一定的格律，非常讲究节奏。一般禁止在家里和村庄唱花儿，只能在野外唱。除平时唱，各地还逐步形成了一些歌唱花儿的大聚会——花儿会。

（2）宴席曲

宴席曲又称"家曲"，是西北地区回族在新婚宴席等喜庆场合演唱的曲调，在甘肃临夏和青海民和、化隆及宁夏等地极为盛行。有些回族青年举行婚礼时会提前邀请一些有名的唱把式，前来祝贺助兴。宴席曲有独唱，有对唱，有合唱，此起彼伏，增加了婚礼的喜庆气氛。宴席曲现有90余种曲调，代表作有《十里亭》《纺四娘》《尕志汉》《五更月》《四季青》《八大光棍宴席曲》等。

> 【延伸阅读】
>
> ### 准格尔旗2017那达慕大会暨乡村文化旅游节精彩纷呈
>
> 　　为庆祝自治区成立70周年，8月5日，鄂尔多斯市第四届乡村文化节、准格尔旗2017那达慕大会暨乡村文化旅游节活动拉开帷幕。此次活动的主题为"花开烂漫时，醉美准格尔，自在乡村游，欢聚那达慕"，旨在吸引更多的外地游客到准格尔旗观光旅游、交流合作，从而进一步拓宽农民增收渠道，拉动当地文化旅游等现代服务业的发展。
>
> 　　当日9时许活动开始，开幕式可谓隆重大气，现场锣鼓喧天、载歌载舞，内容丰富多彩让人目不暇接。漫瀚调、马头琴、马术表演把开幕式活动带向高潮，现场的尖叫声和掌声不断。
>
> 　　本次活动从8月5日开始至8月14日结束，历时10天，设置8条游览线路、16个活动点，围绕"论、吃、行、游、展、演、赛"7个主题内容开展富有地域特色的群众文体娱乐活动，让人们在吃喝玩乐中体会准格尔旗经济社会发展中取得的巨大成就。
>
> 　　在活动期间，既可以在薛家湾的音乐节、广场舞大赛、水上自行车竞速赛和书画、摄影展中感受准格尔的魅力，也可以在黑岱沟露天矿体验工业旅游带来的震撼，抑或是在露天复垦农牧业产业项目基地举办的自行车比赛中看到煤海变桑田的今日新貌；既可以在尔圪壕观看那达慕大会、体验美食节和低空旅游的乐趣，也可以去参加百里长川举办的"世界大众体育杯"准尔百里花海徒步大赛、文明旅游形象大使选拔赛、钓鱼赛、自行车骑行、摩托车骑行、低空旅游和民兵训练体验活动，在参与中感受美丽乡村的那份幽静与闲情；既可以欣赏在龙口镇举办的黄河大漂流的壮观场景，也可以观看在乌兰不浪材和库布齐沙漠举办的沙漠汽车表演赛。另外，准格尔旗乡村文旅操盘手论坛将在萨瓦纳举行，届时将邀请国内顶级旅游大咖前来，为打造经典乡村旅游景观提供理论遵循。同时，各活动点将举办文艺团队演出、篝火晚会、文化物资交流大会、社火表演、电影展映，各旅游景区将举办自驾游、文艺演出、徒步活动、采摘、垂钓、篝火晚会、大众烧烤、旅游观光等游客能广泛参与的休闲活动。
>
> （来源：内蒙古日报，2017-08-08）

（四）西南少数民族游艺民俗

1. 藏族

（1）热巴舞

　　热巴舞是一种由鼓钹（单钹）、锣伴奏的集体大型歌舞，技巧性较强，初时舞姿轻捷，高潮时感情奔放，动作粗犷有力。跳热巴舞的原意是为了求佛保佑村寨平安、六畜兴旺和禳灾、祈丰收。唱、舞、器乐、服装等方面的艺人需经事前长时间的培养、训练，方能参加。热巴舞共分12段，每跳一段前先念一段词，大意是颂扬天地日月、山川河流、菩萨等。热巴舞为了吸引观众，讲究舞姿的优美，编排难度高的动作，像古代的百戏带有杂技、武术等技艺。舞时，男女人数相等，由领舞人扮主要角色，在铃鼓声中通过跳、转、翻等动作，圈好场地招来观众，然后男女演员上场。

（2）锅庄

锅庄是藏族的民间舞蹈。锅庄舞又称为"果卓""歌庄""卓"等，藏语意为圆圈歌舞，是藏族三大民间舞蹈之一，分布于西藏昌都、那曲，四川阿坝、甘孜，云南迪庆及青海、甘肃的藏族聚居区。在节日或农闲时跳，男女围成圆圈，自右而左，边歌边舞。舞蹈时，一般男女各排半圆拉手成圈，由一人领头，分男女一问一答，反复对唱，无乐器伴奏。整个舞蹈由先慢后快的两段舞组成，基本动作有悠颤跨腿、趋步辗转、跨腿踏步蹲等，舞者手臂以撩、甩、晃为主变换舞姿，队形按顺时针行进，圆圈有大有小，偶尔变换"龙摆尾"图案。

（3）藏戏

藏戏藏语叫"阿吉拉姆"，是西藏及四川、青海、云南广大藏族地区普遍流行的剧种。藏戏种类繁多，但主流的是蓝面具藏戏。演出一般分为3个部分，第一部分为"顿"，主要是开场表演祭神歌舞；第二部分为"雄"，主要表演正戏传奇；第三部分称为"扎西"，意为祝福迎祥。藏戏的服装从头到尾只有一套，演员不化妆，主要是戴面具表演。藏族有个专门演藏戏的节日——雪顿节。在藏语中，"雪"是酸奶子，"顿"是宴的意思，意为"吃酸奶子的节日"。时间在藏历七月初一，历时5天。因节日活动以演藏戏为主，故又叫藏戏节。藏戏独具高原民族的特色，作为一种文娱旅游资源，大有潜力。

2. 傣族

（1）孔雀舞

孔雀舞是我国傣族民间舞中最负盛名的传统表演性舞蹈。傣族的许多村寨都有长于跳孔雀舞的人，由于代代相传及民间艺人的精心创造，形成了各具特色、不同流派的孔雀舞。孔雀舞的内容多为表现孔雀飞跑下山，漫步森林、饮泉戏水、追逐嬉戏、拖翅、展翅、抖翅、点水、蹬枝、歇枝、开屏、飞翔等。感情内在含蓄，舞蹈语汇丰富，舞姿富于雕塑性。舞蹈动作多保持在半蹲姿态上均匀地颤动，身体及手臂的每个关节都有弯曲，形成了特有的三道弯舞姿造型，手形和手的动作也较多。同一个舞姿和步法，不同的手形或手的动作有不同的美感和意境，孔雀舞有严格的程式和要求，有规范化的位图和步法，每个动作有相应的鼓语伴奏。

（2）象脚鼓舞

象脚鼓舞是傣族舞蹈中流传最广、最有特色的一种群众性男子舞蹈。因挎着形似象脚的鼓起舞，故名象脚鼓舞。傣族象脚鼓分长象脚鼓、中象脚鼓、小象脚鼓3种。长象脚鼓舞蹈动作不多，可打一槌鼓将衣服纽扣全部解开，再一槌鼓将纽扣全部扣好。象脚鼓舞的特点是动作节奏性强，手的敲打、腿的踢踏、胸部的拱缩、肩的耸动、身躯的仰俯都按固定的节奏动作。小象脚鼓舞以灵活见长，可进行斗鼓、赛鼓活动，以踢中对方或扯下对方的头巾者为胜。中象脚鼓舞扎实稳重，以鼓音和鼓尾摆动大小定优胜。大象脚鼓鼓声宏大，主要在群众性舞蹈场合作伴奏，舞步比较简单。打鼓以右手为主，左手按住鼓面起配合作用。象脚鼓舞具有广泛的群众性，每当插秧结束后的日子里，傣家人常常在象脚鼓的伴奏下翩翩起舞。许多地方有赛鼓之风，赛鼓时，许多象脚鼓同时敲响，鼓声震天，喧声雷动，场面壮丽动人。

3. 纳西族

（1）东巴舞

东巴舞又叫"东巴跳"（东巴是东巴教的祭司），是指纳西族东巴教的东巴在举行祭祖仪式过程中，东巴祭司根据不同宗教仪式按照过场规则所跳的一种宗教舞蹈，共有60多种东巴教巫师跳神的舞蹈，记录在纳西族先民所著《东巴经》中的《磋姆》（舞谱之意）中。据研究，《磋姆》不仅是国内少数民族文字中至今仅见的舞谱专著，而且也是世界上用文字记录的最早舞谱。

（2）东巴音乐

东巴音乐是指东巴在宗教祭祀活动中所吟诵的一种曲调，并伴有器乐，是东巴文化的一个重要组成部分。这种音乐流传于东巴口头，或零星保存于东巴经和东巴画中。除了占卜经书以外，东巴经书都是要通过诵唱表现出来的。东巴音乐吟唱是以纳西民歌曲调为基础的诵经调。东巴诵经调约有20种左右，最丰富的是丽江坝区。东巴器乐包括打击、弹鸣和吹奏乐器，属于打击乐的有大鼓、手鼓、扁鼓、大小板铃、大中小平锣、大中小马锣、抵响（碰铃）、挂铃等，弹鸣乐器有口弦，吹奏乐器有直笛、海螺、牛角号等。

4. 白族

（1）白族调

白族调是白族民间最为普及的一种演唱艺术，几乎男女老少都会唱，即便唱不出口的人也会背上几首歌词。居住于山区、半山区的白族父母对儿童的启蒙教育也通过教唱白族调来进行。白族调的唱词从文学上来说已经形成了本民族所独有的诗歌格律，通称为"三七一五"体，即每节歌词以3个七字句和1个五字句构成。凡是有白族村寨集镇的地方，山间、湖上、田边、地头，都能听到高亢响亮的白族调子，独唱、对唱、齐唱各种形式均能挥洒自如，可以充分地抒发情感。每年三月街、蝴蝶会、绕三灵、火把节、石宝山歌会、"本主"庙会更是尽情欢唱的场所。人数由几百人到几万人不等，一唱就是几天几夜，场面十分壮观。

（2）霸王鞭

白族的霸王鞭是白族民间74种舞蹈里最具代表性和流行最广的舞蹈，它不仅在"绕山林""闹春节正月""田家乐"3种民俗中存在，而且在建房嫁娶或喜庆佳节中都有表演。霸王鞭舞蹈渗透着白族的历史变迁、宗教活动、民族习俗和文化娱乐，具有古朴幽默、典雅刚健、欢快明朗、清新活泼的诸多特点，反映了白族人民勤劳勇敢、纯朴善良、团结进取的精神。白族霸王鞭充满着喜庆欢乐的气氛，霸王鞭用约1米长的空心竹或扁形木条上凿约10厘米长的4~5个孔，每孔内装2组铜钱，每组用2~3枚。它是一种摇击奏乐器，演出时持杆，以鞭的两端随舞碰击身、膝或肘发声，伴歌舞。

5. 彝族

（1）打歌

打歌在各地又有"跳歌""踏歌""跳乐""跳月""跳笙""跳鼓""跳脚"等10多个名称。表演打歌的时间和场合最常见的是年节、喜事、节气、庙会等，因此打歌的情绪多热烈欢快。舞者在场院或平地上围成一圈，和着乐器的节奏翩翩起舞，边舞边唱。唱的形式也异常丰富，有即兴即景而唱的，打歌时由一人或二三人领唱，众人相和。舞蹈主要是在原地边舞边循环转圈，用脚踩、跳、踢、磋、踏、转、挪。舞者上身随着脚的动作作相应的摆动，或左右摇摆，或前仰后合，或进或退，不拘一格，潇洒自如。

（2）彝剧

彝剧是在彝族中流行的山歌小调、舞曲和器乐曲结合运用而形成唱腔，在民间文学、音乐、舞蹈、美术的基础上发展起来的，正处在不断发展和完善的过程中。彝剧的民歌曲调十分丰富，音乐唱腔以"梅葛调""曼莫若调"和"放羊调"为主。彝剧的调子粗犷奔放、高亢激昂，富有山野风味，感染力极强。彝剧的乐器以笛子、三弦、芦笙"三大件"为主，再配上月琴、叶子、唢呐、锣鼓等，音色优美，悦耳动听。

6. 苗族

（1）飞歌

飞歌是苗族歌曲的一种，流行于贵州台江、剑河、凯里等一带。飞歌的音调高亢嘹亮，豪迈奔放、明快，唱时声振山谷，有强烈的感染力。飞歌多用在喜庆、迎送等大众场合，见物即兴，现编现唱，歌词内容以颂扬、感谢、鼓动一类为主。过苗年、划龙舟等节日喜庆活动一般要唱飞歌。飞歌的歌词每首一般在30句左右，一首歌中常有三字句、五字句、七字句、八字句等，但多数是五字句。曲调有大致固定的谱子，拍节的长短与快慢有大致固定的格式，有时可以在原有的基础上进行发挥。一首歌曲中开头较慢，第一句先快后慢，拖音渐高而长，第二句先快后慢，但拖音渐低而长，从第三句或第四句起开始用中速唱下去，逐渐加快，唱到主要部分时用快速连唱。高潮唱完之后用渐慢渐拖音唱一小部分，即接近尾声了。

（2）踩堂

在苗族青年男女中，最常见也是他们很喜爱的集体舞蹈叫"踩堂"，每逢年节举行踩堂时，由英俊男子组成芦笙队，人人手把芦笙边吹边晃动着躯体绕坪而来。高昂而清脆的芦笙调在来自坪中心雄芦笙柱下的低音"芒筒"与当当作响的铜鼓声中，乐曲更显雄厚、和谐。紧接芦笙手之后，一队不施粉黛的妙龄少女，在霓彩绣衣衬托下，于头、身之上佩戴重达十几斤、精工细作、熠熠生辉的银帽、银簪、银项圈、挂牌、银手镯等饰物，随走动而叮叮作响，她们个个宛如仙子下凡、龙女遨游，凝聚着心头的美好的夙愿，含情脉脉，款款而来。

（3）踩鼓舞

踩鼓舞是一种女子自娱性集体舞蹈，每年春节甚为活跃，其传统活动形式是：舞蹈开始时，由一名歌舞兼优的鼓手先唱一首号召青年男女都来舞蹈的"踩鼓歌"，之后敲鼓为舞蹈者作伴奏。鼓手还具有指挥全体舞者变换动作、掌握舞蹈气氛的职能。舞蹈自始至终都是以鼓手为中心围圈进行的。舞蹈者因以佩戴银头饰、项圈、手镯，穿着厚实的花衣长裙为美，动作受到一定制约，使舞蹈相应地形成一种自然地甩手摆腰、轻轻地抬腿踢脚的风格特点。

7. 侗族

（1）芦笙舞

侗族的芦笙舞是一种以芦笙为乐器，由舞蹈者边吹边跳的舞蹈。芦笙舞可以分为祭祖性的和娱乐性的两大类。芦笙舞的节奏、动律一般是：吸气上步，呼气下沉，起伏稍慢，节奏平稳，以跟的动作为主，动作多在脚、膝、胯3个关节上。"摆"是芦笙舞的基本动律，舞者双手拿芦笙，边吹边舞，随身体的摆动左旋右转。"吹要气满，摆要自然，点要适宜，绕要稳健"，"吹""摆""点""绕"是吹奏芦的四诀。

（2）侗戏

侗戏是侗族的戏曲剧种，侗寨人称之为"戏更"或"戏嘎"，它是在侗族民间说唱艺术"嘎锦"（叙事歌）和"嘎琵琶"（琵琶歌）基础上，吸取了桂北采调、桂戏等的曲调和表演艺术逐渐发展起来的。侗戏全部用侗语对白演唱，语言生动，比喻形象，与音乐紧紧吻合，朗朗上口，清晰明快，为群众所喜闻乐见。侗戏由于植根于侗乡，具有浓郁的侗族特色，而且声情并茂，歌舞结合，很能引起侗族观众的共鸣。侗戏目前尚有60余种传统剧目流传于民间，剧本多用汉字记侗音的原始手抄本，为各村寨中的歌师和戏师保存下来，并代代相传。

8. 瑶族

（1）长鼓舞

长鼓舞是瑶族民间歌舞的典型代表。表演时，鼓手左手握住长鼓的鼓腰上下翻转，右手随之拍击，边舞边击。表演形式主要有四人合舞、双人对舞等，动作主要有造屋、制鼓、耍鼓、模拟动物、祭祀等。舞姿刚健，风格淳朴。有的舞者还可以在一张八仙桌上手舞长鼓，边打边跳。一般以唢呐、锣鼓伴奏，有时也唱"盘王歌"来助兴。

（2）蝴蝶歌

蝴蝶歌流行于广西富川瑶族自治县、钟山县和湖南江华瑶族自治县及其毗邻等地的瑶族聚居区。蝴蝶歌在瑶族二声部民歌中用一种汉语方言土语演唱，内容以情歌为主，因为在歌的衬字词中常出现"蝴蝶""黄蜂"之类衬词，故此得名"蝴蝶歌"。口耳相传、歌书记录、世代相袭、民间传授是多年来瑶族蝴蝶歌的主要传承形式。蝴蝶歌曲调清丽优美，宛转悠扬，悦耳动听。蝴蝶歌原生态二声部的唱法、歌手们即兴创作、出口成章、一唱群和的民族艺术特质深深吸引了国内外艺术家、民族艺术爱好者和各方游客。

9. 壮族

（1）壮剧

壮剧是在壮族民间文学、音乐、舞蹈和杂耍技艺的基础之上，吸收汉族戏剧的某些表演形式而形成的一种舞台艺术形式，主要分布在广西中部、西部以及云南富宁、广南一带，分为北路壮剧、南路壮剧和壮诗剧3种。北路壮剧旧称"土戏"，主要流行于使用壮语北部方言的广西田林、隆林、凌云、百色、乐业和云南广南、富宁等地，是在田林县旧州民歌、唱诗和民间说唱"板凳戏"基础上发展起来的。南路壮剧主要流行于壮语南部方言的广西靖西、德保、那坡、大新、天等等县，包括靖西的提线木偶戏和德保马隘戏，是在壮族民间说唱艺术"末伦"与提线木偶戏基础上形成的。

（2）扁担舞

壮族扁担舞又称"打扁担"，流行于广西壮族自治区都安、马山、东兰、南丹等县。每年农历正月初一至元宵节期间举行表演,场地是在村前的晒谷场上。表演者有4人、6人、10人、20人不等,均取双数,多是妇女。出场表演时,舞者手持扁担,相向而立,围着一条长3.3米多、宽0.33米的木槽或板凳,大家以口呼喊,上下左右相互打击,边打边唱边舞,模拟农事活动中的耙田、插秧、戽水、收割、打谷、舂米等姿势动作。舞者时而双人对打,时而四人交叉对打,时而多人连打,有站、蹲、弓步、转身打等动作,轻重、强弱、快慢错落有致,动作优美自然,舞蹈优美清新。

10. 布依族

（1）布依戏

布依戏旧称"土戏",布依语称"符艺",是贵州省册亨县地方传统戏剧,国家级非物质文化遗产之一。布依戏主要分布于贵州南部及西南部布依族聚居的册亨、安龙、兴义等县。它是受汉、壮、苗族戏曲的影响,用布依语演唱布依族乐曲,在八音坐弹、板凳戏的基础上发展形成的。布依戏中有生、旦、丑及大王、大将等分工,各角色的舞台调度都是三步或五步一转身,演唱过程中对面穿梭,形式活泼,风格质朴。

（2）布依民歌

布依族的民歌富有民族特色,有叙事歌、古歌、生产劳动歌、习俗歌、情歌、苦歌、哭嫁歌、儿歌、新民歌等。或用布依语演唱,或用汉语演唱,句式和结构不尽相同。用布依语演唱的有五言、七言、杂言3种句式和单段、双段、长篇3种章法。单段歌又称"散花调",即单独一段自成一首;双段歌又称"双调",即一首分成两段;长篇歌由若干段组成,或篇幅虽长、不分段落。曲调有"大调""小调"之分。大调用于婚丧等隆重的场合,音调高昂大方,引人入胜;小调则在月夜或"朗绍朗冒"（"朗绍"指会女朋友,"朗冒"指会男朋友）谈情说爱的时候唱,音调柔和、婉转、活泼动听,演唱方式有独唱、对唱、重唱、齐唱等。凡遇建房造屋、迎亲嫁女、老人亡故、迎来送往等场合都要唱相应内容的布依民歌。有时要昼夜不停地唱数天,往往带有互相比赛的性质。能歌者面对身边的花草、雀鸟等都可以激起其创作的灵感,编唱出优美含蓄的歌词来。

【延伸阅读】

海南琼中"三月三"运用文旅融合模式 吸引数万名游客参与

2017年海南黎族苗族"三月三"节庆活动主会场设在了琼中县,数万名游客涌入琼中,共同体验民族文化的独特魅力。借助这一传统节日,琼中举办婚俗体验、桑葚采摘、歌舞晚会、山地自行车赛等系列活动,走"农+文+旅"全域旅游发展模式,旅游经济发展迅速。三月初三当天,从高速到琼中县城的路一直处于拥挤状态,四面八方赶来的游客让这座充满节日氛围的县城热闹非凡。不少人来这里玩两天就是为了多了解一下黎族苗族的文化知识,体验一下少数民族的民俗。

万人竹竿舞广场大联欢、黎族苗族服饰走秀、非物质文化遗产展、黎族苗族民歌对唱、少数民族传统体育竞技比赛、黎苗文化旅游节活动,丰富多彩的文娱活动将持续数天。

乡亲们吃完饭就开始逛县城。四处走走,看各个舞台上的演出,在广场上与认识或不认识的人一起跳竹竿舞;美食街或特产街人来人往非常热闹;夜晚灯火点亮后,营根夜色别提多美。老百姓发自心底热爱这个节日、参与各项节目当中,才使这个节有了旺盛的生命力。

为了更好地传承、保护黎族苗族传统文化,近年来,琼中县加大投入力度,到目前为止被列入省级以上的非物质文化遗产保护项目共有9项,其中"琼中黎族民歌"和"海南苗族民歌"为国家级项目。琼中还将黎族苗族婚俗、民俗等活动,融入"三月三"活动的大局,打造独具特色的黎族苗族特色婚俗、民俗等旅游主题品牌,让民族文化成为旅游经济发展最浪漫的推动力。

文化是旅游的灵魂,旅游是文化的窗口。近年来,琼中创建了"奔格内""天上什寒""富美乡村"等一系列旅游品牌。通过打造"奔格内"乡村旅游,不断完善文化旅游基础设施,并结合传统节日"三月三",举办文化旅游活动,着力让文化与旅游在大型节庆中多元共生,形成文化品牌。据统计,2016年黎苗文化节期间,全县共接待游客17.26万人次,旅游收入6 700多万元。如今,琼中社会经济发展、民族文化传承和保护实现"比翼齐飞",一首"农+文+旅"融合发展的"黎族苗族交响乐"在琼中山区大地上奏响。

(来源:央广网,2017-03-31)

课题三 外国游艺民俗

一、亚洲国家游艺民俗

(一)日本

1. 柔道

柔道是日本一项十分普及的群众体育运动,也是日本驰名全球的自卫技巧,是利用对手的力量控制对手,其精髓是锻炼身体和修养精神。柔道的技法有摔技、固守技和攻击要害技3种,同中国式摔跤和武术有些相似。比赛者必须穿柔道服,比赛场地是面积为14.55平方米的正方形,其中央又设有9.1平方米的正方形的内场,选手在场中间相互扭打竞技。柔道不仅在日本盛行,而且走向了世界,许多国家竞相仿效开展柔道运动。

2. 歌舞伎

歌舞伎是比能剧更大众化的一种日本戏剧艺术，已有400多年的历史，集音乐、舞蹈、哑剧于一体。与中国的京剧一样，是一种古装戏剧，两者有不少相似之处，如唱、念、做、打俱全，画脸谱以区别人物性格等。歌舞伎主要以演员所具有的魅力吸引着观众，特别是旦角具有独特的魅力，旦角由男演员扮演，令外国观众感到惊异。

3. 相扑

相扑起源于古代的摔跤竞技，到了15世纪已经成为一种职业性竞技。现在相扑被称为日本的国技，深受日本人的喜爱，是赴日外国人必看的一项体育赛事。相扑力士根据比赛成绩划分等级，最高等级称"横纲"，二级称"大关"，三级称"关助"，直至十级。

4. 围棋

围棋源于中国，公元735年传入日本。自第二次世界大战以后，日本围棋得到广泛的普及，以后逐渐发展成为普通日本人喜爱的一种棋艺活动。现在，日本全国的围棋爱好者约有1 000万人，获得段位的约有15万人。日本围棋段位分职业和业余两种，想当职业棋手的人一般先要进日本棋院或关西棋院训练。日本围棋棋手的段位最高是十段，还有"名人""棋圣"等称号。

（二）韩国

1. 传统舞蹈

韩国的传统舞蹈最早始于史前时代的宗教仪式。当时各部落在神坛祭典时常伴有集体歌舞，这样的歌舞随时代的变迁逐渐演变成固定的形式。韩国舞蹈以宫廷舞蹈和民俗舞蹈为中心，宫廷舞蹈指在宫中宴会和招待贵宾的盛筵时所跳舞蹈，大部分是赞扬王室尊严、威严的内容。舞者的服饰以华丽、艺术为特征。宫廷舞中较具代表性的是剑舞、鹤舞和处容舞。民俗舞蹈则随农业生产力的提高和工商业的发达在民间得到了很大发展，不仅有直接表现老百姓生活、感情的内容，还包含有对社会现实的批判，最具代表的是假面舞、山台假面剧、僧舞、巫俗舞、傀儡戏、太平舞、闲良舞、驱邪舞等。

2. 传统音乐

韩国传统音乐内容丰富，形式多样，分为"雅乐"和"民俗乐"两大类型。雅乐是韩国历代封建王朝在宫廷举行祭礼、宴会或各种仪式时由专业乐队演奏的音乐，通称"正乐"。它由起源于中国唐、宋朝的世俗音乐和韩国民族音乐组成，包括宫廷音乐和儒学礼乐，节奏通常比较缓慢、严肃而复杂，是一种旋律缠绵、细腻的音乐。民俗乐轻快而活泼，是流行在韩国民间的各种音乐，包括散调、农乐、巫俗音乐、时调、各种歌剧调、杂歌、民谣以及各地流行的曲调等。这种音乐形式多、声音响，更易激起相聚者的情绪和共鸣。

（三）泰国

1. 南旺舞

南旺舞即"圈舞"，是民间集体舞，原属泰国东北民间舞"笙"的一种，因舞时自然围圈而舞，故取名"圈舞"。南旺舞舞姿端庄，步伐轻盈，手势优美。舞时男女成对，一步一趋，女子以面颊、上身、手臂向男子作情致委婉状，男子则以双臂拱护女子，在其周围环绕而舞。南旺舞的每套动作各有相应的音乐和歌曲伴奏，较著名的歌曲有《好月光》《嘿嘿哈》《十二月月儿明》等。南旺舞也是东南亚各国男女青年喜爱的交谊舞。

2. 泰拳

泰拳即泰国拳术，杀伤力大。泰拳是一门传奇的格斗技艺，是一项以力量与敏捷著称的运动。主要运用人体的双拳、双腿、双肘、双膝这四肢八体作为8种武器进行攻击，出拳发腿、使膝用肘发力流畅顺达，力量展现极为充沛，攻击力猛锐，素有"立技最强搏击术"之称。

（四）印度

音乐是印度人们生活中不可缺少的一部分。印度音乐有南派、北派之分，南派音乐保存了自吠陀圣歌以来最纯正的音乐特色和各种不同的音符组成的"拉格"（曲调），北派音乐较之南派最大的区别在于融会了伊斯兰风格以及波斯风格的音乐。两派音乐的共同特点在于都是单声部的，并以各种各样的"拉格"和"达罗"即曲调和节拍组成两大基本要素。印度音乐是声乐、器乐和舞蹈的综合体。

印度有"歌舞之邦"的美誉，印度舞蹈以其独特的风格在世界艺苑中享有盛名。印度古典舞蹈绝大部分是祭神舞，亦包括宫廷舞。宫廷舞蹈由祭神舞演变而来，成为统治阶级娱乐的一种方式。古典舞蹈共分4大舞派，即婆罗多舞、卡塔利舞、卡塔卡利舞和曼尼普利舞，现在一般又加上奥蒂西舞和库契普迪舞，合称六大舞派。印度古典舞蹈的共同特点是手势复杂，眼神多变，足部动作多，节奏感强烈。婆罗多舞的显著特色是脚的动作，由足上踝铃产生乐音。铃声伴随音乐，与鼓点的节奏合拍、共鸣。所以一位舞者常常被视为一件乐器，从自己的身段动作产生旋律；从脚的动作中产生节奏，通过手势、眼神的配合表现乐曲。

（五）马来西亚

马来西亚音乐与西洋音乐不同，乐队通常由2个鼓手、2个号手、4个六孔竖笛手组成。鼓是马来西亚的主要传统乐器，还有竹笛、木笛、三弦琴、小敲琴等。在马来西亚乡村，经常有乐队演奏《古兰经》内容的音乐。马来西亚音乐不仅具有本民族特色，而且还吸收和借鉴其他民族音乐，如"冯来佳马兰"乐园表演的弦乐、管乐和打击乐，把马来西亚、中国和印度的传统音乐融为一体，独具特色。

马来西亚的舞蹈多受印度、阿拉伯和中国等东方文化的影响，受印度文化的影响更深。舞蹈丰富多彩，注重手上动作，舞蹈与戏剧融为一体，舞姿优美，富有诗意。传统舞蹈大多以民间故事、寓言为题材改编而成，还有的舞蹈表现丰收、战争、婚嫁等场面。马来西亚民间舞蹈有马来隆模舞、西拉舞、阿西伊克舞、蛇舞、印度舞、蜡烛舞、伞舞和椰壳舞等，各具特色，可谓千姿百态、丰富多彩。

二、欧洲国家游艺民俗

（一）英国

1. 乡村舞

乡村舞是指传统的英国民间舞蹈。16世纪以后，乡村舞一词往往指英国上层社会的一种宫廷舞蹈（或舞会舞蹈），仍流行在民间的则称为传统乡村舞。舞蹈者在特定的队形中，按照预先规定的顺序一段接一段地跳，队形的变化和行进路线都是严格精确的，舞步一般比较简单，舞蹈者的修养主要表现在整体的协调感和礼仪风度等方面。在传统乡村舞中，轮舞型和双纵队型较为常见，宫廷乡村舞通常采用几何图案型和双纵队型。

2. 板球

板球又称木球，是一项"绅士的游戏"，崇尚体育精神和公平比赛的体育运动。板球是锻炼手眼的协调能力，集上肢动作控制能力、技巧与力量于一体的综合性运动。板球被誉为贵族运动，亨利八世称板球为"国王的运动"，是英国的国球，也是英国的三大运动（足球、英式橄榄球、板球）之一。板球是夏季运动项目，比赛项目为团体赛，比赛季节为每年4月。

（二）法国

1. 康康舞

康康舞起源于法国，原是一种轻快粗犷的舞蹈。通常由4名女子表演，是洗衣妇、女裁缝等劳动妇女载歌载舞的一种形式，之后于歌舞厅风行。康康舞的经典动作是要把腿直踢到人侧耳边的高难度动作，需将脚踢至高过鼻尖。舞者在练习这个动作时通常用的办法是：准备一个气球，将气球挂在门上，一直练习到踢到那个气球为止。一个专业的康康舞舞者一周的踢腿次数在1 500次以上，这种踢腿不仅会造成腿部肌肉的酸痛和拉伤，还会影响背部肌肉。另一个康康舞经典动作是：跳起来后做一个落地大劈叉。

2. 法式滚球

法式滚球是一种球类运动，1907年正式诞生于法国南部小镇，与传统竞技运动不同，法式滚球规则简单、运动量较低，又充满趣味性，这使它成为法国老少皆宜的全民运动。在法国的公园、海边、路边小道上随处可见这种老少皆宜的滚球场景。法式滚球既能锻炼身体协调性，又能增进朋友之间的情感，被法国人形容为象征生活品位的一项优雅运动。滚球比赛的规则非常简单，谁投的球离目标"乳猪"最近，谁就得一分。同组中通常一个人是"瞄准手"，负责投球；另一个人是"射击手"，负责将对手的球弹开，简单来说，就是一攻一守。如果双方投的球离"乳猪"都很近，肉眼判断不出来，就需要测量双方离目标的球距。

（三）德国

1. 德国音乐

德国以音乐闻名于世，它是世界上著名的音乐之乡。德意志民族是一个热爱音乐且极具音乐天赋的民族,在音乐方面的成就无与伦比,世界上几乎没有哪一个国家在其历史发展过程中能像德国一样造就了如此之多的音乐名家。长期以来,古典音乐一直是德国音乐的主流,不过近几十年爵士乐、摇滚乐和流行乐也逐渐为德国听众所接受,并形成了自己的风格。在现代化的都市中,人们常能看到一些民间艺术家在街头表演。他们手拉古老的风琴,自编自演,自弹自唱,给喧闹的都市增添了一种清新、古朴的色彩。

2. 德国民间舞蹈

德国的民间舞蹈与德国的地理、历史、风俗习惯有密切关系,同时也和整个欧洲的舞蹈文化传统紧密联系着。北方的舞蹈形式比较庄重,南部则与奥地利的民间舞蹈近似。大多数的德国民间舞蹈历史不超过200年,它们在很大程度上是由华尔兹和波尔卡演变而来。更古老的民间舞蹈是与早期的基督教礼拜活动相结合的轮舞以及遍及欧洲各地的链舞。

在德国南部的巴伐利亚,流行着一种别有风趣的舒普拉特勒舞蹈。它是一种三拍子的集体对舞,据说是模仿公鸡在母鸡面前高视阔步,炫耀自己以讨好异性的情景。在这种舞蹈里,男伴们用手拍打面颊、肩、胸、肘、臀部、大腿、膝盖、脚跟,以及通过拍手、捻手指作响、翻筋斗等动作夸耀自己的灵敏和技艺高超,时而拉住女伴的双手做出各种生动有趣的动作,并始终围绕女伴边舞边行进。

(四)意大利

1. 足球

足球是意大利流行最广、影响最大的群众性体育运动,最受广大青少年的欢迎。在意大利这个足球之乡,足球运动十分普及。全国有上万个足球俱乐部。同时,意大利在普及的基础上对几十万名足球运动员进行各种训练,培养了一批高水平的专业运动员。意大利足球队实力雄厚,20世纪80年代全国有16个甲级队,1996年有18个甲级队。AC米兰队是意大利的甲级强队,它曾红极一时。意大利人十分喜欢去现场观看足球赛。

2. 赛船

意大利传统体育运动有威尼斯的赛船、锡耶纳的赛马。当地人称赛船为"雷加塔",从1247年9月15日威尼斯举办第一次划船比赛开始,至今有700多年的历史。每年9月的第一个星期日是威尼斯盛大的赛船节。

3. 地滚球

地滚球又称"博西球""地掷球",是意大利一种传统的体育运动,很久以前发源于意大利,主要流行于皮埃蒙特、利古里亚和伦巴第地区。由于历史上的移民,地滚球在美国、澳大利亚和南美等地的意侨中间也很普及,后传入瑞士、法国等欧洲国家以及中国等东方国家。地滚球运动所需设备简单、场地面积小,同时不受年龄、性别的限制,具有比赛方便、丰富生活、交流球艺、锻炼身体、老幼皆宜的特点。

（五）西班牙

1. 西班牙舞蹈

西班牙人能歌善舞，民间的传统舞蹈和戏剧丰富多彩。西班牙舞蹈一般可分为地区性舞蹈、波勒诺流派、安达卢西亚流派、新古典主义、弗拉门戈舞、萨苏埃拉（剧）和西班牙现代芭蕾（舞剧）。这些舞蹈既反映了西班牙各地的传统与习俗，也体现了西班牙独特的文化内涵。地区性民间舞蹈霍塔是广泛流行于西班牙全国的民间舞蹈，是以对舞为基础的集体舞。舞者手执响板，双臂弯曲举起，边舞边击打响板，并伴有唱诗。这种舞蹈节奏轻快，以多变的腿部动作为特点，双臂与身躯的舞姿变化很少。舞蹈队形以舞者互相穿插、绕行变化为主。西班牙北部的纳瓦拉和阿拉贡地区的霍塔最为著名。

2. 斗牛

西班牙斗牛起源于西班牙古代宗教活动（杀牛供神祭品），13世纪西班牙国王阿方索十世开始这种祭神活动，后来演变为赛牛表演（真正斗牛表演则出现于18世纪中叶）。现在西班牙拥有300多家斗牛场，最大的马德里文塔斯斗牛场可容纳2.5万人。每年3~11月是西班牙斗牛节，期间有时候每天都有斗牛，通常以星期日和星期四为斗牛日。

（六）俄罗斯

1. 踢踏舞

踢踏舞是俄罗斯族的一种民间舞蹈，是复活节（俄历3月22~25日）时跳的舞蹈之一。跳此舞时，男女老少穿上皮鞋一起参加。用手风琴伴奏，众人围成一圈，用脚尖、脚跟或脚掌的某一部位击地，发出踢踏响声。妇女们边跳边挥手绢，男人们边跳边吹口哨，拉琴者亦加入跳舞行列边拉边跳。节奏清晰多变，脚下动作灵活而响声大，场面活跃热烈。舞姿优美，步调矫健，节奏欢快，深受俄罗斯年轻人的喜爱。

2. 俄罗斯民歌

俄罗斯的经典民歌《莫斯科郊外的晚上》是具有国际影响力的苏联民歌之一。歌曲作词者为米哈伊尔·马都索夫斯基，作曲为瓦西里·索洛维约夫·谢多伊，是1956年莫斯科电影制片厂拍摄的纪录片《在运动大会的日子里》主题曲；《喀秋莎》是一首第二次世界大战战前就流传于俄罗斯的民歌，在第二次大战时常被前线男儿当作军歌唱诵，该曲描述了一个叫"喀秋莎"的女孩对在边防军服役的爱人早日归来的思念和盼望之情；《红莓花儿开》也是一首著名的俄罗斯民歌，由伊萨科夫斯基作词、杜那耶夫斯基谱曲，是苏联电影《幸福生活》的一首插曲；《伏尔加河船夫曲》是俄罗斯民歌中的精品，其内容表现了船夫们迈着沉重步伐拉纤的劳动场面，作品的基调深沉而又粗壮有力，表现出一定的反抗精神。

三、美洲国家游艺民俗

（一）美国

1. 音乐舞蹈

美国人民热爱音乐，200多年来，他们在劳动和生活中创造了属于自己的音乐，主要有教堂音乐、军乐、爵士音乐、摇滚乐和古典音乐。爵士乐是最早出现的具有美国特色的音乐，它是演奏者根据某种规定的和声与节奏对某个旋律进行变奏。摇滚乐产生于20世纪50年代末期，实际上是美国青年表示叛逆的一种音乐，由爵士乐派生而来，曲调变化较小，歌声粗犷，伴有节奏强烈的敲击。音乐风格热情奔放，毫无顾忌地发泄个人的情感，有时甚至达到如痴如狂的地步。

2. 夏威夷土风舞

夏威夷土风舞世界闻名，既有翩翩动人的大溪地舞，也有动作粗犷的萨摩亚舞。在许多土风舞中，以草裙舞最负盛名，它是一种用手势和舞步表达思想感情或故事情节的优美舞蹈。传说草裙舞是火山女神佩烈的同胞妹妹纳卡发明的，她经常为姐姐跳草裙舞，所以纳卡被当地人尊为"舞蹈之神"。现在夏威夷已成立了许多教授草裙舞的学校，吸引着世界各地的游客前往学艺。

3. 霹雳舞

霹雳舞是很受美国年轻人青睐的流行舞蹈，它的主要特征是快速旋转。霹雳舞的基本造型动作可分为6类：双手不沾地的头倒立旋转；单手撑地的横身旋转；肩背贴地用手划地旋转；技艺高超者可双腿交叉盘曲，紧贴胸脯，全身蜷曲像陀螺似的旋转；一条腿单膝跪地，另一条腿向后伸直，两臂展开，像飞机似地旋转；以肩背着地滚动，下身离地飞转，双腿不断开合，称为风车式旋转。霹雳舞正在跨越美国国界，走向世界，其声势可与当年摇摆舞、迪斯科舞相媲美。

3. 印第安人舞蹈

印第安人是美洲最早的居民，其舞蹈古朴原始。著名的印第安人舞蹈有欢乐的"雪鞋舞"、美丽的"玉米舞"、有趣的"鹿舞"、奇特的"山神舞"等。

（二）加拿大

加拿大是一个多民族的移民国家，政府多年奉行的多元文化政策使它对各民族的优秀文化遗产兼收并蓄。加拿大人的文娱爱好是很广泛的，其中以跳舞最为普遍。男女老少都在不同的场合和时间参加跳舞活动，周末跳舞的人最多。加拿大人十分爱好体育活动，夏季最普遍的运动是游泳，加拿大海岸线漫长，河湖星罗棋布，到处有宜人的天然浴场。在冬季，加拿大人充分利用国内严寒、多雪的特点，热衷滑冰、滑雪。打棒球、网球、高尔夫球、骑自行车等都是加拿大人经常参与的体育活动。

加拿大素称"冰球之乡"。冰球就是19世纪80年代从该国安大略省的金斯顿发源的，冰球在加拿大的普及率非常高，遍及城乡各个角落。每逢重要国际、国内冰球比赛，几乎家家都谈论冰球，人人争看电视转播。

（三）巴西

1. 桑巴舞

桑巴舞是巴西狂欢节上表演的大型舞蹈。从16世纪起，起源于非洲西海岸的桑巴舞就传到巴西，它吸收了葡萄牙人和印第安人舞蹈和音乐艺术的风格，演变成巴西的桑巴舞。这种舞蹈紧张、欢快、热烈活泼，舞蹈者的每一块肌肉都在抖动，因而不同于一般的轻歌曼舞。舞者服饰各异，有的头戴羽毛帽，有的身穿古装，有的勾花脸，有的戴面具，他们随着舞曲翩翩起舞，腰、背、臀、腹剧烈地抖动，展现娴熟的舞技，充满风趣，令人兴奋。从1910年起，巴西的音乐家们每年都要为狂欢节创作新的狂欢进行曲、桑巴舞抒情歌曲以及戏谑取闹的歌曲等。随着时间的推移，桑巴舞已成为巴西狂欢节的代言词。巴西人常说："没有桑巴舞，就不存在狂欢节。"

2. 卡波埃拉舞

卡波埃拉舞是巴西东北部基隆博节活动中表演的舞蹈，它是从非洲安哥拉传到巴西的。与其说卡波埃拉是一种舞蹈，不如说是一种运动。舞者通过踢腿、旋转和翻筋斗攻击对方，做出战斗的种种动作。舞者翻筋斗时经常擦过对方的头部和腹部，看起来非常惊险。

四、非洲国家游艺民俗

（一）埃及

1. 埃及音乐

埃及是人类古代文明的发祥地之一。古埃及人发明并使用多种乐器，雕有神像和动物头像的体鸣乐器如西斯特鲁姆（一种金属叉铃），是宗教和音乐的象征，常用于宗教仪典和驱魔活动。贝尼琴（弓形竖琴）被视为神圣的乐器，此后竖琴的多种形制都由它演化而成。法老时代使用的其他乐器还有弦乐器利拉、纳菲尔琴（琉特），管乐器赛比笛、双管玛穆（一管奏曲调，一管奏持续低音）以及体鸣乐器对击棒（有木制、骨制、象牙制）和多种鼓。

2. 东方舞

东方舞俗称"肚皮舞"，是埃及人喜闻乐见的舞蹈，盛行于开罗等大城市的高级宾馆、夜总会和城乡婚礼上，也频频出现在电影中。扭胯与牵扯腹、臂部动作为其主要特色，具有独特的风格、韵味。整个舞蹈分为引子、正舞和结尾3段，表演者随着音乐即兴起舞。有的舞段中舞者还手持金属夹片，边舞边敲出悦耳的铿锵声。此外还有表现各种劳动场面和欢腾喜悦的女子三人舞、女子集体舞和男女混合集体舞。东方舞的伴奏一般以阿拉伯盆鼓为主，加上唢呐、笛子、竖琴等乐器，其服装很有特点，不论舞者穿长袍或着短裙均于臀部系一条彩带，以突出胯部动作。

（二）加纳

1. 赛鼓会

加纳举行的赛鼓会上，鼓手们分为两组擂鼓对阵。先用明快、热烈的鼓声颂扬酋长的美德、功绩，然后用徐缓、清新的鼓点叙述远古的神话、传说，接着又用急骤的鼓点宣布族内的新闻趣事。鼓声中复杂多变的节奏表达出人们各种不同的感情，时而使人悲愤填膺，时而引人开怀大笑，人们屏息凝神，就怕漏听一个鼓点。赛鼓会的高潮是"斗鼓"，先由一组鼓手提出问题，另一组必须用鼓点回答并提出反问，否则就算输。观众们则围在鼓手旁帮助出谋划策，参战助威，想方设法击败对方。

2. 阿萨福舞

阿萨福舞是加纳舞蹈中场面最隆重的一种，人们常常用这种舞蹈来表现战争的壮观场面，因而又叫"战争舞"或者"爱国舞"。在雄壮的鼓声和响亮的喇叭声的伴奏之下，数百名身着军士服装的舞蹈者挥动长矛和弓箭，高唱着战斗歌曲，群情激昂，威武庄重。

【模块回顾】

游艺民俗是一种以消遣休闲、调剂身心为主要目的、有一定模式的民俗活动。根据民间文化娱乐活动的内容和性质，游艺民俗可以划分为民间游戏、民间竞技、民间歌舞、民间曲艺、民间小戏、民间杂艺等类别。游艺民俗具有娱乐性、竞技性、地域性、传统性、季节性等特征。游艺民俗作为一种形式多样、文化内涵丰富的民俗文化，是民俗旅游资源中最富观赏性、最具参与性、最有娱乐性的一种，它作为一种无形的旅游文化资源，其价值在现代旅游业中正日益展现出来。

【自我测试】

1. 游艺民俗有哪些特征？
2. 根据民间文化娱乐活动的内容与方式，游艺民俗有哪几种类型？
3. 游艺民俗的旅游价值主要表现在哪些方面？
4. 民间竞技有几大类？
5. 民间游戏分为哪几种类型？
6. 满族、维吾尔族、傣族有哪些民间歌舞？各代表什么类型的文化？
7. 西班牙的斗牛有什么特色？对旅游有什么影响？

【实战训练】

学生分小组走访当地的景区景点，了解游艺民俗旅游资源的开发利用情况，并进行评析。

【能力鉴定】

游艺民俗学习者能力鉴定表（一）

被鉴定者姓名：_____	能力单位：游艺民俗基础认知		
鉴定或工作场所：_____	鉴定者姓名：_____		

关键能力	评价指标	是否具备能力	
		是	不是
记忆能力	1. 说出游艺民俗的含义		
	2. 说出游艺民俗的基本特征		
	3. 说出游艺民俗的主要类型		
理解能力	1. 影响游艺民俗的主要因素		
	2. 游艺民俗的旅游价值		

被鉴定者能力：满意_____ 不满意_____

对被鉴定者的反馈：

鉴定者签名：_____ 日期：_____

游艺民俗学习者能力鉴定表（二）

被鉴定者姓名：_____	能力单位：游艺民俗实例展示		
鉴定或工作场所：_____	鉴定者姓名：_____		

关键能力	评价指标	是否具备能力	
		是	不是
记忆能力	1. 说出 10 种中国汉族民间游艺活动		
	2. 说出 10 种中国少数民族游艺活动		
	3. 说出 5 种外国经典民间游艺活动		
辨识能力	1. 通过试听，辨别 10 首以上的中国民歌、5 首以上的外国民歌		
	2. 通过观看，辨别 5 种以上的中国民间舞蹈、3 种以上的外国民间舞蹈		
应用能力	1. 能够演唱 5 首中国民歌、3 首外国民歌		
	2. 能够表演 2 种民族舞蹈		
	3. 针对不同游客，根据不同的场景，设计 2～3 种独具特色的民间娱乐活动方案		

被鉴定者能力：满意_____ 不满意_____

对被鉴定者的反馈：

鉴定者签名：_____ 日期：_____

参考文献

[1] 乌丙安. 中国民俗学 [M]. 长春：长春出版社，2014.
[2] 邱扶东. 民俗旅游学 [M]. 上海：立信会计出版社，2006.
[3] 梁福兴，吴忠军. 民俗旅游学概论 [M]. 北京：中国林业出版社，2009.
[4] 林继富. 中国民俗传承与社会文化发展 [M]. 北京：中央民族大学出版社，2014.
[5] 柯玲. 中国民俗文化：第2版 [M]. 北京：北京大学出版社，2017.
[6] 吴忠军. 中外民俗：第5版 [M]. 大连：东北财经大学出版社，2018.
[7] 石应平. 中外民俗 [M]. 成都：四川大学出版社，2002.
[8] 巴兆祥. 中国民俗旅游 [M]. 福州：福建人民出版社，2006.
[9] 钟敬文. 民俗学概论：第2版 [M]. 北京：高等教育出版社，2010.
[10] 崔益红，韩宁. 中国旅游文化 [M]. 北京：北京大学出版社，2014.
[11] 冯逢. 百姓民俗礼仪大全 [M]. 北京：中国盲文出版社，2004.
[12] 张晓华. 中国传统节日文化研究 [M]. 北京：中国青年出版社，2007.
[13] 方澜，孙廷忠. 中外民俗 [M]. 大连：大连理工大学出版社，2009.
[14] 吴明清. 中外民俗 [M]. 武汉：武汉理工大学出版社，2012.
[15]《中国少数民族》修订编辑委员会. 中国少数民族（国家民委问题五种丛书）[M]. 北京：民族出版社，2009.
[16] 胡俊涛. 中国民间美术概论 [M]. 北京：中国建筑工业出版社，2013.
[17] 祁春英. 中国少数民族服饰文化艺术研究 [M]. 北京：民族出版社，2012.
[18] 郭泮溪. 民间游戏与竞技 [M]. 北京：中国社会出版社，2011.
[19] 潘倩菲. 实用中国风俗辞典 [M]. 上海：上海辞书出版社，2013.
[20] 夏林根. 旅游目的地概述 [M]. 北京：旅游教育出版社，2011.
[21] 赵序，金丽娟. 中外民俗 [M]. 天津：天津大学出版社，2011.